A ECONOMIA XX

O ÉPICO POTENCIAL DAS MULHERES

TÍTULO ORIGINAL
The Double X Economy

Inicialmente publicado no Reino Unido em 2020
por Faber & Faber Limited

AUTOR
Linda Scott

CONJUNTURA ACTUAL EDITORA
Sede: Rua Fernandes Tomás, 76-80, 3000-167 Coimbra
Delegação: LEAP CENTER – Espaço Amoreiras
Rua D. João V, n.º 24, 1.03
1250-091 Lisboa – Portugal
e-mail: editoras@grupoalmedina.net

TRADUÇÃO
Rita Caetano

REVISÃO
Inês Castelhano

CAPA
Papertalk

PAGINAÇÃO
Aresta Criativa – Artes Gráficas

IMPRESSÃO E ACABAMENTO
????????
fevereiro 2021

DEPÓSITO LEGAL
????????

ACTUAL | GRUPOALMEDINA

BIBLIOTECA NACIONAL DE PORTUGAL – CATALOGAÇÃO NA PUBLICAÇÃO

SCOTT, Linda

A economia XX : o épico potencial das mulheres. – (Fora de coleção)
ISBN 978-989-694-591-6

CDU 005

A ECONOMIA XX

O ÉPICO POTENCIAL DAS MULHERES

LINDA SCOTT

ACTUAL

Para o Jim, a Catherine e o Paul

A verdade vai libertar-te, mas primeiro vai incomodar-te.

GLORIA STEINEM

ÍNDICE

1 | A ECONOMIA XX

Enquanto o carro percorria as ruas mal iluminadas de Acra, eu sentia o meu coração bater. O condutor explicava as cenas a que assistíamos com a voz carregada de raiva e tristeza.

Centenas de raparigas adolescentes sem-abrigo moviam-se como sombras na noite. Algumas estavam meio despidas, tomavam banho com baldes, não tinham nenhum sítio onde pudessem ter privacidade. Outras dormiam amontoadas. «Fogem das aldeias», disse o motorista. «Os pais querem vendê-las a um homem que não conhecem, para casarem e terem de trabalhar como um animal durante o dia e submeterem-se sexualmente à noite. Fogem para a cidade, na esperança de conseguirem escapar.»

Muitas estavam grávidas ou tinham bebés ao colo. A violação era um dado adquirido do quotidiano nas aldeias, disse ele, mas estas ruas não eram mais seguras. «Temos uma geração a crescer de filhos nascidos nas ruas», disse o condutor angustiado. «Jamais conhecerão uma família ou uma comunidade. Como irão saber distinguir o certo do errado? O que irá acontecer ao Gana quando estas crianças crescerem?»

Muitas raparigas trabalhavam nos mercados a transportar as compras dos clientes em cestos que equilibravam nas cabeças, mas algumas caíram na prostituição. Outras viram-se enredadas num pesadelo de estatuto ancestral: o comércio de escravos que ainda provém da África Ocidental e que alimenta os vastos crimes organizados do mundo.

No *lobby* do meu hotel, senti que tinha retrocedido para outra dimensão. Há algum tempo que tenho vindo a fazer trabalho de campo entre os mais desfavorecidos pelo mundo, mas nunca observei nada que me perturbasse tanto como o que vi na minha primeira noite no Gana.

Tinha chegado naquela tarde para começar um projeto promissor: a minha equipa de Oxford iria testar uma intervenção para ajudar raparigas do campo a permanecerem na escola em vez de desistirem. Era algo simples — facultar pensos higiénicos gratuitamente —, mas sem dúvida que valia a pena tentar. Conseguir que as raparigas permanecessem na escola durante o secundário já era um incentivo económico conhecido para os países pobres. Mulheres com escolaridade acrescentam qualidade à oferta laboral, para além de dimensão, o que estimula o crescimento. Mas as raparigas que terminam os estudos também têm filhos mais tarde e por isso têm menos filhos, o que atrasa a taxa avassaladora de expansão populacional. Mulheres com escolaridade também criam os filhos de maneira diferente, insistem que terminem a escola, que se alimentem bem e que recebam cuidados de saúde adequados. Estas mães atuam como um travão no ciclo pernicioso da pobreza que condiciona África.

Mas naquela noite conheci uma pessoa que me mostrou o que acontecia quando as forças que puxam as raparigas para fora das escolas também as fazem fugir dali. Essas raparigas em fuga desesperada produziram uma espiral descendente que espalhou perigo e sofrimento durante gerações em toda a região. Eu sabia que essa força destrutiva se espalha pelo mundo, trazendo violência e instabilidade a outros países — porque o tráfico humano é uma das atividades mais lucrativas dos crimes internacionais. A experiência que tive naquela noite mudou para sempre a forma como encarava o meu trabalho, dando-me uma sensação de urgência que nunca mais perdi.

A verdade improvável de que a igualdade económica para as mulheres iria pôr cobro a alguns dos males mais dispendiosos do mundo, criando prosperidade para todos, está no cerne do argumento deste livro. Nestas páginas, vou contar mais histórias como esta das sombras de Acra. Vou recorrer a experiências pessoais — das aldeias de África aos bairros da lata da Ásia — e também às salas de administração de

Londres e às universidades dos Estados Unidos. Transversalmente, vou mostrar como o mesmo enredo de exclusão económica se repete em cada um destes lugares, sempre com impacto negativo.

Um afluxo de dados sem paralelo desde 2005 revela esta realidade: um padrão distinto de desigualdade económica marca a população feminina de todas as nações, cada um com os mesmos mecanismos para manter as desvantagens instituídas. Em todo o lado, as barreiras à inclusão das mulheres na economia vão além do trabalho e do salário, englobando posse de propriedade, capital, crédito e mercados. Estes impedimentos económicos, em conjunto com constrangimentos culturais normalmente impostos às mulheres — mobilidade limitada, vulnerabilidade reprodutiva e uma ameaça sempre presente de violência —, formam uma economia informal única para as mulheres: chamo-lhe «Economia XX».

Se a comunidade global escolhesse eliminar os obstáculos económicos que as mulheres enfrentam, seguir-se-ia uma era de paz e de prosperidade sem precedentes. Ao longo da última década, começou um pequeno movimento, impulsionado pela intenção de fazer exatamente isso — eliminar as barreiras. Embora ainda em pequenos números, este movimento de capacitação económica para as mulheres tem agora um alcance global e conta com uma maré crescente das instituições mais poderosas do mundo entre as suas parceiras: governos nacionais, agências internacionais, grandes fundações, beneficências globais, organizações religiosas e empresas multinacionais.

Faço parte do movimento de capacitação económica das mulheres desde o início. O meu papel começou pela pesquisa que testava ideias para ajudar as mulheres a obter autonomia financeira. Inicialmente, trabalhei em áreas rurais, sobretudo em África. Testei as minhas ideias, assim como as de outros, e trabalhei pessoalmente com mulheres de diferentes países e em várias circunstâncias. Também organizei um encontro anual de especialistas de capacitação económica das mulheres chamado Fórum Power Shift para as Mulheres na Economia Mundial, para que as pessoas que trabalhavam nesta causa pudessem partilhar o que estavam a aprender. Em 2015, o meu foco mudou. Embora continue a levar a cabo pesquisa em áreas remotas, também participo em discussões de política de alto nível sobre a implementação de reformas globais que me levam às capitais do mundo.

É frequente ficar desanimada com o que observo. Os ministros das finanças dos países que gerem a economia mundial comprometem os defensores das mulheres ao tratá-los como auxiliares das senhoras. A Cooperação Económica Ásia-Pacífico (APEC) e o G20 podem organizar a «semana da mulher» ou dar início a um «grupo de trabalho» e até colocar uma frase sobre as mulheres nos seus comunicados, mas não contemplam as necessidades distintas de metade dos habitantes nos seus planos. Recusam-se a perceber como é que a exclusão das mulheres prejudica as suas economias ou como a inclusão das mulheres nos seus orçamentos nacionais poderia trazer o crescimento que tão desesperadamente procuram. Põem de lado a Economia XX baseados em nada mais do que preconceito.

É por isso que precisamos de si. Escrevi este livro na esperança de recrutar muitas vozes, mãos e mentes para esta causa da inclusão económica das mulheres. Proponho uma ação concreta, razoável e eficaz. Peço-lhe que se junte a este movimento, independentemente da sua identidade sexual e de género, raça ou origem. Pretendo chegar a quem trabalha numa fábrica, num escritório, numa quinta, em casa ou online. Neste livro, sempre que disser «*Nós* devemos fazer isto...» ou «*Nós* podemos concluir que...», refiro-me a *todos* nós.

Porque é que só agora estamos a ter conhecimento desta economia informal? Existiram dois obstáculos: falta de dados e uma forma enviesada de analisar os sistemas de intercâmbios. As medições económicas focam-se nas trocas monetárias, mas grande parte do contributo económico da mulher, como trabalho doméstico ou agrícola, não é compensado. Além disso, a unidade mais pequena de dados que normalmente registamos é o agregado familiar, em que o vencimento da mulher costuma ser atribuído ao chefe de família homem. Bastam estas duas razões para os nossos sistemas, a maior parte das vezes, não detetarem a atividade económica das mulheres.

Para tornar as coisas ainda piores, as instituições — das universidades aos governos — não têm por hábito recolher ou analisar os dados por género. Na altura do movimento feminista dos anos 70, muito poucas mulheres prosseguiam estudos superiores; consequentemente, nenhuma disciplina se dedicou muito às mulheres. Ao longo dos últimos 50 anos, à medida que a presença académica das mulheres aumentou, tanto em números como em relevância, seguiram-se as disciplinas, desde história, antropologia, psicologia, sociobiologia, arqueologia, medicina e biologia — apenas para nomear algumas — que se transformaram quando se fez a simples pergunta: então e as mulheres? Mas ainda existem alguns campos que até ao momento estão intocados por esta onda de mudança intelectual: a economia é um deles. Entretanto, a falta de dados de género consistentes significou que a comparação do bem-estar das mulheres *de um país* com as mulheres *de outro*, ou até a comparação do *passado* com o *presente*, tem sido impossível de fazer sistematicamente.

O maior obstáculo, porém, tem sido o grande desprezo que os economistas demonstram para com as mulheres, que os tem impedido de abordar essa questão. Os responsáveis pela gestão das engrenagens das economias nacionais estudam nos programas de doutoramento dos departamentos de economia das universidades, onde aprendem a pensar que a economia é uma máquina desinteressada que opera muito acima da esfera onde questões como exclusão de género têm lugar. É também nas universidades que os economistas aprendem a denegrir e a ignorar as mulheres enquanto classe.

A animosidade dos economistas homens para com as mulheres foi recentemente tópico de artigos no *The New York Times*, *The Washington Post*, *The Financial Times* e *The Economist*. A atenção da imprensa foi despertada por um estudo que revelou, com pormenores chocantes, o que os economistas dizem sobre as mulheres em privado. Foram analisadas um milhão de publicações de um grupo de discussão em que alunos de economia e corpo docente falam sobre os colegas para atestar se, quando estão desprevenidos, os economistas falam sobre homens e mulheres de forma diferente. As palavras usadas com maior frequência sobre as colegas mulheres eram: *mais sensual, lésbica, sexismo, mamas, anal, casar, feminazi (feminista radical), cabra, boa, vagina, tetas, grávida, gravidez, gira, casada, cobrança, deslumbrante, excitada, fraquinho, linda, secretária, acabar, compras, namorar, sem fins lucrativos, intenções, sexy, sair* e *prostituta*. Os termos usados em relação a homens foram: *matemático, tarifação, conselheiro, rigoroso, motivado, Wharton, objetivos, Nobel* e *filósofo*. As mulheres economistas disseram aos jornalistas que estas listas de palavras refletiam a forma como os economistas mais experientes ensinam os membros mais novos a desacreditar as mulheres.[1]

A economia é o campo mais dominado por homens nas universidades do mundo inteiro — mais do que nos campos da ciência, tecnologia, engenharia e matemática (STEM). Devido ao número crescente das mulheres na ciência, em alguns países, mais de metade dos doutoramentos em ramos científicos são de mulheres — como nos Estados Unidos —, mas representam menos de um terço dos doutorados em economia.[2] A representação das mulheres não melhorou durante décadas porque os economistas não veem qualquer problema com a desigualdade de género. Como a economista Shelly Lundberg explica: «A convicção geral, na maioria das disciplinas, é que a diversidade *per se* é boa. A economia tradicional tende a rejeitar isso — um reflexo da vontade de acreditar que a falta de diversidade é um resultado de mercado eficiente. É muito mais provável que os economistas acreditem que se não existem muitas mulheres no ramo, deve ser porque elas não se interessam muito ou não são muito produtivas.»[3]

Contudo, a cultura dos departamentos de economia sugere uma explicação muito diferente: 48% das professoras de economia dizem ter experienciado discriminação sexual no emprego. Existe um ambiente generalizado de *bullying*: muitos apontam para as apresentações de pesquisa económica exigidas aos novos funcionários, professores auxiliares e alunos de doutoramento, que estão sempre sujeitos a escrutínio hostil pelo corpo docente masculino «a tentar encostar o orador à parede.» Em conferências académicas, 46% das mulheres admitem não responder a uma pergunta ou não apresentar uma ideia por medo de serem tratadas de forma injusta. Em 2018, a Associação Económica Americana reconheceu que a misoginia no ramo resultava num «comportamento inaceitável [o qual] foi permitido que continuasse através de uma atitude de tolerância tácita.» Leah Boustan, uma economista de Princeton, explica que os professores de economia veem as mulheres como uma classe inferior, cuja participação na disciplina ameaça os seus estatutos. Assim sendo, estes académicos intimidam as mulheres, na esperança de que elas saiam — de maneira a manterem o seu prestígio intacto.[4]

A economia enquanto disciplina tem um impacto desmesurado na sociedade devido ao seu papel de aconselhamento aos governos. «Se o preconceito de género sistémico desvirtua a forma como o ramo analisa as coisas», segundo o *The Economist*, «tem implicações para os legisladores e outros que recorrem a economistas académicos para obterem análises, aconselhamento ou até conhecimento.»[5] Os preconceitos dos professores de economia contra as mulheres reais traduzem-se numa atitude negativa em relação ao tópico da economia de mulheres, dificultando a prevalência da Economia XX na agenda global.

A filosofia que sustenta esta postura intransigente também coloca um obstáculo imponente. O primeiro princípio é o de que a economia se constrói pelas ações coletivas de indivíduos racionais, informados, que atuam de forma independente para fazerem escolhas livres no seu próprio interesse. Acredita-se que, se essa economia for deixada à sua sorte, irá reunir uma otimização dos resultados para todos — independentemente de quão desiguais as coisas possam parecer — como se estivessem a ser guiadas pela famosa «mão invisível» de Adam Smith. Se alguém não beneficiou desta agilidade económica, ou tem algum defeito inato ou escolheu incluir-se nas suas desvantagens.

A Economia XX debate-se com condições que são tão opostas a estas premissas básicas que falsificam toda a filosofia. Como iremos ver ao longo deste livro, as mulheres, enquanto classe, têm escolhas severamente limitadas, é-lhes sonegada informação importante de forma ativa, e são castigadas por mostrarem algo que pareça interesse próprio. De facto, no que respeita a escolhas económicas, é raro as mulheres poderem agir de forma independente; pelo contrário, são frequentemente coagidas a agir irracionalmente — ou seja, contra aquilo que mais lhes convém. As mulheres lutam contra a *exclusão* económica, não apenas contra resultados económicos desiguais — uma circunstância que a ciência sombria nem sequer tem ferramentas para conceptualizar. E a única explicação que a filosofia dominante pode oferecer é que *(a)* as mulheres são biologicamente inferiores no que respeita a qualquer tipo de envolvimento económico ou *(b) escolheram* colocar-se numa posição desfavorecida em *todos* os países e em *todos* os domínios na economia mundial, uma premissa que é tão fanática como improvável. Portanto, logo nas bases, a filosofia da economia

A OPORTUNIDADE ECONÓMICA DAS MULHERES E A COMPETITIVIDADE NACIONAL

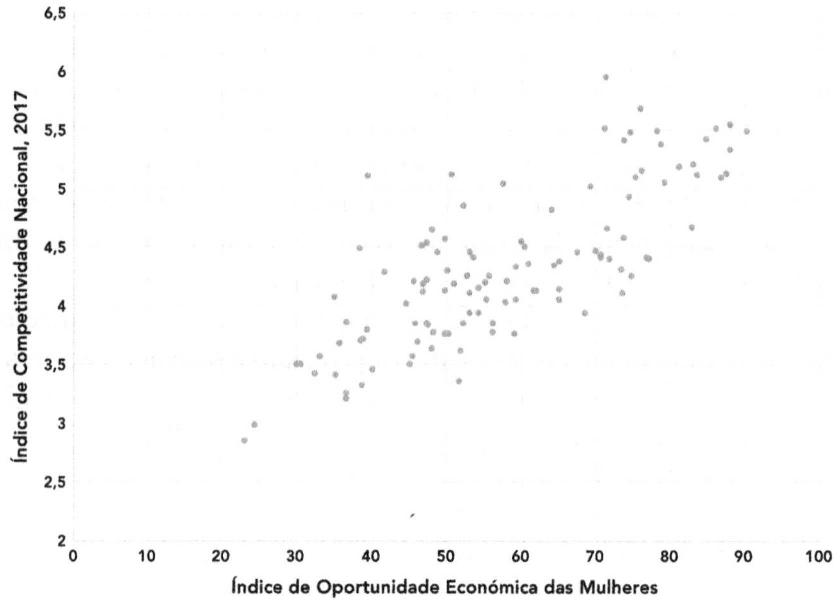

A OPORTUNIDADE ECONÓMICA DAS MULHERES E O PIB

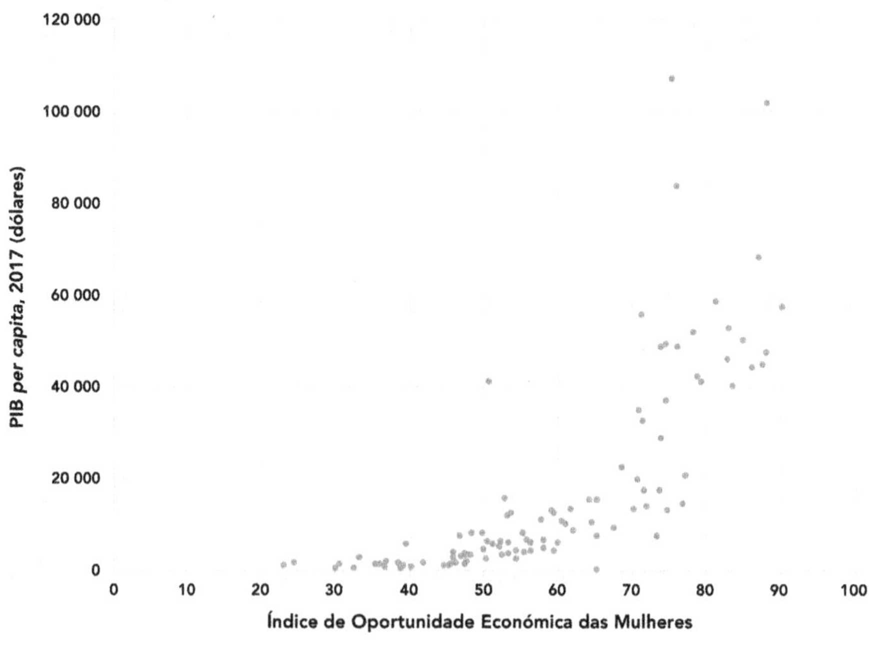

do mercado global nem sequer consegue incluir metade das pessoas que habitam o mundo. Como advertiu uma economista que escreveu no *The Financial Times*: «É tão mau ter sobretudo pesquisa económica e aconselhamento político feitos por homens como é testar medicamentos sobretudo nos homens. Os resultados irão falhar a pelo menos metade da população.»[6]

Devido a esta insistência da academia, a análise dos dados que revelou o perfil da Economia XX foi feita por grupos de género do seio de agências internacionais grandes e não nas universidades. No início deste século, instituições de renome como o Programa de Desenvolvimento das Nações Unidas e o Fórum Económico Mundial começaram a comparar medições do estatuto da mulher (educação, emprego, liderança, saúde, direitos jurídicos) com os dados de desempenho das economias nacionais.»[7] Dados os pressupostos básicos da economia como a conhecemos, surpreenderam-se ao descobrir uma correlação impressionante entre igualdade de género e viabilidade da economia nacional (Figura 1). Onde a igualdade de género era alta, os rendimentos nacionais e padrões de vida também eram altos, mas onde a igualdade de género era baixa, os países viam-se encurralados na pobreza e no conflito.

FIGURA 1. (ao lado) Cada ponto nos dois gráficos aqui mostrados representa a pontuação do Índice de Oportunidade Económica das Mulheres de um país em relação quer à prontidão para o crescimento (topo) quer ao PIB (base). Há aproximadamente cem nações apresentadas em cada gráfico; todas aquelas para as quais os dados estavam disponíveis foram incluídas. No gráfico superior, a direção ascendente direita dos pontos indica que mais liberdade económica para as mulheres corresponde positivamente à competitividade nacional, uma medida da prontidão de um país para o crescimento. Na base, existe um padrão semelhante entre o PIB *per capita* e a capacitação económica das mulheres. Estes dois gráficos em conjunto, mostrando o «antes» e o «depois» do aumento do PIB, implicam que as liberdades das mulheres têm um efeito positivo na riqueza nacional. Foram convergidos outros dados para chegar à mesma conclusão.

Fontes: base de dados do Banco Mundial para o PIB em paridade de poder de compra; *Unidade de Inteligência Económica para o Índice de Oportunidade Económica das Mulheres; Fórum Económico Mundial para o Índice Nacional de Competitividade.*

No início, as pessoas disseram: «Oh, pronto, nos países pobres, têm de se preocupar com a sobrevivência, portanto, é necessário que o homem seja dominante. As nações ricas estão mais confortáveis, logo, podem dar-se ao luxo de deixar as mulheres terem mais liberdade.»[8] Porém, nunca houve provas de que o domínio masculino seja necessário à sobrevivência. De facto, já podemos dizer, com considerável fundamentação de provas conclusivas, que o domínio masculino desmedido é um fator desestabilizador que reduz as hipóteses de sobrevivência, sobretudo porque é muito frequente isso levar ao conflito. Mas a explicação por defeito de que a desigualdade de género era um luxo — e que o poder masculino favorecia de alguma forma as populações — enquadrava-se nas crenças das pessoas, levando as pessoas a aceitarem essa crença.

Em 2006, contudo, o *Relatório Anual de Desigualdade de Género* do Fórum Económico Mundial começou a enquadrar a economia de género de forma diferente, assumindo que a inclusão da igualdade das mulheres nas economias nacionais suscitava crescimento e que, sem a justa inclusão das mulheres, os países iam estagnar. A solução para os países pobres, portanto, era copiar as nações ricas ao aceitar a igualdade de género. A lição subentendia: não se trata de as nações ricas poderem dar-se ao luxo de deixar as suas mulheres livres, mas que a libertação das mulheres as enriquecia.

Atualmente, foram gerados ainda mais dados e análises mais aprofundadas feitas pelo Fundo Monetário Internacional, pelo Banco Mundial, UNICEF e várias incubadoras de ideias globais.[9] Em 2018, todo este material convergiu para mostrar que a igualdade de género influenciava positivamente a riqueza do país e bem-estar geral, enquanto também mostra as influências negativas do monopólio económico masculino. Durante o mesmo período, estudos práticos mais pequenos — como o nosso, no Gana — examinaram os mecanismos que produzem igualdade de género e testaram intervenções para encontrar o que «funciona» para levantar os limites à participação feminina. Ultimamente, a nossa compreensão do papel da mulher na economia mudou drasticamente.

A Economia XX pode ser entendida de uma forma similar à da economia clandestina, a economia *freelancer*, a economia de informação e a economia informal. Cada uma destas é uma parte identificável do sistema mundial, embora nenhuma seja completamente autónoma; todas surtem um efeito na economia global e irão desempenhar uma função no seu futuro, para o bem ou para o mal. A Economia XX é uma economia composta por mulheres. Tem certas formas de negociar, assim como produtos e serviços típicos. E, embora seja tão invisível como a economia clandestina para muitos, a Economia XX irá afetar o futuro, tal como o fez no passado. O propósito do movimento para a capacitação económica das mulheres é tornar esse futuro melhor, não pior.

No início do movimento para a capacitação da economia das mulheres, normalmente defendíamos a Economia XX com base no impulso expectável no crescimento económico. Essa estratégia despertou interesse — sobretudo em economistas e ministros das finanças interessados no crescimento, mas insensíveis aos apelos por justiça social para as mulheres. Ao longo do tempo, começámos a usar o PIB como indicador da magnitude e direção de qualquer efeito de grande escala quando as mulheres eram incluídas (ou não). É desta forma que vou usar o PIB. Não estou a sugerir que devemos capacitar as mulheres baseando-nos apenas no crescimento. Esta motivação indiscriminada de obter mais crescimento é uma característica definidora da economia patriarcal; não deve ser o nosso principal objetivo.

Os números revelam que a Economia XX é enorme; só o pior cego é que não quer ver e leva os economistas a não captarem. Para ilustrar, se a Economia XX nos Estados Unidos fosse a sua própria nação, a economia desse país bastaria para aderir ao G7. As mulheres já produzem aproximadamente 40% do PIB global, e o seu contributo irá em breve equiparar-se ao dos homens. As mulheres produzem quase 50% da produção agrícola mundial. Apesar de representarem metade da espécie, metade do rendimento nacional e metade do fornecimento alimentar, as mulheres são, no entanto, tratadas como intervenientes secundárias pelos economistas e políticos.[10]

A Economia XX é também a fonte mais fidedigna de crescimento económico. Quando, nos anos 70, um número maior de mulheres entrou no mercado de trabalho na América do Norte e na Europa Ocidental, causou uma curva ascendente na economia que tornou os seus países as potências que vemos atualmente. A capacidade que as mulheres trabalhadoras têm de criar prosperidade está agora provada recorrendo a dados de 163 países.[11] Os homens, em todos os países, formam o pilar da economia porque quase todos trabalham, mais ou menos constantemente. Portanto, a menos que haja uma revolução na produtividade, o crescimento não virá do trabalho masculino, pois os homens já estão no limite. Já as mulheres representam muitas vezes um recurso inexplorado ou subutilizado, portanto, envolver mais mulheres leva a economia a crescer. Os dados revelam que a entrada das mulheres no mercado laboral é complementar, ou seja, a nova tendência não resulta em despedimentos para os homens, como muitas vezes se teme. Está provado que a crença de que a inclusão económica das mulheres é um jogo de soma zero — ou seja, que as conquistas de um sexo se dão à custa do outro — é falsa.

Ao contribuir para a prosperidade dos seus países, a capacitação económica das mulheres produz um melhor ambiente para todos os cidadãos. Mas o contrário também é verdade: onde as mulheres não têm liberdade, todos sofrem. Nos países mais pobres e frágeis, os indicadores de igualdade de género são os mais baixos e os efeitos da exclusão económica das mulheres os mais devastadores; a desigualdade de género perpetua a pobreza e contribui para a violência, assim como aumenta a fome, não colmata necessidades infantis, desperdiça recursos, alimenta a escravatura e incentiva o conflito. O impacto destrutivo do domínio masculino extremo nestas sociedades é sentido por todos na Terra.

A capacitação das mulheres é agora uma estratégia comprovada na luta contra o sofrimento. «Como estudo após estudo nos ensinou, não há ferramenta mais eficaz para o desenvolvimento do que a capacitação das mulheres», escreveu Kofi Annan, secretário-geral das Nações Unidas, no discurso inaugural da apresentação do Relatório da UNICEF *Situação das Crianças do Mundo*, em 2007. «Não há outra política com maior probabilidade de aumentar a produtividade económica e de reduzir a mortalidade infantil ou materna. Não há outra política que com tanta certeza vá melhorar a nutrição e promover a saúde, incluindo a prevenção do VIH/sida. Nenhuma outra política é tão poderosa para aumentar as oportunidades à educação da geração vindoura.»[12] No entanto, apesar da capacidade notória da emancipação económica das mulheres para reduzir o sofrimento dos países mais pobres, apenas a fatia mais fina da ajuda internacional é destinada às mulheres.

No mundo inteiro, o custo de oportunidade da exclusão da Economia XX é profundo. Por exemplo, o fracasso das nações ricas em investirem em cuidados infantis obriga ao despedimento de milhões de mulheres que preferem trabalhos a tempo inteiro a trabalhos a tempo parcial, deixando assim que milhares de milhões fiquem por ganhar em PIB. «A penalização da maternidade» é também a que mais contribui para as disparidades salariais entre géneros. O Banco Mundial estima que, devido à disparidade salarial, a economia global perde 160 biliões de dólares anualmente,[13] enquanto penaliza a Economia XX por parte do trabalho económico mais importante: cultivar o capital humano.

Uma população educada e saudável é o recurso mais valioso que uma economia moderna pode ter. O Ocidente, no entanto, passou a ver as crianças como luxos privados e não como bens públicos. Os pais têm de esbanjar dinheiro e esforço com os filhos até eles se conseguirem sustentar. Quando crescem, é raro ser esperado deles que deem apoio económico aos pais. Portanto, criar filhos soa a consumo, não a investimento. Talvez por isso as pessoas das nações ricas tenham perdido de vista como cada geração vindoura é importante para todos os que estão para vir — todos temos de confiar *nos filhos dos outros* para serem os nossos bombeiros, polícias e equipas de construção, já para não falar nos professores, médicos, músicos e bibliotecários que tornam as nossas vidas mais seguras e felizes.

A Economia XX estabelece as bases para um futuro positivo através da despesa criteriosa nas famílias e comunidades. Embora a opinião dominante *em todo o lado* seja de que as mulheres são consumistas fúteis que estoiram o dinheiro em roupa e cosmética e os homens são seres económicos racionais e responsáveis, existem provas que revelam que esta crença é precisamente uma ideologia de género. Os homens, como grupo, optam frequentemente por gastar dinheiro nas suas indulgências; em vez de partilharem com as famílias, até põem os gastos em vícios como álcool, tabaco, jogo, prostituição e armas acima da educação dos filhos. Em contraste, as mulheres, enquanto grupo, gastam primeiro nas suas famílias, sobretudo nos filhos e nas comunidades. Um relatório do Global Markets Institute, da Goldman Sachs, discutia que o BRIC (Brasil, Rússia, Índia e a China) e os países «Next 11» (Bangladesh, Egito, Indonésia, Irão, México, Nigéria, Paquistão, Filipinas, Turquia, Coreia do Sul e Vietname) têm de atingir a igualdade de género para conseguirem criar uma classe média, patamar que todas as economias de mercado precisam para alcançarem estabilidade. A Goldman Sachs alegou que o dinheiro gasto pelas mulheres na melhoria do bem-estar doméstico — nutrição, educação, cuidados médicos, vestuário, cuidados infantis e bens de consumo duráveis — é o que constrói a classe média.[14] Estudos têm vindo a demonstrar repetidamente que, mesmo nas comunidades mais pobres, a capacitação económica das mulheres aumenta as despesas na educação, nutrição e cuidados médicos, fortalecendo os países nesse processo.

Apesar da centralidade das mulheres no nosso bem-estar material, a Economia XX é consistentemente subestimada. Isto deve-se à convicção global que persiste de que as mulheres simplesmente merecem menos. Podemos constatar isto, por exemplo, nos dados sobre Igualdade Salarial por Trabalho Semelhante recolhidos todos os anos pelo Fórum Económico Mundial (FEM).[15] Na sondagem de opinião executiva do FEM, pergunta-se a gestores de 132 nações: «No seu país, para trabalho semelhante, até que ponto os salários das mulheres são iguais aos dos homens?» A soma das respostas não é um relatório direto de pagamento factual, mas uma média de qual é a prática normativa naquele país — quanto recebem as mulheres, implícita e habitualmente, *com justiça*. Como se pode ver na Figura 2, não há nenhum país no mundo onde seja comum pagar o mesmo a ambos os sexos pelo mesmo trabalho. Uma regra de ouro global diz que uma mulher vale apenas 65% do homem, independentemente do trabalho que estejam a desempenhar. Este preconceito leva à subordinação da mulher em todos os domínios económicos.

Em todo o tipo de trabalho em todos os setores, em todas as profissões e em todos os países, as mulheres recebem menos do que os homens; todas as fontes de informação salarial, recolhidas por qualquer método, chegam a esta conclusão. Apenas através de manipulação desonesta dos dados é possível chegar a outras conclusões.

Infelizmente, muitos apologistas do domínio masculino estão dispostos a fazer isso, só para conseguirem criar um *meme* a alegar que «a disparidade salarial entre géneros é ficção.» Estes *trolls* manipulam dados salariais para controlar a influência claramente de género, sobretudo o impacto do trabalho doméstico e cuidados infantis nas carreiras das mulheres, e depois anunciam triunfantemente que não existe discriminação de género.

Em boa verdade, o fardo da situação da Economia XX é o da servidão; as chamadas «obrigações» no lar penalizam as mulheres no local de trabalho e aumentam o seu risco económico pessoal. As mulheres de todos os países trabalham tantas horas totais como os homens (ou até mais), mas uma vez que as mulheres carregam o fardo do trabalho doméstico não-remunerado, ficam com menos horas para dedicar a trabalho pago, assim como a tempo livre. Os homens podem trabalhar mais horas pagas — e usufruir dos benefícios económicos — porque as mulheres estão em casa a servi-los.

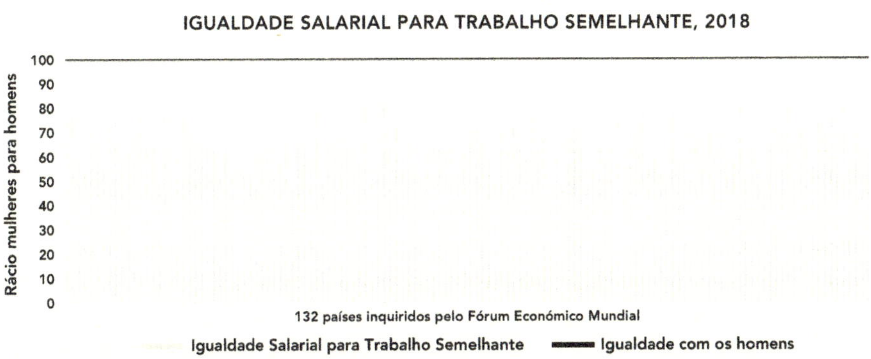

FIGURA 2. A medida da Igualdade Salarial para Trabalho Semelhante é expressa enquanto a percentagem de pagamento aos homens que as mulheres recebem pelo mesmo trabalho ou similar. A barra negra marca o nível em que as mulheres seriam pagas igualmente aos homens. Pode-se facilmente ver que as mulheres não são habitualmente pagas de forma igual pelo mesmo trabalho em qualquer país do mundo. Os países são mostrados por ordem alfabética, começando pela Albânia e terminando na Venezuela.

Fonte: Fórum Económico Mundial, Relatório Global da Disparidade de Género, 2018.

As comparações transnacionais demonstram este compromisso para mulheres e governos. Como ilustrado na Figura 3, a participação das mulheres na força laboral levou a um PIB *per capita* mais elevado em países ricos como a Suécia, os Estados Unidos e o Reino Unido, todas as nações onde as mulheres trabalham em números quase iguais aos dos homens, mas com menos horas pagas. As mulheres nestes países ainda fazem mais trabalho doméstico do que os homens — de 30% mais na Suécia para quase o dobro desse valor no Reino Unido. Assim, mulheres e homens trabalham um número igual de horas no total, mas os homens estão a ser pagos durante a maior parte do seu tempo,

TRABALHO REMUNERADO E NÃO-REMUNERADO POR GÉNERO

	Participação na força laboral (rácio mulher/ /homem)	PIB *per capita* (milhares de dólares)	Tempo por semana passado com trabalho não- -remunerado (rácio mulher/homem)	Total de horas por semana (rácio mulher/ /homem)	Tabela de Participação e Oportunidade Económica FEM (de 144) em 2017
SUÉCIA	95	51,5	1,3	1,00	12
EUA	86	59,5	1,6	1,01	19
REINO UNIDO	87	44,1	1,8	1,04	53
MÉXICO	59	19,9	2,8	1,02	124
TURQUIA	44	26,9	3,6	1,15	128
ÍNDIA	35	7,2	6,8	1,21	139

FIGURA 3. A percentagem de mulheres que trabalham varia do topo para a base desta tabela, mais ou menos correspondente ao PIB *per capita* de cada país. Esta é a ligação entre as mulheres trabalhadoras e a riqueza nacional. A terceira coluna mostra o rácio de tempo que as mulheres nesse país, em comparação com os homens, passam em trabalho não--remunerado. Na quarta coluna está a relação entre todas as horas de trabalho, remuneradas ou não, em comparação com os homens. A quinta coluna mostra a classificação de cada país no Índice de Participação Económica e Oportunidade do Fórum Económico Mundial. Quanto mais trabalho doméstico as mulheres fazem, menos oportunidades lhes são oferecidas.

Fontes: Fórum Económico Mundial, Relatório Global da Disparidade de Género, 2017, para a classificação do trabalho, da participação e das oportunidades económicas; CIA, *World Factbook*, 2017, para o PIB *per capita*; base de dados da Organização para a Cooperação e Desenvolvimento Económico, atualizada, acedida a 2 de novembro de 2018.

enquanto as mulheres estão a fazer mais trabalho não-remunerado. O México, a Turquia e a Índia têm uma menor participação laboral feminina e, consequentemente, um PIB mais baixo. As mulheres em casa constituem um custo de oportunidade significativo para estas nações. As suas mulheres fazem três a sete vezes mais trabalho doméstico que os homens. A carga doméstica é tão enviesada na Turquia e na Índia que as mulheres trabalham em casa uma ou duas horas mais que os homens todos os dias — continuam a lavar o chão enquanto os maridos veem televisão.

A viabilidade económica das mulheres está, portanto, inversamente relacionada com a sua posição em casa: quanto mais trabalho doméstico fazem, menos oportunidades económicas têm. A subserviência no lar também impõe perdas desproporcionais e riscos às mulheres. O normalmente esperado é que subordinem a ambição delas à dos maridos. É praticamente *sempre* a mulher que se despede ou passa a tempo parcial quando nascem os filhos; ele continua a fazer carreira enquanto a dela se afunda ou se esvai em fumo. As mulheres recusam oportunidades para avançar porque os maridos se recusam a mudar de cidade, enquanto se espera que as mulheres se desloquem pelos maridos. As «responsabilidades» das mulheres no lar vão resultando em rendimentos mais baixos e menos evolução no trabalho, mas o impacto não se fica por aí: se um casal se divorcia ou o marido morre, a mulher e os filhos de ambos vão passar por dificuldades económicas e muitas vezes acabam na pobreza. Devido a toda uma vida de acumulação de desvantagens económicas, a pensão de reforma de uma mulher vai ser significativamente menor do que a do homem, portanto, é mais provável que as mulheres sejam mais pobres na velhice, se tornem fardos para famílias e governos.[16]

O trabalho que as mulheres fazem em casa é essencial para o funcionamento do sistema económico. Porém, a prática de calcular apenas o dinheiro como indicador de atividade económica significa que o trabalho feito em casa não tem um valor associado. Infelizmente, essa omissão desenvolveu, ao longo do tempo, uma propensão da parte dos economistas para tratarem esse trabalho como se não tivesse qualquer valor. É por esse motivo que economistas feministas e defensores ativos da capacitação económica das mulheres estão a esforçar-se bastante para levar os governos e os seus conselheiros a calcular o valor deste trabalho não-remunerado e a incluí-lo nos seus modelos.

A Economia XX nunca desfrutou de uma parte igual da riqueza que ajuda a produzir, em grande parte porque as mulheres não têm sido proprietárias equitativas dos bens da família. Globalmente, menos de 20% dos proprietários de terra são mulheres. Como a terra há muito que é o principal fundo de riqueza da sociedade — e as mulheres quase sempre foram proibidas de a deter —, as mulheres detêm atualmente muito menos capital a nível global do que os homens. Mesmo com expansão de riqueza que permitiu a algumas mulheres enriquecer, elas continuam a não receber uma parte justa.[17]

Outra razão pela qual as mulheres detêm hoje menos riqueza é o facto de não terem tido os meios para manter o dinheiro em segurança e em privado, nem a capacidade de o investir. Há séculos que a Economia XX é barrada do sistema financeiro; só nos anos 70 é que as mulheres ocidentais ganharam o direito de ter contas bancárias e cartões de crédito em seu nome. Hoje em dia, as mulheres nos países em vias de desenvolvimento exigem esses mesmos direitos. Infelizmente, o desrespeito pelas mulheres continua na ordem do dia nas finanças, mesmo quando é do interesse do setor dar-lhes as boas-vindas. Os banqueiros protestam que as mulheres são investimentos arriscados, que querem saber é de bebés e não de negócios, que são clientes financeiras desvantajosas — qualquer desculpa de que se lembrem. Mas nada do que o setor financeiro diz para depreciar as mulheres deve ser levado a sério, porque estas instituições não separam os seus registos por género, por isso, as suas opiniões baseiam-se em estereótipos e não em provas.[18] Literalmente, não sabem do que estão a falar.

Num mundo que se congratula com o intercâmbio aberto e o comércio livre, a Economia XX luta rotineiramente contra as barreiras à entrada no mercado baseadas no género. Historicamente, as mulheres no Ocidente viram-se barradas em guildas, sindicatos, cooperativas e conselhos de marketing, algo que ainda se verifica noutras partes do mundo. Mas ao nível do intercâmbio global, em que os mercados e os lucros são muito grandes, a exclusão das mulheres é quase total. Muito poucas mulheres participam no comércio internacional ou ganham grandes contratos de vendas institucionais, ambas as áreas da economia em que os homens controlam uns espantosos 99% dos negócios. No entanto, de acordo com o Fundo Monetário Internacional, introduzir um melhor equilíbrio entre os géneros no comércio global seria benéfico, porque essa diversidade torna as economias mais resistentes a recessões e mais propensas à inovação.[19]

A Economia XX também é limitada no mercado porque as mulheres têm acesso limitado aos recursos produtivos. Por todo o lado, as mulheres têm dificuldade em comandar o equipamento, a mão de obra e os materiais necessários para fundar e desenvolver as suas próprias empresas. Clientes e fornecedores acreditam que é admissível enganar as mulheres, tornando-as talvez impossibilitadas de obter os mesmos lucros que os seus concorrentes masculinos. Embora as limitações sejam sistémicas, as empresárias são frequentemente criticadas por um crescimento mais lento dos negócios; os detratores insistem que «as mulheres simplesmente não sabem nada sobre negócios» ou que «as mulheres não levam realmente o crescimento a sério».

O funcionamento eficiente de um mercado pressupõe o livre fluxo de informação. Mesmo na era digital, contudo, as mulheres têm menos acesso aos dados. Enquanto as mulheres nos países desenvolvidos utilizam recursos como a Internet e os telemóveis em números iguais aos dos homens, tem havido uma grande diferença de género, no resto do mundo, no acesso às tecnologias de comunicação e informação. A disparidade deriva de hábitos antigos de manter as mulheres em casa e de controlar a sua comunicação com o mundo exterior.

Devido a barreiras históricas de género à aprendizagem, a Economia XX sempre teve um acesso limitado à informação. Desde a invenção da escrita e da matemática que as sociedades limitam a educação das mulheres. As culturas ancestrais proibiam a literacia às mulheres; atualmente, mulheres adultas são mais frequentemente iletradas do que qualquer segmento da população mundial. Ao longo dos milénios, a educação para as raparigas — onde existia — centrou-se nas artes domésticas, deixando as questões de direito, medicina, finanças, governo e gestão para os rapazes. As mulheres só foram admitidas nas universidades no século XIX, e algumas disciplinas, no geral, ciências e matemática, foram-lhes proibidas até ao final da Segunda Grande Guerra. Quando as mulheres encerraram a disparidade de resultados nestas disciplinas, durante os anos 90, foi porque os governos lhes tinham dado pelo menos igual acesso às aulas de matemática avançada.[20] Quaisquer alegados défices cognitivos tinham sido causados não por cérebros femininos inferiores, mas por homens que negavam escolaridade às mulheres.

Atualmente, as mulheres do mundo estão a aproximar-se da igualdade com os homens na educação pela primeira vez na História; de facto, nos países desenvolvidos, já têm níveis de escolaridade equiparados ou mais elevados do que os homens. Porém, as mulheres continuam a ser impedidas de realizar o seu potencial. Considere-se que entre os países do G7 — os Estados Unidos, o Reino Unido, a França, Alemanha, Itália, Japão, e Canadá — as mulheres entre os 25 e os 54 anos têm 10% de maior probabilidade de terem completado o ensino superior do que os homens da mesma idade (Figura 4). Embora a participação da mulher na força laboral seja muito alta e as mulheres ocupem um número igual de empregos profissionais e técnicos que exigem a formação e competência mais especializada, não progrediram a uma taxa compatível com a sua qualificação: os homens têm o dobro da probabilidade de deter cargos de liderança nos setores público ou privado. Esta falta de avanço é uma razão para, nos países do G7, as mulheres ganharem apenas 62% da remuneração dos homens. Entretanto, as jovens do G7 estão atualmente matriculadas no ensino superior quase 20% com mais prevalência que os homens. A menos que as barreiras que bloquearam a geração anterior sejam removidas, a próxima coorte de mulheres jovens avançará lentamente nas suas carreiras e será subalternizada em todas as fases.

Pensemos no que engloba educar estas mulheres. Poupanças de família. Empréstimos e bolsas do governo. Contributos às universidades. Impostos dos contribuintes.

Estes países estão a utilizar recursos significativos para educar as mulheres, contudo, estão a subutilizar o talento feminino.

Ironicamente, os países do G7 enfrentam a possibilidade iminente de desaceleração de crescimento ou até de crescimento nulo, um problema que uma melhor inclusão das mulheres iria resolver. Há também uma disparidade de competências à espreita em que novos empregos irão exigir trabalho altamente especializado, mas não haverá

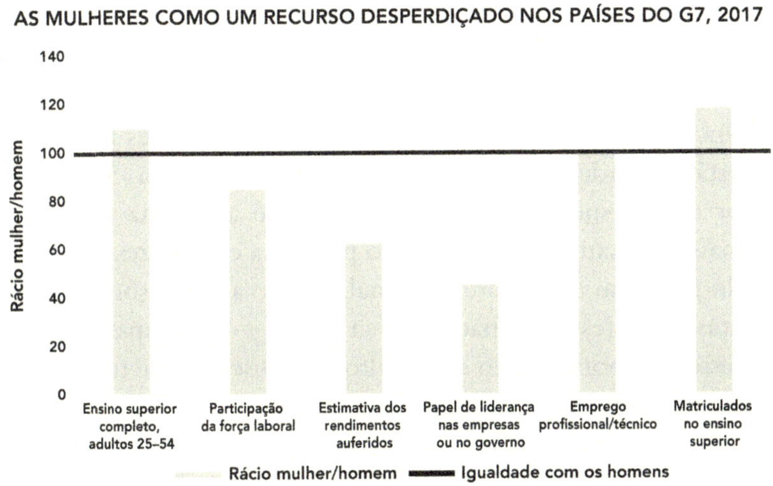

FIGURA 4. As colunas mostram medidas económicas chave como o rácio mulher para homem. A barra preta marca onde as mulheres ficariam iguais aos homens. Onde a coluna ascende acima da barra, as mulheres ultrapassaram os homens; as colunas que ficam abaixo da barra mostram que a igualdade não foi atingida. Então, a partir da esquerda, as mulheres no G7 ultrapassaram os homens na conclusão do ensino superior em 10%; são 85% da representação masculina na força laboral; recebem 62 cêntimos por cada dólar; ocupam menos de metade dos cargos de liderança que os homens; têm igual probabilidade de obter um emprego que exija competências especializadas; e atualmente estão matriculadas no ensino superior quase 20% mais mulheres que homens.

Fonte: Fórum Económico Mundial, Relatório Global da Disparidade de Género, 2017.

candidatos suficientes a preencher as qualificações — em parte porque os países do G7 estão a atirar as pessoas melhores para uma situação comprometedora. A Economia XX pode bem ser o recurso mais gratuitamente desperdiçado do mundo.

Igualmente importante para as economias nacionais, no entanto, é o poder da igualdade de género para reduzir custos que atrasam o crescimento. Por exemplo, a violência doméstica, um fenómeno intimamente ligado à desigualdade económica de género no seio das comunidades, é extremamente dispendioso para as nações. Para além do preço inestimável do sofrimento humano, temos as chamadas para a polícia, as idas à urgência, os abrigos de mulheres, os dias de trabalho perdidos e o aconselhamento psicológico; todos têm preços que podem ser usados para calcular os custos agregados. Em 2014, o *Copenhagen Consensus Center* calculou que, anualmente, os custos da violência entre parceiros íntimos contra as mulheres na economia global estão na ordem dos 4,4 biliões de dólares, ou seja, 5,2% do PIB. Para pôr em perspetiva, é aproximadamente a mesma percentagem que os países gastam com a educação primária e 30 vezes mais do que o mundo gasta em ajuda internacional. Como as agressões domésticas são muitas vezes testemunhadas por crianças — e os rapazes tendem a repetir este comportamento em adultos —, o seu impacto económico irá sentir-se durante muito tempo no futuro.

Porém, em termos globais, este fenómeno é drasticamente enviesado, os níveis mais altos de violência do parceiro apresentam-se nos países pobres, em conflito, onde a igualdade de género é mais baixa: na Suécia, por exemplo, 24% das mulheres experienciaram violência em suas casas; no Afeganistão, são 87%.[21] Com certeza, 24% das mulheres suecas suportarem violência é demasiado. Mas vamos centrar-nos nos 76% de homens suecos que não feriram as suas parceiras e, de facto, nunca sequer foram violentos, em relação a apenas 13% de afegãos de quem podemos dizer o mesmo. É certo, os homens, enquanto grupo, são drasticamente mais violentos que as mulheres, enquanto grupo — e a violência é sempre dispendiosa. Mas a violência de *todos* os tipos é mais baixa nos países com maior igualdade de género. Até a violência interestadual tem vindo a diminuir, no mundo inteiro, nas décadas que se seguiram à Segunda Guerra Mundial.[22]

A redução da violência global ao longo dos últimos 75 anos é agora referida como «a Longa Paz» em bolsas de estudo e política internacional. As instituições formais que apoiam essa tendência incluem as Nações Unidas e a União Europeia, que foram fundadas nos anos 40 com a intenção de evitar outro confronto como a Primeira Guerra Mundial — a guerra mais sangrenta na história da humanidade, com 58 milhões de vítimas. Estas organizações, concebidas primeiramente para alcançar a paz, têm diretrizes que incluem a igualdade de género como prioridade principal. De facto, os peritos atribuem a diminuição de violência interestadual desde a Guerra a três principais fatores: à expansão da atividade económica internacional, à disseminação da democracia e ao aumento drástico da igualdade de género.[23]

O governo do pós-Guerra pretendia redirecionar a atividade económica para longe dos gastos militares e no sentido do comércio internacional, como estratégia para manter a paz. Infelizmente, no início dos anos 50, o Ocidente foi obrigado a recorrer ao rearmamento em resposta à postura agressiva assumida pela União Soviética. Referindo-se a este rearmamento, o general Dwight D. Eisenhower, Presidente dos Estados Unidos, lamentou:

> Cada arma que é fabricada, cada navio de guerra que parte, cada míssil lançado representa, em última análise, um roubo aos que têm fome e não são alimentados, aos que têm frio e não têm roupa. Este mundo armado não está a gastar apenas dinheiro. Está a gastar o suor dos trabalhadores, o génio dos cientistas, as esperanças dos seus filhos... Esta não é, de todo, uma forma de vida, em qualquer sentido. Sob a nuvem da ameaça da guerra, temos a humanidade pendurada numa cruz de ferro.[24]

Embora o comércio internacional tenha crescido e a Longa Paz se tenha mantido, a Guerra Fria provocou uma enorme corrida às armas. O mundo continua a gastar imenso em armamento: nos dias de hoje, os Estados Unidos atribuem mais de metade do orçamento discricionário ao militar, uma quantia que aumentou abruptamente com o Presidente Trump. Imaginemos o bem que podia ser feito apenas com uma redistribuição parcial desse dinheiro. Neste livro, irei discutir assiduamente as ligações entre as economias bélicas, o domínio masculino, todas as formas de violência e a distribuição de recursos essenciais.

São as ameaças de violência que colocam constrangimentos à Economia XX. No entanto, agora sabemos que a violência masculina *não* faz parte da nossa componente biológica. Se a violência masculina fosse um estado inscrito que não conseguíamos mudar, o número de ataques às mulheres não variava em termos geográficos ou ao longo do tempo. Certamente, não veríamos sociedades inteiras, como a sueca, em que a esmagadora maioria dos homens não é violenta.

Com as evidências que temos disponíveis, na verdade, é-nos exigido que façamos uma distinção entre dois grupos de homens: aqueles que apoiam a igualdade de género e os que não apoiam. Sobretudo nos países ocidentais, estudos revelam que a maioria dos homens aceita princípios básicos como igualdade de acesso, pagamento e evolução. No entanto, ainda há aqueles que se mantêm hostis perante a presença das mulheres na economia e no subsequente crescimento de estatuto da mulher. São estes os que se zangam rapidamente quando o assunto vem à baila, o que depois influencia o comportamento dos homens que os rodeiam. Para além disso, as instituições económicas muitas vezes perpetuam a desigualdade de género de formas impercetíveis a estes homens de temperamento irascível, que frequentemente têm autoridade sobre homens mais razoáveis, em grande parte porque as organizações a que pertencem ainda consideram a agressão a forma preferida para a liderança. Acredito que estes comportamentos de grupo e normas institucionais perpetuam bastante a disparidade económica entre géneros, mas o efeito que produzem passa despercebido na urgência para encontrar o problema nas mulheres. Portanto, avançando, vou salientar o papel dos grupos, assim como a distinção entre *alguns* homens e a *maioria* dos homens.

Um resultado trágico da exclusão económica das mulheres é que elas passam a ser comercializadas como mercadorias. O tráfico de escravos que referi no início deste capítulo é um fenómeno global, maior do que nunca na História. A grande maioria dos escravos, cerca de 70%, são mulheres. Embora seja a vulnerabilidade económica que normalmente torna as mulheres vítimas de tráfico humano, o tráfico não se limita aos países pobres, como as recentes revelações da rede de tráfico sexual de Jeffrey Epstein ilustram. E, como se tornou evidente nesse caso trágico, as instituições destinadas a proteger mulheres vulneráveis falharam-lhes frequentemente. É por essa razão que Kevin Bales, perito em tráfico humano, aconselha a que a única forma de livrar o mundo da escravatura é capacitando economicamente as vítimas.[25]

A Economia XX também é alvo de hostilidade no local de trabalho e nos mercados do mundo inteiro. A maioria das mulheres ou foi vítima de agressão sexual no trabalho ou conhece alguém que passou por isso, mas esta realidade foi varrida para baixo do tapete durante tanto tempo que o movimento #MeToo apanhou as pessoas de surpresa. Existem predadores sexuais nas fábricas e nas empresas de alta tecnologia, tal como em Hollywood. Os supervisores perseguem trabalhadoras agrícolas e atacam-nas nos campos onde não podem ser vistas nem ouvidas. Os investidores de risco tentam atrair mulheres que procuram investimentos e depois recusam-se a apoiá-las, se não cumprirem. A violência nos transportes coloca as mulheres em perigo diariamente. Não há setor ou país em que as mulheres estejam seguras.

A Economia XX é também sistematicamente prejudicada pelo fanatismo do quotidiano. As empresas e outras instituições evitam confrontar esta realidade, optam por se esconderem atrás de «programas para a diversidade» vistosos, mas desonestos, e criam eufemismos para a intolerância, chamam-lhe «preconceito inconsciente». O preconceito inconsciente é um fenómeno cognitivo específico no qual hábitos enraizados de perceção produzem atalhos no processamento cerebral. Esses atalhos por vezes resultam em atos inconscientes de injustiça, mas isso acontece porque as ligações cerebrais já foram enraizadas durante anos de aprendizagem de que as mulheres são menos dignas. O termo é atualmente usado de forma disseminada, porém, não passa de uma cortina de fumo para desculpabilizar quem comete discriminação, inconsciente ou abertamente. Rotular toda a discriminação de «preconceito inconsciente» limita-se a oferecer uma desculpa para que os preconceituosos conscientes continuem a agir de forma injusta sem arrependimento.

Nas empresas em que os homens são dominantes — vamos estabelecer como norma empresas em que 70% ou mais dos funcionários sejam homens —, há mais assédio sexual e discriminação contra as mulheres. Porém, nestas empresas, há também uma marcada propensão para maltratar os funcionários homens. O *bullying* e a autocracia tornam-se ordem do dia. Nos setores dominados pelos homens, é mais provável que os patrões sejam «instituições gananciosas» — ou seja, que exijam uma dedicação desmedida de toda a energia mental e emocional do indivíduo, impondo aos funcionários que ponham o trabalho em primeiro lugar; exigem todo o tempo privado e desvalorizam outras formas de atividade, vida de família e horas de sono incluídas. Os homens que trabalham nessas empresas têm uma incidência significativamente maior de problemas de saúde, sobretudo cardíacos. É aqui que vemos o que os japoneses chamam *karöshi* — literalmente, «morte por excesso de trabalho».[26] Os ambientes tóxicos nessas empresas podem ser atribuídos, em parte, à dinâmica de grupo que se cria *entre* os homens, que, à medida que a tensão aumenta, tende a produzir mais agressão, assim como atitudes negativas para com as mulheres.

O equilíbrio do género torna os locais de trabalho mais cordiais e justos, ao mesmo tempo que estimula melhores resultados. Vários estudos mostram que os melhores resultados vêm de equipas compostas por mulheres e homens: produzem melhores produtos, mais inovação e resultados financeiros mais sólidos. Os quadros de direção compostos pelo menos com 30% de mulheres revelam um desempenho bastante melhorado, com resultados financeiros mais altos, riscos reduzidos, melhor administração, maior responsabilidade, gestão pessoal mais justa, maior transparência, mais operações sustentáveis em termos ambientais, e menor propensão para premiar salários ou bónus escandalosos.

Os governos e o setor público beneficiam de uma liderança diversificada porque uma maior transparência e redução de riscos protegem a estabilidade da economia no geral. Vários benefícios sociais e ambientais também são atribuídos aos valores que as mulheres trazem para a liderança empresarial. Um estudo de 2012 da Universidade da Califórnia de Berkeley revelou que as empresas com maior número de mulheres nos seus quadros têm maior probabilidade de investir em energias renováveis, de se empenharem a calcular e a reduzir os efeitos ambientais das suas produções e embalamentos, de implementar programas de redução de carbono entre os fornecedores, de incluir no planeamento e nas decisões financeiras o impacto das alterações climáticas, de ajudar os clientes a gerir os riscos das alterações climáticas, de se comprometerem a melhorar a eficiência energética das suas operações e de minimizar e mitigar as perturbações à biodiversidade.[27]

Portanto, a Economia XX traz uma ética à liderança que poderia reprimir os piores impulsos do sistema patriarcal. Tendo sido excluídas do mundo da alta finança e das fortunas rápidas ao longo da História, as mulheres parecem avaliar os riscos de forma mais realista que os homens. Tendo ficado encarregadas de criar os filhos, parecem demonstrar um horizonte mais alargado que os seus compatriotas homens quanto ao retorno de investimento, assim como maior aversão aos danos de longo prazo, como o que está a acontecer ao ambiente. Talvez devido ao seu foco histórico na casa e à conexão, as mulheres tenham maior probabilidade de investir nas suas comunidades, doar para beneficências e exigir responsabilização social pelos produtos e *stocks* que adquirem.

Nos países ricos, a inclusão da Economia XX aumenta a eficácia e o desempenho, enquanto reduz o risco e o desperdício. Nos países mais pobres, a facilitação da Economia XX pode agir como um contrapeso para a pressão implacável no sentido do desastre que o domínio exclusivo aos homens provoca. Mas o maior potencial pode estar ao centro: as «economias emergentes» — locais como o Brasil e a Turquia — classificaram-se entre os países com condições de género comparativamente melhores do que os países ricos e do desespero nas zonas de conflito. Estas economias de rendimento médio estão a conseguir, com sucesso, alcançar estabilidade e prosperidade, mas continuam vulneráveis, sendo que metade da sua população é profundamente prejudicada por práticas económicas discriminatórias. A capacitação económica das mulheres no contexto dos agregados familiares nas economias emergentes pode equiparar o poder de decisão das famílias, aumentar os meios de subsistência, reduzir o *stress* interpessoal e criar oportunidades para todos os membros.

As mulheres são desfavorecidas em termos económicos em todos os países do mundo. De facto, parece que as mulheres são injustiçadas economicamente em *todos* os grupos do planeta. Não há religião, etnia, classe ou grupo racial em que as mulheres, enquanto classe, sejam tão autónomas economicamente como os homens. Exatamente porque as mulheres são injustiçadas em todos os grupos, um programa para melhor incluir as mulheres economicamente beneficiaria todos os segmentos da população mundial, incluindo os mais marginalizados.

Nunca a História nos facultou um projeto tão vívido para eliminar o sofrimento, alcançar justiça e garantir a paz. Nunca foi possível resolver um problema que leva à resolução de muitos outros. Vale a pena o esforço por aquilo que podemos obter, todas as novas ferramentas que conseguirmos inventar e quaisquer fundos que tenhamos para investir. Chegou a altura de todas as mulheres e todos os homens aderirem ao movimento para a emancipação da Economia XX.

2 | POR DETRÁS DOS GRANDES DADOS

Os gráficos que descrevem a Economia XX conseguem dizer-nos o que aconteceu, mas não nos dizem o motivo. Consequentemente, se o nosso objetivo é trabalhar para uma mudança significativa, saber o que está por trás dos dados é fundamental; caso contrário, damos passos na prática que falham ou que podem até prejudicar. Assim, depois de analisarmos os grandes dados, o objetivo é aproximarmo-nos o mais possível do tema e trabalhar no sentido de uma narrativa e não de uma folha de cálculo. Passo a ilustrar, contando o resto da história do nosso projeto dos pensos higiénicos em África, seguido de uma história muito diferente que se passou nas escolas de gestão americanas.

Em 2008, no início do projeto com os pensos higiénicos, esperávamos responder à pergunta que já estava a gerar muita atenção nos círculos legislativos: os dados iniciais mostravam uma forte relação entre a escolaridade a nível do secundário para as raparigas e o aumento do PIB, mas, nos países mais pobres, as raparigas raramente passavam da escola primária. Ninguém sabia porque desistiam de estudar, mas havia muitas explicações: as raparigas eram precisas nas tarefas domésticas, os pais preferiam gastar dinheiro na educação dos rapazes e as irmãs mais velhas ficavam a tratar dos mais novos.

A sabedoria local no Gana diz que as raparigas adolescentes desistem da escola porque são demasiado materialistas; que trocam sexo por roupa nova e telemóveis. Todas as raparigas eram «devidamente castigadas» quando engravidavam e eram obrigadas a deixar de estudar, mais ou menos o que me foi indignamente contado. Por mais arrogante que esta história soasse, fui obrigada a admitir que explicava outro fenómeno: que a fertilidade adolescente caía quando as matrículas na escola aumentavam. Esta relação inversa entre matrícula escolar e gravidez parecia suficientemente lógica, mas até agora permanece ambíguo como qualquer um dos fatores poderia aumentar o PIB (Figura 5).

A teoria que apresentámos foi a de que as raparigas das áreas pobres não tinham cuidados sanitários adequados, portanto, quando começavam a ser menstruadas, ficavam em casa vários dias por mês. Especulámos que as faltas à escola atrasaram as raparigas, desencorajaram-nas e, por fim, desistiram de estudar. Depois de desistirem de estudar, não tinham mais opções além de casar e começar uma família. Se conseguíssemos quebrar esse padrão, mais educação para as raparigas levaria a uma maior participação feminina na força laboral, estimularia o crescimento — e as raparigas teriam mais opções. Os meios de subsistência iriam melhorar e a base tributária aumentaria; se os governos facultassem pensos higiénicos, provavelmente iriam obter benefícios muito superiores à despesa.

A nossa teoria não era injustificada, porque se virmos a fase *na vida* em que as raparigas desistem de estudar (Figura 6), em vez da fase em que estão *na escola*, uma ligação entre a menarca — a primeira menstruação — e o abandono e*scolar* parece provável. Apesar desta lógica, deparámo-nos com resistência de profissionais da ajuda internacional a trabalhar em beneficências, assim como dos governos e agências internacionais — porque o problema da menstruação jamais tinha sido suscitado por alguém de uma aldeia pobre.[1] A Agência para o Desenvolvimento Internacional dos EUA (USAID) descartou a nossa ideia como fútil. Outros puseram o nosso cenário de lado por o considerarem uma criação da imaginação ocidental. No entanto, a abordagem de consenso à taxa de desistência girou à volta de campanhas com cartazes para convencer os pais de que a educação das filhas era uma ótima ideia e não estava a ser concretizada.

MATRÍCULA FEMININA NO ENSINO SECUNDÁRIO E PIB, 2015

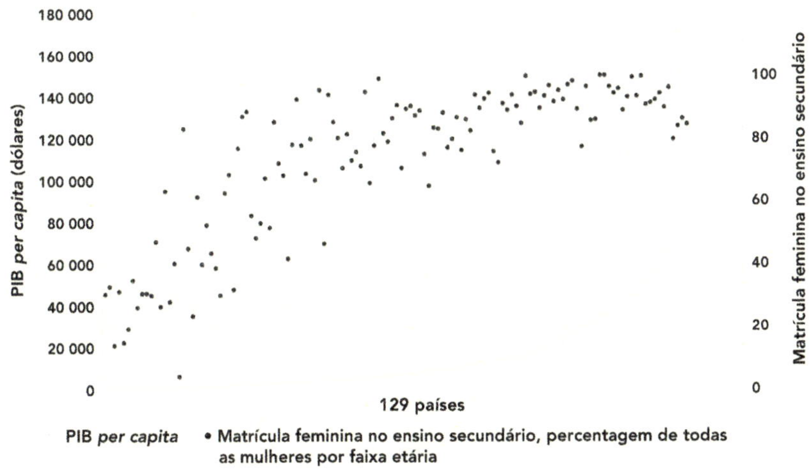

A FERTILIDADE ADOLESCENTE E O PIB, 2015

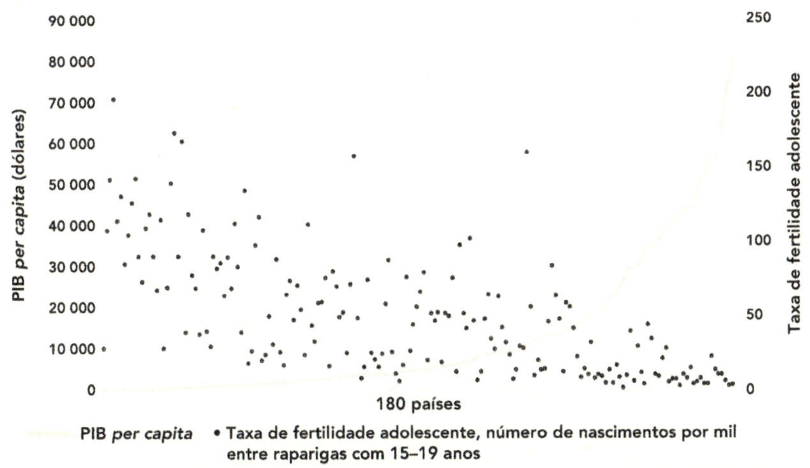

FIGURA 5. O gráfico no topo mostra que o PIB aumenta à medida que mais raparigas adolescentes permanecem na escola. Note-se que o benefício está ligado à matrícula e não à graduação. Todos os anos, a frequência de uma rapariga na escola ajuda-a a ela e ao seu país. O gráfico na parte inferior mostra que o PIB também sobe quando menos adolescentes engravidam. Assim, à medida que as matrículas aumentam, a gravidez adolescente diminui, mas o PIB sobe em ambos os casos.

Fonte: base de dados do Banco Mundial, acedida a 15 de dezembro de 2018 (últimos dados disponíveis).

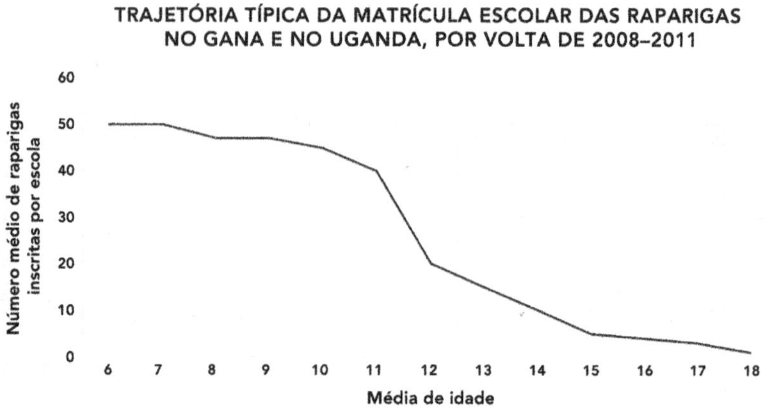

FIGURA 6. Este gráfico de linha traduz centenas de fotografias e notas de campo que eu e os meus colegas tirámos dos registos de matrículas escolares nas zonas rurais e periurbanas do Gana e, mais tarde, no Uganda (onde foi feito o ensaio aleatório da intervenção). Tal como neste gráfico, a queda do número de matrículas de raparigas entre a escola primária e secundária — quando a maioria tinha entre 11 e 14 anos — nunca deixou de parecer um salto de esqui.

Quando os colegas britânicos se juntaram a mim no terreno, em Acra, começámos a reunir com o governo para pedir autorização para o trabalho de campo, para a aprovação ética e a visitar organizações não-governamentais (ONG) locais para lhes pedir ajuda na implementação do ensaio de campo. Quando começámos a visitar as ONG, no entanto, deparámos com um entrave. Tentámos sempre abordagens diferentes, mas os funcionários das ONG diziam-nos que as mulheres já tinham pensos higiénicos. Ou diziam que as mulheres usavam um ritual ancestral, e resultava muito bem. Mas estas respostas eram inventadas — ninguém chegou a aflorar o assunto com as mulheres propriamente ditas.

O gabinete da CARE Internacional em Kumasi (uma cidade no Centro-Sul do Gana) foi a nossa última oportunidade de convencer uma ONG a ajudar-nos. Durante os primeiros 20 minutos da reunião, eu e o meu colega, Paul Montgomery, estávamos convencidíssimos de que iam recusar ajudar-nos. Até que, de repente, entrou na sala um homem alto, ofegante porque tinha chegado atrasado. A conversa parou; todos se viraram na sua direção. O homem explicou que quando soube que vínhamos falar de cuidados sanitários, tinha decidido averiguar primeiro se era de facto uma situação problemática. Tinha ido falar com as mulheres às aldeias e era de lá que acabava de regressar. «O problema é real», disse simplesmente, acrescentando, enquanto se sentava: «Só não falam sobre isso.» Um pouco mais tarde, eu e Paul enfiámo-nos na carrinha do homem alto e fomos conversar com as mulheres e tentar conseguir a aprovação dos anciãos da comunidade.

O homem alto, George Appiah, avisava sempre antes os chefes, por isso, todos os conselhos estavam à nossa espera. Quando chegávamos, éramos recebidos por mulheres a cantar e a dançar — um ritual de boas-vindas que adoro. Mas assim que nos instalávamos para a reunião, só estavam homens reunidos para tomar as decisões; inevitavelmente, tivemos de negociar uma maneira de incluir as mulheres.

Uma aldeia em particular ficou-me na memória. Estávamos sentados debaixo de uma grande árvore, com um conselho só de homens mais velhos de frente para nós. Perguntámos se algumas das mulheres podiam juntar-se a nós e asseguraram-nos que não era necessário. Insistimos. Então, chamaram as mulheres, que se reuniram sob outra árvore, demasiado longe para nos conseguirem ver ou ouvir, e vice-versa. Perguntámos se as mulheres se podiam sentar connosco, frisando que o nosso projeto era, na verdade, um assunto de mulheres. O conselho acedeu e as mulheres aproximaram-se. À medida que explicámos o problema, apercebi-me dos olhares dos homens a ficarem chocados, depois desconfortáveis e, por fim, um pouco vidrados, até que decidiram que não se tratava de um assunto em que quisessem pensar ou discutir. Sugeri que podíamos ir com as mulheres para um sítio mais privado para conversar e chegar a acordo. Os homens sentiram-se aliviados e permitiram que assim fosse.

Fomos para uma sala de aula vazia da escola e então conseguimos falar abertamente e explicar a nossa missão. As mulheres ficaram muito interessadas, mas como nunca tinham visto um penso higiénico, era-lhes difícil imaginar o que estavam a aprovar. Eu tinha comprado pensos num quiosque da estrada para ver o tipo de produtos disponíveis e quais os preços praticados, portanto, tinha alguns comigo. Fui então buscar uma garrafa meio cheia de Coca-Cola quente que estava pousada num recetáculo da carrinha. Com as mulheres amontoadas para conseguirem ver, uma jovem funcionária da CARE deitou a Coca-Cola no penso, depois pegou nele e mostrou que o líquido castanho não pingava. «Aaaahhh!» suspiraram a mulheres em uníssono, depois riram. A líder, chamada «rainha-mãe», gritou que todas aprovavam o estudo.

Antes de começarmos o teste de campo propriamente dito, entrevistámos centenas de pessoas — professores, enfermeiros, funcionários escolares, pais e estudantes — do país inteiro. Constatámos que as raparigas faltavam de facto à escola porque só tinham materiais sanitários improvisados. Porém, também ficámos a saber que não desistiam da escola por desencorajamento académico, mas devido a casamentos forçados, gravidez ou por decidirem fugir.

Disseram-nos que quando uma rapariga era menstruada era considerada «madura» pelos homens da sua comunidade, portanto, estava disponível para casar e para ter relações sexuais. O pai iria querer casá-la rapidamente para ficar com o «prémio da noiva», um pagamento significativo que o noivo faz ao pai em troca da filha. A taxa aplicada por uma noiva era de cerca de 500 dólares, com os quais o pai podia comprar uma vaca e ficar ainda com 150 dólares. O casamento da rapariga também tirava aos pais o encargo da sua educação e subsistência. Assim, casar uma filha cedo parecia um ótimo negócio para qualquer pai.

O pai escolhe normalmente o futuro marido que fez a melhor proposta ou chega a acordo com alguém a quem deve dinheiro. Uma vez perguntei a um professor no Gana se as filhas têm alguma escolha na pessoa com quem casam. «Não!», gritou. «Quando se é mulher, não se escolhe!» Deixei aquilo cair, sem perceber se ele estava escandalizado com essa prática ou com a minha pergunta impertinente.

Depois de casar, a filha normalmente passa a viver com a família do marido, muitas vezes, numa aldeia afastada, e a partir daí é-lhe exigido que entregue quaisquer rendimentos ao marido ou aos seus familiares. Portanto, para os pais biológicos não havia qualquer benefício económico em manter as filhas na escola; há maiores probabilidades de investirem na educação dos filhos porque os rapazes ficam em casa, vão gradualmente assumindo o controlo das quintas e dão apoio aos pais na velhice. Estes acordos culturais — comuns transversalmente no mundo em vias de desenvolvimento — resultam numa forte preferência pelos filhos.

As raparigas do Gana engravidam fora do casamento por muitas razões, incluindo a mais comum, em que as paixões e o prazer as levam a fugir. Mas também se revelou uma incidência de «sexo transacional» (sexo em troca de algum favor, objeto ou pagamento) porque as raparigas tinham poucas opções para ganhar dinheiro. Às raparigas criadas por parentes e não pelos pais — o que acontece muitas vezes, consequência da epidemia de VIH/sida — por vezes retiravam-lhes apoio económico quando começavam a menstruar. O parente insistia que a rapariga já era mulher e por isso devia ser capaz de tomar conta de si própria. Como mães, tias e avós nos disseram, a expectativa comum era que a rapariga «arranjasse um namorado» para a sustentar, sobretudo se queria continuar a estudar. Se engravidasse, o rapaz podia casar com ela, caso contrário, ela e o filho cairiam ainda mais na pobreza.

Muito frequentemente, a gravidez era resultado de violação. Fiquei chocada quando soube como o sexo forçado era tão comum como tolerado. Um estudo de 2012 a 50 mil raparigas estudantes em 10 países africanos revelou que um terço das raparigas de 16 anos tinha experienciado sexo forçado, normalmente desde os 12 anos de idade — talvez no início da puberdade. A coerção era mais provável quando a comunidade tinha uma atitude favorável em relação ao sexo transacional, e mesmo muitos dos adultos tinham experienciado sexo forçado.[2]

Assim que uma comunidade sabia que uma rapariga era menstruada, os homens começavam a segui-la para e à vinda da escola. Este comportamento prossecutor — eufemisticamente chamado de «provocação de Eve» — é comum nos países em vias de desenvolvimento. A «solução» para a violação era o agressor casar com a vítima como forma de acertar as coisas com o seu pai. Poucos pareceram preocupar-se com o trauma sofrido pela rapariga. A agressão sexual era um percurso de vida expectável num homem. Vimos muitas campanhas de saúde pública dirigidas à abstinência sexual, mas era evidente que a gravidez indesejada e as doenças sexualmente transmissíveis não iam desaparecer apenas com *slogans* como «diga não».

Agora era-nos possível ver que muitas raparigas abandonavam de facto a escola por causa da gravidez, como afirmava a sabedoria convencional, mas não porque queriam roupas estilosas e bons telemóveis. Em contraste, a pressão sexual esmagadora, em grande parte coerciva, bem como a total ausência de opções económicas, empurravam as raparigas nessa direção. Todavia, se pudessem travar esta pressão, o PIB subiria, sem dúvida, não só devido à melhor oferta de mão de obra, mas também porque os muitos custos sociais, de saúde e económicos, associados à fertilidade adolescente, diminuiriam. O Banco Mundial estima que manter as raparigas na escola até ao 12.º ano pouparia aos países pobres entre 15 biliões de dólares e 30 biliões de dólares em produtividade e ganhos perdidos ao longo da vida. O casamento infantil custa ao mundo cerca de 1,4% do PIB, anualmente, uma média de 4 biliões de dólares por ano.[3]

Manter a menstruação em segredo tinha uma importância crítica para esta mudança. Infelizmente, os materiais que as raparigas usavam em vez dos pensos higiénicos eram indicadores óbvios. Usavam tecido «encontrado», normalmente restos de roupas antigas, algumas vezes enchimento de colchões ou tudo o que pudesse absorver fluidos. Contudo, os materiais *não* absorviam suficientemente, era frequente o fluxo escorrer; se isso acontecesse num local público como a escola, eram «expulsas».

Mas o cenário ainda piora. O tecido tem de ser lavado e seco, no entanto, não havia canalização, e era frequente as raparigas não terem sabão ou um sítio privado para os materiais poderem secar. Lavavam o tecido na água do rio (que muitas vezes não é limpa) e tentavam secá-lo num local secreto, normalmente debaixo da cama, onde estava escuro e sujo. Como havia falta de tecido, tinham de usar o mesmo tecido várias vezes, mesmo ainda húmido. Um dia ou dois mais tarde, o tecido emanava um odor característico que todos reconheciam, e alguns comentavam abertamente. As agências de saúde ensinavam as raparigas a secar o tecido ao sol, mas colocar trapos manchados de sangue à vista de todos só tornava as raparigas mais vulneráveis. Certa vez, os homens no Norte do Gana disseram aos meus colegas homens que a visão de tecido ensanguentado a secar era excitante, porque significava que a rapariga que ali morava estava «pronta».

A inadequação das infraestruturas agravou ainda mais a situação. Havia poucas escolas e muito afastadas. As estradas estavam de tal forma degradadas que atravessá-las poderia assemelhar-se a escalada. Os materiais menstruais improvisados moviam-se na roupa interior das raparigas à medida que elas se mexiam, as perdas eram mais prováveis. Era frequente as escolas não terem casas de banho, noutras só havia latrinas tapadas com tábuas. Algumas escolas tinham uma casa de banho partilhada por rapazes e raparigas, nunca havia água para se lavarem.

As raparigas que iam para a escola com o período passavam o dia preocupadas com as perdas. A ansiedade era particularmente intensa devido aos métodos de ensino nas escolas. A instrução é feita oralmente e o desempenho é recitação. É esperado que os alunos se levantem para responder às perguntas. O medo de terem sangue atrás na saia desencorajava a participação das raparigas; essa ansiedade interferia com a aprendizagem. É por isso que quando as raparigas estavam com a menstruação na escola fugiam muitas vezes da sala de aula para se esconderem no matagal enquanto se mudavam — uma prática estranha e complicada quando se está a usar restos de tecido. Enquanto estavam com as cuecas para baixo, ficavam vulneráveis a qualquer homem que as estivesse a observar, à espera de uma oportunidade. Portanto, as práticas existentes aumentavam o risco da descoberta, com consequências bem mais graves do que o mero embaraço.

Os pensos descartáveis ofereceriam uma vantagem considerável nestas circunstâncias, mas sabíamos que haveria pessoas no Ocidente a pressionar para a utilização de pensos de pano em vez de descartáveis por razões ambientais. Fizemos um pequeno teste de várias opções de tecido numa grande escola secundária. Descobrimos que mesmo quando os pensos de pano eram dados às raparigas, elas compravam descartáveis, se tivessem o dinheiro e se estivessem disponíveis. Na verdade, preferiam ficar sem comida do que sem pensos. Mas os pensos descartáveis não estavam disponíveis nas aldeias mais remotas, situação que apresentou um problema de distribuição.[4] Copos menstruais e tampões estavam fora de questão: colocar um objeto estranho dentro do corpo de uma virgem era um tabu demasiado forte.

Estas circunstâncias levaram-nos a testar primeiro os pensos higiénicos comerciais, não de tecido, e a mandá-los vir. Passo a explicar. Os pensos descartáveis são mais limpos; esquecemo-nos de que são chamados pensos *higiénicos* por alguma razão. Todos os pensos de tecido, independentemente de como são fabricados, têm as mesmas questões higiénicas. Os pensos comerciais são também infinitamente mais confiáveis; a banda de plástico colante não só protege das fugas como mantém o penso nas cuecas, além de darem para trocar em segundos. Os que acabámos por escolher para fazer o teste podiam durar pelo menos até oito horas, se necessário. Devido à má nutrição, o fluxo menstrual era mais leve do que no Ocidente; à maioria bastava um penso por dia. O que significa que lhes chega uma embalagem de 10 pensos por mês, o custo total é de 1 dólar, comportável até nas comunidades muito pobres. Os pensos eram biodegradáveis, exceto a banda de plástico na parte de baixo. Em qualquer dos casos, encontrámos uma melhor forma de tratar o lixo: uma incineradora inventada pelo engenheiro ugandês Moses Musaazi podia ser ligada à parede das casas de banho, com uma ranhura acessível do interior para que as raparigas pudessem deitar fora os pensos em privado. Os pensos eram depois queimados a temperaturas indicadas para resíduos médicos, com emissões zero, sem qualquer incómodo para as raparigas.

O compromisso entre usar pensos descartáveis para este propósito e permitir que a fertilidade das adolescentes em fuga continuasse era também algo a considerar: esse aumento populacional tem um impacto colossal no ambiente. Além disso, as raparigas no Ocidente utilizam quatro a seis vezes o número de pensos e têm os meios para manter o tecido limpo. Essas raparigas têm melhores condições; as pobres alunas africanas não deveriam ter de pagar pelos pecados dos países ricos.

Não tivemos dificuldades em convencer as raparigas do nosso propósito. Elas sabiam que a educação é a melhor hipótese que têm de conseguir uma vida melhor. Algumas com irmãs mais velhas já estavam a tentar esconder os períodos dos pais. Com acesso a pensos limpos, eficazes, facilmente descartáveis, podiam manter a sua privacidade e talvez atrasar o seu primeiro encontro sexual. Chegará a altura em que as raparigas começam a mostrar características sexuais secundárias e já não vão conseguir esconder, mas se a utilização dos pensos lhes permitisse avançar mais alguns anos, iria fazer uma diferença enorme para elas, para os filhos delas e para a sociedade onde se inserem. Porém, se as raparigas controlassem o seu próprio destino, tinham de ser avisadas sobre a menarca atempadamente. Muito poucos falavam sobre menstruação, mesmo nas famílias; quando as raparigas viam o sangue pela primeira vez, em pânico, contavam às mães, que informavam os pais que era altura de arranjar o casamento. Portanto, com a permissão dos pais e das escolas, testámos os pensos gratuitos e introduzimos «educação na puberdade».

Os resultados piloto no Gana mostraram que as raparigas passaram mais dias na escola depois de receberem os pensos e de terem acesso à disciplina de educação na puberdade. O grande estudo aleatório que se seguiu no Uganda obteve provas modestas de que a combinação de pensos e educação reduziria as taxas de abandono escolar.[5] Mas agora sabíamos que a intervenção não iria parar a trajetória de pressões sexuais e económicas, embora os pensos pudessem abrandar o impacto. Para atingirmos liberdade de escolha para as raparigas, os comportamentos negativos dos homens — vender as filhas a quem desse mais e as provocações de Eve — teriam de ser confrontados e impedidos de continuar.

Logo após termos completado o teste piloto no Gana, voei para o Bangladesh com Catherine Dolan, a minha parceira de investigação de longa data. Fomos estudar um «sistema de distribuição rural», uma rede de vendas que emprega mulheres pobres de áreas rurais na distribuição de bens diretamente aos agregados familiares. A nossa ONG parceira, a CARE Bangladesh, tinha implementado o sistema; porém, as pessoas da CARE também estavam interessadas em avaliar outras intervenções e queriam mostrar-nos algumas delas. Certa tarde, quando estávamos prestes a entrar num «barco informativo» — um barco de rio equipado com tecnologia de comunicação capaz de facultar acesso à Internet às mulheres nas aldeias rurais —, perguntaram-nos se podíamos esperar um pouco para conversar com uma pessoa que vinha de muito longe para saber mais sobre o nosso trabalho com os pensos higiénicos. Finalmente, vimos um carro aproximar-se e um homem jovem e alto a sair de lá de dentro. Assim que se aproximou o suficiente para que pudéssemos ouvi-lo, começou a explicar-nos que geria um programa de desporto para raparigas numa escola, mas desistiam em massa quando atingiam a puberdade. Entrou no barco para podermos conversar mais um bocado, enquanto este descia o rio.

A situação que descreveu era quase exatamente a que testemunhámos no Gana, apenas com duas diferenças. A primeira, as consequências de uma rapariga ter sexo fora do casamento eram muito mais graves no Bangladesh. Os pais também combinavam os casamentos das filhas, mas se uma rapariga do Bangladesh tivesse sexo com alguém que não o que o pai tivesse arranjado para ela — mesmo que fosse uma violação —, deixaria de estar casada e era considerada «desonrada» pela família. Os parentes masculinos da rapariga por vezes matam-na, a chamada morte de honra, uma prática chocante comum também em todo o Médio Oriente. As raparigas que recusem a escolha do pai são castigadas violentamente, às vezes são desfiguradas com ácido no rosto ou ficam cegas. Como a provocação de Eve era comum no Bangladesh e os riscos assustadores, mais pais tiravam as filhas da escola.

A segunda diferença cultural é que no Bangladesh se paga um dote, em vez de se estabelecer um preço para a noiva. Num sistema de dotes, a família paga ao noivo para ficar com a filha. O preço do dote é exorbitante no Bangladesh e pode representar meses de rendimento de uma família pobre. O preço do dote é mais baixo se as raparigas forem novas, havendo, portanto, um forte incentivo económico para casá-las em tenra idade. Sobretudo nas culturas do dote, as raparigas são consideradas uma responsabilidade financeira tal que os pais por vezes matam a bebé menina à nascença. O infanticídio das meninas, comum no Bangladesh, tem sido tão disseminado na Índia e na China, que as populações se tornaram perigosamente de maioria de homens.

Enquanto ouvíamos a história do jovem, olhei aterrorizada para Catherine, que me devolveu a expressão. Ficámos chocadas por nos apercebermos que as circunstâncias no Gana, que aparentavam ser tão específicas e locais, podiam ser apenas uma instância de um padrão global. Havia diferenças culturais óbvias entre os países africanos e o Bangladesh, mas os mecanismos — provocação de Eve e os pais venderem as filhas — eram os mesmos, assim como o resultado: a rapariga era afastada de uma potencial autonomia para se tornar dependente de um homem, ou era excluída, desfigurada ou até morta.

Passados dez anos, os programas de pensos higiénicos são comuns no desenvolvimento económico. As ONG e os governos trabalham para garantir que as raparigas têm acesso a eles, e toda uma comunidade de investigadores cresceu nesse sentido. Os empreendedores locais produzem versões económicas, amigas do ambiente, assim como melhores meios de eliminação. Certo dia, a líder do grupo responsável pela água e saneamento das Nações Unidas telefonou-me a perguntar sobre os pensos para se preparar para uma discussão de política. Como explicou no debate, ela salientou que a verdadeira questão se prendia com a dignidade, não com a educação, e que o acesso aos pensos devia ser um direito humano. Senti orgulho; tínhamos chegado longe. Mas se tivéssemos prosseguido com base nas explicações dos dados macro dos observadores externos — que as raparigas se vendiam por roupas giras ou perdiam o empenho académico ou iam para casa ajudar as mães —, teríamos ficado bem longe do alvo e estaríamos mal orientados nas soluções que apresentámos.

Estou presentemente a realizar um estudo no Uganda para avaliar se as contas bancárias móveis ajudam as mulheres das zonas rurais a controlar os seus rendimentos. No ano 2000, as mães que entrevistámos aceitavam que as filhas casassem em vez de terminarem a escolaridade e culpavam-nas se engravidassem ou fugissem. Hoje em dia, quando pergunto a esta nova geração de mães para que estão a poupar, dizem-me que querem garantir que as filhas possam continuar na escola. Obtenho esta resposta quer as mulheres tenham ou não andado na escola — esperam que os percursos das suas filhas sejam diferentes dos seus. Ao capacitar economicamente estas mulheres, podemos ajudá-las a concretizar isso.

Vamos agora abordar os Estados Unidos para vermos a mesma armadilha — em que analisar apenas os dados quantitativos leva a uma conclusão que denigre as mulheres injustamente, levando a medidas práticas inadequadas — com outro conjunto de dados, assim como semelhanças surpreendentes entre duas realidades muito diferentes.

É evidente que as pessoas dos países desenvolvidos têm os seus próprios problemas de género, há ocidentais com escolaridade que se consideram acima da discriminação sexual, mas ainda existe um preconceito de género extremo, mesmo no seio de corpos docentes de universidades de elite. Em 2014, duas histórias sobre desigualdade de género em escolas de gestão de topo chegaram à imprensa dos EUA. Uma contava que analistas independentes tinham considerado a UCLA Business School «inóspita ao corpo docente composto por mulheres»; a outra, sobre como a Harvard Business School estava a passar por uma «transformação de genéro».[6]

A convite da Bloomberg, escrevi uma publicação num blogue a defender que as estatísticas apresentavam um caso *prima facie* de discriminação sexual em todas as escolas de gestão dos EUA. Dados da American Association of Collegiate Schools of Business mostraram que havia menos de 30% de mulheres entre os corpos docentes (Figura 7). A grande maioria encontrava-se em postos sem contrato, e os quadros superiores eram totalmente dominados por homens. As mulheres recebiam menos, independentemente da sua antiguidade. O principal problema era o atrito, não o recrutamento: as mulheres saíam dos cargos

FIGURA 7. O gráfico mostra a percentagem feminina do corpo docente nos quatro departamentos mais comuns das escolas de gestão. Note-se que as finanças aceitam menos contratações femininas em pós-graduação, retêm menos, no geral, e promovem menos para os cargos mais elevados do que qualquer outro departamento.

Fonte: American Association of Collegiate Schools of Business.

nas faculdades mais depressa do que entravam. O maior défice era entre as faculdades de finanças, que representavam 80% dos homens a nível nacional, com 90% de professores titulares (o cargo mais alto) homens. As finanças também tinham a maior diferença salarial entre os sexos, e contratavam, mantinham e promoviam menos pessoal docente feminino do que qualquer outra disciplina. Terminei a publicação com um apelo às faculdades para lidarem com as evidências de tratamento desigual em vez de o encobrirem, como normalmente faziam.[7]

As faculdades de finanças tinham a defesa preparada: as mulheres não são suficientemente boas a matemática para serem bem-sucedidas no seu ramo. Um professor de finanças da UCLA escreveu um artigo no *The Huffington Post* em resposta à minha publicação no blogue, alegando que esforços especiais para contratar mais mulheres iriam afundar a qualidade dos corpos docentes.[8] Outros professores da UCLA, tanto homens como mulheres, entraram em contacto comigo em privado, queixando-se de que o meu blogue tinha normalizado o problema do género, sugerindo que o mesmo se aplicava a todas as escolas de gestão, quando a situação na UCLA era excecionalmente terrível. Sentiam-se particularmente aturdidos porque a escola era chefiada por uma das únicas reitoras de faculdades de gestão dos Estados Unidos. No entanto, sentiam que ela não estava a apoiar a causa — um receio mais tarde confirmado por outro relatório independente.[9]

Fui confirmar as estatísticas do *The Financial Times* para os *rankings* das faculdades de gestão. A UCLA estava, de facto, entre as escolas de gestão com a pior representação feminina, mas estava prestigiosamente acompanhada: o fim da lista de género era dominado por escolas de topo como Columbia, a Universidade de Chicago e Harvard. Contudo, algumas escolas bem classificadas, como Yale, U.C. Berkeley, e a Northwestern, tinham mais corpo docente feminino, mostrando que *era* possível ser uma escola boa e mais equilibrada em termos de género.

As escolas com fraca representação de mulheres no corpo docente tinham outra coisa em comum: todas tinham imensos professores de finanças, cuja maioria estava perto ou tinha já ultrapassado a idade da reforma.[10] Estes professores mais antigos tinham começado a lecionar nos anos 70, durante os primeiros anos do movimento das mulheres, e devem ter sentido o impacto direto dos primeiros programas de «ação afirmativa». Com início em 1972, as políticas de diversidade do governo dos EUA colocaram uma pressão enorme nas universidades para contratarem mulheres. De alguma forma, este pequeno grupo de escolas de gestão de topo tinha ultrapassado quatro décadas a dar extrema prioridade à diversidade — sem nada mudar. Isto só pode ter sido possível porque conscientemente estruturaram uma resistência. Estes senhores aprenderam como barrar a igualdade de género, disso fiquei convencida.

O movimento das mulheres dos anos 70 também lançou o seu ceticismo no casamento convencional americano, em que as mulheres ficavam em casa e os homens pagavam as contas. Suspeito que as mulheres da maioria destes homens eram domésticas, porque era essa a norma na altura, e mais tarde confirmei que o meu palpite estava certo. Queria saber por que motivo os estudos revelam que é mais provável o homem americano que tenha uma mulher doméstica pensar que as organizações se prejudicam ao contratar demasiadas mulheres, e, portanto, tomam decisões que impedem mulheres qualificadas de evoluir. Esses homens querem desenhar uma linha bem definida entre a casa e o trabalho — e depois insistir que as mulheres devem ficar do lado da casa. Um homem da UCLA disse: «Não estou a ver. Se vais trabalhar, tens de trabalhar. Não devemos ter padrões diferentes por causa de filhos, pais, etc. Isso é para tu resolveres em casa.» O corpo docente feminino da UCLA afirmou que era frequente serem maltratadas por questões familiares: «Ouvi alguém a dizer: "Para ser tão produtiva, de certeza que não quer saber dos filhos." Ouvi outro dizer: "Ela é uma péssima mãe"».[11]

Estes professores de finanças mais velhos também cresceram num tempo em que a mulher americana era praticamente excluída do sistema financeiro. Nessa altura, a maioria tinha contas conjuntas com os maridos ou recebia uma «mesada» em dinheiro. Não podiam contrair um crédito à habitação ou ter um cartão de crédito em seu nome. Muitas não faziam a mínima ideia da situação financeira das suas famílias — era geralmente considerado um ato de insubordinação uma mulher sequer perguntar ao marido sobre esses assuntos. Portanto, estes homens mais velhos deviam achar hilariante a ideia de uma mulher poder ocupar um cargo de liderança na área das finanças.

Os professores de finanças mais antigos ter-se-iam formado em departamentos de economia porque não existiam programas independentes de doutoramento em finanças. Nessa altura, a economia estava enamorada por uma filosofia preconizada por Milton Friedman, que mais tarde ganhou o Prémio Nobel e cujo pensamento foi trazido ao público através de livros populares e da TV. Friedman era contra quase toda a intromissão governamental na economia — como a ação afirmativa — e insistia que os mercados tratassem todos por igual. Se as pessoas não gostavam da porção económica que lhes cabia, as únicas culpadas eram elas. A premissa mais irresponsável alguma vez promovida por um economista também foi da responsabilidade de Friedman: a ideia de que as empresas não detinham qualquer responsabilidade social para com as comunidades onde operavam, que deviam concentrar-se exclusivamente em distribuir lucros pelos acionistas.

A Harvard Business School (HBS) também teve um problema de género, mas os administradores estavam em cima do acontecimento. Um novo reitor, Nitin Nohria, prometera à primeira presidente de Harvard que levaria a cabo um programa arrojado para melhorar a situação de género na escola de gestão. Até a *Slate* reconheceu com relutância que Nohria parecia empenhado: «A contrição explícita é o novo estilo da HBS, formadora da elite do *trading floor* e de líderes para quadros de direção. Quando a disponibilidade para admitir culpas e questionar a tradição surge a partir de uma posição privilegiada, talvez seja só por si razão para celebrar».[12] Nohria lidava com as questões de frente: baixa representação feminina no corpo docente, sobretudo em cargos titulares; o desempenho académico inferior das alunas mulheres, apesar de as qualificações de admissão serem iguais às dos homens; um ambiente tóxico entre os estudantes; e materiais de ensino enviesados em termos de género. Até ali, ninguém sabia como o corpo docente da HBS, também dominado pela finança, iria reagir.

O enquadramento narrativo era demasiado para eu resistir. Decidi «aprofundar os números», fazendo algumas entrevistas sobre género nas escolas de gestão dos EUA. Os entrevistados que falassem comigo iriam correr um verdadeiro risco na carreira, sendo que havia um tabu rígido sobre falar de questões de género. Portanto, o quadro de investigação ética de Oxford insistiu que eu continuasse a identificar a informação como confidencial. É por esse motivo que não vou nomear pessoas nem escolas aqui. Escolhi professores de gestão de todos os Estados Unidos, incluindo seis das escolas classificadas no topo do *ranking*, e também universidades estatais e algumas escolas menos prestigiadas. Selecionei entrevistados distinguidos enquanto académicos experientes a lecionar; todos eram professores a tempo inteiro.

Os meus entrevistados começaram por culpar o sistema de crenças que existe nas escolas, sobretudo catequizado pelos professores de finanças. Diziam que a premissa fundadora da «economia de mercado extremo», como alguns lhe chamaram, é a de que o mercado é perfeito e inexorável, sem qualquer preconceito ou irracionalidade. Independentemente do que o mercado produzisse, independentemente da desigualdade, era o resultado certo. Fosse o que fosse aquilo de que as pessoas precisavam, seria automaticamente providenciado; tudo o que não fosse produzido, as pessoas não deveriam ter. Os «esforços heroicos» para mudar o que o mercado fazia estavam amaldiçoados.

A maioria dos meus entrevistados considerou desprezível a posição do mercado extremo. Disseram que tinha estado na moda há 50 anos, mas que já não era válido entre os «verdadeiros economistas». Também disseram que os adeptos do mercado extremo eram demasiado zelosos para serem razoáveis. «Não se dão ao trabalho de considerar mais nenhuma explicação», disse um professor de finanças afastado de funções. «Encaram-no como uma religião… Não há muito a dizer a pessoas que acreditam nisso, portanto, não há muito a fazer nesta situação.» «Pensam que são objetivos, mas também infalíveis», disse um economista do trabalho com experiência em faculdades de gestão. «A arrogância é avassaladora.» Os entrevistados salientaram que o quadro de mercado extremo fornece uma racionalidade rápida para a inação sobre a diversidade. Se o mercado não estava a disponibilizar mulheres qualificadas para serem professoras de finanças, as escolas de gestão deviam esperar que a mão invisível gentilmente depositasse algumas às suas portas.

Para aceitar este argumento, era preciso acreditar que os proponentes do mercado extremo podiam julgar objetivamente se alguém era qualificado. Mas esse era exatamente o problema: na UCLA, por exemplo, os professores de finanças tinham uma visão limitadora do que era um candidato qualificado, e os colegas não concordavam com eles. Até o comité de contratações de topo da universidade tinha andado a revogar decisões de contratações de mulheres para a escola de gestão. As universidades raramente revertem decisões de contratações feitas ao nível de departamento; esta situação foi um sinal de que os académicos mais realizados pensavam que havia um preconceito sistemático na escola de gestão.

A avaliação das qualificações dos professores — quer para contratação, contrato, ou promoção — depende da opinião do corpo docente da investigação do candidato. Numa orientação de mercado extremo, uma pesquisa adequada tem de aderir à premissa de que os mercados estão certos e são justos. Só os métodos quantitativos são aceitáveis. Os tamanhos das amostras têm de ser astronómicos pelos padrões das outras disciplinas — milhões, não são centenas nem milhares de dados. Só contam dados monetários, como preços de ações e indicadores de lucros, recolhidos no curso normal do negócio.

Toda a investigação se insere em dois estereótipos. A «dura» é quantitativa, tem amostras grandes, é consistente com o sistema de crenças, e é objetiva, difícil e feita por homens. A «suave» é qualitativa, usa amostras pequenas, é crítica do sistema de crenças e subjetiva, fácil e atribuída às mulheres. A sabedoria convencional dizia que as mulheres eram rejeitadas porque o trabalho delas era «suave». Várias pessoas diziam que, se uma mulher fazia investigação «dura», era escrutinada mais de perto, e suspeitavam que pediam a colegas homens para fazerem as contas.

Como todas as divisões entre «trabalho de homens» e «trabalho de mulheres», na prática, estas categorias caem por terra. Imagine-se, por exemplo, o economista do mercado extremo, que recebe os dados de fontes secundárias e nunca os recolhe, que está sentado ao computador em Boston ou Los Angeles, a bebericar um *latte* e a tomar decisões. Compare este estudo com o que acabei de descrever em África e no Bangladesh. Nós pusemos as nossas vacinas da raiva e do tétano em dia, começámos a tomar medicação antimalárica, e levámos antibióticos antes de entrarmos num voo de 10 a 30 horas. Depois fomos numa carrinha durante muitas horas, as últimas por estradas de terra batida, e tivemos dias de 12 horas de trabalho sem um sítio limpo para ir ao WC, lavar as mãos ou comer qualquer coisa. Cada projeto demorou meses a planear, teve orçamentos complexos, exigiu que conquistássemos a colaboração de imensas pessoas e produziu volumes enormes de dados qualitativos e quantitativos. Mas, aos olhos dos crentes do mercado extremo, os dados secundários manipulados pelo indivíduo do *latte* são «duros» e a nossa investigação é «suave».

A investigação é julgada com um ritual importado da economia: um seminário de investigação em que potenciais contratações, candidatos a promoções ou alunos de doutoramento apresentam os seus trabalhos e depois os professores homens competem uns com os outros para acabar com os candidatos. Uma mulher titular numa das cinco escolas de topo contou-nos: «Quando estava na entrevista de emprego, senti que a forma como aquele interrogatório estava a decorrer era injusta. Não apenas por serem mulheres, também eram novas... Depois, aqueles membros da faculdade já muito antigos a serem tremendamente condescendentes... foi uma reação mesmo horrível... Ficamos com uma espécie de ressaca de todo aquele corpo docente masculino que vive numa outra era».

O ambiente geral em faculdades com baixa representação de mulheres é insolente, sarcástico e agressivo. Uma mulher muito considerada numa das faculdades de topo descreveu uma reunião do corpo docente da seguinte forma: «Temos uma sala com 65 pessoas, 60 são homens. Sentem-se ondas de testosterona, macho alfa atrás de macho alfa atrás de macho alfa». Almoços de grupos só de homens são comuns; atividades desportivas e festas de provas de uísque são centrais na cultura da faculdade. Mesmo num contexto com ambos os sexos, a conversa pode descambar: «Um dos jovens do corpo docente que saiu e está agora noutra [boa escola] veio ter comigo e disse-me a coisa mais deprimente de sempre: "Não são as anedotas ordinárias de sexo explícito que me deprimem, são as mais subtis".» Os assuntos sexuais mais subtis, disse ela, eram histórias sobre outras pessoas e a moral das histórias: «É impossível chegares a titular a menos que sejas um homem num agregado familiar tradicional com uma mulher para te apoiar». Um grupo do «corpo docente maduro» receou que estas conversas pudessem estar a criar «um ambiente de assédio sexual» e marcou uma reunião para tentar pôr fim à situação. Um dos autores ficou ofendido, disse que o pedido interferia com a sua liberdade intelectual. «Quer dizer: "Sabes, pá, não faz sentido, piadas com rabos e liberdade intelectual não estão na mesma categoria".»

Depois de assinarem contratos, algumas mulheres viram-se a trabalhar em ambientes que sentiram ser ainda mais opressivos e hostis *porque* tinham ganhado uma luta. No entanto, muitas tinham maridos que podiam ou não deslocalizar-se devido aos seus próprios empregos. No meio académico, mudar de emprego significa mudar de escola, o que quase sempre implica uma mudança de casa. Assim sendo, sentiam-se encurraladas num local de trabalho onde não eram valorizadas. O corpo docente masculino percebeu esta limitação, o que lhes pareceu assegurar que podiam continuar com os seus comportamentos negativos sem medo de represálias.

Embora os homens nas finanças criem o tom tóxico, são eles os recompensados com os salários mais elevados, os melhores escritórios e mais assistentes. Os superiores não correrão o risco de os disciplinar. O desequilíbrio de poder dificulta que os bons rapazes resistam — e *há* bons rapazes em todas estas escolas —, por isso, ajoelham-se, em vez de arriscarem combater. As mulheres raramente intervêm. Uma mulher que trabalhava numa faculdade com 88% de homens disse-me que nunca falava nas reuniões de professores porque a resposta parecia «uma matilha de *pit bulls* a atacarem-lhe o pescoço». Quer sejam mulheres ou homens a levantar o problema do género numa discussão de faculdade, os homens alfa ficam altamente ofendidos. Proferem impropérios enfurecidos. Um código de silêncio sobre o género aumenta no resto do corpo docente para evitar lidar com esta fúria.

Vários entrevistados aludiram a um caso atípico, uma faculdade prestigiada no Midwest que tinha conseguido formar, contratar e reter um número invulgarmente elevado de mulheres nos corpos docentes das finanças. Uma mulher dessa faculdade disse-me que a escola era muito diferente porque o primeiro reitor tinha insistido com as pessoas para que fossem educadas umas com as outras. Para mim, fez imenso sentido que a boa educação comum pudesse fazer uma diferença tão grande.

A maioria do corpo docente das faculdades de gestão também tem problemas com a agressão dos estudantes. A primazia masculina entre os MBA estabelece-se acabando com a professora. Como acreditam que as mulheres nascem más com os números, estes alunos costumam tentar apanhar uma professora mulher a dar um erro matemático nas aulas. Há uma história em que um grupo de alunos de MBA homens fez um pacto para levar a professora às lágrimas até ao fim do semestre. Atingiram o objetivo, muito antes disso. As escolas não costumam castigar alunos de MBA, portanto, o corpo docente feminino não tem recursos.

As alunas mulheres também são prejudicadas pela cultura agressiva. Algumas escolas de topo viram que, apesar de as mulheres chegarem à faculdade com as mesmas classificações, o seu desempenho diminuiu no primeiro semestre. As aulas de finanças, nas quais tanto os professores como os estudantes masculinos foram considerados desdenhosos para com as mulheres, tiveram um impacto particularmente negativo. Mulheres que planeavam carreiras na finança mudaram para marketing, pois convenceram-se de que «não tinham o que era preciso». Como o comportamento tóxico nas escolas afeta a escolha da carreira, a situação é perpetuada no setor financeiro.

A confissão mais sincera de Harvard foi que o famoso método de ensino por casos resultava em notas enviesadas. Com este método, os alunos têm um problema de negócio da vida real e é-lhes pedido que apresentem uma solução durante a aula. Os professores classificam de acordo com a assiduidade da participação, não pela substância do contributo, e atribuem as notas de memória depois da aula. As mulheres tiveram os mesmos resultados nos exames, mas não na participação na aula, que contava 50% da nota. A investigação comprova que os professores chamavam os homens com maior frequência e lembravam-se mais deles. Quando o sistema mudou para obrigar os professores a chamar os dois géneros, com a ajuda de um anotador para contar as respostas, a diferença de notas reverteu drasticamente. Houve mais mulheres a receber prémios e reconhecimentos nesse ano do que em qualquer outra altura da história da HBS.

No final do primeiro ano da experiência de género em Harvard, 70% dos professores, alunos e pessoal concordaram num questionário interno que a iniciativa de género tinha melhorado o ambiente. Na UCLA, os resultados foram menos positivos. A universidade pediu mais um relatório independente, este a cargo da consultora de gestão Korn Ferry. No seu estudo, foi perguntado ao corpo docente se a escola seria um sítio melhor se houvesse mais diversidade de género; 78% disseram que sim. Um pequeno grupo de homens descontentes, cerca de 20% do corpo docente, mantinha todos os outros reféns, dizendo à Korn Ferry que estavam a ser alvo de «discriminação invertida». Bastante arrogante vindo de uma faculdade com o corpo docente composto por quase 90% de homens — e eram estes mesmos homens que controlavam o processo de tomada de decisão.[13]

O relatório da Korn Ferry relatou os problemas de forma clara e culpou a liderança, mas as ações que recomendou muito dificilmente teriam impacto: mentoria para o corpo docente júnior, *coaching* para a liderança, colaboração no planeamento relacionado com diversidade e formação sobre preconceito inconsciente para todos. Nenhuma destas estratégias abordava o principal problema: os mais poderosos estavam completamente contra a diversidade de género, não queriam saber o que o restante corpo docente desejava, sentiam que os seus preconceitos eram completamente justificados, e esforçavam-se por tratar as mulheres de igual para igual com uma narrativa da sua própria vitimização. Uns anos mais tarde, a universidade renomeou a reitora, apesar do fracasso relatado em liderar baseada na diversidade de género, o que demonstrou eficazmente às mulheres que trabalhavam nessa faculdade de gestão que ninguém dos lugares de topo queria realmente saber e dava aos adeptos do mercado extremo permissão para continuarem a sua vingança.

Com este exemplo da escola de gestão conseguimos ver, mais uma vez, que a explicação convencional dos gráficos grandes estava errada: é preciso acreditar imenso em balelas retrógradas para pensar que todas as mulheres no mundo são tão más a matemática e que nenhuma consegue estar à altura dos padrões exigidos numa escola de gestão. Mas não existem dados brutos sobre esses fatores que sustentem a narrativa alternativa: não existem indicadores de «conversa profissional» *bullying*, piadas ofensivas na hora de almoço, idosos ressentidos, administradores desmotivados, exigências de investigação absurdas, e modos tóxicos para confrontar com a linha que exibe as mulheres a desaparecerem dos corpos docentes das escolas de gestão.

Em ambos os casos, a explicação local prendeu-se com os preconceitos contra as mulheres — porque são oferecidas, egoístas ou estúpidas — e não em provas empíricas. Portanto, no caso africano, a próxima medida de curto prazo seria tentar incutir melhores valores nas raparigas, encorajando a abstinência, tornando-as raparigas «perdidas» em párias, e venerando aquelas que em silêncio se sujeitam a estar casadas. Contudo, como as raparigas têm tão pouco controlo sobre a sua própria sexualidade e são frequentemente obrigadas, por dificuldades económicas, a recorrer a sexo transacional, um programa acusatório de *Letra Escarlate* como este não resulta. O que iria abordar o problema real era enfrentar o comportamento violento dos homens ou repensar as práticas maritais, mas em todo o lado as pessoas sentem-se relutantes a desafiar as normas patriarcais, mesmo quando são destrutivas a este ponto.

Nas faculdades de gestão, dizia-se que o problema era as mulheres serem simplesmente incapazes de fazer contas, o que significava que eram incapazes de fazer a investigação «dura» necessária para ter sucesso. Não haveria grande coisa a fazer se, em termos biológicos, as mulheres *fossem* de facto más a matemática. E era exatamente isso que os professores de finanças queriam que acontecesse — nada. Mas mesmo quando as mulheres faziam as contas — corretamente —, os indivíduos das finanças alteravam a narrativa para manterem o preconceito, dizendo que deviam ter tido ajuda de um homem. Portanto, aqui, o verdadeiro problema era o desrespeito que os machos alfa tinham para com as mulheres. É extremamente improvável que estes homens se deixem convencer por alguém de que estão errados.

Assim sendo, em ambos os casos, o verdadeiro propulsor dos números não vinha das mulheres, mas dos homens, que exerciam a sua vontade através das instituições que dominavam, monopolizando as decisões tomadas e o controlo dos recursos. Estudos mostram que o comportamento masculino agressivo irá continuar enquanto for recompensado.[14] Nas escolas de gestão, os agressores do corpo docente são os que recebem mais e exigem deferência dos restantes. Em África, os pais recebem dinheiro para vender as filhas e melhoram o seu estatuto para com outros homens com essa atitude. Até os violadores têm sexo sem consequências e afirmam que a atitude de predadores lhes confere estatuto.

Há outras características típicas da Economia XX representadas em ambos os casos. Os patriarcas decidem por todos os outros em ambos os sítios — ao impor normas de matrimónio às mulheres que prefeririam continuar a estudar e conseguir autonomia a curvarem-se sob a expectativa de servidão silenciosa e autossacrifício; a fertilidade é usada como instrumento direto em ambos os continentes, nas raparigas africanas porque são obrigadas a ter filhos, e nas mulheres americanas ao serem extremamente pressionadas para desistirem de ser mães em prol do trabalho, ou do trabalho em prol da maternidade. Em ambos os casos, as mulheres estão a ser privadas dos frutos da educação devido às ideias patriarcais sobre o devido papel de uma esposa.

Em ambos os cenários, as mulheres, independentemente de quão pouco convidativo é o seu contexto, estão limitadas à escolha de localização do marido e, portanto, não podem procurar melhores condições noutro lado. O silêncio permite ainda mais que ambas as situações negativas continuem. No estudo dos pensos higiénicos, confrontámos um tabu evidente no mundo inteiro contra o debate da menstruação. Nas escolas de gestão, o silêncio perpetuava a desigualdade de género, permitindo aos machos alfa evitar confrontos e culpas. As proibições de discurso sobre género também permitiram que as escolas de gestão evitassem assumir a responsabilidade pelas suas culturas organizacionais tóxicas. O código de silêncio, em ambos os casos, tornou o tema da desigualdade entre os sexos motivo de vergonha, desencorajando ainda mais a sua abordagem.

Em 2014, as faculdades de gestão que estava a estudar tinham mais de 80% de homens, um rácio que anuncia não só problemas para as mulheres, mas também autocracia e *bullying* entre os homens. Pequenos grupos de homens agressivos insensíveis às mulheres exercem um controlo desproporcionado nos homens restantes, alguns dos quais consideravam injusto o tratamento dado às mulheres. Os machos explosivos estavam fortemente determinados nas noções rígidas, tradicionais, de como o homem e a mulher se devem comportar, sobretudo num casamento, e retaliavam se fossem pressionados.

Na psicologia, esta sensibilidade ao conflito quanto ao papel dos géneros chama-se «masculinidade problemática» ou «*stress* masculino com o papel do género» (MGRS): homens demasiado presos a noções tradicionais de masculinidade reagem com raiva desmedida a qualquer desafio relacionado com o papel dos géneros, até os triviais ou subtis.[15] Para eles, o domínio económico é um assunto particularmente sensível. Os psicólogos explicam este comportamento apontando para uma necessidade insidiosa comum aos homens de «ganhar masculinidade» continuamente ao longo da vida; a pressão infinita torna alguns homens particularmente sensíveis ao risco constante de serem considerados insuficientes. Quando confrontados diretamente, esses homens respondem com um acesso de ira desproporcionada e depois têm necessidade de reestabelecer a masculinidade para libertarem essa raiva. Em testes laboratoriais e estudos de campo, aplacam a raiva a esmurrar coisas, com comportamentos de risco, a gastar dinheiro ou a jogar. Na vida real, esses homens, enquanto grupo, têm tendência para beber bastante, bater nas mulheres, jogar e consumir drogas. Uma coisa que os homens problemáticos fazem consistentemente sob ameaça é rejeitar qualquer proposta que implique ou se refira à igualdade de género. Crucialmente, porém, os homens problemáticos parecem ser uma minoria distinta; nos estudos, a percentagem de homens *que não* exibiram essa resposta situava-se entre 60 e 80% da amostra.

Numa situação em que homens MGRS estejam a dominar o contexto, os homens normais também ficam enervados em relação aos requisitos de masculinidade e podem comportar-se de formas que normalmente não aconteceriam, alguns aceitando em silêncio, e outros tornando-se agressivos. É importante frisar que a resposta deles não é dirigida às mulheres, de todo, mas é a forma encontrada de sinalizar lealdade e merecimento de «masculinidade» aos outros homens. A conclusão é que muitas vezes os homens cerram fileiras contra as mulheres, acabando por bloquear uma resposta mais produtiva. Daqui em diante, vou distinguir entre a reação irada individual (masculinidade problemática) e a resposta coletiva, o comportamento de grupo masculino.

Note-se como os professores de finanças mais velhos exemplificam a exclusão para os mais jovens, nas contratações, formações, gestão, promoções e práticas salariais. Estes senhores tiveram décadas para ensinar aos homens que chegavam que este comportamento era o que significava *ser um homem* na irmandade deles. Uma forma de perpetuarem a irmandade é dando primazia a novos membros masculinos enquanto excluem os femininos. Com este pano de fundo, torna-se mais difícil promover a mulher sem parecer que se está a incomodar o grupo.

Segundo estudos, a resolução desta situação é alterar o equilíbrio de género do grupo, aumentando o número de mulheres. Uma regra prática é que, com cerca de 30% de mulheres, o problema começa a diminuir; com cerca de 40%, quase desapareceu. Nas escolas de gestão, no entanto, iria dar-se a mesma pescadinha de rabo na boca com que tantas outras organizações dominadas por homens se confrontam: têm de mudar o rácio de género para dissipar o ambiente tóxico, mas não conseguem manter as mulheres nos cargos *devido* a esse ambiente tóxico.

Desde 2014, as escolas de gestão têm feito esforços similares, em linha com os do programa do reitor Nitin Nohria da HBS. Consequentemente, a maioria das escolas aumentou a percentagem de mulheres no corpo docente de forma impressionante nos últimos cinco anos. Uma estratégia fundamental para suavizar a cultura da escola tem sido a aceitação de números iguais de homens e mulheres nos programas de MBA em vez dos 70 para 30 ou pior assimetria até então típica. Segundo os meus questionários, alterar a mistura de géneros dos estudantes tem um impacto positivo imediato na cultura por reduzir a agressão no MBA — o corpo docente diz que sente a diferença imediatamente. A segunda estratégia foi reduzir o número de aulas de finanças que os alunos têm sobretudo no primeiro semestre. Desta forma, os responsáveis pelas finanças não terão tantas oportunidades de criar o tom, recompensando os alunos masculinos pela agressão e recorrendo a ela para menosprezar as alunas mulheres. Ao exigir dos alunos um horário cheio de aulas de finanças no primeiro semestre, as faculdades também estão a ascender os professores a modelos para copiar; reduzir o número de aulas de finanças deu a mais corpo docente a oportunidade de avançarem como heróis, sobretudo dando disciplinas sobre liderança ou ética empresarial, que têm um efeito positivo inerente. Em suma, as escolas de gestão abordaram o problema de género, corrigindo algumas das *questões institucionais* que o perpetuavam. E essa abordagem gerou progresso.

Tira-se outra lição extremamente importante sobre o comportamento masculino, tanto do caso de África como no dos Estados Unidos: havia bons homens em ambos os contextos e alguns tentavam resistir. As mulheres da UCLA com certeza tinham homens que as defendiam, e eram homens que apoiavam a diversidade de género também nas outras faculdades. Nohria, da HBS, pareceu realmente «perceber» o que se passava. No caso de África, houve George Appiah, Paul Montgomery, Moses Musaazi, o nosso motorista em Acra (chamado Thomas Okyere), e muitos outros que aqui não refiro, em que se contam vários professores e todos os homens que trabalham no terreno através da CARE. Houve também alguns pais que se recusavam seguir o caminho determinado e, em vez disso, apoiavam a educação das suas filhas, chegando até (como ficámos a saber mais tarde) a comprar-lhes pensos higiénicos, mesmo que as embalagens tivessem de chegar à aldeia por parentes que os traziam da cidade. Em ambos os casos, as ações destes homens bons são um fator determinante no esforço para promover a mudança. Mas é sempre importante, neste trabalho, respeitar o risco considerável que os bons da fita correm por irem além do que é esperado deles enquanto homens.

Por fim, há uma diferença crucial entre as mulheres da África rural e as mulheres dos Estados Unidos. O corpo docente feminino nas faculdades de gestão americanas tem dinheiro, educação e mobilidade social, fatores que se sobrepõem drasticamente ao que é possível em África. Essas liberdades são resultado direto de 200 anos de ativismo. A presença de uma irmandade de mulheres faz uma grande diferença quando as mulheres se querem impor à irmandade de homens.

No caso dos EUA, os homens mais velhos, contudo, ainda podem estar a reagir negativamente à memória do que frequentemente se chama de «Segunda Vaga» dos anos 70; a «Primeira Vaga» foi a do início do século XX com a luta pelo sufrágio. As jovens nestes corpos docentes eram, literalmente, as filhas da Segunda Vaga, mas podem nunca se ter lembrado de que há possibilidade de estarem no alvo de um rancor com 50 anos.

Sem uma perspetiva histórica, pode ser difícil entender o que vemos acontecer no presente. Seguidamente, vou demonstrar como é que centenas de anos de exclusão económica, numa grande escala, deixaram uma marca tão duradoura que ameaça atualmente algo essencial para todos nós: o fornecimento alimentar.

3 | CONTROLADAS PELAS NECESSIDADES

Eu estava de pé num pátio de uma escola rural no Uganda, sem fazer nada. Os nossos assistentes de investigação locais andavam pelas salas de aula, a tentar descobrir o que acontecera às raparigas da nossa lista que tinham desaparecido da escola. Como o facto de ser estrangeira parece sempre uma intromissão neste tipo de conversas, assim que a equipa se deslocou, eu fiquei cá fora à espera.

Do canto do olho, vi uma mulher idosa a aproximar-se. Preparei-me. Às vezes, aparecem mulheres idosas confusas, com olhares furiosos, a assombrar os recreios das escolas, e não tenho muito jeito para lidar com elas. Sam, o motorista da ONG nossa parceira na investigação, atravessou o pátio para a intercetar, pois antecipou que ela iria mendigar dinheiro. As beneficências globais não gostam que mendiguem quando os ocidentais fazem visitas porque a situação pode tornar-se volátil. Mas antes de ele a alcançar, a mulher parou, olhou para mim com uma clarividência inequívoca e disse em inglês: «Irmã, podes ajudar-me?».

Sam pôs-lhe o braço gentilmente à volta dos ombros e, com calma, levou-a dali. Passados uns segundos, ela virou-se e disse: «Peço desculpa, não me apercebi». Dirigiram-se os dois para um telheiro de colmo na extremidade do terreno da escola.

A caminho da escola seguinte, Sam explicou-me que aquela mulher chamada Agnes tinha nascido numa família próspera e educada, e depois casado com um homem de criação similar que morreu novo e cuja terra passou para os irmãos, como é costume no Uganda, deixando-a sem nada do que viver. Depois, morreu-lhe o pai e, como é prática usual, a terra do pai passou para o irmão dela, obrigando Agnes a viver da generosidade que o irmão lhe desejasse conceder.

Se o final da história de Agnes fosse feliz, ler-se-ia como um romance da Jane Austen. Mas o irmão especulou com a terra e perdeu tudo. Agora, vive com a família numa pequena casa perto da escola, e Agnes vive numa estrutura minúscula nas traseiras. Demasiado pequeno para estar de pé, com tamanho apenas para dormir enroscado, o abrigo não tinha luz nem água. Servia o almoço na escola em troca de comida.

O meu encontro com Agnes cristalizou algo em mim. Talvez tenha sido por ter visto a natureza comum entre mim e aquela mulher com maior clarividência do que o usual. Tínhamos mais ou menos a mesma idade e altura; olhou-me nos olhos e falou comigo na minha língua. Também a forma com que se dirigiu a mim — «*Irmã*, podes ajudar-me?» Pensei muito nisto, e cheguei finalmente à conclusão de que aquilo que nos ligava, a Agnes e a mim, e também às raparigas obrigadas a casar e às que fogem, e também às «avozinhas» de olhar selvagem que espreitam pelas janelas das escolas, era o facto de todas sermos personagens em tempos diferentes da mesma narrativa e que, na verdade, os nossos mundos não estão assim tão distantes. Num único vislumbre, existiu um presente calmo e perfeito em que fui capaz de ver isso.

Agnes estava reduzida a mendigar, a passar fome e a instalações impróprias para um ser humano por ser mulher e não poder herdar terra. O eco com Jane Austen — ou, também, *Downton Abbey* — sugeriu-me uma ligação histórica entre os direitos das mulheres à terra no Reino Unido e no Uganda, uma antiga colónia britânica. Isso levou-me a questionar quão comum era o ditame de que só os homens podiam ser proprietários de terra noutros lugares do mundo, e fui à procura de respostas.

Descobri que o princípio de *Downton Abbey* foi executado numa enorme escala histórica: em cultura após cultura, século após século, a terra só podia passar de um homem para o outro.[1] Independentemente dos estatutos estipulados, práticas consuetudinárias, restrições religiosas, conselhos tribais, normas familiares e papéis de género têm conspirado para manter as mulheres sem terra. Mesmo em sociedades matrilineares, *embora* a terra passe para as mulheres, o seu controlo muda normalmente de um homem para outro.

Códigos jurídicos e religiosos que excluíam a herança por parte das mulheres e posse de propriedade varrem o mundo transversalmente via comércio e conquista. Por exemplo, as restrições atuais no Islão à herança feminina foram primeiramente disseminadas por volta do século VII durante a conquista e comércio árabes, da África Ocidental para a Indonésia. Os europeus trouxeram leis para as suas colónias que proibiam as mulheres de deter propriedade, mas essas restrições eram aplicadas ativamente nos seus países há séculos — desde antes da existência de códigos jurídicos escritos. O Direito Comum Britânico e o Código Napoleónico, que se aplicavam na América do Norte, Austrália e grande parte de África e da Ásia, negavam quaisquer direitos à propriedade às mulheres casadas. O Direito Romano-Holandês, assim como os Códigos Ibéricos que foram transferidos de Espanha para a América Latina, por vezes permitiam que as mulheres herdassem, mas havia outras forças a impedir qualquer resultado prático. Por exemplo, quando as filhas tinham permissão para herdar, a afetação dos ativos costumava conceder a terra aos filhos e as posses como joias e louça às herdeiras mulheres. E se as mulheres chegassem a herdar terra, eram pressionadas para a entregar aos irmãos ou aos tios.

Atualmente, nos países ocidentais, as mulheres têm direito à propriedade só porque teve lugar uma série de reformas legais entre 1850 e 1980. No entanto, a História diz-nos que sempre que as reformas concederam direitos de terra às mulheres, a mudança foi apenas temporária. A dinastia Song na China (960–1275), por exemplo, atribuiu direitos de propriedade às mulheres, mas a dinastia Yuan (1279–1368) trouxe consigo o ressurgimento da filosofia confuciana que levou à restrição desses direitos. A dinastia Ming (1368–1644) retirou totalmente os direitos da mulher à propriedade. A terra foi coletivizada sob Mao, mas, na China dos dias de hoje, o governo acionou leis que apoiam o costume de transferir toda a propriedade adquirida durante um casamento para o marido.[2] As mulheres ganharam direitos de herança na Revolução Francesa, mas perderam-nos com a promulgação do Código Napoleónico, cinco anos depois. As mulheres tiveram direitos económicos alargados sob a égide do Império Otomano, em que se incluía a propriedade de terra, mas esses direitos foram-lhes retirados mais de um século depois — e depois reinstituídos com Atatürk, em 1923. Em suma, nenhuma mulher pode estar convencida de que os seus direitos de propriedade são permanentes. Se ver a série *The Handmaid's Tale* lhe dá medo de que da noite para o dia haja um recuo colossal dos direitos da mulher, esse medo pode ser justificado.

As práticas históricas que descobri eram suficientemente disseminadas e antigas para explicar a imagem marcante da propriedade da terra no mundo de hoje. A Organização das Nações Unidas para a Alimentação e Agricultura (FAO) publicou um conjunto de dados razoavelmente completo a nível nacional, mostrando que as mulheres representam 18,3% dos proprietários de terras em todas as regiões do mundo (Figura 8). As mulheres também detêm parcelas mais pequenas e mais pobres do que os homens, pelo que a sua parte da terra é, na realidade, inferior a 18%. Nos países desenvolvidos, mesmo depois de um século com leis de igualdade vigentes e de direitos à propriedade das mulheres, apenas 16% dos proprietários de terra são mulheres — menos do que a média global, um vestígio de terem sido proibidas de deter terra durante séculos.[3]

Mais de 80% da terra cultivável é, portanto, detida por homens.[4] Este único facto alinha-se num monopólio sobre o poder e a riqueza que é devastador de contemplar. Ao limitar a principal fonte de riqueza material da humanidade, os homens têm vindo a conseguir reter o poder sobre o capital do mundo durante centenas ou mesmo milhares de anos.

A minha investigação revelou exemplos do mundo inteiro onde os costumes do clã impedem as mulheres de controlar terra antes de existirem estatutos por escrito. A situação de Agnes ilustra que as práticas costumeiras deixam as mulheres vulneráveis, independentemente dos direitos de propriedade formais. No Uganda, os estatutos nacionais dão abertura ao direito de herdar propriedade, mas, na realidade, existem três conjuntos de leis nacionais — costumeiros, religiosos e estatutários —, e cada um deles difere nesta questão. Embora o governo insista na primazia da lei estatutária, as regras costumeiras e religiosas exercem uma influência muito maior, sobretudo nas áreas rurais. O costume dita que são os homens do clã a controlar toda a terra em

FIGURA 8. Esta mancha de dispersão ilustra o vasto fosso entre a propriedade masculina e feminina de terras numa amostra regionalmente equilibrada de cerca de metade dos países do mundo. Os pontos negros mostram que 70 a 90% dos proprietários de terra na maioria dos países, ricos e pobres, são homens. Os países são mostrados por ordem alfabética, começando com a Argélia e terminando com a Zâmbia.

Fonte: Organização para a Alimentação e Agricultura, base de dados sobre género e direitos à terra, http://www.fao.org/gender-landrights-database/datamap/statistics/en/.

poder das famílias, dão-se lotes específicos a indivíduos para cultivarem e expandirem — ou deixarem cair em ruínas — ao longo das suas vidas. Quando o homem morre, a propriedade retorna para os homens da família dele, e a maior parte irá depois ser atribuída aos filhos dele, se os tiver, o que restar é redistribuído entre os outros homens do clã. As filhas podiam ter permissão para viver nas terras do pai até casarem, quando a terra retorna aos homens da família. Os clãs fazem de tudo para garantir que a viúva não recebe qualquer propriedade porque receiam que possa voltar a casar. Nesse caso, a terra ficaria propriedade de uma tribo diferente — porque todos os clãs têm regras que atribuem a terra só aos homens —, ficando assim perdida para a família deles para sempre.[5]

Os costumes da África Oriental sustentam que a própria viúva *é* propriedade e por isso não pode *possuir* propriedade. Sem propriedade nem rendimento próprio, não tinha como alimentar os filhos, se tentasse levá-los, por isso é normalmente obrigada a submeter-se ao estatuto de «esposa herdada», uma prática em que se torna mulher de outro homem da tribo. Não cabe à viúva decidir com que homem vai casar. O costume é os homens que vão herdar a propriedade do morto fazerem sexo com ela para *decidirem* qual irá ficar com ela como mulher. «Nessa noite [depois do funeral], muitos homens a procuram e não há qualquer controlo», explicou uma mulher queniana à Human Rights Watch. «Poderia recusar, mas há fatores económicos. Se um homem lhe dá sabonete ou carne, ela não pode recusar. Só as mulheres capacitadas economicamente podem recusar ter sexo. O homem traz-lhe incentivos, coisas de que precisa.»[6] Muitas comunidades na África Oriental também praticam o ritual da «purificação da viúva», em que um «purificador» designado, normalmente um proscrito, viola a viúva; o esperma dele expulsa o espírito do marido morto, tornando-a bastante «limpa» para ser aceite pelo novo guardião.

Tudo isto acontece sem preservativo. Como um purificador de viúvas no Quénia explica: «Não uso preservativos com as mulheres. Tem de ser corpo com corpo... Se não sair esperma, ela não herda... Não faço nada para impedir uma gravidez. Duas viúvas tiveram filhos meus e não me comporto como pai deles nem lhes dou assistência».[7] O Uganda tem uma das taxas mais altas de VIH/sida no mundo, as mulheres têm o dobro da probabilidade dos homens de estarem infetadas.

É inverosímil, mas o que descrevi até agora é o processo mais ordeiro. Há outro costume chamado «apropriação de propriedade», qualquer parente homem pode entrar na casa de um falecido, expulsar a viúva e os filhos, instalar-se e reclamar tudo o que lá estiver. Depois, vêm outros competir nas apropriações e é frequente haver violência.

Porque não regressa a viúva à sua família biológica? Os seus pais receberam um prémio pela noiva na altura do casamento. A família não pode aceitá-la de volta, a menos que pague ao clã do marido. A família biológica teria também de assumir o apoio económico da viúva e dos filhos dela. As raparigas são casadas com clãs distantes, em primeiro lugar porque são um fardo económico. Assim, a sua própria família pode não permitir que a viúva regresse. O único golpe de sorte que Agnes teve foi a família tê-la aceitado de volta.

Porque é que estas viúvas não arranjam trabalho? O emprego formal é escasso nos países pobres e quase inexistente nas áreas rurais. Onde há emprego, vai primeiro para os homens. Os maridos costumam ficar com todo o dinheiro que a mulher ganha — é considerado um direito deles, tal como há um século nos países desenvolvidos. As mulheres têm poucas oportunidades de poupar. Normalmente, uma viúva não tem meios nem para uns dias. E, sinceramente, se os parentes predadores do marido soubessem que ela tinha dinheiro, ficavam com ele à força e consideravam isso um direito.

Reivindicar os seus direitos ao abrigo da lei é, portanto, geralmente impossível para estas mulheres. Têm de ter dinheiro para contratar um advogado, dinheiro para apanhar o autocarro até à cidade, já para não falar do tempo que demora a fazer uma queixa. A propensão das famílias de se envolverem em violência é em si uma barreira. Teria de colocar a polícia a guardá-la 24 horas durante vários anos para proteger uma viúva que condenasse as práticas costumeiras — quando literalmente toda a gente à volta dela quer tirar-lhe a propriedade e se sente no direito para o fazer. Não há polícias suficientes em todo o Uganda para elaborar uma estratégia nacional de aplicação da lei. Em suma, a melhor segurança que uma mulher pode ter é um filho que herde a terra e lhe ofereça uma segurança limitada para ela e para as filhas. A comunidade internacional pode ser crítica em relação a esta atitude, mas a preferência dos filhos entre as mulheres está enraizada em medos reais. A economia tem de mudar para que a atitude mude também.

As regras religiosas também afetam a administração dos direitos sucessórios no Uganda. Cerca de 12% da população é muçulmana e, na interpretação ugandesa da lei islâmica, uma viúva com filhos pode deter um oitavo da propriedade do marido, em caso da morte dele. No entanto, se o marido era polígamo, prática comum no Uganda, esse oitavo terá de ser dividido entre todas as mulheres que ele deixou. Se uma viúva não tem filhos, pode não ficar com nada.

A consequência é que uma mulher ugandesa cujo marido morre corre o risco imediato de pobreza e ataque pessoal sem poder recorrer a ninguém. Por toda a África subsariana, uma narrativa semelhante ecoa, como esta história passada no Quénia:

> Pouco depois da morte do marido de Emily Owino, os parentes do marido levaram todos os bens — incluindo equipamento agrícola, gado, artigos domésticos e vestuário. Os parentes do marido insistiram que ela fosse «purificada», fazendo sexo com um marginal, um costume naquela região, como condição para poder ficar na casa dela. Pagaram a um pastor para ter sexo com Owino, contra a vontade dela e sem preservativo. Mais tarde, apropriaram-se da quinta. Pediu ajuda aos anciões locais e chefes, mas não fizeram nada. Os parentes do marido obrigaram-na a sair de casa, e ela e os filhos ficaram sem abrigo até que alguém lhes ofereceu uma pequena barraca, onde chovia. Incapaz de pagar a escola, os filhos desistiram de estudar.[8]

Se multiplicarmos esta história por milhões de viúvas e esposas (e todos os filhos que coletivamente têm), entenderemos porque é que o número de almas em África que vivem na pobreza, infetadas por doenças e sem educação continua a crescer, tornando quase impossível uma viragem económica na região. Uma vez expliquei esta situação ao dono de uma incubadora de ideias internacional que dá consultoria ao G20 e ele ficou impressionado. Jamais tinha pensado que as condições das mulheres deviam ser tidas em conta nas recomendações sobre como tirar África da pobreza.

No mundo inteiro, a vantagem que os homens obtêm por serem proprietários de terra transpõe-se ao comando de equipamento, *know-how* tecnológico, e aos contributos como fertilizante e pesticidas. Em todos os países em vias de desenvolvimento, os bancos só aceitam terra como garantia na concessão de empréstimos, portanto, apenas homens podem ter equipamento produtivo, como tratores e debulhadoras, assim como animais de grande porte.

As poucas mulheres que possuem terras têm parcelas mais pequenas e menos férteis e menos meios para as desenvolver, pelo que também têm uma maior probabilidade de perder o que têm. A agricultura é um negócio arriscado, e quando as pragas o atingem, é mais difícil para as mulheres recuperarem. Têm menos bens que podem liquidar e menos oportunidades de ganhar dinheiro de outra forma. A sua maior vulnerabilidade torna-as avessas ao risco, característica que o setor financeiro muitas vezes atribui à cobardia. Nunca considera que os riscos são diferentes para as mulheres do que para os homens e que a capacidade de recuperação é mais limitada.

Os agentes de campo agrícolas, praticamente sempre homens, costumam falar apenas com outros homens sobre novas práticas e tecnologias. Veem que os homens estão mais bem posicionados para aproveitar as inovações e partem do princípio de que qualquer informação vai «chegar» às mulheres. Portanto, as mulheres estão menos informadas sobre novos métodos, assim como menos equipadas para os aproveitar. O planeamento internacional para a disseminação de novas tecnologias pressupõe normalmente que a inovação estará igualmente disponível para homens e mulheres, quando isso não acontece.

O equipamento agrícola pesado é concebido para homens, portanto, se as mulheres não são capazes de o usar, têm de contratar homens para fazerem o trabalho; os homens normalmente resistem a trabalhar para uma mulher e atrasam o trabalho até ao final da estação, reduzindo os seus lucros. A soma das desvantagens que as mulheres têm na prática agrícola reduz a produção final de alimento em 20 a 30%.[9] Ter menos acesso a recursos produtivos também prejudica as mulheres num mercado com muitas barreiras de género.

Um dia, nas montanhas limítrofes do Quénia, falei dos desafios de mercado com uma mulher que estava a tentar transformar um pequeno triângulo de terra à volta da sua casa numa plantação de banana e café. O marido de Julia tinha um serviço de táxis motorizados, chamado no Uganda *bodaboda* — por causa do som que a mota faz. Os motoristas de *boda* são mortos ou mutilados todos os dias no Uganda. A pensar em Agnes, perguntei a Julia se os irmãos do marido dela lhe iam tirar a casa, se o marido morresse num acidente. «Não se atreviam!» disse a rir. Espero que tenha razão.

A nossa conversa passou para a logística da venda do produto. Julia podia vender parte do que cultivava na pequena aldeia onde vivia, mas é também uma cidade com mercado para ajuntamentos mais pequenos mais acima nas montanhas. Por isso, uma vez por semana, há uma inundação de bananas, café, tomate ou o que houver na estação. Os preços são baixos e nem tudo se vende, por isso, ela estava a tentar vender numa cidade maior ao fundo do vale, onde por acaso eu estava instalada. Porém, Julia não tinha transporte próprio, e não podia deixar os filhos, então andava a contratar um dos vários homens que fazem a estrada entre a montanha e o vale para levar os produtos a um amigo que tinha uma banca na autoestrada principal. Como o volume da Julia era pequeno para transportar, andava a pagar-lhes uma fortuna. Enquanto conversava com ela, pensei em Cristina, outra mulher que entrevistei, que tinha uma banca nessa estrada. Mal tinha lucro porque comprava inventário a um preço alto, aos mesmos indivíduos que exploravam Julia.

Comecei a tentar pensar em soluções. Era impossível Julia ou qualquer outra mulher conseguirem comprar uma carrinha, mas ajudaria se a tivessem? «Julia», disse, «se amanhã de manhã acordasse e um anjo lhe tivesse trazido uma carrinha, o que fazia?» Rapidamente, respondeu-me: «Insistia que o meu marido aprendesse a conduzi-la!»

Portanto, o problema continuou a incomodar-me. Nessa noite, fiz umas perguntas na pensão Last Chance, de Rose, o meu local favorito para ficar no continente inteiro, para descobrir o que os homens faziam com os seus produtos. A pensão de Rose não tem água quente e a cozinha é rudimentar, mas a comida é boa. Tem um frigorífico com *Coca-Cola* fresca e cerveja engarrafada, e há WC com sanitário — só luxos. A própria Rose é muito importante nesta cidade muito pequena (sem correios, sem banco), e é uma excelente companhia. À noite, as pessoas aparecem para conversarem com ela e com as pessoas lá hospedadas, e para beber uma cerveja. Nessa noite em particular, muitos sabiam a resposta à minha pergunta sobre como os homens vendiam os produtos. Disseram-me que grupos de homens se tinham organizado em cooperativas para conseguirem contratos regulares com compradores de alimentos da cidade. Todos os grupos baniam as mulheres de fazerem parte, como as cooperativas agrícolas dos países em vias de desenvolvimento costumam fazer.

Em todo o mundo, os compradores de alimentos adjudicam grandes contratos a homens, embora o trabalho seja maioritariamente realizado por mulheres, quer como subcontratadas, trabalhadoras assalariadas, ou membros da família não-remunerados. Por exemplo, a FAO relata que 70% do contrato de cultivo de açúcar na África do Sul é feito por mulheres. As mulheres investem mais horas que os homens nos contratos de cultivo de vegetais no Punjab, embora os contratos sejam controlados pelos homens. Um grande projeto de agricultura contratado pela China excluiu explicitamente as mulheres, mas a maior parte do trabalho foi feita por milhares delas. No Quénia, apenas 10% de todos os grandes contratos de cultivo são detidos por mulheres, enquanto no Senegal se fica em 1%. Os contratantes evitam negociar com mulheres agricultoras porque o domínio das terras é inseguro, não produzem em grande volume, não têm o equipamento indicado nem transporte, não têm a estabilidade que uma linha de crédito confere e, no geral, representam um risco de fornecimento.[10]

O pessoal reunido na Rose contou-me que, todas as semanas no mesmo dia, vinham até ao vale camiões grandes das cidades e paravam no determinado sítio para comprar produtos. Os camiões vinham no dia seguinte, então, acordei de madrugada e fui ver por mim mesma. Os homens traziam quantidades imensas de produto, pareciam ter carrinhas próprias ou partilhavam-nas. Pareciam conhecer os motoristas dos camiões e obviamente já tinham pré-negociado aquelas transações. De vez em quando, via uma mulher com um cacho enorme de bananas atado às costas, e às vezes com um bebé à frente, a ir na direção da carrinha, com um ar desnorteado. A mulher não podia interromper as conversas de rotina e as transações. E as carrinhas compravam apenas em volume, não cachos das costas de alguém.

Normalmente, as mulheres estão limitadas a obter rendimento de uma pequena parcela de terra perto de casa — amavelmente «dada» pelos maridos —, cultivando alguns produtos ou criando animais pequenos. Ao mesmo tempo, fazem a maior parte do trabalho na terra dos maridos, pelo qual não recebem, e também tomam conta da casa e dos filhos. Às vezes, tentam vender artesanato. Normalmente, as mulheres não partilham os rendimentos das terras dos maridos, embora façam a maior parte do trabalho. Portanto, para além de serem impossibilitadas de fazerem parte dos grandes contratos, não ficam com dinheiro para elas dos lucros do marido. Os maridos pegam nos produtos que as mulheres plantaram, cultivaram, processaram e embalaram e vendem-nos no mercado e guardam o dinheiro (ver Figura 9).[11] Depois, os homens dão às mulheres o dinheiro que consideram adequado para as suas necessidades.

Pensei que talvez pudessem formar uma cooperativa e começar a vender aos camiões grandes todas as semanas. Iriam precisar de transporte, então comecei a fazer a todas a pergunta «e se um anjo deixasse uma carrinha?». De todas as mulheres a quem perguntei, só uma disse que aprendia a conduzi-la. Porque não tentavam as outras conduzir?

FIGURA 9. A Aliança Internacional das Mulheres para o Café realizou um inquérito a mulheres e homens quenianos sobre a divisão do trabalho na produção de café. Este gráfico de linhas mostra os resultados. No eixo horizontal estão os passos dados para o cultivo do café, desde a plantação até à colheita, passando pela venda do produto. O eixo vertical mostra que percentagem de homens ou mulheres fazem o trabalho em cada etapa. A linha desde o início do processo até ao final demonstra que as mulheres fazem quase todo o trabalho até o produto ser levado para o mercado, mas têm muito pouca participação na venda efetiva do café. A última medida mostra que os homens são considerados donos do café, embora as mulheres façam a maior parte do trabalho para o cultivar.

Fonte: Mary Johnstone-Louis, Estudo de Caso: Aliança Internacional das Mulheres para o Café, Power Shift: The Oxford Forum for Women in the World Economy, 2013, https://www.doublexeconomy.com/wp-content/uploads/2019/09/Power-Shift-IIWCA-Case.pdf.

Havia muitas desculpas, mas todas se resumiam ao mesmo motivo: guiar é coisa de homem, e as raparigas não o fazem — como usar uma gravata ou fumar um charuto. Mesmo longe do alcance dos meios de comunicação de massas, as pessoas estão atoladas de estereótipos de género.

A minha mente não me deixava esquecer o problema. A seguir, recorri ao potencial de acrescentar valor. Afinal, foi o que as nossas avós fizeram, certo? Fizeram molhos, *chutneys* e geleias, deixaram as distinções atingidas pelas receitas gerar lucro. Novamente lá em cima nas montanhas, comecei a olhar com atenção para as cozinhas. A cozinha de Julia consistia numas pedras reunidas em círculo atrás da casa, para onde ela levava lenha todos os dias para cozinhar. Havia um toldo por cima deste espaço de trabalho exterior, e varriam a terra do chão. Vi algumas cozinhas mais substanciais, mas eram todas a céu aberto e alimentadas por tecnologia de pedras e madeira.

Produzir o sabor consistente exigido para criar reputação e obter um produto que traz valor seria complicado, usando o calor imprevisível de uma fogueira daquelas. Mesmo assim, questionei-me sobre a diferenciação que poderia ser produzida, sendo que as refeições na África rural tendem a ser as mesmas todas as noites e muito insípidas. Perguntei quais eram as especiarias disponíveis. Tinham gengibre, cebola e um pouco de açúcar. Seria difícil criar um produto distinto apenas com aqueles produtos.

A única forma de tornar útil um negócio de molhos ou *chutney* seria vender fora da aldeia, o que suscitava novamente a questão embaraçosa do transporte e seria precisa uma embalagem padronizada que aguentasse o transporte. Sinceramente, não sei como alguém como Julia encontraria, financiaria, transportaria e armazenaria essas coisas. A esterilização e selagem apresentariam mais um obstáculo. Iria precisar de capital para começar, mesmo que fosse uma quantia pequena. De onde viria?

Na aldeia onde Julia vivia, duas mulheres, Catherine e Alice, tinham negócios que as nossas avós também achariam familiares. Catherine abriu um restaurante que estava mais ou menos vazio, à exceção do dia de mercado, quando as pessoas desciam da montanha e precisavam de um sítio para comer. Comprava só o necessário para fazer uma refeição e cobrava algum lucro, Catherine ganhava o suficiente para alimentar e pagar a escolaridade dos filhos. Alice tinha uma taberna onde servia cerveja que ela própria fabricava. A cerveja de Alice, como outras cervejas locais, é feita de milho e água e é servida, sem refrigeração, num pote, do qual os homens bebem em grupo por longas palhinhas de borracha. Há procura local de cerveja todas as noites porque, nesta aldeia, como noutras aldeias rurais do Uganda, há um ritual noturno enraizado em que todos os homens pagam cerveja uns aos outros. Nos dias de mercado, porém, Alice fazia um grande negócio porque os homens das colinas das redondezas terminavam o trabalho e iam para a taberna dela descontrair. Era especialmente afortunada porque o marido a deixava ficar com os rendimentos, mesmo que a cerveja fosse produzida com ingredientes provenientes da terra dele — teria plenos direitos de lhe tirar tudo o que a terra dele produzisse. Alice e Catherine serviam comida e bebidas acabadas de fazer no local, num mercado pequeno o suficiente para conseguirem comandá-lo. Não havia mais nenhum restaurante, mesmo ao lado do de Catherine, e duvido que a aldeia tivesse capacidade para mais um.

Cheguei à conclusão que sem melhor acesso ao mercado agrícola mais abrangente, as mulheres destas montanhas estavam gravemente limitadas. A falta de transporte, a incapacidade de negociar preços e de produzir grandes quantidades, a exclusão das operações conjuntas, a mobilidade pessoal restrita e o controlo limitado delas sobre o capital e a tecnologia, todos se conjugavam para criar uma barreira colossal à viabilidade económica.

A boa notícia é que está a emergir uma influência externa: algumas multinacionais estão a tomar medidas para ajudar as mulheres, prestando assistência com grandes ONG, assim como dos governos. A Coca-Cola e a Walmart, por exemplo, ensinam novos métodos agrícolas às pequenas proprietárias mulheres de forma que as suas colheitas sejam maiores e de melhor qualidade. A Mondeléz International (a fusão da Cadbury, Nabisco e Kraft) anunciou que prefere muito mais comprar a operações conjuntas que tenham pelo menos 30% de mulheres. Quando se avaliar o impacto destes projetos, as empresas esperam que haja mais e melhor comida nas mesas locais, mais crianças na escola e uma diminuição da violência doméstica, que é o que os estudos até à data dizem que vai acontecer quando estas mulheres forem economicamente capacitadas.[12]

As empresas participam em projetos deste teor por muitas razões. Estes esforços têm um impacto positivo nas atitudes do consumidor assim como no recrutamento e retenção de funcionários. Está também a ser cada vez mais reconhecido no setor do investimento que a cordialidade de género, tanto interna como externa, é boa para os preços das ações, como vou explicar adiante. Mas a razão primordial que leva as empresas a trabalharem com mulheres na agricultura é garantir o fornecimento. Os homens estão a mudar-se para as cidades e a emigrar para outros países a ritmos cada vez mais acelerados para procurar emprego, mas as mulheres que deixam para trás para cuidarem da terra continuam ainda em enorme desvantagem. Fabricantes como a Coca-Cola e a Mondeléz, que precisam de certas safras para produzir os seus produtos, e retalhistas como a Walmart e a Marks & Spencer, que vendem certos frutos e legumes diretamente ao cliente, estão a ficar preocupados com o efeito que terá no fornecimento deixarem as mulheres — com os seus direitos e recursos limitados — responsáveis pela agricultura. O fornecimento futuro de banana, café e cacau já foi prejudicado, e outras safras parecem ir pelo mesmo caminho.[13]

Todos nós devíamos estar preocupados com o impacto que esta ineficácia dos mercados agrícolas tem na fome mundial e na pobreza. As Nações Unidas dizem que 925 milhões de pessoas no mundo sofrem de fome crónica; desses, 150 milhões seriam alimentados se retirássemos as desvantagens para as mulheres na produção de alimentos. Estudos também mostram que quando o campo de atuação está equilibrado, as agricultoras produzem tanto como os homens. Para os inúmeros países pobres que dependem da agricultura como fonte principal de PIB, resolver este problema específico de género iria levar a um crescimento de cerca de 2,5 a 4% anualmente.[14]

A desvantagem das mulheres na agricultura também contribui para a insegurança alimentar. As pessoas lutam quando têm fome, portanto, a insegurança alimentar causa muitas vezes fricção ao nível mais básico. Os conflitos locais prejudicam recursos e pessoas e, quando o conflito se expande, a doença acompanha. Devido à comunicação social global e à intensa conectividade dos nossos tempos, qualquer destes conflitos tem agora potencial de impacto global.

O que estão os governos ricos a fazer? Não chegam perto do problema como deviam. Os grandes doadores na ajuda à agricultura são a Agência para o Desenvolvimento Internacional dos EUA e o Departamento para o Desenvolvimento Internacional do Reino Unido. Cada uma destas instituições tem vários programas para mulheres nos países em vias de desenvolvimento, mas a percentagem dos seus orçamentos dirigida às mulheres continua a ser ínfima. Entretanto, dão somas enormes a programas de homens, alegando que os seus esforços são «neutros quanto ao género», uma afirmação obviamente falaciosa.

Numa comunidade em que toda a terra e o dinheiro são controlados pelos homens, a única forma de uma mulher ter acesso a alimento ou abrigo é estando sob a «proteção» do homem — e cair nas suas boas graças —, tornando-se completamente dependente e assustadoramente vulnerável. O percurso e a qualidade da vida de uma mulher são quase inteiramente determinados pelo carácter do homem com quem ela casa, uma decisão sobre a qual não deve ter tido qualquer controlo. Embora haja pessoas de pleno direito, as mulheres são sabotadas quando são compradas ou vendidas para casar. Consequentemente, os homens encaram muitas vezes as mulheres como objetos que podem usar quando lhes apetece, como um indivíduo da República Democrática do Congo descreveu:

> Eu era um homem normal, vivia com a minha família de forma normal. Comportava-me como todos os homens da sociedade, a minha mulher era minha escrava, não tinha quaisquer direitos e tinha de me respeitar completamente. Ela estava sempre em casa, e não podia sair para se encontrar com outras mulheres. Ela pertencia-me, porque quando casámos paguei um dote de noiva... que me conferiu toda a autoridade para tratá-la como eu desejasse. Estava à minha mercê para atividade sexual, a qualquer altura, em qualquer sítio, onde fosse. Se recusasse, era castigada, era um completo tirano na minha casa.[15]

A dependência torna frequentemente a pessoa com o poder hostil e punitiva, pelo que as mulheres que devem contar com os homens para as suas necessidades básicas sofrem a ameaça perpétua da violência doméstica. Um estudo transnacional da Organização Mundial da Saúde determinou os fatores que preveem a violência doméstica: (1) se o homem ou a mulher observou essa violência em criança, (2) se a comunidade tolera essa violência, e (3) se existe um grande fosso económico entre homens e mulheres.[16] Nas zonas rurais dos países em vias de desenvolvimento, todos estes fatores tendem a estar presentes, conjugando-se para perpetuar a violência de geração em geração. Nos países pobres, as comunidades podem até exigir um espancamento se uma mulher «sair da linha». A violência dentro de casa é frequentemente tão normalizada que as próprias mulheres dizem aos investigadores que um homem tem justificação para bater na mulher por infrações tão pequenas como queimar o jantar.[17]

Constatou-se que uma posição económica mais equilibrada, sobretudo na propriedade de bens mais produtivos como terra e animais de grande porte, reduz significativamente a violência entre parceiros num recente estudo a 28 países publicado no *American Journal of Public Health*.[18] Em todo o lado, a razão mais comum para uma mulher ficar numa casa abusiva é porque não tem meios de subsistência. O que vemos com muita frequência com a capacitação económica das mulheres é que usam o primeiro dinheiro que recebem para deixar um homem violento.

A violência assume frequentemente a forma de inanição propositada. O homem descontente vai reter comida da mulher — e por vezes também dos filhos — até que considere adequado restaurar-lhe o direito a comer. Um estudo de 2011 da Universidade do Texas, por exemplo, constatou que metade das mulheres casadas nas zonas rurais do Bangladesh foram fisicamente agredidas pelos parceiros no ano anterior. Nesta cultura, as mulheres não têm autorização para deixarem a residência, portanto, tudo o que entra em casa tem de vir das mãos do chefe do lar, tornando a inanição propositada um meio de punição conveniente. «Batem-nos muito, mas não vamos embora», afirmou uma delas. «Não trazem comida quando estão zangados, nem sequer para os filhos.» Muitas destas inquiridas preferem passar fome a arriscar serem espancadas por pedirem mais comida. Uma das mulheres deu a comida às filhas, mas não referiu que tinha fome porque, disse-nos: «Ele vai bater-me à noite.»[19]

O domínio masculino sobre a atribuição de alimentos é mais visível na prática generalizada de alimentar as mulheres de uma família por último e em menor quantidade. Horas de jantar diferentes, salas de jantar diferentes e alimentos diferentes «dirigidos às mulheres» são tudo formas em que a atribuição de alimentos é tornada um ritual «encarado como a nossa cultura». (Nos países desenvolvidos, vemos vestígios deste hábito nas embalagens maiores de comida a que chamam «tamanho de homem».)

«De manhã, o meu pai tinha uma taça de natas com o chá, mas as irmãs dele só tinham chá», escreve a ativista paquistanesa Malala Yousafzai sobre a infância do pai entre os Pashtuns. «Se houvesse ovos, eram só para os rapazes. Quando matavam uma galinha para o jantar, as raparigas ficavam com as asas e com o pescoço, enquanto a carne suculenta do peito era para o meu pai, o irmão dele e para o meu avô. "Desde cedo sinto que és diferente das tuas irmãs", dizia o meu pai.»[20] Malala não diz o que comia a avó dela, mas se esta história é como outras, a mãe do pai esperava até que todos terminassem e depois comia o que tinha sobrado, às vezes ficava sem o que comer. É o que acontece às mulheres quando a comida é escassa.

Pensa-se que a regra «por último e em menos quantidade» já está tão disseminada que as agências internacionais estão a recolher dados sobre o seu potencial impacto nutricional a nível da espécie, e há peritos a desenvolver um índice de nutrição para os géneros.[21] Uma parte particularmente preocupante revela o impacto nos recém-nascidos de alimentar as mulheres em último lugar e em menor quantidade.

O International Fetal and Newborn Growth Consortium for the 21st Century — ou INTERGROWTH-21st, para abreviar — é um consórcio de pesquisa de cientistas obstetras que recentemente levou a cabo um estudo global sobre pesos à nascença. Pesos baixos à nascença estão associados não só a muitos riscos na infância mas também a doenças e fraquezas que persistem ao longo da vida; crianças nascidas de mães subnutridas têm 20% maior probabilidade de morrer nos primeiros cinco anos.[22] Durante muito tempo, todavia, defendeu-se que os países onde nasciam bebés mais pequenos tinham simplesmente outras preferências culturais. (Ou algo do género. «É a cultura deles» é um *slogan* que abarca imensos disparates.) De qualquer forma, o INTERGROWTH-21st estabeleceu definitivamente que o peso à nascença é uma função da forma como a mãe foi alimentada e tratada. Os países que têm bebés pequenos são aqueles onde as mulheres não são bem tratadas — e, em particular, são alimentadas por último e em menor quantidade.[23]

Mas não é tudo. Esta equipa de investigação diz que o cuidado nutricional e de saúde da mulher, mesmo antes da gravidez, tem um impacto na criança; as mulheres devem ter cuidados durante anos antes de engravidarem. As anomalias congénitas, algumas hereditárias, podem ser causa da má alimentação da mulher, inclusivamente na infância, porque todos os óvulos que vai ter são os do seu corpo quando nasce. Sempre que sofre de má nutrição, os óvulos podem ficar danificados. Portanto, a prática de alimentar menos as mulheres não só produz toda uma cadeia de pessoas mais pequenas do que deviam, mas também as equipa com uma panóplia de doenças e lhes entrega mais anomalias congénitas.

Recentemente, tive uma experiência perturbadora quando um grupo de estudantes universitárias feministas em Nova Iorque — nenhuma delas tinha estado em países em vias de desenvolvimento — me disse, a mim e aos meus colegas, de forma altiva, que as agências internacionais não deviam interferir com a prática de «a última a comer e em menor quantidade» porque seria uma violação cultural justificada pela «hegemonia». Estas feministas pareciam pensar que a regra era inócua, até pitoresca. Para nós, era uma lição assustadora de como é importante contar ao mundo a verdade. A inanição sistemática, acompanhada da ameaça de violência, não é inofensiva nem pitoresca, não é uma prerrogativa cultural de ninguém. É uma violação dos direitos humanos e nada mais.

Para além de controlar a comida, o chefe do agregado familiar controla a terra e, consequentemente, o direito da mulher ao alojamento. Isto dá-lhe o poder de ditar onde ela está, não só com a ameaça tácita de ser banida, mas proibindo diretamente a mulher de sair. Normalmente, essas restrições são racionalizadas como tentativa de proteção ou de manter respeitabilidade, mas restrições de movimento ou comunicação obrigam de facto a que fiquem dependentes.

Nos muitos estudos que estão agora a ser feitos internacionalmente para avaliar o nível de emancipação das mulheres, está a surgir um conjunto de perguntas padrão. Uma delas é se a mulher pode sair de casa sem a permissão do marido. Esta pergunta provou ser um indicador eficaz de emancipação porque é muito comum a mulher ser proibida de sair da aldeia, do complexo da família ou até de casa. Ocasionalmente, estas restrições são levadas tão a sério que as mulheres morrem, sobretudo a dar à luz, porque os maridos não estão presentes para lhes darem permissão para serem assistidas por um médico. No Uganda, uma idosa disse-me que nunca tinha saído de casa sem o consentimento do marido — nem conhecia nenhuma mulher que o tivesse feito.

As mulheres nas culturas rurais sofrem mais com o fardo da servidão do que as mulheres nas nações desenvolvidas. A inexistência de infraestruturas como canalização e eletricidade, juntamente com inacessibilidade a aparelhos e produtos que poupam trabalho, torna o tempo passado em tarefas domésticas muito mais demorado: todos os dias as mulheres passam horas à procura de madeira para os fornos e a transportar grandes vasos de água. O tempo gasto com a roupa é especialmente demorado e difícil — toda a roupa tem de ser lavada à mão, normalmente na margem do rio ou num balde. Cozinhar sobre fornos abastecidos a madeira é bastante prejudicial para a saúde, e ocupa-lhes um tempo enorme. Como consequência destas desvantagens, as mulheres nos países em vias de desenvolvimento sofrem muito mais de pobreza de tempo do que qualquer homem ou mulher noutros países, situação que reduz a produtividade agrícola. A FAO recomenda investimentos tanto em bens públicos como em bens de consumo duráveis para mudar esta utilização do tempo; calcula que na Tanzânia, por exemplo, os investimentos em assistência à poupança de trabalho, com vista a economizar 8 mil milhões de horas de trabalho não-remunerado por ano, equivale a 4,6 milhões de empregos remunerados a tempo inteiro.[24]

Um dia de trabalho de sol a sol, trabalho duro, é a tradição para as mulheres nas sociedades de cultura rural de África, tal como descrito pela economista dinamarquesa Ester Boserup nos anos 70. As esposas foram obrigadas a trabalhar nas terras dos seus maridos, bem como a fazer todas as tarefas domésticas e de cuidar das crianças, sem serem remuneradas, tal como fazem agora.[25] Também esperavam que ganhassem dinheiro, fabricando artesanato e a cultivar hortas no jardim para vender os produtos. O que ganhasse era para a mulher se sustentar, e também para as despesas dos filhos — logo, nem as esposas nem os filhos tinham apoio garantido dos maridos. As mulheres trabalhavam noite e dia. Os homens andavam na boa vida; apareciam nos campos só para «supervisionar». Se queriam aumentar o rendimento, compravam mais mulheres para trabalhar a terra; como as mulheres trabalham de graça e são responsáveis pelo seu sustento, o custo com a mão de obra adicional era apenas o do pagamento adiantado do preço da noiva. As mulheres não recebiam nada e não tinham nada, nem sequer os seus próprios corpos.

Atualmente, as mulheres continuam a tentar ganhar dinheiro a vender produtos da horta e artesanato. Ainda são consideradas as responsáveis pelos filhos, sobretudo pela sua educação. Aproximam-se do carro com inhame e tomate, até numa estrada em que mal se consegue ver porque é tão raramente percorrida. Passamos por elas de pé à beira das autoestradas, o artesanato estendido em cobertores, todos iguais aos do cobertor da mulher seguinte porque são todos produtos de artesanato tradicional. As peças são cliché, mesmo no contexto local; jamais venderiam online ou no Ocidente. Mas, para estas pobres mulheres sem terra que trabalham de borla, vender estes artigos antiquados num mercado inadequado é a única forma de subsistência.

Não é preciso ler O *Capital* para perceber que, se os homens são proprietários dos meios de produção, é bastante provável que sejam os patrões. As mulheres participam no trabalho agrícola tanto como empregadas remuneradas como empregadas de família não-remuneradas. Os inquéritos da FAO mostram que as mulheres fazem cerca de 43% de todo o trabalho agrícola, mas a organização alerta para que o número seja demasiado baixo — as mulheres fazem tanto trabalho agrícola como doméstico e cuidam dos filhos, por isso não se consideram trabalhadoras agrícolas, apesar de passarem horas a plantar, cultivar e a colher. Portanto, quando a FAO lhes dá o inquérito, estas mulheres não marcam a opção e ficam fora da contagem.[26]

As mulheres que trabalham por salários na agricultura são mais provavelmente trabalhadoras sazonais, trabalhadoras informais e ajudantes a tempo parcial — por outras palavras, estão concentradas nas posições mais mal remuneradas e inseguras. A violência contra as mulheres trabalhadoras na agricultura também é frequente. Até nos Estados Unidos, onde se poderia esperar mais proteção, os supervisores das quintas atacam as mulheres nos campos; na maioria dos casos, os empregadores não se mostram solidários, nem os tribunais.[27]

Existe também uma divisão de género no tipo de tarefas agrícolas que cada sexo executa. Todos os trabalhos mais bem pagos envolvendo equipamento pesado são vistos como «trabalho de homens», quer seja realmente necessário um homem para fazer o que é exigido ou não. Os trabalhos considerados «trabalho de homens» mudam o nível de pagamento. Quando os salários de uma tarefa agrícola feitos principalmente por mulheres aumentam, os homens apoderam-se desse trabalho. Assim, esse trabalho passa a ser «trabalho de homens», mesmo que fosse considerado trabalho de mulheres há uns anos. Quando a FAO compara os seus dados relativos às horas de trabalho, qualificação e experiência e coloca mulheres e homens lado a lado numa comparação «mesmo trabalho», as mulheres, no mundo inteiro, recebem significativamente menos do que os homens pelo trabalho agrícola.[28]

Durante décadas, as feministas acreditaram que o trabalho doméstico as desvalorizava e que o caminho para a liberdade era o trabalho «importante», como a agricultura. Estudiosas feministas também usaram a presumida dignidade do trabalho agrícola para defender que o capitalismo industrial do colonialismo europeu deu início à subordinação das mulheres. Se esta ideia fosse verdade, iríamos esperar que as culturas em que as mulheres fazem muito trabalho agrícola fossem mais equilibradas em termos género.

Vamos então analisar isso. A Organização para o Desenvolvimento e Cooperação Económica faz uma análise a que chama Instituições Sociais e Índice de Género (SIGI), concebido para avaliar a presença dos abusos que descrevi neste capítulo: códigos familiares discriminatórios; violência contra mulheres; recursos limitados, especificamente, acesso à terra e ao capital; preferência pelos filhos; e a prática de infanticídio feminino. Os resultados do SIGI mostram que os direitos à segurança, recursos, igual tratamento, e respeito humano são geralmente mais baixos em países em que as mulheres se dedicam ao trabalho agrícola.[29]

A minha equipa no Uganda está neste momento a realizar testes psicológicos para tentar avaliar o impacto destas condições nas mulheres. Verificamos que o risco para a saúde mental é significativamente maior do que nos homens, uma constatação que se repete noutros estudos em países onde os direitos das mulheres são tão diminutos.[30] As idosas absortas que tantas vezes vejo a assombrar os pátios das escolas suportaram uma vida inteira de insegurança económica e abuso — provavelmente afetou o seu estado de espírito.

Nós, enquanto comunidade de seres humanos, devemos a nossa compaixão a estas mulheres e podemos ajudar, fazendo todos os esforços para derrubar os obstáculos económicos específicos ao género, à liberdade e à segurança. Estão em curso programas para ajudar as mulheres a obter o título de propriedade de terras em vários lugares, mas precisam de ser alargados ao mundo inteiro. O mesmo se aplica à assistência com a tecnologia e o acesso ao mercado. Certamente, os governos deveriam ser mais imparciais na atribuição das ajudas. Algumas intervenções são bastante simples e podem ser feitas por pequenas organizações voluntárias, como instituições de beneficência locais e organizações religiosas. Por exemplo, no livro *Ganhar Asas e Voar*, de Melinda Gates, ela conta que assistiu a agricultores representarem a prática da última a comer e em menor quantidade. Quando os homens da plateia viam os vizinhos a servir os homens em primeiro lugar, enquanto mulheres e crianças famintas esperavam, ficaram envergonhados. Bastante comovidos, prometiam alterar os seus comportamentos. Respostas como esta encorajam-me a pensar que, se todos nos unirmos, podemos conquistar a liberdade económica para as mulheres.

As centenas de milhões de mulheres que vivem nas circunstâncias que descrevi estão aprisionadas devido à sua exclusão económica. A consequência do monopólio masculino sobre a terra foi a sua miséria. Sim, há normas culturais envolvidas e práticas religiosas afloradas, as quais não passam de meros ornamentos das janelas locais. O modelo que cruza o país, o tempo e a cultura é a dependência económica que leva a uma mobilidade restrita, acesso incerto a comida ou alojamento, e a vulnerabilidade à violência pela qual não há responsabilização.

4 | DESCULPAS INSUFICIENTES, TRATAMENTO INDESCULPÁVEL

Não há desculpas que justifiquem o sofrimento das mulheres, o que não impede as pessoas de tentarem arranjá-las. Para conseguir explicar uma desigualdade tão colossal, é preciso um mito igualmente enorme, então os seus defensores fazem afirmações sobre a nossa natureza animal ou sobre os humanos do passado ancestral. Alegam que o domínio masculino é natural e necessário, que as mães humanas devem ficar em casa como fazem as outras mães animais, dizem que os homens estão destinados a ser os provedores, e que são superiores porque fazem trabalho mais perigoso, difícil ou importante. Recorrem à ciência, à religião e aos contos populares — ao que funcionar — e acabam por avisar que qualquer tentativa de mudar o equilíbrio de poder irá resultar na destruição da espécie. O domínio masculino, decretam eles, é imutável. Se aceitar a missão de capacitar economicamente as mulheres, vai ouvir estas tretas mais cedo ou mais tarde. Seguem-se algumas respostas para ripostar.

O DOMÍNIO MASCULINO É NATURAL E NECESSÁRIO

Quando confrontado com uma estatística do Pew Research Center de 2013 que mostrava que 40% das mulheres americanas eram as principais provedoras, o perito de comunicação social conservador Erick Erickson explodiu:

> Estou tão habituado a ouvir os liberais dizerem que os conservadores são anticiência. Mas os liberais que defendem isto e dizem que não é algo mau é que são *muito* anticiência. Se virmos na biologia — se olharmos para o mundo natural — os papéis de um homem e de uma mulher na sociedade e nos outros animais, o macho normalmente tem o papel dominante. A fêmea não é a sua antítese, nem está a competir com ele, tem um papel complementar. Perdemos a capacidade de ter relações complementares... e está a arrasar connosco.[1]

A justificação «científica» de Erickson para o domínio masculino está mal fundamentada e passo a explicar porquê.

Um dos primatas mais próximos dos humanos tem a fêmea dominante. Os bonobos são tão parecidos com os chimpanzés que só foram confirmados como uma espécie distinta em 2012.[2] Tal como os chimpanzés, os bonobos partilham 99% do ADN connosco. Estes dois primatas são também geneticamente idênticos, partilham 99,6% do seu ADN entre si. Mas apesar dos seus perfis biológicos quase indistinguíveis, os seus sistemas sociais são totalmente opostos.[3]

Os chimpanzés são patriarcais. As suas comunidades têm um macho alfa no topo e uma hierarquia de outros machos abaixo, com as fêmeas na base. Os machos estão constantemente a tentar posicionar-se, mas são um grupo unido que policia o território, invade o território dos outros e aterroriza as tribos vizinhas em equipa. As fêmeas são continuamente intimidadas e atacadas. Ambos os sexos caçam e reúnem-se, mas os machos tendem a partilhar alimentos uns com os outros, aparentemente para construir alianças entre si, e normalmente não formam relações significativas com as fêmeas nem com a descendência.

Em contrapartida, os bonobos organizam-se em matriarcados. Em vez de terem um único líder, as fêmeas governam como um coletivo. Machos e fêmeas procuram alimento e caçam juntos, partilham alimentos uns com os outros e com as crias. Tanto os machos como as fêmeas são caçadores impiedosos, mas os bonobos evitam conflitos uns com os outros. Quando veem qualquer potencial de competição, brincam ou fazem sexo para se distraírem e aliviarem a tensão, antes de se acalmarem e partilharem. As lutas entre as comunidades bonobo são extremamente raras. Ao contrário dos chimpanzés e dos humanos, os bonobos não matam a sua própria espécie.

A base para o matriarcado bonobo é uma aliança construída por jovens fêmeas ao juntarem-se ao grupo. Todos os adolescentes primatas migram para um grupo diferente para procriar, mas, em algumas espécies, os machos deixam o grupo onde nasceram, enquanto noutras as fêmeas o fazem. As espécies em que as fêmeas migram exibem normalmente um domínio pronunciadamente masculino e agressividade. Os cientistas especulam que os machos no grupo de destino conseguem dominar porque já criaram laços de afinidade, enquanto as fêmeas são estranhas e por isso têm menos base para solidariedade. Mas quando as fêmeas bonobos se juntam a um novo grupo, estabelecem imediatamente laços com várias fêmeas que já lá estavam, especialmente fazendo sexo com elas, e continuam a cultivar estas relações ao longo das vidas. O comportamento cria uma coligação feminina suficientemente forte para enfrentar os machos. Os cientistas não sabem porque é que os bonobos fazem isto e outros primatas não fazem.

Os cientistas descrevem os bonobos como «igualitários». Os humanos muitas vezes equiparam liderança a domínio; os bonobos demonstram um facto diferente — pode existir ordem social sem a tirania baseada na violência. Não defendo o domínio feminino porque acredito que a injustiça de género está enraizada num desejo crescente de *domínio* entre os homens. O impulso para dominar é desnecessário, destrutivo, opressivo para todos e absolutamente mutável.

Os bonobos têm um limite ativamente controlado: as matriarcas não toleram agressões sexuais dos machos. Entre os chimpanzés, os machos agressivos são mais frequentemente pais porque forçam o sexo durante o estro, a altura em que as fêmeas estão recetivas aos machos, mas também quando as fêmeas não estão recetivas. A cientista Barbara Smuts observou o seguinte intercâmbio no Parque Nacional de Gombe, na Tanzânia:

> É uma cena perturbadora: um chimpanzé macho adulto, fortemente musculado e com os pelos em pé, rasga pelo matagal da floresta, correndo meio ereto e atirando ruidosamente ramos, enquanto os outros chimpanzés dispersam, gritam ou fazem grunhidos submissivos. O seu

> alvo, uma fêmea mais pequena, encolhe-se e mostra os dentes, desgostosa e assustada, enquanto ele conclui o ataque, dando-lhe pontapés e pisando-lhe as costas com todo o seu peso. Pode acabar em poucos segundos — ela oferece pouca resistência —, mas a vítima está claramente traumatizada, emitindo gritos ásperos e abafados muito depois de o macho ter regressado à sua rotina normal.[4]

Para pacificar o agressor e evitar encontros violentos no futuro, as fêmeas chimpanzé com o cio oferecem-se primeiro a um macho que as tenha intimidado. No entanto, as fêmeas também copulam claramente com todos os machos não relacionados durante cada cio, numa aparente tentativa de baralhar a paternidade. Os cientistas acreditam que as fêmeas fazem isto porque os chimpanzés machos matam frequentemente os recém-nascidos, chegando por vezes a comê-los em frente da mãe e do resto da comunidade. Pensa-se que os machos não matarão os próprios descendentes, por isso, ao fazer sexo com todos, a mãe confunde a questão, protegendo assim a vida do seu futuro filho.

No entanto, normalmente não há forma de os chimpanzés machos conhecerem a sua própria descendência. De facto, a única forma de os cientistas que observam os chimpanzés discernirem a paternidade é realizando testes de ADN às fezes. Há duas ocorrências raras que podem permitir ao macho saber qual é a sua cria. Ocasionalmente, um macho alfa guarda uma fêmea em cio, protegendo-a dos outros machos durante todo o período e, mesmo assim, a fêmea pode não conceber. Para ter a certeza de que só a descendência dele nasce de uma determinada fêmea, o macho teria de guardá-la repetidamente durante muito tempo, o que seria impraticável na vida selvagem.

Outra rara oportunidade de saber a paternidade é quando a fêmea escolhe o seu parceiro. Ocasionalmente, um macho e uma fêmea têm uma corte em que partilham comida, limpam-se um ao outro, e depois esgueiram-se para a floresta na altura do cio. Nos testes controlados, as chimpanzés fêmeas preferem este «bom tipo», mas esse resultado é raro na vida selvagem porque os machos agressivos subjugam as fêmeas *e* dominam os outros machos.

Sendo que as fêmeas chimpanzé não podem escolher os parceiros, e escolheriam um diferente, se pudessem, não podemos ignorar a habitual narrativa evolutiva em que as melhores características são transmitidas porque as fêmeas gostaram mais daqueles machos. Em vez disso, os violadores chimpanzés estão essencialmente a forçar a violência para o património genético, bem como a reforçá-la através do seu comportamento.

Uma cultura de agressão em grupo está enraizada tanto no comportamento como na biologia. A testosterona, por exemplo, alimenta um impulso para dominar e estimula a competição de estatuto. Numa situação que ameaça o estatuto do primata masculino, a testosterona sobe e resulta frequentemente em agressão. Infelizmente, a escalada da testosterona e o aumento da violência funcionam de uma forma mutuamente crescente na promoção de um ambiente social agressivo: o aumento da testosterona individual estimula a ação violenta, o que aumenta a testosterona grupal, por sua vez, provocando um ambiente de agressão, encorajando ainda mais a resposta defensiva, e assim por diante. Desta forma, grupos de homens em situação competitiva podem alimentar-se mutuamente das inseguranças e impulsos agressivos, entrando num ciclo de conflito em constante escalada. Infelizmente, esta dinâmica de grupo empurra para o topo os machos mais obcecados pelo estatuto, os mais reativos ao desafio, os mais agressivos na sua resposta, e os mais capazes de intimidar os outros machos, não os líderes mais sábios, mas os mais vaidosos.

Se este comportamento de grupo for sustentado, o resultado pode ser o aumento permanente da agressão global entre os membros. Enquanto a testosterona sobe e desce em resposta a circunstâncias sociais, a alta testosterona pode também tornar-se uma característica dos indivíduos. Em experiências laboratoriais com homens, a alta testosterona tem estado ligada à ganância e à corrupção, bem como à violência e ao domínio — e produz consistentemente uma atitude pouco sensata perante o risco. Os machos humanos de elevada testosterona punem aqueles que se atravessam no seu caminho de forma mais severa e recompensam aqueles que os ajudam de forma mais pródiga. São mais propensos do que os homens normais a serem criminosos violentos *e* CEO. Níveis elevados de testosterona e uma propensão para a agressividade são ambos hereditários em indivíduos do sexo masculino.

Enquanto em tempos se acreditava amplamente que os genes simplesmente ditavam tudo sobre um organismo, desde a aparência aos hábitos, os cientistas veem agora os genes, comportamentos e processos biológicos — como os níveis hormonais — como influências interdependentes tanto da natureza como da descendência. Portanto, uma cultura em que a agressão masculina é constantemente premiada, sobretudo através de reprodução coerciva (violação), pode replicar violência, cada vez com maior intensidade, nas gerações vindouras. Mas entre os cientistas permanece uma presunção pré-concebida de que quem e o que sobreviver de uma geração para a seguinte representa o melhor da espécie. Porém, só após muitas gerações podem julgar-se que características são adaptáveis para uma espécie — no caso dos primatas, ao longo de centenas ou milhares de anos — e quando é avaliada no contexto do habitat de maior dimensão. Visto no longo prazo, o que sobrevive atualmente pode produzir um futuro infeliz.

Os «chimpanzés guerreiros» demonstram essa possibilidade. Em 1995, foi avistada uma comunidade de chimpanzés ainda mais belicosos do que o costume na secção de investigação do Ngogo, no Parque Nacional Kibale, no Uganda. São maiores e mais fortes que os outros chimpanzés e vivem mais tempo. Também se multiplicam mais depressa e formam comunidades três vezes maiores que o habitual. Estes «chimpanzés *gangster*» declaram guerra às outras comunidades, matam para ganhar território e roubar parceiras. Depois de 25 anos de estudo, os cientistas não conseguem decidir se o motivo principal deste comportamento é anexar território ou roubar fêmeas.[5]

De acordo com os primatólogos que estudam esta tribo, o ambiente está fortemente concentrado a favor dos guerreiros. No Ngogo, a fruta é abundante o ano inteiro. Não há predadores, e nenhuma doença ameaçou este grupo durante o tempo em que foi observado. Este habitat generoso pode ter mantido estes guerreiros, apesar de qualquer comportamento inadequado. A vida é tão fácil, que quase mataram a sua proteína animal favorita, o macaco-colobo-vermelho. Uma vez que estes *gangsters* acabarão por destruir os outros chimpanzés no seu habitat, podemos assumir que são os «mais aptos» à sobrevivência. A menos que tenhamos uma visão a longo prazo.

Assim que os agressores conquistarem todo o Parque Kibale, não terão para onde ir. A menos que haja uma mudança significativa de comportamento, os guerreiros esgotarão os recursos alimentares e, por esse motivo, vão provavelmente destruir-se uns aos outros. A sua única esperança é começarem a escolher partilhar em vez de combater. Caso contrário, o comportamento agressivo não terá sido, de todo, de adaptação.

O *Homo sapiens* enfrentou um desafio similar há cerca de 70 mil anos, mas reagiu deixando completamente o seu habitat, viajou para norte vindo de África para a Europa de Leste, Ásia Central e Médio Oriente, assim como sudeste da Austrália, pelos vistos de barco. Desde então, os humanos têm colonizado todos os habitats do planeta, incluindo desertos, montanhas, e até zonas árticas. A adaptação a estes lugares exigiu mudanças intencionais nos alimentos que ingeriam e no abrigo que arranjavam. À medida que desenvolvemos estes comportamentos flexíveis, o nosso cérebro expandiu-se e tornou-se mais complexo.[6]

Embora os cérebros humanos sejam estruturalmente semelhantes aos dos bonobos e dos chimpanzés, a comparação com o nosso parente pacífico levanta importantes possibilidades para a nossa missão. A impressionante empatia dos bonobos e a capacidade de «lerem» emoções surge a partir do sistema límbico dos seus cérebros, muito similar ao nosso, só que o sistema límbico humano é drasticamente mais desenvolvido. Como os humanos, os bonobos sabem quando estão a causar nervosismo nos outros e podem ajustar o seu comportamento em conformidade. Os bonobos são bastante cooperantes e comunicativos, mas os humanos são-no em muito maior medida. Os humanos e os bonobos estão também entre as raras espécies que fazem sexo por diversão, e não apenas por procriação, e ambos se envolvem com o mesmo sexo ou com o sexo oposto em busca de prazer e afeto. Os bonobos copulam frequentemente cara a cara e beijam-se na boca, ambos comportamentos raros. A sua alegria tem um alcance notável, tal como a nossa, as estruturas cerebrais tanto dos humanos como dos bonobos permitem o controlo dos impulsos agressivos de uma forma que os chimpanzés não conseguem.

Já os chimpanzés espelham os nossos próprios sistemas patriarcais de sociedade; a cultura de violação, a obsessão pelo estatuto e a vontade de dominar são ecoadas nos humanos. Como tenho sugerido, a violência dos chimpanzés pode ter evoluído *com* eles, em vez de ser essencial à sua natureza original. Penso que o mesmo se pode aplicar aos humanos.

Segundo os cientistas da evolução, a mente humana evoluiu num contexto de conflito violento em que coligações de homens lutavam para ganhar o domínio uns sobre os outros. O pensamento científico atual, na verdade, é que a própria testosterona é mais devidamente compreendida como uma expressão do impulso de domínio. O apetite individual pelo domínio traduz-se também num traço de personalidade chamado orientação para o domínio social (SDO). A SDO tem duas subdimensões que vão em direções opostas, uma mais parecida com a dos chimpanzés e outra mais como a dos bonobos: a SDO-D, em que as pessoas preferem uma hierarquia social rígida que o seu próprio grupo domina, e a SDO-E, em que as pessoas preferem uma partilha igualitária do poder e dos recursos. Uma pessoa com uma SDO-D alta tem maior probabilidade de ser sexista, homofóbica e racista, assim como de aprovar que se recorra à violência para manter o seu próprio domínio do grupo. Este tipo é sobretudo masculino e, consequentemente, prefere uma estrutura política autoritária, dominada pelos homens. O rácio de pessoas SDO-D *versus* SDO-E numa sociedade irá reforçar e refletir o nível de violência e destruição, ou, em contrapartida, será evidente nos processos democráticos e na paz.[7]

Os cientistas evolucionários sublinham assim que, embora tenhamos tido uma longa história de domínio social violento por parte dos homens, a orientação humana para o domínio é *altamente maleável.* Isto é verdade em parte porque o cérebro humano dá à nossa espécie uma capacidade especial para avaliar situações e depois para mudar radical e rapidamente, em resposta. Esta capacidade é uma das razões pelas quais o *Homo sapiens* cobre o mundo, enquanto os nossos primos ainda vivem apenas em África.

Contudo, pouco tempo depois de deixar África, o *Homo sapiens* exibiu os comportamentos que acabariam por tornar os seres humanos a espécie mais violenta e destrutiva da Terra.[8] Embora em tempos se acreditasse que as espécies pré-humanas viveram e morreram antes do aparecimento do *Homo sapiens*, novas descobertas arqueológicas sugerem que os humanos, ao migrarem através da Europa e da Ásia, mataram todas as outras espécies *Homo*. Além disso, quando a humanidade se expandiu por terra e mar, um número espantoso de outros mamíferos — ratazanas grandes, morcegos gigantes, mamutes, mastodontes, leões gigantes e preguiças gigantes — também desapareceu. Na América do Norte, 34 dos 47 tipos de animais de grande porte foram levados à extinção. Na América do Sul, foram 50 em 60. Na Austrália, de 24 espécies com peso de pelo menos 45 quilos, os humanos mataram 23.[9]

Portanto, os humanos têm andado a dizimar o planeta há milhares de anos. Atingimos finalmente o ponto que os chimpanzés guerreiros vão acabar por enfrentar: levámos o habitat ao limite, ao ponto de ameaçarmos a nossa sobrevivência. Ao adotarmos a filosofia da «sobrevivência dos mais aptos», mesmo na economia, para justificarmos invasões e pilhagem, temos agora de escolher partilhar ou acabaremos por morrer. Está provado que o domínio masculino é um desastre.

OS HOMENS SÃO OS PROVEDORES

Os homens controlam os recursos económicos há milhares de anos, o que não significa que tenham sido bons provedores. A primeira economia humana foi o sistema de caçadores-coletores. O mito diz que os homens caçavam enquanto as mulheres ficavam reunidas a trabalhar perto de casa para que pudessem observar as crianças. As uniões de acasalamento heterossexual garantem, portanto, dietas equilibradas para os casais e os seus filhos. Esta «divisão de género do trabalho» é agora o arquétipo para todos os papéis na economia, uma vez que a maioria das culturas separa «o trabalho dos homens» do «trabalho das mulheres».

Trata-se de um mito engraçado, mas não está de acordo com os factos. Podemos inferir algo sobre as antigas sociedades caçadoras-coletoras olhando para as poucas sociedades de subsistência observadas pelos antropólogos modernos. É frequente as mulheres caçarem nestas sociedades. Normalmente matam pequenos animais, perto de casa, como os homens. Os homens caçam caça grossa, mas essas expedições não ocorrem com frequência. De facto, a caçada da caça grossa é, na realidade, um meio ineficiente de obter alimentos, e a carne não é normalmente uma grande parte da dieta; pelo contrário, a maioria dos grupos subsiste sobretudo de alimentos vegetais. No entanto, os homens narram histórias elaboradas destas caçadas — ao que parece, intermináveis —, para que a carne se torne fortemente identificada com a masculinidade. Alguns antropólogos sugerem que a função da caça deve ser mais entendida como «sinalizadora de estatuto» entre os homens do que como uma busca por alimento.[10]

Os humanos mais ancestrais não formavam famílias nucleares. Como os chimpanzés e os bonobos, os humanos eram originalmente animais «fissão-fusão» que saíam em busca de alimento em grupos pequenos, sempre diferentes, antes de voltarem para uma comunidade maior para dormir ou partilhar alimento. Em tempos, acreditou-se que esta prática de partilha de alimentos entre os membros da comunidade tornava a nutrição igual entre todos, mas pesquisas posteriores revelaram que a organização da partilha é desigual entre os sexos.[11]

Os antropólogos que analisaram os registos dentários do século XX entre os caçadores-coletores descobriram que as mulheres aparecem consistentemente subnutridas, já que tiveram menor acesso à carne e à gordura. Esta desigualdade acontece por várias razões. A primeira, quando os homens saem para caçar, comem as partes mais nutritivas e gordas da carcaça no local da matança, antes de trazerem a carne que resta para o grupo. Quando voltam, os rituais de partilha de alimento — que determinam quem come em primeiro lugar e que partes do animal recebe — quase sempre prejudicam as mulheres. Um antropólogo observou que a «ordem da precedência na distribuição do alimento — anciãos, caçadores, crianças, cães e mulheres — sugere que as mulheres têm maiores probabilidades de desenvolver subnutrição».[12] Os tabus estipulam ainda que certos alimentos são proibidos a determinados destinatários em momentos específicos, e estes, também tendem a prejudicar as mulheres. O padrão de desigualdade de género na partilha de alimentos entre provedores é frequentemente grave o suficiente para levar à subnutrição crónica das mulheres, causando baixas taxas de fertilidade e baixos pesos à nascença, bem como elevada mortalidade infantil e materna — está longe de ser um resultado adaptativo.[13]

A prática dos caçadores de comer as melhores partes de um animal antes de regressarem ao acampamento garante que a sua alimentação será melhor do que a de qualquer outro, tornando-os maiores, mais fortes e mais admirados do que os outros homens. Os hábitos de partilha de alimentos conferem prestígio e poder, estabelecem uma hierarquia com os anciãos tribais no topo, seguidos dos caçadores. Estas práticas prendem-se claramente mais com estatuto masculino do que com o sustento das mulheres e crianças, pois esses só recebem sobras.

Encontram-se provas da distribuição desigual de alimentos também em vestígios de esqueletos dos povos pré-históricos. Um estudo, publicado em 2008, avaliou todos os registos viáveis de dentição de todas as escavações mundiais. Os investigadores constataram que, em todos os continentes, as mulheres tinham mais cáries dentárias do que os homens.[14] A explicação mais provável é que as mulheres comiam mais hidratos de carbono e os homens comiam mais carne, o que é consistente com os dados etnográficos. Mas os arqueólogos sugerem que alguma da subnutrição visível nos vestígios das mulheres ocorreu, em parte, devido à insuficiente ingestão calórica para compensar o trabalho árduo que faziam. Nalguns sítios, o *stress* dos ossos das mulheres indica que faziam trabalho que exigia considerável esforço físico.[15]

Pelo menos desde o período do Paleolítico Superior, ou Idade da Pedra, começaram a aparecer os rudimentos do patriarcado organizado.[16] Trata-se de pequenos grupos de homens unidos para exercerem poder sobre outros, especialmente mulheres, organizando-se frequentemente em torno de um macho alfa. As regras e práticas que criaram acabaram por evoluir em leis e instituições que permitiam às sociedades maiores deter o domínio patriarcal naquele lugar. Por exemplo, os homens provedores formavam fraternidades que reuniam em sítios secretos e guardavam segredos místicos. As mulheres eram tão enfaticamente excluídas destas fraternidades que, se por acaso uma delas surgisse num ritual ou presenciasse qualquer mistério, era brutalmente castigada, normalmente, morta. Organizações exclusivamente masculinas têm sido comuns ao longo da História, assim como a prática de sonegar informação importante às mulheres.

O comportamento masculino agressivo também escalou ao longo do tempo. Os caçadores-coletores lutam com outros membros do clã, por vezes até à morte, e os homens espancam e matam as mulheres. Contudo, o que distingue a agressão humana da de outros primatas é a maior beligerância que os clãs mostram em relação a grupos externos. As mulheres são oferecidas como dotes nas negociações de tribos em guerra. Um importante cientista evolucionista, Richard Wrangham, descreveu a forma como as mulheres eram utilizadas na agressão intertribal dos aborígenes australianos: «As mulheres podiam ser enviadas em missões sexuais para situações perigosas. Quando potenciais atacantes se aproximavam de um grupo, uma resposta era enviar mulheres ao seu encontro. Se os estranhos estivessem dispostos a renunciar ao seu ataque, sinalizavam a sua intenção tendo relações sexuais com as emissárias femininas. Caso contrário, enviavam as mulheres de volta e depois atacavam. A fase final das tréguas entre duas tribos envolvia quase sempre uma troca de mulheres».[17] As mulheres têm sido peões de guerra, encosto para os soldados e um meio para estabelecer alianças desde o começo da História. Como deve ter sido aterrador para elas.

Assim que os humanos começaram a formar povoações, a luta entre os grupos levou às invasões, ao estabelecimento de novas bases de subsistência: bens tirados pela violência. À medida que os invasores mais agressivos dizimavam as povoações — da mesma forma que os chimpanzés *gangsters* destroem os outros —, o modo de vida humano tornou-se ainda mais violento. Tal como aconteceu com os chimpanzés guerreiros, a destruição de comunidades mais pacíficas e a captura de fêmeas para reprodução teriam desviado ainda mais a nossa espécie no sentido do domínio violento. A caça e a invasão acabaram por se tornar um fenómeno que deu a volta ao globo: a economia bélica.

Daí, a história humana seguiu em frente ao estilo de quatro mil temporadas da *Guerra dos Tronos*. Sociedades bélicas constroem reinos vastos através da conquista.[18] Reis e imperadores, assim como o seu círculo de bajuladores, controlavam a riqueza e distribuíam-na entre os seus melhores guerreiros, portanto, como os caçadores, tinham as vantagens materiais e o prestígio. Estes homens, os mais violentos da sociedade, eram também compensados com várias mulheres, para que pudessem ter mais oportunidades do que homens menos belicistas de deixar a sua marca no património genético — e assim empurrando a humanidade ainda mais no sentido do domínio.

As sociedades humanas desencorajam veementemente as mulheres de terem armas ou de saberem usá-las. Geralmente, as mulheres não aprendem a lutar nem têm permissão para participar em atividades, como no desporto, que desenvolvem força e competência. Uma vez que o tamanho e a força são uma função da nutrição e exercício adequados, as normas que mantinham as mulheres fechadas e subnutridas teriam levado a que fossem mais pequenas e mais fracas.

A desigualdade nutricional entre os sexos pode ter aumentado. Por exemplo, em dois locais do primeiro milénio onde agora fica o Peru — ambos de culturas bélicas, com machos alfa dominantes, hierarquias rígidas e uma elite de homens sagrados —, os restos mortais das mulheres revelam sinais de desigualdade nutricional de forma transversal a todas as classes sociais, incluindo marcas inconfundíveis de subnutrição prolongada durante o desenvolvimento infantil.[19] A subnutrição durante a infância impede o crescimento e afeta o desenvolvimento cognitivo, portanto, a recusa dos homens a alimentá-las teria tornado as mulheres mais pequenas e menos capazes de pensar. Esses efeitos deram ao patriarcado novas desculpas para justificar o seu domínio.

Com a ascensão das economias bélicas, o patriarcado tornou-se um monstro com dois cornos: a violência *e* a ganância. As atitudes patriarcais para com as pessoas, quer no lar ou na guerra, prefiguram a filosofia económica dos nossos dias. O conquistador tinha o direito de destruir ou expropriar tudo no seu caminho simplesmente porque tinha força para o fazer, uma mentalidade de «o vencedor fica com tudo»; de «vencer é poder». Chefias militares sujeitaram populações inteiras às suas regras, impondo os seus direitos de «mestres» a todos os outros «escravos», muitas vezes com crenças religiosas que tudo justificavam como uma espécie de plano divino.[20]

A agricultura cresceu juntamente com a guerra; a posse de terra gerava muitas vezes conflito. Como vimos, as economias agrícolas não interessam às mulheres e certamente que não as sustentam bem. Mas não há razão para acreditar que a subordinação das mulheres foi fruto da agricultura, como alguns defendem. Há demasiadas provas de que as mulheres foram maltratadas muito antes do aparecimento da agricultura. Além disso, as economias não agrícolas, tais como as sociedades pastoris, são igualmente bélicas e subordinam as mulheres.

Quando a industrialização chegou aos países ocidentais, as famílias começaram a utilizar dinheiro para comprar alimentos e outros bens de primeira necessidade. Os homens ainda controlavam estes recursos porque monopolizavam o trabalho remunerado. Então, foi no período industrial que a família nuclear com um único homem a ganhar o sustento primeiro se instituiu. Mas até nas sociedades pós-industriais dos dias de hoje o homem provedor poderoso às vezes recusa alimento e outros bens essenciais para punir a «sua» mulher e filhos, como acontece nos países pobres.

Em meados do século XX, nos países ocidentais, a família nuclear autónoma tinha-se tornado um ideal social amplamente difundido. O desaparecimento desta divisão de papéis de género desde 1970 tem angustiado os conservadores — porque pensam que este regime é natural e deve ser mantido. Mas a família nuclear «tradicional» com um único homem como provedor foi o padrão por 150 anos no contexto da História da humanidade de 200 mil anos.[21] Como este modelo familiar aparenta estar a desaparecer, pode acabar por se tornar um pequeno lapso na cronologia do desenvolvimento humano.

A natureza não atribuiu aos homens o papel benevolente de prover às mulheres e crianças. Pelo contrário, ao longo da história humana, os homens têm controlado a distribuição de recursos, o que lhes conferiu o poder de *recusar* satisfazer necessidades, por vezes a um nível extremo.

AS MULHERES DEVEM FICAR EM CASA A CUIDAR DOS FILHOS, COMO A NATUREZA PREVÊ

«É verdade que, em média, as mulheres ganham menos que os homens», escreveu Tim Worstall na *Forbes* em 2015. «Que isto é resultado de discriminação não parece ser verdade. Pelo contrário, parece dever-se às reações diferentes dos homens e das mulheres quando se tornam pais. O que, dado que ser um mamífero e uma espécie vivípara é praticamente central para a experiência de ser humano, significa que a diferença salarial entre os sexos pode ser apenas uma daquelas coisas que não podem ser resolvidas».[22]

Nos últimos anos, apologistas como Worstall têm-se concentrado cada vez mais na maternidade como motivo para escorraçar as mulheres de volta para casa, invocando a nossa natureza animal para justificar a exigência de que as mulheres com filhos deixem de trabalhar ou recebam menos se não o fizerem. Porém, existem variações nas práticas de cuidados, até entre os mamíferos. Os primatas, por exemplo, adotam um dos seguintes modelos de parentalidade: num, a mãe faz tudo; no outro, o cuidado é partilhado entre os membros do grupo, machos e fêmeas. No segundo caso, a mãe continua a ser a provedora principal, mas tem quem fique a cuidar do seu bebé enquanto busca alimento e assistem-na de outras formas. O termo para referir este cuidado partilhado é *alomaternidade*, que significa «outros além da mãe».

As mães chimpanzé costumam desaparecer do grupo na altura do nascimento, por vezes ficam longe durante mais de um mês, e depois não permitem aos outros que toquem nas suas crias. Durante os primeiros dois anos, a cria anda agarrada ao corpo da mãe. Até aos cinco anos, fica a alguns metros da mãe, vai com ela procurar alimento e caçar e aprende a sobreviver enquanto a observa. Na verdade, a mãe está a guardar as crias dos chimpanzés machos predadores, e não apenas a «fazer o que é natural». Pelo contrário, os bonobos são uma espécie alomatriarcal. As mães não só partilham o cuidado dos filhos com outras fêmeas, também permitem aos machos pegar nas crias, brincar com elas e partilhar alimento e abrigo.

Em ambas as espécies mais próximas de nós, portanto, a mãe é a principal provedora das crias. Na verdade, as mães são as provedoras em todos os primatas, assim como em outros mamíferos.[23] Sendo o género que faz o maior investimento parental nas crias, as mães são mais centrais para a sobrevivência da espécie do que os pais, mas só conseguem encontrar sustento se tiverem permissão para sair, com ou sem os filhos, para procurar e regressar com o sustento.

Os humanos são uma espécie alomatriarcal. As mães provedoras levam os filhos e os bebés com elas para se reunirem e caçarem, mas também partilham a guarda das crianças em comum. Na verdade, o cuidado partilhado tem sido a norma ao longo de quase toda a História da humanidade. Acolhimento e adoção sempre existiram; as creches não são novidade para a nossa espécie. Outra característica humana distintiva é que os homens, tirando a amamentação, são igualmente capazes de cuidar dos filhos como as mulheres.[24] Considera-se que a alomaternidade é um dos traços de maior adaptação da humanidade, portanto, uma sociedade estruturada para impedir as mães de prover e manter os pais afastados, como a da economia pós-industrial, compromete os benefícios da evolução da humanidade.

OS HOMENS FAZEM UM TRABALHO MAIS DIFÍCIL, MAIS PERIGOSO E MAIS IMPORTANTE DO QUE AS MULHERES

Depois de um relatório da Casa Branca de 2011 dizer que as mulheres recebiam 75 cêntimos por cada dólar ganho pelos homens, Steve Tobak escreveu um artigo enfurecido para a CBS News online no qual tentava justificar a diferença salarial. Os homens escolhem fazer trabalhos perigosos, afirmou ele, que, «naturalmente, são mais bem pagos». Depois elencou as seguintes ocupações como perigosas: «pescadores, madeireiros, pilotos de aviões, agricultores e rancheiros, telhadores, trabalhadores do ferro e do aço, operadores de recolha de resíduos e materiais recicláveis, instalação e reparação de maquinaria industrial, motoristas de camiões, trabalhadores da construção»[25].

Note-se que várias ocupações desta lista não são particularmente perigosas e que algumas, como a pesca e a agricultura, dão emprego a imensas mulheres no mundo inteiro. Mas Tobak insiste que as mulheres *optam* por não fazer estes trabalhos, insinua que são demasiado cobardes. Ao dividir os empregos desta forma estereotipada, está a papaguear uma estratégia comum para justificar a desigualdade económica.

Os homens têm comportamentos de risco muito mais frequentemente que as mulheres. No entanto, não devíamos obrigatoriamente atribuir um valor tão positivo à procura de perigo. O fascínio masculino pelo risco manifesta-se na maior propensão para consumo de substâncias ilegais e vulnerabilidade a acidentes, por exemplo.

Estar em circunstâncias arriscadas aumenta a testosterona, o que, por sua vez, leva os homens a subestimarem as ameaças e a agirem de forma irresponsável — não são atributos particularmente bons em trabalhos perigosos.

Crimes de todos os tipos, mas especialmente os que envolvem violência, são cometidos com muito maior frequência por homens do que por mulheres, em parte pela procura de perigo dos homens. Em todos os países para os quais existem dados — cerca de uma centena —, os homens representam 90% ou mais da população prisional e cometem praticamente todos os crimes violentos. A maioria dos ataques violentos não é de homem para mulher, mas de homem para homem. De longe, o cenário mais frequente é dois homens terem uma discussão acesa por questões de estatuto que termina no ataque de um deles, que mata o outro. O Departamento das Nações Unidas para a Droga e Crime relata que, globalmente, 96% de todos os assassinos são homens e 70% das vítimas também. Aqueles com maior apego à masculinidade tradicional são os mais propensos a cometer crimes. O seu comportamento é dispendioso. Nos Estados Unidos, cometem-se 23 mil milhões de crimes anualmente, o que resulta em 15 mil milhões de dólares em prejuízos para as vítimas e 179 mil milhões de dólares em custos com polícia e prisões.[26]

Como os homens são tão frequentemente vítimas das consequências da tomada de riscos imponderada, desencorajar as mães de facultar o sustento dos filhos produz uma incerteza inaceitável para a nossa descendência: há uma probabilidade muito maior de os filhos perderem os pais do que as mães. Não faz sentido, no panorama geral, estarmos a pagar mais aos que correm riscos disparatados enquanto pagamos menos a quem tem maior probabilidade de ficar para trás para prover o sustento.

Aqueles que usam este argumento do «pagar pelo perigo» remontam muitas vezes ao mito do caçador-coletor. A caça considera-se mais perigosa, mas também exige competências «masculinas», como correr depressa ou cobrir longas distâncias, assim como apetências «másculas», como o uso de armas ou a preparação de armadilhas.[27] Diz-se também que a caça é o motivo original de os homens trabalharem longe de casa, enquanto as mulheres ficavam quietas. Mas como caçar também foi um desporto, e inclusivamente uma atividade de lazer dos mais privilegiados, durante alguns milhares de anos, devíamos pensar duas vezes antes sequer de a categorizarmos como «trabalho».

A história mítica de o homem caçar chega a ser, por vezes, exagerada para afirmar que os homens são mais agressivos no trabalho hoje em dia, seja na angariação de novos clientes ou a negociar um aumento salarial e argumentar que os homens mudam de cidade para terem empregos melhores, enquanto as mulheres muitas vezes não o fazem. A divisão de género «original» no trabalho é também usada para desculpar a agressão do homem contra as mulheres: é «da natureza dos homens», as mulheres têm de aprender a lidar com isso, desenvolvendo «uma capa mais resistente».

Este tipo de conversa também se baseia numa teoria arqueológica das origens humanas amplamente popularizada durante os anos 60.[28] Ainda se pode ver o impacto desta narrativa «Homem, *o Caçador*» em desenhos animados de homens das cavernas ou quadros de museus em que homens vestidos de peles ameaçam um grande animal com lanças. Rebecca Solnit recapitulou o mito de forma sucinta, na *Harper's*, em 2015:

> Mais cedo ou mais tarde, em conversas sobre quem somos, quem fomos e quem podemos ser, alguém irá contar uma história sobre o Homem Caçador. Não é uma história só sobre o Homem, mas também sobre a Mulher e a Criança. Há inúmeras variantes, mas todas são mais ou menos assim: nos primórdios, os homens iam caçar e traziam a carne para casa para alimentar as mulheres e os filhos, que se sentavam em redor, dependentes deles. Na maior parte das versões, a história passa-se em unidades nucleares, de forma que os homens sustentam apenas a própria família, e as mulheres não têm a comunidade para ajudar com os filhos. Em todas as versões, as mulheres são bagagem que procria.[29]

O Homem Caçador, diziam os arqueólogos de meados do século XX, era um carnívoro de instinto assassino, algo que as mulheres não têm. Era alto e andava erguido para ver a caça grossa através da savana. O seu grande cérebro deu-lhe a ideia que começou a separar os humanos dos animais: ferramentas, sobretudo para matar as presas. O Homem Caçador viajava em grupos só de homens e muitas vezes ficava muito tempo fora de casa.

Este cenário tem sido completamente desmascarado. Não temos os dentes de um carnívoro nem os vestígios dos nossos predecessores. Os proto-humanos não eram altos, não viviam na savana, não caçavam caça grossa, viviam em árvores em vez de grutas, comiam sobretudo plantas e tinham cérebros do tamanho dos dos chimpanzés. Era mais provável serem presas que predadores.[30] Ninguém sabe se foram os homens ou as mulheres a inventar as ferramentas. Porém, o Homem Caçador continua a impor papéis de género na economia.

Aqueles que tentam justificar a desigualdade económica de género também argumentam que o trabalho dos homens é «pesado» e «duro» em comparação com o das mulheres. Como as mulheres são demasiado fracas para fazerem as coisas como os homens, estas pessoas parecem estar a dizer que se justifica pagar-lhes menos e tratá-las mal. No desenvolvimento económico e na política internacional, o gérmen desta ideia é atribuído a Ester Boserup, economista dinamarquesa, que afirmou que a subordinação económica da mulher começou porque era demasiado fraca para cultivar a terra. Boserup causou um impacto enorme com esta teoria nos anos 70, mas o seu impacto ainda vigora.[31] A *The Economist*, por exemplo, publicou um artigo em 2011 chamado «The Plough and the Now: Deep-Seated Attitudes to Women Have Roots in Ancient Agriculture», em que apresentou um novo estudo que alegava ter provado que as mulheres eram iguais antes do cultivo e que o impacto as tornou desiguais para os próximos 500 anos.[32] Este estudo, de Alberto Alesina e Nathan Nunn, de Harvard, e Paola Giuliano, da UCLA, é agora leitura obrigatória em muitas faculdades e formou outro *meme* que justifica a desigualdade económica de género.

A subordinação económica das mulheres é demasiado cruel, demasiado generalizada e demasiado duradoura para ser imputada a uma tecnologia agrícola com cinco mil anos. Para além disso, os arados não costumam ser empurrados por pessoas, mas são atrelados a animais de tração. No início, os arados tinham rodas, e depois bancos para se sentarem enquanto os animais trabalhavam. A quantidade de força necessária na parte superior do corpo é questionável.

Tal como na caça, não se trata tanto de as mulheres não conseguirem cultivar, mas de ninguém reparar quando o fazem. Ao longo da História, as mulheres cultivaram a terra sempre que o marido ou o pai morriam ou ficavam incapacitados. Também cultivavam quando os homens iam para a guerra — e continuavam a fazê-lo se os maridos não regressassem. Por exemplo, no Reino Unido e nos Estados Unidos, durante ambas as guerras mundiais, as mulheres eram recrutadas pelo governo para a agricultura — e para cultivar, como os materiais de recrutamento da época mostram claramente (Figura 10).[33]

As mulheres não são só suficientemente fortes para empurrar um arado; conseguem puxá-lo em vez dos animais de tração. Encontrei um diário de viagem escrito em 1870 em que um americano descreve uma cena dita comum na Alemanha. Um homem prendia a mulher ao arado, depois conduzia-a como um animal enquanto se sentava no pequeno assento e fumava. O americano dizia que as alemãs tinham orgulho de fazer isto pelos maridos (embora não tenha chegado a falar realmente com nenhuma delas). Criticava as americanas, que estavam a organizar-se pela primeira vez, chamou-lhes queixinhas egoístas e preguiçosas, que não se preocupavam realmente com os seus homens.[34]

FIGURA 10. À esquerda, um cartaz de recrutamento do Exército Britânico de Mulheres da Terra da 1.ª Guerra Mundial; à direita, uma «campónia» americana em tempo de guerra.

Fontes: fotografia do Exército Terrestre da coleção Hulton-Deutsch / Corbis Historical / Getty Images; fotografia de fazendeira da Bain News Service / Buyenlarge / Getty Images.

Pensei que esta história poderia ser suspeita até encontrar outra fotografia, esta do início do século XIX, no Canadá. Nela, 12 mulheres imigrantes russas estão atreladas a um arado, enquanto um homem parece estar pronto a empurrar. Quanto a mim, esta foto diz tudo. A desigualdade de género não pode ser justificada por um conto de fadas sobre arados nem com taxonomias patéticas sobre o trabalho do homem ser mais exigente. O que importa é que a subordinação económica das mulheres vem do poder que os homens têm para obrigar as mulheres a trabalhar, ao serviço deles por um diminuto ou nenhum vencimento. A causa é agressão masculina ou controlo de recursos, e não a superioridade natural do homem por ser mais forte, corajoso e importante.

O trabalho das mulheres sempre foi importante para o desenvolvimento das economias nacionais, mas raramente é notado na prática e é normalmente ignorado pelos historiadores. Um exemplo impressionante é a produção de seda chinesa na altura das antigas rotas comerciais. Em 130 a. C., a dinastia Han abriu-se ao comércio com o Ocidente, juntando-se a uma rede comercial que ligava a China ao Mediterrâneo, à Ásia ocidental e ao subcontinente indiano. Ficou conhecida como a Rota da Seda, devido ao comércio de seda que enriqueceu a China. Mas podemos ler relatos da Rota da Seda até ficarmos com os olhos a arder, que nunca veremos referido que as mulheres é que produziam o tecido de luxo que a China fabricava.[35]

A produção da seda na China era um trabalho brutalmente difícil e levou aos pés de lótus, um símbolo icónico da subordinação das mulheres. No início do século XXI, Laurel Bossen e Hill Gates foram entrevistar as últimas sobreviventes que tinham tido os pés ligados. Bossen e Gates estabeleceram que não se tratava de um objetivo sexual, como anteriormente se pensava. Pelo contrário, este ato deformador era executado nas raparigas de três aos cinco anos para ficarem imobilizadas e sentadas quietas durante as longas horas necessárias para fiar. Algures no passado, a procura de tecido cresceu de tal maneira que as mulheres trabalhavam dia e noite, para tentarem manter as quotas. A pressão era tão intensa que as mães executavam esta mutilação às próprias filhas. Aconteceu durante séculos.[36] Será que *isto* conta como trabalho duro, perigoso e importante?

O DOMÍNIO MASCULINO É UNIVERSAL E IMUTÁVEL

O domínio masculino *é* universal na experiência humana, tal como a guerra e a doença.[37] Mas se não deixamos que os conflitos e as infeções passem incólumes, devemos abordar o patriarcado da mesma forma. A governação por homens violentos e gananciosos é algo que sempre tivemos, mas causa grandes danos. Podemos mudar isso?

Para sugerir uma resposta, permitam-me contar-vos uma história para refletirem. Robert Sapolsky, um neurocientista e primatólogo de renome, anda a observar o mesmo grupo de babuínos desde o final dos anos 70, para aprender mais sobre *stress*. Os cientistas interessados nos efeitos do *stress* para a saúde dos humanos estudam babuínos, nem tanto por partilharem material genético connosco (94%), mas porque a sua estrutura social e os comportamentos são muito similares.

A hierarquia dos babuínos tem um único macho alfa no topo que adquire e mantém a sua posição, vencendo todos os adversários numa luta. O macho alfa passa a maior parte do tempo a intimidar os outros babuínos e a meter o nariz na vida de todos. Não vai à procura de comida, espera que as mulheres o façam, e quando o grupo é atacado, procura um local seguro para se esconder e deixa que os outros machos lutem em seu lugar.[38] Por outras palavras, é um parasita e um cobarde, assim como um rufia.

Todos os outros machos são estratificados em fileiras abaixo do alfa, tendo cada um o direito de dominar os que se encontram abaixo. Todos os machos podem maltratar as fêmeas. Como os babuínos não têm de perder muito tempo em busca de alimento, ocupam o resto do dia a incomodarem-se uns aos outros, parecem ser miseráveis e pouco saudáveis.

Ao longo dos anos, Sapolsky recolheu amostras de sangue de todos os machos de um grupo em particular; quando voltou para Stanford, testou as amostras e ordenou-as pela ordem da hierarquia dos babuínos. Constatou que o sangue dos que estavam no topo da hierarquia estava livre de hormonas de *stress* como a adrenalina, o cortisol e norepinefrina, enquanto ia descendo na hierarquia, o nível de substâncias relacionadas com *stress* aumentava.[39] O aumento da presença destas substâncias, tanto em humanos como em babuínos, é uma ameaça real e presente à vida.

Até que se deu uma mudança drástica no grupo de estudo de Sapolsky. Foi deixada carne no lixo de uma estalagem de turistas ali perto e os babuínos descobriram-na. Os machos do topo da hierarquia comeram-na toda, recusaram partilhar com os machos mais abaixo na hierarquia e com as fêmeas. De repente, o macho alfa e os seus capangas estavam mortos; a carne estava infetada com tuberculose bovina.

Poderíamos prever que um novo contingente de rufias subiria ao topo, mas não foi o que aconteceu. As mortes deixaram para trás uma população com maior percentagem de fêmeas, assim como machos mais abaixo na hierarquia e anteriormente identificados por Sapolsky como sociais e cooperativos. Os bons machos e as fêmeas conceberam uma cultura menos abusiva, mais cooperante, mais igualitária e mais saudável.

Mesmo depois de esta geração morrer e de chegar a seguinte, mesmo depois de o rácio entre os sexos voltar ao normal, a comunidade continuava a viver sob a nova ordem. Entre os babuínos, os machos migram para acasalar, mas esta nova tribo gentil manteve a ética, apesar da periódica vinda de intrusos. O grupo pacífico insistia para que os novos machos se comportassem. Em particular, as fêmeas recusaram-se acasalar com quaisquer machos que não aceitassem adotar o novo *éthos* — e os machos do grupo apoiaram-nas.[40]

Se os babuínos conseguem mudar, nós também conseguimos. Somos muito mais flexíveis do que os nossos primos primatas. A capacidade de sabermos quando estamos em sarilhos, de diagnosticar a situação, de planear medidas práticas e depois executar esse plano é um talento humano preponderante. Mais do que qualquer forma de maxilar, cavidade craniana ou dança de acasalamento, a capacidade de criar a mudança faz parte da nossa natureza.

Agora a questão é se temos a disciplina e o empenho de mudar a economia egoísta, obcecada com o estatuto, ao género dos chimpanzés guerreiros, e criar um futuro diferente. O domínio masculino levou-nos à beira da destruição da humanidade. Se pretendemos agir contra isso levantando os constrangimentos económicos que as mulheres enfrentam, o melhor primeiro passo seria entender como e porque é que essas restrições apareceram, antes de mais. Se a economia patriarcal não começou com a caça nem com o cultivo, quando nasceu então a Economia XX?

5 | POR AMOR, NÃO POR DINHEIRO

Uma mulher não pode *deter* propriedade porque ela própria *é* propriedade. Um pai recebe um preço melhor pela filha se ela for nova. Uma viúva tem de submeter-se à herança de esposa se quer ficar perto dos filhos. Um homem tem de pagar ao pai e casar com a filha se a violar. Se um homem quer aumentar a sua produção, pode simplesmente arranjar mais esposas.

Todas estas prescrições circulavam na minha mente; cada uma delas era uma regra que conduzia a uma troca económica, mas também era uma estipulação sobre casamento. Em cada princípio, a mulher não *faz* a troca, *é* trocada por dinheiro ou bens de valor, sem nunca lhe pedirem autorização. Como o professor do Gana me disse, claramente: «Quando se é mulher, não se tem escolha!».

Tinha observado essas regras a serem seguidas em África, mas sabia que não eram exclusivas lá, porque as tinha visto em vigor noutros sítios. Também tinha lido histórias em que as mesmas regras apareceram noutros tempos e noutros lugares. E sentia-me perseguida por um ensaio que outrora me tinha deixado confusa, mas que descrevia o que vi com os meus próprios olhos.

Li pela primeira vez *The Traffic in Women*, de Gayle Rubin, quando estava a fazer o meu doutoramento.[1] Começou por surgir em livro, publicado numa antologia, *Toward an Anthropology of Women*, de Rayna Reiter, e era o primeiro trabalho de sempre a concentrar-se nas mulheres; foi publicado no início dos anos 80.

A premissa de Rubin era que a subordinação das mulheres tinha origem na prática aparentemente universal da troca comercial das mulheres dos caçadores-coletores. Rubin salientava que as mulheres não escolhiam consentir estas transações, mas eram obrigadas pela violência. Como estes sistemas de provisão representam 99% da história humana, a perceção de Rubin tem profundas implicações.

Dados os ecos na África contemporânea, julguei que podia haver uma ligação dos caçadores-coletores com os países industrializados que responderia à questão de porque é que a Economia XX que vemos atualmente se formou. Então, comecei a trabalhar a partir da premissa inicial de Rubin até aos acordos económicos do presente. Li bastante, cobrindo muitas sociedades em muitos lugares, tal como tinha feito para investigar os direitos de propriedade. Não tentei investigar todos os grupos de humanos que alguma vez existiram, mas trabalhei para determinar se havia uma preponderância de provas que pudessem explicar os padrões amplamente consistentes na Economia XX dos nossos dias.

Em 90% das sociedades humanas provedoras, é a mulher que migra — e pelos vistos é tida como bem comercial. A migração feminina, a agressão masculina e o patriarcado estão também associados à poligamia nos primatas — e 85% das sociedades humanas provedoras são polígamas. Na verdade, a maior parte do mundo historicamente era polígama, até meados do século XX. Das principais religiões do mundo, o hinduísmo, o budismo e o judaísmo não proíbem a poligamia; nos locais em que se praticava uma dessas religiões, a poligamia era sempre comum. O islão permite a poligamia. A cultura confuciana considerava a experiência da gestão de várias mulheres parte do desenvolvimento espiritual do homem. O cristianismo é a única das principais religiões da humanidade que proíbe explicitamente a poligamia.[2]

A poligamia tem sido comum mais recentemente do que se possa pensar. Ter múltiplas esposas ou concubinas era permitido na China até ao estabelecimento da República Popular em 1949. Na Índia, os homens hindus podiam ter várias mulheres até à entrada em vigor da Lei do Casamento Hindu de 1955. Embora alguns estados de maioria muçulmana, como a Tunísia e a Turquia, tenham proibido a poligamia, a maioria dos estados islâmicos ainda a permitem — e a Índia, com uma das maiores populações muçulmanas do mundo, abriu uma exceção para permitir que os homens muçulmanos tenham múltiplas esposas. Atualmente, a poligamia ainda é aceite em 58 estados espalhados por África, Médio Oriente, Ásia Central e do Sul e Arquipélago Malaio.

Ter muitas esposas tem sido uma forma de os homens exibirem riqueza e estatuto em todas as sociedades poligâmicas. Os homens «comuns» têm sido frequentemente limitados pela lei ou religião a uma só esposa, enquanto os homens de nível superior podem ter muitas. Por exemplo, na história indiana, o número de mulheres que um homem podia ter era determinado pela casta.

Até ao ensaio de Rubin, porém, poucos académicos tinham considerado os efeitos deste tráfico generalizado de mulheres. Na verdade, os antropólogos têm romantizado o comércio de mulheres pelo menos desde a primeira antropologia económica, *Ensaio sobre a Dádiva: Forma e Razão da Troca nas Sociedades Arcaicas*, de Marcel Mauss, datada de 1925. O livro de Mauss desenvolvia sobre todos os relatos existentes de economias pré-monetizadas, numa análise abrangente que englobava desde o Noroeste das Américas até às Ilhas Trobriand da Oceânia, bem como tudo o que se conhece sobre as práticas económicas das sociedades antigas.

As sociedades pré-modernas negociavam através de cerimónias de intercâmbio entre tribos. As cerimónias e os bens transacionados são consistentemente controlados pelos homens; a economia patriarcal tem claramente raízes nas primeiras formas comerciais. No entanto, Mauss argumentou que estes rituais tinham uma ética recíproca que contrastava com a vida capitalista egoísta:

> Todas estas instituições expressam um só facto, um sistema social, um estado de espírito preciso: tudo — comida, mulheres, crianças, propriedade, talismãs, terra, serviços laborais, funções sacerdotais, e posições — está presente para transmitir e para equilibrar as contas. Tudo passa de um lado para o outro como se houvesse uma constante troca espiritual, incluindo coisas e homens, entre classe e indivíduos, distribuída entre os estratos sociais, os sexos e as gerações.[3]

A avaliação de Mauss destas cerimónias — partilhada por muitos antropólogos durante décadas — era bastante cor-de-rosa: esta troca cerimonial alegadamente beneficiava o grupo inteiro porque tecia uma rede de solidariedade humana sem rival no mundo moderno. Ninguém reconheceu, pelos vistos, que esta economia de caçadores-coletores podia facilmente ter sido chamada «economia de tráfico humano». O pressuposto implícito era que o que era bom para os homens era bom para as mulheres — e que as mulheres se permitiam de bom grado tornar-se objetos de comércio.

Mesmo quando o *Ensaio sobre a Dádiva* foi traduzido para várias línguas, o registo etnográfico continha provas de que o intercâmbio de mulheres entre as sociedades de subsistência era algo muito mais sinistro do que a versão que Mauss admitia. Em 2019, Richard Wrangham resumiu as práticas aborígenes australianas — relatadas pela primeira vez numa etnografia em 1938 como argumento contra a antiga crença vigente que a moralidade dos caçadores-coletores beneficia o grupo *inteiro*: «Podiam exigir que as mulheres tivessem sexo com vários homens em cerimónias especiais. Podiam também ser emprestadas a um visitante, ou dadas sexualmente por um marido a um homem com quem tivesse lutado, para saldar a dívida ou fazer as pazes.» As mulheres, longe de serem os símbolos desejosos de sistemas de troca mais bondosos e gentis, viam estas experiências como atos de violência. «Aparentemente», acrescenta, «as mulheres não gostavam dos encontros coercivos... as mulheres aborígenes australianas viviam aterrorizadas com a forma como as usavam nestas alturas cerimoniais». Wrangham conclui que os comportamentos aborígenes descritos eram a «prática moral dos homens comuns» e refletiam a realidade generalizada que alegadamente comportamentos pró-sociais entre estes grupos eram benéficos para os homens, mas prejudicavam as mulheres.[4]

Os historiadores têm um ângulo morto similar. Ao documentarem o aproveitamento das mulheres para forjar alianças, resolver disputas, solidificar contratos e compensar guerreiros, os autores da História têm ignorado consistentemente o efeito dessas transações sobre as mulheres. Aliás, afirmaram frequentemente que ser escolhida para uma troca dessas era «uma honra». Por exemplo, Gordon McEwan, no seu relato do Império dos Incas, afirma que as mulheres se sentiam privilegiadas ao serem pressionadas para o aproveitamento cultural da mulher como o trabalho forçado ou até uma espécie de moeda.[5]

O imperador inca recompensava generosamente os nobres leais e os guerreiros bem-sucedidos, dando-lhes esposas — por vezes muitas — em reconhecimento do serviço. O inventário de mulheres do governante provinha de um sistema de tributos. Cada província pagava taxas anuais sobre as raparigas de 10 a 12 anos, escolhidas pela sua beleza. Após a chegada à capital, as raparigas eram classificadas de acordo com a aparência, depois colocadas em classes. As raparigas na classe mais alta tornavam-se sacerdotisas, a seguinte eram mulheres secundárias do imperador, enquanto as raparigas que ficavam na terceira classe eram oferecidas aos nobres e aos guerreiros e as menos bonitas tornavam-se criadas. Num quinto grupo, ficavam a trabalhar como artistas da corte e passavam o dia a tecer. Segundo McEwan, todas estas raparigas ficavam encantadas apenas por estarem ali.

Por mais desagradável que seja o exemplo dos Incas, encontrei aqui o elo mais convincente na minha tentativa de traçar uma prática de longa data e mundial de comercialização de mulheres como mercadoria. Considere-se o seguinte: os humanos que povoaram o hemisfério ocidental ficaram separados das outras populações de *Homo sapiens* durante 25 mil anos depois de saírem da Sibéria. Porém, quando os Espanhóis chegaram ao que hoje é o Peru, durante o século XVI, a poligamia, o patriarcado, a violência masculina e o comércio de mulheres eram práticas enraizadas na cultura inca que encontraram — tal como eram na Eurásia, onde estes fenómenos podem ser documentados remontando no mínimo há quatro mil anos. Esta relação sugere veementemente que o patriarcado, a poligamia e o comércio de mulheres já existiam entre as populações da Eurásia quando os antepassados provedores dos Incas partiram.

Existem muitas semelhanças entre as práticas dos Incas e as de outras sociedades no resto do mundo. Organizar as mulheres em classes com base no seu serviço aos homens era comum, assim que surgiram sociedades complexas. Praticamente todas as sociedades eurasiáticas ancestrais, incluindo os Gregos e os Romanos, consideravam as mulheres capturadas uma compensação adequada para os soldados.

Encontrei as práticas que andava a investigar ecoadas num registo cultural mais abrangente, por vezes, de formas e em sítios perturbadoramente familiares. Desde contos de fadas a livros de história, vemos reis a entregarem as filhas a perfeitos estranhos, normalmente sem referência aos desejos da jovem. Testemunhos orais, canções e sagas, como o Antigo Testamento, os Vedas e os Contos Nórdicos referem-se extensivamente ao comércio de mulheres, aos direitos dos pais às filhas, à ausência de consentimento da mulher, à poligamia, à herança da esposa e ao casamento como solução para uma violação.[6]

Quando a tecnologia da escrita surgiu na Mesopotâmia, foram criados registos para esclarecer as consequências económicas para as próprias mulheres por serem traficadas.[7] O primeiro conjunto de leis escritas que temos é o Código de Ur-Nammu (cerca de 2100 a. C.), uma lista incompleta de 40 estatutos inscritos em fragmentos de pedra. Nele, os direitos de propriedade são atribuídos aos homens. O casamento era um contrato formal que servia principalmente para dar ao marido serviços sexuais exclusivos e para o proteger contra a incursão de outros homens nos seus direitos. Como os estatutos incluem multas como punição, podemos inferir o valor de uma mulher a partir da medida de prata exigida como compensação de outro homem que teve relações sexuais com ela; as multas mostram uma lista de preços crescente, as escravas na base, até filhas virgens no topo.

As leis de Ur-Nammu estipulam ou sugerem vivamente que os homens controlavam a riqueza; as mulheres eram propriedade e o valor delas era herdado mais nos serviços sexuais do que na procriação ou manutenção da casa; os maridos davam apoio material às mulheres em troca de exclusividade sexual; as mulheres só tinham meios económicos através dos homens; as noivas eram compradas com um contrato feito entre um potencial marido e o pai dela; os maridos eram livres de ter sexo fora do casamento, mas as mulheres podiam ser castigadas com a morte se fizessem o mesmo; e, por fim, o divórcio era fácil para os homens, mas impossível para as mulheres.

Disposições semelhantes aparecem com mais pormenores e crueldade no Código de Hamurábi, escrito na Mesopotâmia cerca de 350 anos mais tarde. O código de Hamurábi mostra que a poligamia era a norma, as mulheres eram comercializadas pelos pais e eram rigidamente estratificadas de acordo com a sua relação com eles. As punições enumeradas também deixam claro que, embora o Estado tenha emitido as regras e as aplicasse quando necessário, a aplicação da lei dependia principalmente da autoridade do chefe de família para impor punições físicas, para controlar todos os bens materiais ou dinheiro, e para negociar qualquer mulher à sua vontade.

As regras de Hamurábi relativas ao tratamento da violação da filha de um homem são conhecidas, mas acrescentam uma reviravolta sinistra. O violador compensa o pai pagando uma multa e casando com a filha, uma vez que ela já não é valiosa para o pai. No entanto, cabe ao pai aceitar o casamento ou dispor dela de outra forma — por exemplo, mandando a filha para a rua como prostituta ou mandando-a matar por ser «adúltera».

Note-se que é adultério não só a infidelidade de uma mulher para com o homem com quem é casada, mas também da filha que tem relações sexuais fora dos acordos feitos pelo pai. Durante milhares de anos, a sentença mais comum para uma mulher que comete adultério de qualquer tipo seria a morte. Os homicídios de honra no Bangladesh, Paquistão e Médio Oriente são o resultado extremo de uma linha muito extensa. E mesmo agora dita a lei em Angola, Bahrein, Camarões, Guiné Equatorial, Eritreia, Iraque, Jordânia, Kuwait, Líbano, Líbia, Malásia, Filipinas e Tajiquistão que um violador deve casar com a sua vítima para compensar a perda económica sofrida pelo pai da vítima.

Ainda que atualmente os ativistas afirmem que os regulamentos de casamento por violação resultaram do direito colonial europeu, a prática, como podemos ver, apareceu de facto há pelo menos três mil anos. Também não é um costume muçulmano, como muitos no Ocidente presumiriam da geografia; a regra aparece inclusivamente no Antigo Testamento: «Se um homem por acaso conhece uma virgem que não esteja comprometida para casar, a violar e forem descobertos, ele deverá pagar ao pai dela 50 shekels em prata. Tem de casar com a jovem, porque a violou. Jamais irá poder divorciar-se dela enquanto viver».[8]

Não é feita qualquer menção a restituir a vítima em qualquer código legal antigo — o seu bem-estar parece não ser motivo de preocupação.

No Código Assírio Médio que se seguiu ao de Hamurábi por cerca de 500 anos, podemos ver restrições económicas sobre as mulheres presentes na Economia XX dos dias de hoje. Para além da total dependência económica dos homens e do monopólio masculino da propriedade, agora aparecem restrições à mobilidade, exclusão do sistema de intercâmbio e barreiras à sua participação no comércio a título pessoal. Também sabemos que as mulheres não podiam aprender a ler e a escrever, o que as teria excluído do sistema financeiro. Embora as leis Ur-Nammu e Hamurábi aludam aos direitos de herança, a ênfase da passagem da riqueza de pai para filho — ou pelo menos na sua manutenção nas mãos de parentes masculinos — surge mais salientada no Código Assírio Médio. As viúvas, nesta sociedade, ficavam destituídas quando os maridos morriam, tal como acontece nos países em vias de desenvolvimento nos dias de hoje. (Há 40 milhões de viúvas nestas condições só na Índia.)

Segundo o Código Assírio Médio, as esposas não parecem partilhar da propriedade de objetos domésticos comuns. As leis da Assíria Média estipulam que, se uma esposa tira algo de casa do marido, é roubo — e recomendam o corte das suas orelhas como castigo. Se o marido não for capaz de punir a esposa, devido à sua morte ou incapacidade, a lei estipula que o Estado se encarrega de matá-la.

A lei assíria média dita práticas específicas que negam a mobilidade e a privacidade das mulheres, bloqueando, por conseguinte, a sua capacidade de participar livremente na economia. Os códigos estipulam que as mulheres que pertencem a um homem devem usar véus quando estão fora de casa para anunciarem aos outros que estão sob controlo masculino. Quando estas mulheres saíam, iam sempre com uma acompanhante.[9] Como tal, com exceção das saídas sob guarda, estas mulheres estavam presas em casa. Esse nível de controlo permitia ao marido ter a certeza de que davam à luz apenas filhos dele, algo que não parece importante para os caçadores-coletores, atendendo ao modo negligente com que passam as mulheres de uns para os outros. A obsessão masculina com a paternidade, pelos vistos, não é «natural», como alguns defendem. O desejo quase patológico que os homens passaram a ter de manter a exclusividade sexual sobre as esposas pode ter surgido com a invenção destes meios para controlar quem tinha acesso a elas (através de multas ou da restrição dos movimentos).

Para as mulheres, as consequências económicas de não poderem sair de casa percetíveis e desacompanhadas são significativas. Estas restrições teriam tornado impossível ganharem dinheiro fora de casa sem o conhecimento do marido. Se as mulheres não tinham nem um objeto nas suas casas, eram completamente dependentes dos homens que *as* detinham. Se tecessem ou cosessem, o produto das peças que faziam provavelmente pertencia aos chefes de família masculinos, tal como as mulheres casadas que cultivam em África não são donas dos produtos do seu trabalho. Isto porque, além de serem donos das trabalhadoras, os homens seriam também donos do terreno, dos edifícios, dos teares e do fio — todo o equipamento e materiais de capital.

As práticas de véu, de reclusão e de acompanhamento parecem ter-se espalhado pelo mundo através do comércio e da conquista, tal como outras crenças, práticas e objetos. Se considerarmos o véu e a reclusão indicadores de um sistema que excluía as mulheres da participação económica, podemos localizar a Economia XX a ir em direção a leste do Médio Oriente ancestral para a Índia, para oeste, na direção do Norte de África, para norte, pelo Mediterrâneo, até chegar à Europa. Em algumas sociedades, como na Grécia Antiga, as mulheres eram tão isoladas que iam diretamente da casa do pai para a do marido, nunca interagindo sequer com o mundo exterior.

Nas culturas mediterrânicas, de onde a história europeia é normalmente traçada, véu, reclusão, casamento negociado, controlo dos bens e a exclusão da herança estavam geralmente presentes. Na Europa medieval, havia vestígios de véu e reclusão, bem como o controlo masculino sobre todos os bens, casamento arranjado e restrições à herança feminina. Os Espanhóis trouxeram muitas dessas práticas para o Mundo Novo, tendo eles próprios sido influenciados pelas regras do islão vindas para norte do Médio Oriente. De facto, algumas formas de véu, reclusão ou acompanhamento têm sido praticadas na maior parte do mundo, e a reclusão ainda se pratica nos dias de hoje, desde África ao Médio Oriente e ao subcontinente indiano.[10]

Embora seja normalmente aceite que as mulheres trabalhavam sempre em casa por causa dos filhos, há um motivo igualmente forte que as obrigava a trabalhar em casa: não lhes era permitido sair. Existem muitos nomes — *purdah* e *clausura*, *hijabe* e *hábito*, *mantilha* e *sheitel, harém* e *convento* — para os itens e práticas que derivam do mesmo objetivo.[11]

Como vimos, muitas das regras constantes nestes sistemas jurídicos ancestrais continuam em vigor pelo mundo inteiro. As restrições parecem emergir de um enorme sistema de raízes históricas com um alcance global. É comum tentar desculpar ou proteger a pior destas práticas — como o casamento infantil ou a mutilação genital feminina —, dizendo: «É a cultura deles». Mas a verdade é que este trágico sistema de exploração e controlo é a história cultural de *todos nós.*

Para além disso, sempre que as práticas mais restritivas se aplicam, as pessoas dessa cultura não concordam necessariamente que devam continuar. *Understanding Masculinities*, um estudo recente das atitudes dos homens e das mulheres do Médio Oriente em relação aos resquícios destas práticas ancestrais, mostra a divisão.[12] Homens e mulheres discordam em muitas destas questões — mas em praticamente todos os itens os homens discordam uns dos outros. Grandes maiorias de ambos os sexos concordam que a sua cultura, embora tenha estas práticas restritivas, devia esforçar-se mais para atingir a igualdade para as mulheres. Portanto, não devíamos assumir que, só porque estas práticas aparecem num local, os cidadãos locais não as querem mudar.

Porém, as leis ancestrais não se ficavam por restringir mulheres casadas. O véu que excluía as mulheres casadas na Assíria foi transformado numa arma contra as mulheres que não estavam «sob a proteção» dos homens, e isso também se disseminou pelo mundo inteiro. O Código Assírio Médio diz que as mulheres que *não são* propriedade de um homem podem não usar o véu, portanto, todos ficam a saber que elas não estão protegidas. Em *The Creation of Patriarchy*, a primeira tentativa de uma história ancestral das mulheres, publicado em 1986, Gerda Lerner defende que esta disposição pretendia deixar claro que as mulheres pertenciam a *todos* os homens por não estarem sob a alçada de nenhum, e por isso convidavam à agressão sexual. As regras assírias médias tornavam, portanto, inseguro que uma mulher ficasse solteira ou que trabalhasse fora de casa e, desta forma, empurrava as mulheres para o casamento para evitar violência. Consequentemente, teriam sido bloqueadas da independência económica.

O fenómeno de tratar as mulheres trabalhadoras solteiras como exemplos vergonhosos, mesmo como «vadias» que merecem agressão sexual, atingiu o mundo inteiro. Esta atitude prevaleceu na América do Norte e na Europa Ocidental pelo menos até à segunda metade do século XX e, como veremos, as mulheres trabalhadoras no mundo em vias de desenvolvimento de hoje são injuriadas pela sua presumível imoralidade e sujeitas a interminável assédio e violência.

Os castigos por violação das leis do véu na Mesopotâmia eram severos: os cidadãos eram exortados a levar qualquer prostituta que usasse véu até aos portões do palácio, despi-la, bater-lhe 50 vezes e despejar-lhe alcatrão quente sobre a cabeça. Quando mulheres escravas cometiam o mesmo crime, os cidadãos estavam instruídos a cortar-lhes as orelhas e a tirar-lhes a roupa. Porém, homens que ajudassem as mulheres que tinham quebrado o Código também eram castigados severamente: se um homem que visse uma mulher assim não a atacasse, deveria receber «50 golpes com vara», era despido, furavam-lhe as orelhas e cosiam-nas com um cordão que lhe atavam atrás das costas. O castigo dos homens não seria necessário se os patriarcas não achassem que *alguns* homens optavam por assistir as mulheres sem véu.

As sociedades da Mesopotâmia eram estados autocráticos e complexos com economias formalizadas e tecnologia agrícola. Trocaram diversos bens a grandes distâncias e conduziram guerras em larga escala. O primeiro exército permanente, a primeira guerra de conquista e múltiplas inovações de armas concebidas para aumentar o alcance e o impacto do ataque apareceram neste império. A captura durante a guerra trouxe um afluxo de escravas, como é evidente pelos muitos regulamentos relativos ao seu tratamento. E, claro, os guerreiros com mais esposas acabaram por introduzir muito mais violência no património genético.

Em *Sex and War*, Malcolm Potts e Thomas Hayden defendem que o sucesso reprodutivo dos homens violentos criou uma situação cada vez maior em que os genes destrutivos alimentam uma cultura de guerra. Potts foi ao Bangladesh em 1971 para prestar auxílio imediatamente a seguir à Guerra de Libertação do Bangladesh. Médico de obstetrícia e ginecologia, tratou mulheres bengali vítimas da maior violação sistemática na História mundial. Desde então, fez voluntariado no Vietname, Camboja, Afeganistão, Egipto, Faixa de Gaza, Libéria e Angola, sempre ligado a violação. *Sex and War* foi o resultado dessas experiências.[13]

No seu livro, Potts e Hayden (que é jornalista) documentam exaustivamente a violência masculina sobre as mulheres em alturas de conflitos, começando pelo comportamento de chimpanzés e examinando o que parecem ser todas as guerras da História da humanidade. Estes autores apontam para o facto de a guerra se organizar normalmente em esquadrões de cerca de oito homens, que se comportam de forma muito parecida com o efeito a que Potts e Hayden chamam de «agressão em equipa». As equipas definem a estratégia do ataque, usam a violação como parte do ataque e criam laços com a violência que cometem contra as mulheres. A combinação do aumento de testosterona, da adrenalina produzida pelo perigo e das deslocações em grupos de homens que os tornam mais unidos fá-los ter comportamentos além dos que normalmente têm e das suas personalidades. Potts e Hayden defendem que, nessas circunstâncias, todos os homens, incluindo eles próprios, são capazes de violar. As provas que dão do sucesso dos homens guerreiros estão na nossa História *e* no nosso material genético: 8% da população masculina da Ásia Central ainda transporta o ADN de Genghis Khan, o violador inveterado que liderou as invasões mongóis do século XIII. De facto, 16 milhões de homens vivos ainda hoje transportam os seus genes através de um cromossoma Y identificável. Mas não podemos concluir que esta violência vai durar eternamente: os Viquingues foram dos guerreiros mais brutais da História, mas atualmente os Escandinavos são vistos como exemplos de pacifismo e igualdade de género.

A cultura de guerreiro preparou os homens para o combate desde tenra idade. Como nas sociedades de subsistência, o rito de passagem para a idade adulta normalmente envolvia uma provação dolorosa e terrível, e algumas culturas matavam os rapazes que tentavam fugir. É aqui que começa a pressão extrema para «ganhar masculinidade». Ao longo da História, espera-se que os homens justifiquem constantemente a sua masculinidade, que suportem a dor sem se queixarem, que escondam as emoções e que matem ou torturem sem remorsos.

Isto é algo abominável de se fazer a uma criatura cujo cérebro está literalmente programado para a empatia. Em 2019, a Associação Americana de Psicologia (APA) reconheceu as características da «masculinidade tóxica», uma condição prejudicial enraizada em versões negativas da masculinidade imposta aos rapazes mais novos — e algo que exige diretrizes especiais para resolver. A APA anunciou que a sua decisão se baseou em «mais de 40 anos de pesquisa que revelam que a masculinidade tradicional é prejudicial em termos psicológicos e que socializar os rapazes para suprimir as suas emoções causa danos que ecoam tanto interna como externamente».[14]

As sociedades bélicas preparadas para a guerra viviam muitas vezes juntas, à margem das mulheres. Quando os homens residem num espaço separado, não há compensação para a influência da competição e da agressão. O que tipicamente emerge é uma hierarquia rígida e autocrática, imposta pelo *bullying* e expressa em comportamentos desprezíveis para com as mulheres.

Temos de reconhecer que os homens eram recrutados para a batalha tão seguramente como as mulheres eram expropriadas à força do comércio. Era-lhes ordenado que lutassem e não lhes era dada escolha sobre onde, quando e em nome de quem. A deserção era quase sempre punida com a morte. Os arqueólogos de hoje realçam que não devemos glorificar os guerreiros do passado. Os soldados eram humanos, independentemente de quão fortes os tornavam. Devem ter sentido medo e dor. Só porque não usavam o termo Perturbação do Stress Pós-Traumático (PTSD) não quer dizer que não o tenham experienciado.

Os machos alfa das sociedades ancestrais também ordenaram a enormes grupos de escravos masculinos que construíssem sistemas de irrigação elaborados e estradas de ligação entre os seus impérios. E, claro, os imperadores, reis, Césares e faraós queriam monumentos para eles próprios construídos pelos homens que dominavam. Estes patriarcas ancestrais dominavam e exploravam brutalmente tanto homens como mulheres.

Em retrospetiva, conseguimos ver nesta história o ponto de origem da Economia XX atual. Por mais atrás que seja possível ir na história escrita, as «esposas» eram compradas e vendidas, forçadas a contratos não consensuais sem data final, com proprietários que as podiam trocar umas com as outras por impulso. Não eram pagas, não eram proprietárias e não tinham dinheiro. Eram castigadas fisicamente, até desfiguradas ou mortas, pela mais ínfima infração. Eram mal alimentadas, enfraquecidas. Estavam cativas sob a ameaça de violência, se resistissem. Era-lhes virtualmente sempre proibida a posse de armas, portanto, não tinham forma de se defenderem nem meios para escapar. O acesso à informação era bastante limitado e as comunicações com o mundo exterior eram controladas. Atualmente, quando estas circunstâncias aparecem em simultâneo, a política internacional chama-lhe «escravatura».

O aspeto mais sombrio da Economia XX continua a ser a escravatura. O tráfico humano ataca desproporcionadamente as mulheres e visa os economicamente mais desfavorecidos. A Organização Internacional do Trabalho estima que existam atualmente 40 milhões de escravos no mundo, dos quais 71% são mulheres e 15,4 milhões são mulheres forçadas ao casamento.[15]

A troca de bens por uma noiva continua sob a forma de dote e preço de noiva. Na Índia, o dote tornou-se uma questão de vida ou de morte, embora o governo o tenha ilegalizado. O casamento indiano negociado está sujeito a longas conversações, mas por vezes o noivo e a sua família protestam depois que não lhes foi pago o suficiente ou que lhes foi destinado algo que não foi cumprido, portanto, não cessam de cobrar as suas exigências, enquanto a família da noiva tenta arranjar fundos para pagar. Afinal, trata-se apenas de extorsão, com a noiva como refém. Quando a família da noiva já não tem meios para pagar, o noivo e a sua família assassinam-na. O método típico é encharcar a mulher de gasolina e pegar-lhe fogo. O noivo e os seus parentes costumam facultar álibis uns aos outros, é raro a polícia conseguir formar uma acusação de homicídio. Esta prática de pegar fogo às noivas é extremamente comum, e os números oficiais estimam que morre uma mulher indiana desta forma a cada hora. Os grupos de direitos das mulheres precisam que seja a cada 15 minutos.

Outro reflexo atual das práticas matrimoniais do passado é o «casamento por violação» ou «rapto da noiva», em que o objetivo é reclamar uma noiva sem pagar ao pai. O crime é cometido por homens pobres, mas também por homens que as famílias considerariam inaceitáveis por outras razões, como a adição a drogas ou um cadastro criminal. O homem rapta a mulher, às vezes com a ajuda de outros da sua família. Leva-a para um sítio seguro e viola-a repetidamente, para ela ficar inaceitável para outros homens. Depois vai falar com o pai dela e oferece-se para a desposar. As famílias sentem tanta vergonha por a filha ter perdido a virgindade que normalmente a pressionam a concordar. Embora o casamento por violação aconteça em todas as regiões do mundo, é provavelmente mais prevalente na Ásia Central, onde o crime aumentou desde a queda da União Soviética. No Quirguizistão, por exemplo, cerca de um terço dos casamentos ocorrem por este motivo.[16]

Deve estar a perguntar-se como e porque é que os casamentos ocidentais passaram a ser tão drasticamente diferentes do resto do mundo. A mudança começou na Europa com os padres que trouxeram a sua religião para norte do Império Romano Cristão.[17] Estes evangelistas proibiram muitas práticas culturais que consideravam incompatíveis com a sua fé. Os seus esforços para alterar a base do casamento acabaram por ter um impacto colossal na Economia XX.

A posição cristã era que, de acordo com os ensinamentos de Jesus na interpretação do Apóstolo Paulo, cada homem só deveria ter uma mulher. Os líderes dos primórdios da Igreja na Europa também defendiam a monogamia para reduzir a atividade sexual — acreditavam que o sexo era pecaminoso e achavam que conseguiam limitar que acontecesse, se os casais só tivessem uma parceira. Também insistiam que nenhum casamento podia acontecer sem o consentimento da noiva. Estes padres não eram particularmente amigáveis com as mulheres, mas como há várias passagens no Evangelho em que Jesus trata as mulheres de uma forma que lhes confere humanidade — até igualdade — aos olhos de Deus, sucedia que deveriam ter o direito de dar ou recusar o consentimento. Assim sendo, os padres católicos vieram para a Europa a exigir que todas as uniões fossem monogâmicas e que nenhum casamento se fizesse sem o consentimento da noiva.

No século VII, Inglaterra e França eram países oficialmente cristãos, mas o progresso foi mais lento entre as tribos germânicas. A última região a converter-se foi a Escandinávia, por volta de 1100. O contacto entre os homens nórdicos e os padres católicos demonstra a transição do casamento «pagão» para o «cristão». As sagas nórdicas descreviam uma cultura em que os pais vendiam as filhas sem o seu consentimento e os homens tinham várias mulheres, condições que eram espelhadas nas práticas que os católicos encontraram quando chegaram. Os padres deixaram registos escritos dos seus esforços para travar a venda de mulheres e a poligamia. Agora sabemos que os padres levaram a melhor, tanto na região nórdica como em todas as outras regiões que se tornaram parte da «Cristandade». A Europa inteira tornou-se monogâmica, a primeira região do mundo a fazer essa mudança transversalmente a uma zona tão vasta e entre povos tão diversos.

Há que deixar claro que a nova Igreja Católica não pretendia, de todo, libertar as mulheres; as suas políticas eram frequentemente cruéis para elas, e as reformas no casamento eram frequentemente aplicadas superficialmente, sabotadas e manipuladas. No entanto, a mudança não deixou de ser profunda porque reconheceu formalmente *a pessoa da mulher* e inferia que a mulher era uma parceira na gestão da casa, e não uma posse.

A subordinação económica, no entanto, continuou durante séculos.[18] A prática comum e, eventualmente, a lei escrita davam aos maridos controlo sobre todos os bens domésticos, independentemente da proveniência, e sobre qualquer rendimento que uma pessoa sob o seu teto ganhava. O véu e a reclusão mantiveram-se. Algumas mulheres trabalhavam fora de casa, mas eram da classe mais baixa, eram consideradas «desonradas» e muitas vezes alvo de violência sexual por parte dos homens.

A vulnerabilidade económica prendia as mulheres em casamentos maus, assim como a quase impossibilidade do divórcio. Os tribunais eclesiásticos permitiriam, em raras ocasiões, o divórcio por abandono, crueldade extrema ou adultério, que era duramente punido, embora não com a morte. A violência doméstica, no entanto, era desenfreada; era permitido por lei, tanto pela lei consuetudinária como pela lei canónica, que um homem batesse na sua mulher, como indica este estatuto de França: «É permitido que um homem bata na sua mulher, sem lhe causar a morte ou incapacidade, quando esta recusar algo ao marido.»[19]

O abandono era comum. Os homens saíam de casa para irem à procura nos locais onde se dizia que havia trabalho. O comércio de longa distância também os obrigava muitas vezes a ausentarem-se. As mulheres, como eram obrigadas pelo costume a ficar em casa, ficavam de fora destas oportunidades e transações. Com o desenvolvimento do transporte marítimo, os homens foram para o mar, e também foram recrutados para as muitas guerras que a Europa travou. Os homens podiam morrer em qualquer uma dessas viagens. No entanto, as mulheres abandonadas tinham de esperar períodos intermináveis até a Igreja reconhecer a ausência demorada do marido como morte, e só quando era declarado morto é que a mulher podia voltar a casar, e salvar-se a ela e aos seus filhos da indigência. As mulheres abandonadas e as viúvas, assim como os seus filhos, tornaram-se o grupo mais visível dos pobres.[20]

A vulnerabilidade económica das mulheres acabou por ser estabelecida por um estatuto formal na Europa. Na Grã-Bretanha, um conceito de direito comum chamado «cobertura» tornou-se lei escrita. Este princípio jurídico dizia que uma mulher casada estava «coberta» pelo seu marido, de tal forma que não tinha identidade jurídica ou económica própria. Sob esta lei da cobertura, as mulheres cediam o controlo de todos os seus bens aos maridos quando se casavam. A Grã-Bretanha acabou por exportar esta regra para o Canadá, Austrália e Estados Unidos, e o mesmo conceito apareceu sob o Direito Romano-Holandês. Outros países europeus alcançaram os mesmos fins ao tornarem legal que as esposas fossem insignificantes.

Bastantes historiadores esforçam-se imenso a argumentar que algumas mulheres puderam possuir bens na Idade Média, no Renascimento e na Era dos Descobrimentos, embora estes sejam geralmente apresentados como casos singulares — em suma, exceções que comprovam a regra. É difícil avaliar quantas mulheres europeias alguma vez possuíram efetivamente bens neste período; na maioria dos casos, parece que o que as mulheres tinham, mesmo em dote e herança, era apenas usufruto — direitos de utilização, não propriedade, até se casarem ou morrerem, ou até os seus filhos atingirem a maioridade.

O teste para saber se alguém é de facto o proprietário da terra é se pode vender, destruir, hipotecar ou doar em forma de bem. Duvido que muitas mulheres fossem realmente proprietárias, pelo menos de propriedade real. O gráfico na Figura 11 ilustra o problema de generalizar os casos excecionais, assim como confundir direitos de usufruto com direitos de propriedade. O gráfico mostra a terra «alienada» (por venda, doação, etc.) pelos homens e pelas mulheres ao longo de quatro séculos em Itália, Espanha, Sul de França, Norte de França e Alemanha. É simplesmente impossível evitar a ideia de que, entre o século IX e século XII, os homens estiveram no controlo da riqueza e dos recursos de produção europeus.[21]

A quinta comum na Europa era uma unidade económica rígida que exigia pelo menos dois adultos capazes para trabalhar. As pessoas casavam mais para terem ajuda para o trabalho do que por afeto. Porém, os historiadores precipitam-se a concluir que as mulheres nesses lares eram valorizadas como «parceiras de ajuda» porque o trabalho delas era importante e necessário. Já vimos que o elo assumido entre trabalho essencial e respeito cultural é inexistente, e dadas as outras circunstâncias que as mulheres casadas enfrentam, incluindo um nível elevado de violência doméstica, parece-me que poucas desfrutavam de uma relação respeitadora.[22]

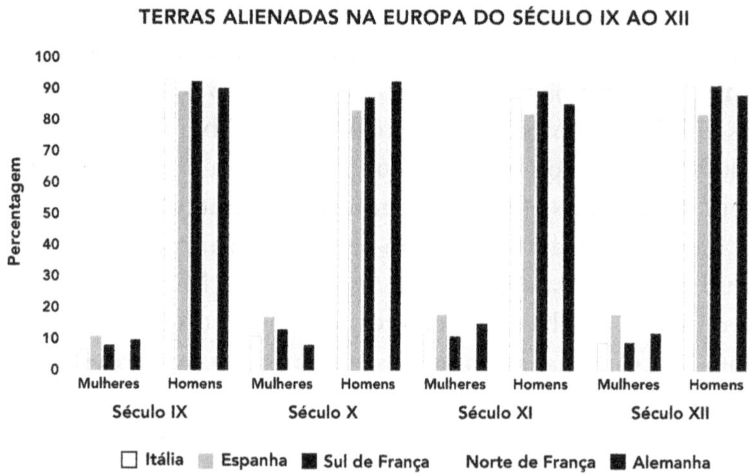

FIGURA 11. Fontes históricas por vezes implicam que as mulheres possuíam terras, quando na realidade só tinham direitos de usufruto. Este gráfico mostra a quantidade de terra dispensada («alienada») por homens e mulheres durante um período de 400 anos, em quatro países europeus.

Fonte: David Herlihy, «Land, Family, and Women in Continental Europe, 701–1200», em *Women in Medieval Society*, ed. Susan Mosher Stuard (Philadelphia: *University of Pennsylvania Press*, 1976), 28.

Quando o rendimento do agregado familiar se baseava num negócio em vez de numa quinta, as mulheres, mesmo assim, detinham pouco poder económico. Por exemplo, a mulher tornava-se muitas vezes uma ajudante valiosa numa loja de artesanato, às vezes aprendia a arte, mas não podia ir embora e abrir um negócio dela porque as guildas não aceitavam mulheres como membros. Ocasionalmente, permitiam à viúva manter a oficina aberta em caso de morte do marido, mas só até ela voltar a casar. O padrão era a mulher casada depender do marido. Estas mulheres europeias continuavam cativas economicamente, mesmo não estando cobertas por véus e biombos.

Uma história perturbadora de uma mulher europeia no século XIV ilustra como a prisão era efetivada na Idade Média. Susan Mosher Stuard, num ensaio contido em *Women in Medieval Society*, conta que, entre os aristocratas de Ragusa (agora Dubrovnik), as mulheres eram «juridicamente definidas pelas leis extensivas e altamente específicas aplicáveis aos dotes».[23] Nota ainda que a mulher passava da casa do pai para a custódia do marido, «garantindo assim que seria uma pessoa da esfera privada e não pública, a vida inteira». Observa que o papel das mulheres aristocráticas era o de serem exibições bonitas da riqueza do marido, e as mulheres de Ragusa pareciam contentes por obedecerem a essa expectativa. Mas é isso que torna a história de Nicoleta de Mence tão misteriosa.

O registo histórico não refere porque é que Nicoleta subitamente se retirou juntamente com todos os seus bens de casa do marido, Jache de Sorgo, em 1390, mas algo terrível deve ter acontecido. Quando Nicoleta partiu, Jache queixou-se ao «Conselho Menor», os mercadores que administravam a lei. Como havia «poucas mulheres que se comportassem de uma forma contrária ao espírito e às determinações da lei», o conselho não estava preparado para a situação de Nicoleta. Primeiro, enviaram representantes para convencer Nicoleta a regressar, mas ela recusou. A seguir, deram-lhe um ultimato: volte para casa em 14 horas, ou já sabe. Quando ela voltou a recusar, chamaram a «velha mãe» para a convencer, mas de nada valeu. Jache continuou a pressionar, até que o conselho prendeu Nicoleta e a colocou sob vigilância. Quando se recusou a regressar, e como o marido não desistia, confiscaram-lhe todos os bens e foi enviada para o exílio na pobreza.

Stuard refere que os registos indicam que o Conselho Menor se deu a esforços para evitar a atribuição de uma pena tão severa a Nicoleta e referiu-se a este caso como «a martirização de Nicoleta de Mence». Stuard conclui: «Nicoleta não tinha o direito de privar [Jache] do seu dote nem da sua pessoa, e o caso ficou-se por aí. A lei pode ser alargada ou ignorada para promover os interesses dos negócios familiares e os interesses maiores da classe mercantil; não se poderia acomodar às exigências de uma mulher pela sua liberdade individual».[24]

É fácil de supor que as mulheres ricas e com um mínimo de poder eram exceções aos constrangimentos que pertenciam às mulheres menos privilegiadas, que também estavam dependentes dos homens e a eles obrigadas. O poder da mulher dependia sempre dos afetos do homem, e normalmente não lhe restava nada se ele a abandonasse ou, como dizem na história europeia, «a pusesse de lado». As mulheres têm-se tornado pobres ao longo da História em virtude do seu género e o patriarcado tem conseguido afetar cada uma delas.

No final do século XIX, na Europa Ocidental, América do Norte e Austrália foi executada uma revisão radical das leis que regulavam o estatuto económico das mulheres. A origem desse mar de mudança remonta à história do cristianismo.

A Reforma lançou um olhar cético sobre as regras da Igreja Católica Romana relativamente ao casamento. Os reformadores não consideraram o casamento um sacramento e sentiram que deveria ser dissolvido, mas à medida que a sangrenta mudança do catolicismo para o protestantismo progrediu, os reformadores discutiram entre eles as regras para as novas instituições religiosas. Uma figura-chave nessas discussões foi o reformador alemão Martin Bucer. Defendia que o casamento devia basear-se no amor e no respeito, portanto, se um casal já não sentisse afeto, o divórcio devia ser permitido. A opinião de Bucer deu início a cinco longos séculos em que os países ocidentais lentamente se converteram à ideia de que o casamento devia basear-se no amor.[25]

O amor no casamento parece sugerir que o casal não se deve envolver em violência, embora saibamos que a violência doméstica continua até hoje, mesmo entre pessoas que afirmam amar-se. Mas é preciso que se diga que foi durante a Reforma que «o espancamento da esposa» foi finalmente criminalizado. À laia de exemplo, o primeiro Código de lei no puritano Massachusetts decretava que as mulheres não tinham de tolerar os espancamentos dos maridos.

Este novo ideal matrimonial supunha confiança e apoio mútuo, o que parece ter levado a uma reconsideração dos acordos económicos; quando as restrições ao divórcio foram levantadas nos países protestantes, as restrições económicas também foram aligeiradas. Por volta da viragem do século XX, foi promulgada uma série de leis na Europa Protestante, América do Norte e Austrália que começaram a fazer pender a balança mais na direção da justiça, mesmo que as mudanças tenham ocorrido em passos minúsculos.

Em 1882, o princípio da cobertura foi eliminado da lei britânica pela *Married Women's Property Act*, legislação que inspirou tanto a Austrália como o Canadá a fazer o mesmo. No entanto, nos Estados Unidos, o processo tinha de ser instituído estado a estado. Entre 1830 e 1880, a maior parte dos estados concede às mulheres o direito de controlarem a sua propriedade se os maridos estivessem incapacitados, o direito a deterem (mas não a controlarem) a sua propriedade, e o direito a auferirem rendimento e a ficar com ele em proveito próprio. Gradualmente, a «cobertura» foi banida da lei americana, mas só foi oficializada em 1982, quando o Supremo Tribunal declarou inconstitucional a lei do Louisiana que dava ao marido autoridade final sobre todos os assuntos do foro doméstico. É simultaneamente uma lição de humildade e impressionante saber que o fim formal da lei de cobertura entrou em vigor nos Estados Unidos há menos de 40 anos.[26] Alguns académicos que escrevem atualmente defendem que o casamento «partilhado» estabeleceu as bases da democracia, ao apontar para a preferência pela igualdade.[27]

À medida que o século XX avançava e a família nuclear com o seu único ganha-pão masculino se destacava, a outra personagem do repertório era a esposa que passava o dia a limpar a casa e a tomar conta das crianças. Na cultura de consumo que se desenvolveu ao longo do século XX, a família nuclear foi idealizada na publicidade de novos bens e aparelhos domésticos. A dona de casa tornou-se central na cultura popular, mas ainda dependia do homem. As mulheres iam de casa dos pais para a casa dos maridos, o divórcio era mais fácil, mas continuava a ser motivo de vergonha. As esposas tinham poucas alternativas para além de permanecerem nos seus casamentos. A violência doméstica continuou a ser um problema, mas não era levada a sério. Veja-se, a título de exemplo, o seguinte relatório de 1954 da Scotland Yard: «Há apenas cerca de 20 homicídios em Londres anualmente e nem todos são graves — alguns foram os maridos que mataram as mulheres».[28] As mulheres continuavam economicamente subordinadas sob ameaça de violência por parte dos homens de quem dependiam.

A subordinação económica das mulheres começou com os homens a recorrerem à violência física para forçar as mulheres a terem relações sexuais com o pretexto do negócio — em suma, escravidão sexual. Em todos os acordos económicos injustos que analisei, o medo da agressão do homem está subjacente às escolhas que as mulheres fazem, mesmo que só apreendam o potencial ataque vindo da cólera de um colega de trabalho. Mas os homens estão a organizar-se para mudar este perfil de «assassino nato» de uma vez por todas, sob várias bandeiras, incluindo apelos aos fãs feitos por desportistas profissionais. Com isto alcançaram-se enormes sucessos. Por exemplo, Michael Kaufman, defensor da capacitação económica da mulher e autor do livro *The Time Has Come: Why Men Must Join the Gender Equality Revolution*, fundou a White Ribbon, uma organização de homens que pretende eliminar a violência contra a mulher. Desde a sua fundação, em 1991, a White Ribbon angariou membros em mais de 90 países.

Ouvi recentemente Michael contar uma história extraordinária num grande encontro de defensores da capacitação económica das mulheres na América do Sul.

Um homem paquistanês voltou a casa, ao Swat Valley, depois de ter estado a estudar direito na capital. A situação das vítimas de violação cuja credibilidade deveria ser julgada em tribunal chamou-lhe a atenção. Elas precisavam que quatro homens testemunhassem que tinham sido violadas, ou seriam acusadas de adultério, cuja pena seria de anos de cadeia ou a morte. Ele sabia que isto ia contra a tradição jurídica paquistanesa e julgava que era contrário aos ensinamentos da sua religião. Então, defendeu as mulheres e ilibou-as das acusações de adultério, só que depois as autoridades prenderam-no a *ele*. Na cadeia, havia multidões de homens em condições desumanas. «Conseguem imaginar o que lhe aconteceu», disse Michael, e consegui notar toda a plateia a lamentar, na certeza de que o advogado herói foi violado ou espancado na prisão.

Mas a história termina de forma surpreendente. Quando os outros presos souberam porque é que o advogado lá estava, entraram todos em greve de fome até que fosse libertado.

Michael terminou a sua palestra a explicar como a mudança iria chegar. «Os homens conseguem ver como os outros ficam magoados, são capazes de sentir a dor alheia. Podem parecer duros, mas estes tipos têm bons corações. Um apelo a essa compaixão, uma mudança nos nossos ideais sobre o que significa ser homem, e o fim do poder dos homens sobre as mulheres acabará, em conjunto, com a violência contra as mulheres.» A capacidade humana de estabelecer empatia, de perceber o sofrimento dos outros, mesmo quando resulta da sua própria crueldade, oferece-nos uma importante fonte de esperança.

6 | FUGA DA COZINHA

Eu e Radia chegámos à aldeia de manhã cedo. Não tínhamos pressa, por isso saí do carro e procurei um sítio para me sentar enquanto esperávamos. Debaixo de uma árvore estava uma cadeira de azulejos — talvez um assento cerimonial? Perguntei a Radia e ao nosso motorista se podia sentar-me. Ambos encolheram os ombros e disseram: «Claro». E eu sentei-me.

Estávamos no Bangladesh para avaliar um sistema de distribuição rural que empregava mulheres pedintes na entrega de bens em complexos habitacionais, onde as residentes mulheres costumam não ser autorizadas a sair de casa para ir às compras. O programa dava emprego a mulheres que precisavam desesperadamente dele, mas também estava a ser um benefício surpreendente para as mulheres fechadas em casa. Pela primeira vez, iam poder comprar por elas sem terem de esperar que os maridos trouxessem as coisas, quebrava-se o isolamento com as vendedoras que traziam informações sobre o mundo exterior. Estávamos a fazer inquéritos para conhecer o impacto que este fluxo de informação e mercadorias tinha na independência destas residentes. Era o nosso segundo dia na aldeia.

Não estava sentada há cinco minutos quando o imã apareceu. Explicou-me educadamente, em inglês, que eu estava sentada na cadeira cerimonial dele, pediu-me que me levantasse, e assim fiz. Perguntou-me de que país vinha. Disse que vivia na Grã-Bretanha, mas era americana. Perguntou-me se eu era muçulmana, e eu optei pela religião com que fui educada. Respondi-lhe: «cristã». Perguntou-me se eu era casada, expliquei-lhe que o meu marido estava numa aldeia próxima. Senti que todas as respostas que lhe dava eram as erradas.

Vi por cima do ombro do imã que o meu motorista tinha a porta do carro aberta e estava a gesticular para eu me despachar a entrar. Acenei um adeus ao imã, atravessei e enfiei-me no carro. Quando me virei, fiquei impressionada quando vi que uma multidão de 20 homens se tinha reunido atrás de mim durante aquela pequena conversa. Começaram a rodear o *jeep*. O condutor bateu a minha porta e Radia encostou-se a ela. Um homem com cerca de 50 anos, com barba e cabelo pintado de *henna* de laranja garrido, começou a falar pelo grupo em bengali. Os outros, que ouviam atentos, estavam visivelmente zangados. O imã não disse nada, mas ficou de pé, ao centro, de frente para mim, numa atitude de triunfo.

De repente, um *jeep* branco entra pela praça e os nossos colegas homens saltam lá de dentro, os óculos de aviador faziam com que parecessem estar a participar num *casting* para agentes da Interpol. Rapidamente, os homens da aldeia dispersaram. Quando o perigo passou, perguntei a Radia o que se estava a passar. Ela explicou-me que o homem de cabelo laranja nos acusou de fomentar o descontentamento com as nossas perguntas dos inquéritos.

Quando a poeira assentou, os nossos colegas foram para a aldeia seguinte, e deixaram um homem de guarda com o nosso motorista. Eu e Radia caminhámos de forma incansável pelos complexos para terminar o estudo. As mulheres no interior do complexo já sabiam o que tinha acontecido. Disseram que perceberam que estávamos lá para ajudar, mas quando uma mulher tinha alertado os homens, nenhuma das restantes se atreveu a defender-nos. A violência contra as mulheres é terrível neste país.

Ao jantar, as nossas assistentes de pesquisa explicaram-nos a sua própria vulnerabilidade a incidentes como este a que as «miúdas da cidade davam azo». Embora estivessem tapadas da cabeça aos pés, não escondiam o cabelo nem o rosto com um véu. No campo, o vestuário urbano tornava-as alvos dos elementos conservadores que se ressentiam das conquistas conseguidas pelas mulheres nas cidades. Elaborámos um plano para facultar segurança às nossas assistentes.

Não houve mais queixas, e as inquiridas foram surpreendentemente sinceras depois do tumulto, como se o comportamento dos homens lhes tivesse dado mais razões para garantirem que as compreendíamos. A maioria tinha maridos no Médio Oriente a trabalhar nas obras, disseram-nos. Os homens na aldeia, assim como algumas mulheres, policiavam as mulheres na ausência dos seus maridos. As mulheres ficavam fechadas em casa, cativas, à espera dos maridos, que muitas vezes ficavam anos fora.

A cultura no Bangladesh é extremamente patriarcal. Sobretudo nas áreas rurais, os bengalis praticam a *purdah*, um tipo de reclusão comum nos países muçulmanos, mas também na vizinha Índia. As mulheres que entrevistámos tinham medo de sair do seu complexo habitacional porque sabiam que era um convite à violação, porém, não estavam realmente «protegidas» porque a violência dentro de casa é igualmente má. Em sociedades como o Bangladesh e muitas outras no mundo inteiro, os homens filtram o que as mulheres veem, ouvem e sabem para as manterem sob o seu controlo. As nossas perguntas abriram um buraco nessa cortina.

Os peritos em desenvolvimento económico preferem que as mulheres do Bangladesh vão trabalhar em vez de ficarem em casa, porque isso estimula o crescimento económico. Aumentar o PIB permite a países como o Bangladesh construir infraestruturas — estradas, escolas, redes de esgotos, eletrificação —, assim como desenvolver serviços sociais para apoiar a cidadania, sobretudo os muito pobres. O crescimento, tendo o bem-estar da população como objetivo, aumenta os rendimentos dos agregados familiares, melhora a saúde, a nutrição e a educação. Mas os homens nos países de baixo rendimento resistem a permitir que as mulheres trabalhem fora de casa, sobretudo se forem casadas.

Quando a indústria do pronto-a-vestir chegou ao Bangladesh nos anos 70, as mulheres jovens em busca da liberdade fugiram para as cidades para trabalhar. Atualmente, têxteis e vestuário representam 75% do PIB do Bangladesh, representam a única indústria de muitos mil milhões de dólares e são a principal fonte de crescimento. A mão de obra do setor do vestuário é mais de 80% feminina.

O trabalho fabril traz autonomia às mulheres e é muitas vezes o primeiro passo para escaparem à pobreza, para elas, para os filhos e, por vezes, para as suas famílias de origem.[1] Apesar do contributo crucial destas trabalhadoras, a economia nacional continua a sentir-se injuriada porque se desafiam as expectativas tradicionais das mulheres. As trabalhadoras usam os salários para comprar roupa moderna e telemóveis, aparentam exibir a sua independência e sucesso. Quando são atacadas — como é frequente acontecer —, alguma autoridade vai inevitavelmente desculpar o crime, alegando que aquelas mulheres estavam «fora do lugar delas» ou vestidas de forma vulgar. O comportamento das raparigas das fábricas é um alerta vermelho para os maridos das aldeias: «Não deixem a vossa mulher sair.»

A mudança cultural que está a acontecer no Bangladesh tem acontecido em muitos locais, ao longo dos últimos 200 anos. A indústria de têxteis e vestuário é normalmente a primeira a chegar aos países pobres; passa de país para país, sempre à procura da mão de obra mais barata. Desde a altura em que as primeiras fábricas de têxteis abriram no Ocidente, durante o início do século XIX, estas empresas contratam quase exclusivamente jovens solteiras. Antes de a indústria chegar, as mulheres trabalhavam na agricultura e faziam produtos caseiros para vender; quando a produção de têxteis e outros bens feitos em casa passa para as fábricas, o mercado para os seus artigos esgota.

As mulheres solteiras veem as fábricas como uma forma de escape. Ao deixarem a aldeia, podem ter o seu próprio dinheiro, tomar decisões por elas próprias e, sobretudo, escolher os seus parceiros. O patriarcado nunca conseguiu recuperar.

O cenário é diferente para as mulheres casadas. Durante muito tempo, ficaram em casa, o que impede o crescimento porque a vasta maioria das mulheres das culturas tradicionais é casada. Mas o padrão histórico prevê que as esposas vão acabar por irromper no mercado de trabalho. Quando isso acontecer, haverá um aumento enorme e sustentado do PIB. Foram analisados conjuntos de dados para 163 países, e a relação entre a participação da mulher na força laboral e o PIB mantém-se em todos eles. Não há dúvida: a melhor forma de ajudar um país a desenvolver-se é tirar as mulheres da cozinha.[2] Mas ninguém sabe muito bem como fazê-lo.

Os economistas apresentam várias hipóteses para os grandes números de mulheres casadas que de repente correm para a força laboral.

Fazem múltiplas regressões, tentando fazer corresponder a esta mudança dramática alguma influência mensurável, como um aumento na escolaridade. Durante décadas, partiram do princípio de que a decisão era tomada pelo marido, que optou por comprar o «tempo livre» da mulher quando tinha meios para isso, em vez de lhe permitir que trouxesse um salário para casa. Os analistas também examinaram pormenorizadamente dados históricos dos países ricos, em busca de pistas sobre o motivo para os maridos «deixarem» as esposas trabalhar, para poderem aplicá-las no mundo em vias de desenvolvimento dos dias de hoje. Mas nenhum deles acertou na que me parece ser a resposta mais óbvia: as mulheres casadas ficam em casa porque existem restrições específicas ao seu género — como não terem o direito de fazerem as suas próprias escolhas em termos económicos, sem terem de «obedecer» aos maridos. Assim que estas restrições forem abolidas, as mulheres deixam o lar para trabalhar e receber, porque anseiam por autonomia.

Neste momento, os economistas do Ocidente estão a esfregar as mãos porque as mulheres dos países ricos deixaram de vir trabalhar. Depois de décadas de números crescentes, a participação feminina no trabalho, súbita e inexplicavelmente, abrandou e diminuiu na América do Norte e na Europa Ocidental. Se as mulheres deixam de trabalhar nestes países, o PIB cai e a economia mundial vai sofrer um grande golpe. A tendência é pior nos Estados Unidos, onde, em 2000, a participação das mulheres diminuiu pela primeira vez em mais de 100 anos. Por uma questão de perspetiva, o contributo anual das mulheres para a economia dos EUA é maior do que o PIB inteiro do Japão — cerca de 3 biliões de dólares americanos.[3] Porque é que, passados dois séculos de luta, as mulheres americanas iriam sacrificar os seus ganhos?

As mulheres americanas chegaram ao início do século XX com alguns direitos económicos recentemente adquiridos, mas continuavam a carregar grande parte do peso da História. Os homens americanos de 1800 controlavam toda a propriedade e rendimento, assim como a localização e destinos das mulheres da família. Mesmo entre a classe trabalhadora, a maioria das mulheres casadas não trabalhava fora de casa. As mulheres trabalhadoras eram geralmente solteiras e empregavam-se como domésticas, por vezes, trabalhavam a troco de dinheiro, mas normalmente o pagamento era em géneros, e a compensação ia muitas vezes para os seus pais.

Quando uma fábrica têxtil abriu em Lowell, Massachusetts, em 1814, as filhas dos agricultores foram recrutadas para trabalhar a troco de vencimentos em dinheiro. As raparigas abominavam as longas horas, mas adoravam estar longe de casa e ter o seu próprio dinheiro. Em 1834, no entanto, os salários estavam a diminuir, e as raparigas prepararam uma greve, uma das primeiras nos EUA. Continuaram a organizar-se, a entregar petições ao Estado a exigir direitos laborais, a proferir discursos calorosos e a publicar um jornal radical. Tudo isto as tornou «mulheres públicas», um termo que se referia a uma mulher tornada indigna de respeito simplesmente porque está presente, fala ou escreve em seu nome e está fora de casa. As empregadas fabris também atraíram a censura ao reproduzirem as roupas que as novas revistas de moda exibiam em chapas coloridas. Usando os salários reduzidos e competências de costura, vestiam-se «acima do seu posto». Os observadores, vendo jovens sem estarem acompanhadas de homens que as «protegessem» e a usar roupas tão invejáveis, assumiram que só podiam ser prostitutas — ou como teriam tanto dinheiro?

Conseguimos imaginar as repercussões de tudo isto para um marido cuja mulher queria sair para ir trabalhar. Uma mulher que se comportasse como as raparigas da fábrica perdia a sua respeitabilidade. O marido era alvo de compaixão, e ela seria ostracizada para sempre. Para impedir que isso acontecesse, recorria à violência, caso fosse necessário.

Poucos livros de história americana explicam que a primeira economia americana foi construída, tal como a economia chinesa, na era da Rota da Seda, com base na exportação de têxteis. À medida que a economia crescia, as fábricas proliferavam, acabando por se deslocar para as cidades vindas do campo. Surgiram novos fabricantes de produtos como loções, sapatos, chapéus e outros acessórios, bem como sabonetes e cremes para o rosto, e todos estes foram postos no mercado, vendidos e comprados por mulheres. Costureiras, desenhadoras, moleiras, assistentes de loja e escritoras de revistas femininas encontraram uma nova forma de viver e trabalhar, mas foram vistas com desconfiança pelos tradicionalistas. Esta encarnação da Economia XX transformou-se num sistema de troca entre as mulheres — mesmo que o capital que o sustenta ainda fosse controlado por homens.

Entretanto, surgiram sinais de movimentos de mulheres; muitas destas novas líderes eram profissionais da nova economia.[4] Este grupo de mulheres bem-sucedidas fundou uma rede de grupos de mulheres chamada Federação Geral de Clubes de Mulheres (GFWC). A rede cresceu e prosperou. Ao longo do tempo, foi composta por mulheres casadas da classe média dedicadas a conquistar um leque de direitos de mulheres, assim como outras reformas económicas e sociais. A GFWC aliou-se a outros grupos de mulheres focados em causas específicas, incluindo os direitos laborais. No final do século tinha preparado os soldados rasos da Primeira Vaga.[5]

Na luta pelos direitos das mulheres trabalhadoras, as organizações mais importantes de mulheres da classe média eram a Liga Sindical das Mulheres (WTUL) e a Liga Nacional de Consumidores (NCL). Os sindicatos laborais de homens eram hostis aos direitos das trabalhadoras porque os direitos laborais eram, para eles, um jogo em que não saíam a ganhar — um sexo só ganhava se o outro perdesse. Estes homens também viam com bons olhos que as mulheres ficassem em casa. As lealdades de género ultrapassaram as da classe entre os trabalhadores americanos, pelo que foi o movimento das mulheres, e não os sindicatos, que veio em defesa das trabalhadoras na América.

A NCL trabalhava na união dos dois extremos da Economia XX: as consumidoras da classe média e as trabalhadoras fabris, na luta por um objetivo comum. O conceito era que as «mulheres do clube» tinham poder económico através dos seus gastos, que podiam ser usados para pressionar as fábricas a melhorar as condições das funcionárias. Começaram com retalhistas que empregavam vendedoras e que dependiam quase exclusivamente das preferências de compras das mulheres casadas da classe média para a sua subsistência. A primeira ação foi criar um «Modelo da Casa Justa», uma lista de requisitos que incluía pagamento igual para as mulheres, horas regulares e razoáveis, um salário a cada duas semanas, férias pagas, licença de férias e outros direitos laborais. Depois, fizeram uma «Lista Branca» de lojas que subscreviam os modelos e fizeram saber que aquela afiliação só apadrinhava as lojas daquela lista. As outras lojas, como queriam fazer parte da Lista Branca, mudaram as práticas laborais, de acordo com os requisitos.

O fabrico da NCL começou com a roupa interior de musselina, mais uma vez com base na lógica de que tanto as compradoras como as trabalhadoras seriam mulheres. Se um fabricante estivesse à altura do modelo delas, a NCL permitia que colasse um «Selo Branco» nas peças (Figura 12). Mais uma vez, os membros da NCL comprometeram-se publicamente a comprar apenas produtos com o Selo Branco, cosido no interior, e, mais uma vez, resultou.

A NCL também patrocinou com sucesso leis estatais para impor limitações à duração do dia de trabalho para as mulheres, quanto peso podiam carregar e outras regras protecionistas. Em meados do século, porém, o movimento das mulheres percebeu que estas restrições mantinham as mulheres de fora dos melhores trabalhos, e esforçaram-se por eliminá-los. A NCL também lutou por salários iguais. A justificação para pagar menos às mulheres que aos homens era que todas tinham um homem algures que era a verdadeira fonte de sustento, portanto, não havia razão para pagar às mulheres um salário. Em muitos debates acusatórios, a NCL pressionou a favor de um salário suficientemente substancial para uma mulher viver por conta própria. Os sindicatos, argumentando que os homens deveriam receber um «salário familiar», uma vez que estavam a sustentar as famílias, acreditavam que se as mulheres recebessem um salário de subsistência, isso comprometeria a sua argumentação em relação ao salário familiar dos homens. Porque iriam as empresas pagar a um homem para sustentar a família se as mulheres debaixo do seu teto podiam ganhar o mesmo? No final, a NCL venceu a luta do salário substancial, mas só em princípio. As mulheres continuam a receber menos que os homens, com a fundamentação de que têm menos necessidades.[6]

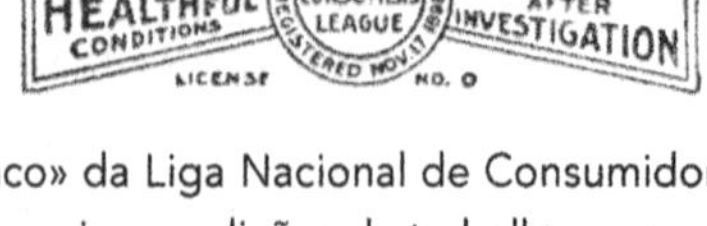

FIGURA 12. O «Selo Branco» da Liga Nacional de Consumidores foi cosido em peças de vestuário feitas por fábricas cujas condições de trabalho eram aprovadas pela NCL.

Fonte: Com a autorização da Liga Nacional de Consumidores (NCL).

A WTUL, em vez disso, apoiou trabalhadoras em greve, oferecendo assistência importante durante duas longas e violentas greves do Sindicato Internacional das Trabalhadoras do Vestuário (ILGWU), em 1909 e 1910. A WTUL facultou dinheiro, comprou bens essenciais para a casa, interveio com as autoridades e acompanhou as grevistas aos piquetes. Estas prósperas esposas davam o braço às grevistas, sabendo que a polícia hesitaria em bater ou prender uma mulher bem vestida e provavelmente bem relacionada. Quando testemunhavam brutalidade policial, apresentavam queixas e aumentavam a fiança.

Embora a estratégia fosse eficaz, as grevistas às vezes ressentiam-se e brincavam com a «brigada do *vison*». A divisão de classes sentiu-se de uma forma ainda mais intensa depois do incêndio de 1911 na Fábrica Triangle Shirtwaist, em que 146 trabalhadores, 83% mulheres, morreram, alguns saltando dos últimos andares enquanto quem estava a observar se viu impotente para ajudar. A investigação revelou que as saídas de incêndio estavam bloqueadas e as portas trancadas; os empregadores temiam que as trabalhadoras roubassem e saíssem mais cedo.

Na sequência da tragédia, as trabalhadoras decidiram que seria mais apropriado romperem com a WTUL e, em vez disso, juntarem a sua causa à dos homens da classe trabalhadora. A aliança histórica transversal às classes das mulheres estava, portanto, quebrada. Em 1920, a liderança da ILGWU tinha sido tomada pelos homens, e continuou um sindicato dominado por homens, focado sobretudo nas questões laborais dos homens, até que caiu no esquecimento em 1990.

Até hoje, as mulheres sindicalizadas nos Estados Unidos recebem mais do que as não sindicalizadas, mas substancialmente menos do que os homens sindicalizados. De facto, durante o século XX, os movimentos laborais e socialistas do mundo inteiro eram hostis aos direitos das mulheres. A ideologia política costumava estabelecer um limite entre o «feminismo socialista», que capitulava às alegações «mais importantes» dos homens e era aceitável, e o «feminismo burguês», que insistia que a mulher tinha os seus assuntos distintos e igualmente importantes para serem resolvidos — uma premissa que não era aceitável. As feministas destes movimentos colocavam de lado as preocupações de género, porque eram levadas a sentir que «a importância dada aos assuntos do seu sexo seria um ato de egoismo».[7]

Atualmente, vemos um conflito de interesses similar entre os homens e as mulheres trabalhadoras no Bangladesh. Começa com a divisão familiar entre o trabalho de homens e o trabalho de mulheres: difícil e perigoso *versus* fácil, leve e seguro, sendo o trabalho do homem mais bem pago. Para impor esta divisão, há restrições protecionistas das horas de trabalho das mulheres e dos trabalhos considerados perigosos ou «moralmente impróprios», que efetivamente reservam os trabalhos mais bem pagos para os homens. Ironicamente, é evidente que a preocupação implícita não é proteger as mulheres, porque nenhum dos países que tem este tipo de restrições tem proteções jurídicas contra a agressão sexual no local de trabalho, um problema significativo. Nos países com rendimento mais elevado, há menos restrições em relação ao trabalho das mulheres e mais legislação para as proteger de possíveis agressões; consequentemente, mais mulheres trabalham e o PIB é mais alto (Figura 13).

Nas fábricas das economias emergentes, as mulheres estão escassamente representadas nas funções de supervisão ou gestão. O Departamento para o Desenvolvimento Internacional do Reino Unido está

RESTRIÇÕES À ATIVIDADE LABORAL FEMININA

Região	Percentagem de países com empregos considerados perigosos, árduos ou moralmente inapropriados para as mulheres	Percentagem de países com empregos que têm regulamentos específicos da indústria contra as mulheres	Percentagem de países com empregos que têm restrições às mulheres que trabalham durante o horário noturno
MÉDIO ORIENTE E NORTE DE ÁFRICA	65	55	55
ÁSIA MERIDIONAL	50	63	63
ÁFRICA SUBSARIANA	43	51	9
EUROPA E ÁSIA CENTRAL	36	56	20
AMÉRICA LATINA E CARAÍBAS	19	16	6
PAÍSES DE ALTO RENDIMENTO OCDE	6	9	0

FIGURA 13. As regiões da tabela com mais restrições têm também o PIB mais baixo, bem como a menor participação da força de trabalho feminina. Embora a justificação para estas restrições fosse «proteger» as mulheres, estas nações também têm a menor proteção contra agressões e assédio sexual.

Fonte: Banco Mundial, *Mulheres, Negócios e a Lei*, 2016.

a investigar este aparente estrangulamento com um estudo de cinco anos em que se analisam as condições de género nas fábricas. A primeira investigação foi nas fábricas do Bangladesh. Tanto homens como mulheres foram entrevistados, assim como gestores e trabalhadores.[8]

Quando os investigadores perguntaram aos homens que trabalhavam nas fábricas do Bangladesh porque é que as mulheres não eram promovidas no trabalho, responderam:

- As mulheres não eram capazes de manobrar a maquinaria pesada da fábrica.
- As mulheres não sabem gritar.
- As mulheres não querem a responsabilidade inerente às posições mais altas.
- As mulheres não ficam empregadas no setor tempo suficiente para serem promovidas.

A maquinaria pesada opera-se através de botões, por isso não requer força corporal. Segundo os homens, é indispensável gritar para afirmar o domínio necessário para liderar na fábrica. As mulheres não são boas a gritar, disseram, portanto, não conseguem liderar ninguém. E de qualquer maneira, acrescentaram, os homens jamais acatariam ordens de uma mulher.

Quando as mulheres bengalis foram entrevistadas, eram enfáticas em relação a *não terem de voltar* para a aldeia. As mulheres que tinham casado desde que chegaram à cidade admitiram que se esperava agora que entregassem os rendimentos aos maridos, mas escondiam uma parte para elas e sentiam que este regime ainda representava uma melhoria face à vida na aldeia. Também disseram que não lhes foi dada mais responsabilidade no trabalho por serem *incapazes* de operar a maquinaria pesada. Estavam a reiterar o que era dito pelos homens; pareciam não saber que o equipamento tinha botões de comando. Os homens também lhes tinham dito que os trabalhos de supervisão eram mais mal pagos — uma mentira descarada. Como as mulheres temiam cometer erros, hesitavam em aceitar cargos de liderança. As mulheres tinham de ter mais capacidades de trabalho do que os homens para serem promovidas, de acordo com as inquiridas, mas eram sempre negligenciadas em formações, apesar de terem chegado aos empregos com mais instrução do que os homens. Pensavam que uma supervisora feminina seria alvo de violência por parte dos homens, que se sentiriam insultados pela promoção.

O conflito em casa também era uma barreira. Quando as mulheres diziam que não queriam ser supervisoras se o marido não fosse também, era por não quererem usurpar a posição do marido como principal ganha-pão. O homem ia dizer que a mulher se julgava «melhor» que ele, que já não precisava dele, ficava desconfiado de que ela se ia embora, e daí resultava violência.

As mulheres também referiram que tinham «deveres» em casa e não queriam ser consideradas pretensiosas. Atenção, estas mulheres trabalhavam 10 horas por dia, seis dias por semana, e ainda tinham de ir para casa fazer todo o trabalho doméstico enquanto os maridos descansavam. As mulheres eram despedidas dos seus empregos quando engravidavam; quando voltavam ao local de trabalho, eram obrigadas a «recomeçar do zero» e a construir a sua antiguidade a partir de um estatuto inferior. O seu estatuto na fábrica, portanto, era sempre visto como temporário, independentemente de quanto tempo tinham trabalhado. Os seus trabalhos só eram temporários, na verdade, devido às políticas discriminatórias contra as mães.

Através destes exemplos, podemos ver que os interesses que homens e mulheres trabalhadores têm em comum são suplantados por conflitos de género. Os homens têm interesse, tanto em casa como no trabalho, em restringir as mulheres a posições inferiores. Se estas mulheres se juntassem aos homens trabalhadores na formação de um sindicato, era improvável que os seus problemas fossem resolvidos.

À semelhança dos Estados Unidos no início do século XX, o Bangladesh teve incêndios graves em fábricas. O incêndio de 2012 na fábrica Tazreen Fashions vitimou 112 pessoas, mais de 80% eram mulheres. As saídas de emergência estavam bloqueadas e as portas trancadas; as vítimas saltaram dos últimos andares. A comunicação internacional fez uma cobertura intensa, contudo, nenhum jornalista mencionou que a maioria das pessoas naquele edifício eram mulheres. Passados cinco meses, a fábrica Rana Plaza colapsou, matando mais de mil funcionários, mais uma vez, sobretudo mulheres. No Ocidente surgiram vários boicotes improvisados contra os retalhistas de roupa, numa tentativa de levar a reformas nas fábricas do Bangladesh, no entanto, poucos foram sustentados. Mas, em 2013, impelidas em parte por um protesto dos consumidores, uma coligação global de sindicatos e mais de 200 marcas internacionais juntaram-se para assinar o *Accord on Fire and Building Safety* no Bangladesh. Porém, em momento nenhum os desastres foram reconhecidos como um problema das mulheres, apesar do facto de tanto quem boicotou como quem trabalhava no vestuário serem sobretudo mulheres. Sem esta perspetiva de género, perderam a oportunidade de negociar o fim da discriminação rotineira que as mulheres sofrem. Estas mulheres precisam de uma irmandade, não de sindicatos dominados pelos homens.

Na América do início do século XX, apareceu um novo tipo de ocupação aberta às mulheres, mas que trazia consigo um novo conjunto de desigualdades de género. As empresas de colarinho branco — como seguradoras e escritórios de advogados — estavam a aumentar e precisavam de apoio administrativo. Primeiro, as funções administrativas foram preenchidas pelos homens, mas, em 1910, 30% dos empregos de secretariado eram ocupados por mulheres. Em 1950, esta ocupação era esmagadoramente «trabalho de mulher», e agora dá emprego a um segmento maior de mulheres americanas do que qualquer outro.

Como acontecia nas fábricas e no trabalho doméstico, os cargos administrativos eram ocupados por mulheres solteiras. As empresas americanas tinham políticas chamadas «barreiras matrimoniais», que proibiam a contratação de mulheres casadas. O «dever» que a esposa tinha de servir o seu marido em casa era visto como incompatível com o emprego pago; a maioria dos homens, assumia-se, não «deixava» as mulheres trabalhar. Qualquer mulher solteira que uma empresa empregasse tinha de ser imediatamente despedida se casasse — independentemente da preferência do próprio marido. Estas barreiras, que se mantiveram em vigor durante os anos 30, foram temporariamente suspensas devido à Guerra nos anos 40, continuaram ocasionalmente em vigor durante os anos 50 e foram, por fim, banidas a nível federal em 1964. À medida que as barreiras matrimoniais foram abrandando, a força laboral feminina foi gradualmente aumentando.

O trabalho de escritório não é particularmente difícil, pesado ou perigoso, mas requer estudos. Nos anos 20, a maior parte dos americanos tinha acesso ao ensino secundário grátis — o liceu. As mulheres tinham maior probabilidade de terminar do que os homens porque havia trabalhos técnicos bem pagos para os homens que não exigiam um diploma. O típico currículo letivo do secundário era essencialmente o mesmo para ambos os sexos. Portanto, tanto as mulheres como os homens com diplomas do secundário traziam qualificações idênticas para a função. Não havia qualquer base, além dos estereótipos de género, para colocar os homens num tipo de trabalho e as mulheres noutro.

As distinções de género no emprego foram gradualmente implementadas por políticas de pessoal e procedimentos de recrutamento. As próprias barreiras matrimoniais eram uma política de pessoal — não eram uma lei — que criava uma divisão de género em que o trabalho das mulheres era «temporário», mas o dos homens era «permanente», ou pelo menos de «longo prazo». Então, desde logo, os percursos de carreira para os homens preparavam-nos para os cargos superiores, mas, para as mulheres, a expectativa de estarem num trabalho «temporário» significava que, independentemente do que fizessem pela empresa, tinham de trazer valor imediato. Os homens recebiam formação no trabalho nas áreas específicas da empresa, enquanto as mulheres, se é que tinham formação, aprendiam competências adicionais de secretariado que se aplicavam em qualquer escritório. Assim, embora os homens pudessem começar na sala de correio e as mulheres na equipa de secretariado, em breve os homens estavam a desenvolver competências «especializadas», enquanto as competências das mulheres permaneciam meramente «gerais».

Os empregos que marcavam uma potencial carreira para os homens — agente de seguros, agente de empréstimos — tornaram-se «trabalho de homens», enquanto os empregos sem progressão eram «trabalho de mulheres». As categorias convencionais eram formalizadas e disseminadas na cultura económica pelos jornais que, suficientemente cordiais, publicitavam anúncios de emprego para os homens e para as mulheres em colunas separadas. Os leitores aprenderam a procurar vagas de emprego apenas na coluna indicada para o seu sexo.

A natureza temporária do trabalho das mulheres, assim como a falta de progressão, era sustentada por estereótipos: dizia-se que as mulheres solteiras se sentiam desmotivadas para fazer mais do que o mínimo dos mínimos porque os seus futuros não estavam ali. Obviamente, jamais se daria a uma pessoa assim tarefas complexas ou grandes responsabilidades. Então, para além de o trabalho das mulheres ser «temporário» e exigir apenas competências «gerais», também era «simples» e «nada sério».

Consequentemente, para as empresas, as mulheres eram mais fáceis de dispensar quando havia limitações de fundos, uma secretária podia ser despedida sem grande impacto para a empresa, já um homem que tinha recebido formação «especializada» e a quem estavam atribuídas «sérias» responsabilidades era um investimento que a empresa tentava manter. Afinal de contas, uma mulher conseguia encontrar um emprego que «não exigisse experiência», mas os homens, como tinham «experiência no cargo», eram mais difíceis de substituir.

O trabalho de escritório somou assim um novo conjunto de adjetivos ao «trabalho de homens» e «trabalho de mulheres». Além de «duro», «pesado», «importante», «fora», «perigoso» e «pago/mais bem pago» *versus* «fácil», «leve», «sem importância», «doméstico», «seguro», e «grátis/mais mal pago», havia agora «permanente» *versus* «temporário», «sério» *versus* «frívolo», «simples» *versus* «complexo», «geral» *versus* «especializado» e «sem necessidade de experiência» *versus* «exigindo experiência».

As mulheres consideraram, no entanto, que o trabalho de secretariado tinha um estatuto mais elevado do que os empregos de fábrica, vendas a retalho ou o trabalho doméstico, pelo que trabalharam arduamente para conseguir estas funções. As mulheres também julgavam que tinham mais hipóteses de conhecerem o «homem certo», bem na vida, num emprego de escritório. Para uma pessoa que auferia o ordenado mais baixo possível devido ao seu género, o melhor resultado económico possível era casar bem. De 1900 aos anos 60, as secretárias eram muitas vezes retratadas na cultura popular como calculistas e manipuladoras que não olhavam a meios para vencer, enganar ou até roubar um homem. As revistas populares tinham imensas tiras cómicas em que um patrão se mete com a secretária. Às vezes, é a secretária que seduz o patrão. Às vezes, o patrão anda à volta da secretária atrás das funcionárias. Estas imagens apontam para a tensão entre o trabalho e o casamento, assim como para a competição entre as diferentes classes de mulheres pela sobrevivência económica. Mas também apontam para uma cultura de assédio sexual em escritórios que pode ter sido pior do que em fábricas, porque os espaços eram privados e as portas podiam ser fechadas. E a insinuação sexual na cultura popular contribuiu ainda mais para um preconceito contínuo que insistia que as mulheres solteiras trabalhadoras eram imorais.[9]

Os «bons empregos» — os que davam segurança, oportunidades de progressão, bons salários e benefícios — pertenciam aos homens na perspetiva da maioria dos americanos. Uma mulher num trabalho de homem era uma afronta à sociedade porque os homens supostamente deveriam sustentar a família. Quando os tempos eram difíceis, uma mulher com emprego significava que algures havia um homem desempregado. Durante a Grande Depressão dos anos 30, as barreiras matrimoniais foram bastante aplicadas, até pela opinião pública, dificultando muito às mulheres casadas o acesso a um emprego, apesar de os maridos estarem desempregados e as famílias passarem dificuldades.

Esta regra tácita foi rapidamente suspensa com o início da Segunda Guerra Mundial, tal como com a divisão prevalecente do trabalho por género. Com os homens americanos fora na guerra, mesmo as mulheres casadas conseguiam empregos que de outra forma seriam consideradas *incapazes* de fazer, mesmo as que manuseavam equipamento pesado para fazer tanques, navios e aviões. Estes trabalhos, que eram altamente remunerados, mas fora dos limites para as mulheres em tempo de paz, tornaram-se subitamente essenciais para elas.

A lenda popular sustenta que as mulheres operárias de guerra foram apressadas a voltar para a cozinha quando os soldados regressaram, esperando-se delas, uma vez mais, que tivessem bebés e esfregassem o chão. Mas os dados sobre o emprego contam uma história diferente. Durante a década imediatamente a seguir à guerra, a curva do emprego feminino dá um dos saltos mais profundos do século. Muitas das mulheres que trabalharam durante a guerra permaneceram nos seus postos de trabalho, entraram novas, e ambas contribuíram para alimentar o período de crescimento do pós-guerra. Podemos ver nos dados da Figura 14 que a curva ascendente da participação das mulheres no mercado laboral durante os 20 anos que se seguiram à Segunda Guerra Mundial se deveu inteiramente às mulheres casadas.

Existe, contudo, uma mudança notável no imaginário popular do período pós-guerra, do trabalho de guerra para o matrimónio. À medida que a tecnologia da guerra era aplicada à vida civil, os produtos domésticos «milagrosos» faziam o trabalho da «mulherzinha em casa» parecer fácil, moderno e até divertido. Foi quando os economistas começaram a pensar nas mulheres como recetoras do «tempo livre» que os maridos trabalhadores lhes compravam. As donas de casa eram «pouco produtivas» porque qualquer trabalho que não fosse pago não contava. Esta atitude causou uma diminuição ainda maior no contributo económico das mulheres, mesmo quando a participação feminina no mercado de trabalho disparou. Observei que muitos economistas e alguns líderes mundiais dos dias de hoje cometem o erro de não levar a subordinação económica das mulheres a sério porque ainda pensam nas mulheres como uma espécie de caniches cobertos de joias.[10]

A Mística Feminina, de 1963, de Betty Friedan, um livro muitas vezes atribuído ao lançamento da Segunda Vaga do movimento das mulheres nos EUA, surgiu exatamente desta situação: mulheres enredadas no cenário matrimonial do pós-guerra que se veem encurraladas numa vida que consideravam sem significado. Neste clássico feminista, Friedan centra-se no percurso das donas de casa com estudos nos anos 50, sobretudo nas antigas alunas da sua turma em Smith. Com formação do mais alto gabarito na história do seu país, esperavam delas que se casassem e ficassem em casa eternamente. Uma doença a que Friedan chamou «o problema que não tem nome» — um sentimento deprimente de que os seus talentos e as suas vidas estavam a ser desperdiçadas — embrulhou-o. A única solução, sugeriu Friedan, era irem trabalhar. *A Mística Feminina* entrou diretamente para o *top* da lista dos *bestsellers*, e a participação das mulheres no mercado laboral subiu mais do que nunca.[11]

Quando esta geração de mulheres entrou no mercado laboral, porém, descobriu que as oportunidades não eram muito melhores do que as que existiam em 1920. Esta constatação acendeu uma nova vaga de ativismo nas mulheres, inaudita desde o final da Primeira Vaga.

PARTICIPAÇÃO DA FORÇA DE TRABALHO FEMININA NOS EUA, 1890–2019

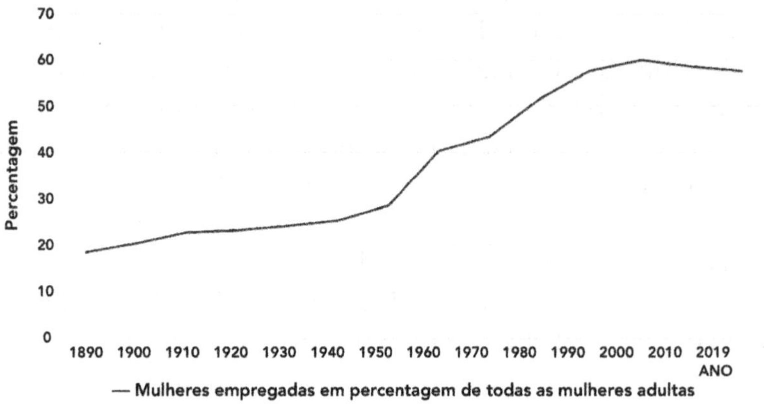

PARTICIPAÇÃO DA FORÇA DE TRABALHO FEMININA DOS ESTADOS UNIDOS SEGUNDO O ESTADO CIVIL, 1890–2009

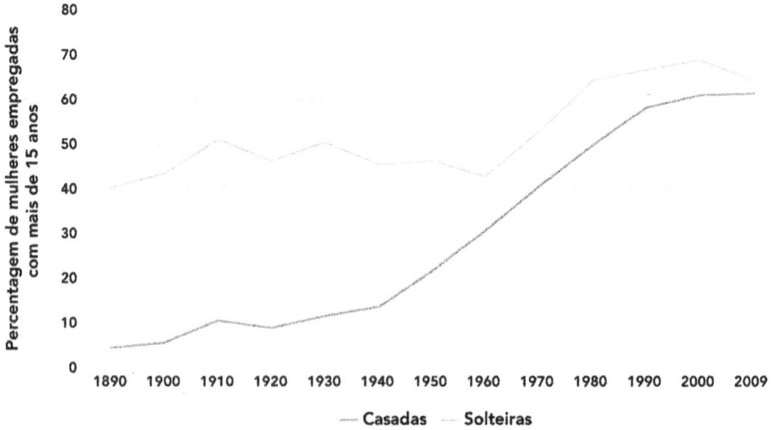

Entre 1963 e 1978, um conjunto de leis federais, decisões do tribunal e ordens executivas removeram todos os obstáculos que discuti anteriormente:

- Os empregadores ficaram obrigados a pagar igualmente às mulheres por trabalhos que exigiam a mesma competência, esforço e responsabilidade (1963).
- As barreiras matrimoniais e o assédio sexual no trabalho tornaram-se ilegais (1964).
- Os empregadores não podiam negar a uma mulher uma promoção com base no género (1966).
- Os empregadores já não podiam pagar menos a uma mulher pelo mesmo trabalho, apenas mudando o título de função (1970).
- Um empregador não poderia recusar a contratação de uma mulher com filhos em idade pré-escolar se também contratasse homens com filhos da mesma idade (1971).
- As classificações de empregos segregadas por género passaram a ser proibidas nos jornais (1973).

FIGURA 14. (ao lado) A participação da força laboral feminina americana desde 1890 é mostrada no gráfico no topo. No fundo, vemos que a curva representada pelas mulheres casadas corresponde quase perfeitamente à tendência geral — porque as mulheres casadas impulsionaram a tendência indo trabalhar. Note-se que o aumento da participação da força laboral das mulheres casadas começa a sua subida acentuada imediatamente após a Segunda Guerra Mundial. De 1930 a 1965, a participação das mulheres solteiras varia um pouco, mas não aumenta globalmente. Como o número de mulheres casadas era muito maior, foi a sua entrada que impulsionou a tendência. Após 1970, no entanto, ambos os segmentos aumentam, em conjunto, durante o resto do século.

Fontes: U.S. Bureau of Labor Statistics, «Employment Level: Married Women (LNS12000315)», Federal Reserve Economic Data, September 19, 2019 https://fred.stlouisfed.org/series/LNS12000315; U.S. Bureau of Labor Statistics, «Women in the Labor Force: A Databook», novembro 2017, https://www.bls.gov/opub/reports/womens-databook/2017/home.htm; Claudia Goldin, «Female Labor Force Participation: The Origin of Black and White Differences, 1870 and 1880», *Journal of Economic History* 37, nr. 1 (1977): 87–108; Kristie M. Engemann e Michael T. Owyang, «Social Changes Lead Married Women into Labor Force», *The Regional Economist* (abril 2006): 10 11 https://www.stlouisfed.org/~/media/files/pdfs/publications/pub_assets/pdf/re/2006/b/social_changes.pdf.

- A exclusão das mulheres dos turnos noturnos ou do trabalho fisicamente exigente foi considerada discriminatória, assim como os requisitos de altura e peso (1978).

Este ambiente mais equitativo fomentou outro aumento no emprego feminino, tanto entre mulheres solteiras como casadas, que continuou até ao fim do século.

Os conservadores continuam a criar alarido para tentar mandar as mulheres de volta para a cozinha, mas o problema é que, de uma perspetiva económica, é demasiado tarde. Se as mulheres americanas fossem subitamente arrancadas da força laboral, a economia dos EUA perdia 40% do seu PIB de uma só vez.[12] O sistema entrava em colapso, inúmeros produtos ficariam indisponíveis e os serviços parariam. O ambiente económico encher-se-ia de terra queimada.

A Segunda Vaga não se restringiu aos Estados Unidos, foi um fenómeno internacional que incluiu outros países ocidentais que também enfrentaram a depressão, a guerra, uma geração de *baby boom* e uma reaparecida irmandade feminina (Figura 15). Embora as suas experiências fossem diferentes nas especificidades, estes países chegaram, de forma extraordinária, ao mesmo lugar, ao mesmo tempo, no que respeita às mulheres trabalhadoras. Todos estes países instituíram reformas nos mesmos moldes dos Estados Unidos. Consequentemente, todos assistiram a tendências similares na participação feminina no mercado laboral, assim como a bonança de um PIB mais elevado. As condições para as mulheres são agora melhores do que em qualquer outra parte do mundo, e o nível de vida também é o mais elevado.

Contudo, um segmento muito alargado de mulheres americanas não acompanhou estes acontecimentos: as esposas e mães domésticas que não tinham competências laborais ou que não achavam a mística feminina ridícula. Muitas de nós que aderimos à Segunda Vaga enquanto alunas da faculdade tivemos mães assim. Em crianças, tinham sido bombardeadas com séries de família em que a esposa era uma cabeça oca, mas uma criada imaculada do restante agregado familiar. Algumas de nós sentíamos simpatia pelas mulheres encerradas dentro da mística feminina, quer parecessem felizes ou não, mas a maioria desprezava-as. Em grande medida, a Segunda Vaga, para os membros

PARTICIPAÇÃO FEMININA NA FORÇA LABORAL EM PAÍSES EUROPEUS E ANGLO-SAXÓNICOS SELECIONADOS, 1970–2016

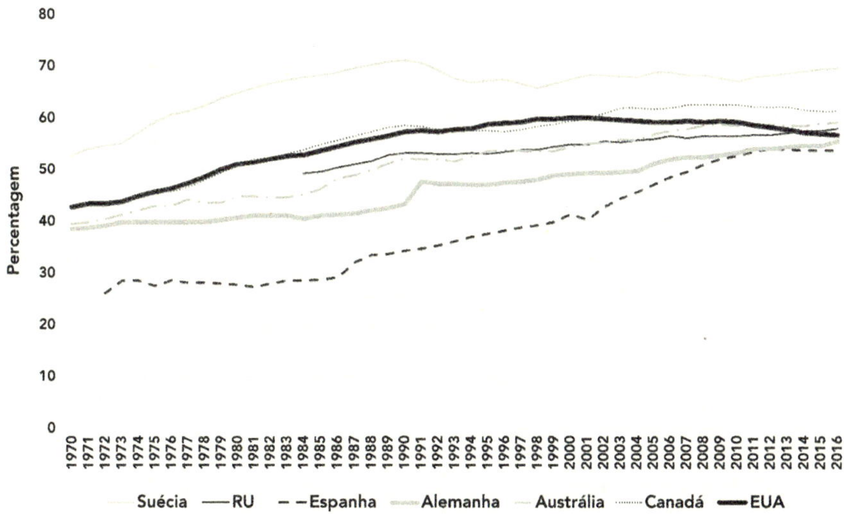

FIGURA 15. As linhas de tendência da participação feminina na força laboral para uma amostra de nações europeias e anglófonas ilustram a tendência comum entre as mulheres trabalhadoras no último quarto do século XX. A maioria destes países tem experienciado um planalto desde cerca de 2000, mas os Estados Unidos são o único país em que diminuiu. Embora a queda de 60% em 2000 para 56,7% em 2016 possa parecer reduzida, é motivo de preocupação.

Fontes: base de dados do Banco Mundial; dados económicos da Reserva Federal; CIA, World Factbook, 2016.

mais novos, foi uma rebelião contra a imagem da mãe doméstica. Um dos *slogans* memoráveis do movimento das mulheres dos anos 70 é «Sou a vingança da minha mãe».

Esta atitude deixou uma consequência infeliz. Como o movimento se centrou nos direitos no local de trabalho e declarou independência dos ideais matrimoniais no pós-guerra, algumas donas de casa, sentindo-se excluídas, traduziram a sua alienação numa crença de que o movimento de mulheres estava a destruir a família ao atacar o casamento. E por isso, tragicamente, aquelas que foram os soldados rasos da Primeira Vaga, as donas de casa, acabaram por avançar na direção oposta. Elas representavam o maior segmento demográfico das mulheres dos EUA nessa altura. Nem todas as donas de casa rejeitaram o movimento, evidentemente, incluindo a minha mãe e a minha avó — embora fossem exemplos dos valores da família —, mas este grupo de mulheres, *enquanto grupo*, foi efetivamente organizado por Phyllis Schlafly num movimento de bloqueio que iria tornar-se a coroação dos feitos da Segunda Vaga, a Emenda à Igualdade de Direitos (ERA) à Constituição dos EUA.

Em 1978, estava a fazer um estágio como jornalista no *Dallas Times Herald*. Num dia sem grandes notícias, o editor da redação, a resmungar como «detestava dar cobertura a estas pessoas», enviou-me para fazer uma reportagem de uma manifestação contra a ERA em que Phyllis Schlafly ia falar. Como queria impressioná-lo, decidi conseguir uma entrevista com Schlafly, na altura uma celebridade a nível nacional. Era amplamente conhecida pela capacidade de dar a volta até à questão mais razoável e tornar qualquer argumento numa arma, mas eu senti-me confiante de que conseguia enfrentá-la. Afinal de contas, fiz parte da equipa de debate do secundário.

Quando Schlafly abandonou o palco, corri atrás dela. Não foi difícil encontrá-la na multidão: usava folhos cor-de-rosa e salto agulha, tinha o cabelo louro com um penteado elaborado. Apanhei-a num corredor mesmo antes da saída. Ela concordou falar comigo, e comecei a fazer-lhe perguntas. Mas tudo o que lhe perguntava retornava distorcido. Estava enervada, quando estupidamente lhe perguntei: «Bem, não pensa que as mulheres devem ter o direito de trabalhar?» Com os olhos férreos e a sibilar como uma cobra, respondeu: «E *você* não acha que as mulheres devem ter o direito ao apoio dos seus maridos? Não acha que merecem *pensão de alimentos*?» Depois, deu a volta com os seus saltos e saiu com os folhos pela porta.

Vi de imediato que a dependência das mulheres, o próprio cerne da exclusão económica das mulheres, tinha sido tratada de forma demasiado superficial pelo movimento. As palavras de Schlafly não eram ditas nos jornais, na rádio nem nos *talk-shows* da TV, em que toda a atenção se focava na forma como a ERA iria trazer o aborto, as lésbicas, os WC mistos e o declínio do cristianismo. Mas ela tinha-me mostrado qual era a verdadeira questão: as suas apoiantes viam a ERA como uma ameaça à sua segurança económica.

Senti vergonha por não ter feito essa ligação antes daquele encontro. A minha mãe e a minha tia são donas de casa, mas divorciaram-se em meados dos anos 70. A sua vulnerabilidade económica deixou-me marcas para a vida. Ver a ameaça da pobreza a pairar sobre a minha família foi a verdadeira razão para eu ter decidido fazer carreira. Mas até aquele momento, em 1978, nunca tinha feito a ligação desse aspeto em particular da retórica da Segunda Vaga e da resistência política das donas de casa.

Poucas pessoas se apercebem de que a ascensão da direita religiosa nos anos 80 surgiu do exército liderado por Phyllis Schlafly contra o movimento das mulheres. Há inclusivamente um vídeo no YouTube em que Ronald Reagan agradece a Schlafly o apoio e oferece um imposto especial de acolhimento às donas de casa.[13] A direita redefine o feminismo como um ataque aos «valores de família» — querendo dizer que as mulheres que trabalham deviam estar em casa.

Nos quase 40 anos que se seguiram, a direita «apropriou-se» de tudo o que estivesse ligado à família, em resultado, o movimento das mulheres ficou de fora de questões como a pensão de alimentos, a lei do divórcio e o cuidado do lar e das crianças. Infelizmente, essa reticência resultou numa falta de apoio suficiente para possibilitar às mães trabalhadoras licenças de maternidade remuneradas e, especialmente, assistência infantil acessível. A aprovação para esposas trabalhadoras tem aumentado constantemente desde então, e a crença de que as mães trabalhadoras são más para os filhos tem diminuído. Mas a direita silenciosamente jogou dos dois lados: os direitos de pensão de alimentos das esposas domésticas foram gradualmente «reformados» a nível estatal até se tornarem apenas uma sombra do apoio para estas mulheres que sacrificaram a sua própria segurança económica pelo bem das famílias.

Como consequência adicional da visão estranhamente distorcida da Segunda Vaga apresentada pela direita radical, bem como de uma tendência popular para demonizar e ridicularizar o feminismo, poucos americanos têm noção do impacto real da Segunda Vaga. Os historiadores concordam que esta vaga de feminismo foi a mais bem-sucedida e transformadora do movimento das mulheres na História, não só nos Estados Unidos, mas em todo o Ocidente.[14] No final do século XX, a maioria do público americano acabou por concordar com os princípios centrais sugeridos pela primeira vez nos anos 70 — como igualdade salarial, igualdade de direitos, igualdade de oportunidades e liberdade reprodutiva — como não acontecia antes do início do movimento.

Uma vez que o movimento tinha reformulado com sucesso a imagem das mulheres trabalhadoras, em seguida, os empregadores foram atrás dos *millennials* com tudo o que lhes restava: o cuidado das crianças. Estigmatizar as mães no local de trabalho tornou-se o prato do dia e é comum pagar-lhes menos do que a qualquer outro grupo, incluindo outras mulheres. Como observámos, as antifeministas pensam que a disparidade salarial reflete as «más escolhas» — ter filhos, mas continuar a trabalhar.

Recentemente, economistas identificaram outra causa importante para o declínio da participação da mulher no mercado laboral nos Estados Unidos: pelo menos um terço provém do fracasso do governo dos EUA em instituir políticas federais, programas e proteções que apoiem as mães trabalhadoras.[15] Uma outra peça de análise fidedigna aponta para a perceção das mulheres de que a remuneração não é demasiado atrativa, muito provavelmente em função do compromisso entre a «sanção de maternidade» e o elevado custo das creches privadas.[16] A direita foi bem-sucedida a impedir o progresso recorrendo a previsões sombrias sobre as creches para atacar as mulheres que queriam autonomia.

As ideias tradicionais sobre a família, e o papel da mulher nela, continuam a ser usadas como armas contra a participação económica das mulheres no mundo inteiro, mesmo aos níveis mais altos.

Passo a explicar. Certo dia, em 2017, estava sentada numa mesa redonda num restaurante chinês chique em Singapura. Éramos oito, sobretudo economistas, que se encontravam duas vezes por ano vindos de países diferentes. Tinha sido nomeada para acrescentar uma perspetiva de género às suas deliberações no sentido de tornar a economia mundial mais inclusiva, mas não tive oportunidade de me pronunciar.

Em cada reunião de dois dias, escolhíamos um país para discutir, e às vezes um dos membros apresentava algum trabalho. Ao longo de dois anos não tinha conseguido tempo no programa para falar sobre género. Tentei entrar nas discussões sobre países individuais algumas vezes. Todos os países têm problemas de género, como já vimos, mas todos têm, basicamente, os *mesmos* problemas, em maior ou menor escala. Parecia disparatado estar a dizê-lo repetidamente, em parcelas de dois minutos. Esporadicamente, implicavam comigo por estar a criticar o país *deles* — o que nunca aconteceu com mais nenhum tópico —, mas a maior parte das vezes ficavam só a olhar para mim. Como a sua formação tradicional em economia não lhes oferecia uma forma de conceptualizar a «inclusão», porque não admitia a «exclusão», também nunca falámos sobre isso.

Todavia, nesse dia em particular ao almoço, ofereci-me para fazer uma breve recapitulação sobre o movimento para a capacitação económica das mulheres e fiquei satisfeita quando todos concordaram. Como estavam todos de partida para o aeroporto depois do almoço, decidi ser rápida e branda. Muita coisa estava a acontecer a nível global, incluindo o Alto Painel das Nações Unidas para a Capacitação Económica das Mulheres e a pressão para fazer avançar um grupo de interesse feminino no G20 (já chamado «W20»). Senti que tinha conhecimentos para partilhar e achei que o tópico seria pelo menos interessante num prisma de serviço informativo.

Comecei pelo W20 e descrevi algumas das dificuldades por que estávamos a passar em resultado da estrutura imposta pelo G20. Embora tenha falado num registo cordial, conseguia sentir o economista alemão sentado ao meu lado a fervilhar. «Porque deveria o G20 preocupar-se com as mulheres?» contrapôs. «Tem coisas mais *importantes* em que pensar.»

Fiquei chocada, mas como mais ninguém reagiu, continuei. Comecei a explicar a ligação entre o trabalho da mulher e o crescimento, mas ele fez-me sinal para parar, quando anunciou, indignado, que pensar nas mulheres «seria uma perda de tempo valioso para os ministros das finanças do G20». «Têm de pensar nos países deles!»

Protestei que metade dos cidadãos de todos os países são mulheres. Ele revirou os olhos.

O perito chinês irrompeu em apoio ao colega alemão. «As mulheres nem sequer deviam estar no mercado laboral! É mau para os filhos as mães trabalharem! As mulheres deviam ficar em casa e deixar que os maridos as sustentem!» Tive dificuldade em encontrar uma resposta para aquele comentário incrivelmente retrógrado quando um eminente economista de Harvard interveio. Virou-se para o defensor dos nossos filhos e perguntou: «Não se aplica neste caso algo do género "direitos da mulher são direitos humanos"?» Não houve resposta.

Recompus-me e disse que por vezes os homens são incapazes ou estão indisponíveis para sustentar os filhos. Referi o estudo da UNICEF sobre como a capacitação económica das mães é a forma de garantir o bem-estar dos filhos. O economista chinês olhou para mim desentendido, então, mudei de tática. Acrescentei que em muitos países as mulheres têm mais formação académica que os homens, por isso o país perde o seu investimento se os empregadores não as contratarem para o nível que a formação delas sugere. O economista de Singapura, que se tinha virado de costas para jogar no telemóvel, olhou por cima do ombro e disse, sarcástico: «Em Singapura, as colegas raparigas só lá estão para encontrar um bom marido».

Quando trouxeram o chá e os biscoitos, desisti. Sem tempo suficiente para ilustrar um cenário abrangente e consubstanciado em provas, tinha definido um conjunto de factos dispersos em que, fosse como fosse, não iriam acreditar. A minha ideia de introduzir este assunto durante o almoço tinha sido um fiasco.

Mantive-me calma até ao final da refeição. Felizmente, o meu carro para o aeroporto já estava à porta do restaurante. Posso ter aparentado estar calma no banco de trás, mas por dentro sentia-me invadida por emoções. O que deveria ter dito? Como posso participar nestas reuniões se nem um breve relatório otimista posso apresentar sem perder a razão? Ponderei deixar o grupo em sinal de protesto.

No céu sobre a Baía de Bengala e o Mar Arábico, imaginei todas as pessoas, homens e mulheres, que estavam no terreno naquele preciso momento, a trabalhar arduamente para conseguir a emancipação económica das mulheres. Sabia que alguns deles estavam a arriscar a sua própria segurança para resolverem um problema mundial premente. Disse a mim mesma que o desconforto que sentia não era nada comparado com os sacrifícios que outros faziam. Também não quis desiludir o patrocinador que me tinha nomeado porque acreditava que ele achava sinceramente que uma economia inclusiva tem de incluir as mulheres. *Alguém tem de chegar a estes economistas*, pensei. Talvez seja esta a missão que tenho de escolher aceitar.

Embora o movimento pela capacitação económica das mulheres inclua instituições importantes e alguns intervenientes de alto nível, a proposição básica continua a ser um conceito dúbio para a maioria dos consultores políticos e ministros do governo. Esta foi a minha primeira experiência como alvo da resistência deles. Sentia que tinha estado a viver num banho quente de apoio mútuo e que estava subitamente, de pé, com frio e a tremer, sem uma toalha.

Naquele restaurante elegante em Singapura, experienciei o equivalente global de ter sido rodeada numa aldeia no Bangladesh, no entanto, as implicações de ver este tipo de preconceito entre pessoas com esta espécie de poder são muito mais perturbadoras.

Não desisti, mas devia tê-lo feito. Depois de mais duas tentativas cordiais desesperadas para abordar a questão do género, pediram-me que me retirasse, simplesmente não queriam saber.

7 | PUNIR A MATERNIDADE

«Quer combater as alterações climáticas? Tenha menos filhos», lia-se num título do *The Guardian* numa manhã de julho de 2017.[1] A história estava a ganhar importância quando agarrei no telemóvel para ver as notícias, como faço normalmente para sair mais tarde da cama. *Isto é uma loucura!*, pensei, e voltei a enfiar-me debaixo dos cobertores. Durante todo esse dia, esta noção absurda de cientistas ambientais apareceu nos serviços noticiosos. Contudo, nem um único jornalista questionou o pressuposto subjacente de que a sociedade ocidental pode dar-se ao luxo de ter menos filhos.

No final dos anos 60, quando a notícia da «explosão demográfica» surgiu como se fosse o *Armageddon*, houve motivos de preocupação. A geração que tinha atingido a idade adulta nos países desenvolvidos era a maior da História; se tivesse filhos ao mesmo ritmo dos pais e a geração seguinte fizesse o mesmo, todos iríamos passar a viver nos nossos próprios esgotos. Mas esse cenário nunca aconteceu. Os *baby boomers* não replicaram a fertilidade dos pais; mal se substituíram. Os filhos deles — os *millennials* — nem se aproximaram.

Quase metade dos países do mundo estão a produzir poucos filhos para manter as suas populações. As taxas de fertilidade de alguns países já estão abaixo do «ponto de não retorno», a taxa em que os peritos acreditam que não vai haver mães suficientes para reverter a tendência.[2] Se a geração vindoura decidisse ter menos filhos numa cruzada para «salvar o planeta», as economias avançadas começavam a

TAXAS DE FERTILIDADE GLOBAL, 2017

FIGURA 16. Este é um mapa mundial de 2017 das taxas de fertilidade. Os países de baixa fertilidade estão escuros; os países de alta fertilidade estão mais claros.

Fonte: CIA, World Factbook, 2017.

diminuir. Mas, como é provável que se questione, uma população em declínio não é uma coisa boa? A minha resposta é que, do ponto de vista socioeconómico, não é.

O mapa da Figura 16 mostra os países do mundo de acordo com a taxa de fertilidade. Os comentadores populares confundem amiúde a taxa de fertilidade com a taxa de natalidade, afirmam que as mulheres darem à luz é uma função do PIB e irá variar periodicamente sem grandes preocupações. Na verdade, estas pessoas estão a falar da taxa de natalidade, que é simplesmente o número de bebés nascidos a cada ano por cada mil mulheres. A taxa de natalidade pode variar de acordo com o PIB, precipitação média ou com o vencedor da World Cup, mas a menos que se torne numa tendência no longo prazo, as flutuações não têm grande importância. A taxa de fertilidade é algo completamente diferente: definida como o número de filhos que a mulher de uma sociedade tem em média durante a sua vida, é uma medida das tendências geracionais da procriação. Uma mudança na taxa de fertilidade de uma nação é um processo de longa duração e leva muito tempo a inverter-se.[3]

A taxa de fertilidade a que uma população permanece estável, chamada taxa de substituição, é de 2,1 filhos por mulher — um para substituir a mãe, outro para substituir o pai, e um extra para as contingências. Pensa-se que uma população atingirá um «ponto sem retorno» a uma taxa de fertilidade de 1,5; depois disso, dizem os especialistas, não há mães suficientes para inverter os números em queda. A 1,6, a União Europeia está a balançar no limiar do «ponto de não retorno», mas toda a Europa Oriental e Meridional já se afundou abaixo desse número. A França está mais ou menos em substituição, sustentada, em grande parte, pelos nascimentos dos imigrantes. A Austrália e os Estados Unidos têm vindo a cair gradualmente, mas de forma constante, desde 1960, tendo agora atingido 1,8, onde a Grã-Bretanha tem estado desde 1975. Na Ásia Oriental, as taxas de fertilidade são ainda mais baixas: Hong Kong (1,19), Japão (1,41), Macau (0,95), Singapura (0,83), Coreia do Sul (1,26), Taiwan (1,13), Tailândia (1,52) e Vietname (1,81). Os países escandinavos caíram todos abaixo da substituição. O Canadá estabilizou em cerca de 1,6, após 50 anos em queda livre. A América Latina encontra-se atualmente na taxa de substituição, mas está a cair como uma bigorna atirada de um helicóptero.

E o resto do mundo? Aproximadamente 55% da humanidade vive em países onde as taxas de natalidade ainda são muito altas. As mulheres têm seis ou sete filhos e calcula-se que vão duplicar nos próximos 35 anos. Se continuarem descontroladas, viverão na Terra, em 2050, 9 mil milhões de pessoas. Os países com altas taxas de fertilidade concentram-se fortemente em África, um ou dois no Médio Oriente e Ásia Central, e estão entre os mais instáveis do planeta em termos políticos; ameaçam o mundo não só de sobrepovoamento como de guerra.[4]

A cruzada proposta «tenha um filho a menos» é impraticável em ambos os lados da divisão da fertilidade, porque as mães em cada extremo do espectro têm pouca latitude para afetar os resultados da procriação. O problema de raiz em ambos os casos é a desigualdade de género.[5]

Quando entrevistei Purity, no Uganda, ela tinha 20 anos e era casada com um professor, tinha dois filhos com menos de três anos. Estava lá para avaliar o número de agregados familiares polígamos na freguesia, no âmbito de um projeto sobre poupanças das mulheres, então, perguntei se o marido dela tinha mais esposas. Purity explicou-me que ela e o marido se tinham apaixonado quando ela ainda estava no liceu, mas foi só quando engravidou que ele lhe disse que já era casado. Foi falar com os pais de Purity para lhes dizer que também casava com ela. Os pais não tinham grande escolha, portanto, concordaram; o novo marido instalou-a numa aldeia próxima. Ele ainda a sustentava quando tivemos esta conversa, passados quatro anos, vinha vê-la uns dias por semana e passava o resto do tempo com a outra mulher.

O professor não pagou o prémio de noiva aos pais de Purity, embora tivesse prometido fazê-lo quando pudesse. Isso queria dizer que, aos olhos da aldeia dela, não eram realmente casados, e, como não casaram numa igreja, ela não tinha nem direitos costumeiros nem jurídicos. Ganhava algum dinheiro com a venda de legumes de uma pequena horta, mas não podia fazer muito com dois bebés à sua guarda. O sogro estava a construir-lhe uma casa, mas não era claro a quem iria pertencer caso houvesse alguma complicação. Perguntei-lhe se os pais biológicos a aceitavam de volta se as coisas se complicassem. Ela disse que não, queriam o prémio da noiva.

A sedução de raparigas alunas do secundário por parte dos professores é um problema em toda a África. Quase todos os professores nas zonas rurais são homens, e quase todos os professores de secundário não são muito mais velhos do que as alunas. Mas são as pessoas mais educadas nestas comunidades e os únicos que têm um vencimento estável, portanto, o potencial diferenciador é enorme. Há enormes hipóteses de este professor fazer a outra rapariga o que fez a Purity, e os riscos para ele são baixos. A comunidade tolera o seu comportamento; se o seu rendimento não esticar para sustentar todas as «mulheres», ou lhes dá menos ou escolhe uma para abandonar. Se abandonar Purity, é esperado que ela encontre outro homem para a sustentar. Vão seguir-se mais crianças vulneráveis. Mas podem nascer 12 crianças só desse professor, se ele continuar a espalhar a sua alegria de forma tão indiscriminada.

Serena era um pouco mais velha, tinha 23 anos, e só tinha dois filhos. Tinha um casamento a preceito; o marido tinha pago o prémio da noiva. Mas tinha-se mudado para a cidade para trabalhar, e deixou-a com os pais dele. Os sogros nunca gostaram dela, e Serena estava muito infeliz.

Quando falámos, ela tinha acabado de saber que o marido tinha arranjado outra mulher. O montante que enviou da vez seguinte foi reduzido, e ela estava à espera que os sogros a expulsassem se não conseguisse pagar o suficiente pelo seu sustento e dos filhos. Serena trabalhava na terra para poupar dinheiro, mas tinha de levar os filhos com ela, facto que a atrasava. Escondia dinheiro numa pequena carteira na esperança de ter o suficiente para ir viver sozinha com os filhos no momento certo, mas se os sogros encontrassem o dinheiro, tiravam-lho em troco de pagamento pelo sustento. Serena estava à beira do desastre.

A maior parte dos casais que conheci neste projeto eram monogâmicos e alguns estavam juntos há décadas. Todavia, muitas jovens mulheres estavam nas mesmas condições que Purity e Serena. Alguns homens «casavam» com as mulheres que lhes apetecia e tinham filhos da mesma forma casual. Os contracetivos para as mulheres não estão disponíveis e os homens recusam-se a usar preservativos, portanto, de cada vez que um deles decide passar para outra mulher, ficam para trás mais crianças. A maioria destas crianças não tem esperança de ter uma educação; as mães não têm meios para pagar. Já fazem muito em alimentar e abrigar os filhos.

O Uganda luta com o conflito civil desde que a horrível ditadura de Idi Amin terminou, há 50 anos. O governo continua autocrático e instável. A corrupção é galopante; pouco se investe em educação ou em cuidados de saúde — o PIB compra equipamento militar ou enche os bolsos das elites.[6] A taxa de fertilidade é de seis filhos por mulher, a esperança de vida baixa, a fertilidade adolescente alta e a mortalidade materna está entre as mais altas do mundo. O VIH dizimou uma geração, e as jovens mulheres têm 2,5 mais probabilidade de contrair o vírus do que os homens devido à promiscuidade masculina e à recusa da prática de sexo seguro. Um exército de órfãos está a ser deixado para trás, fica ao cargo das irmãs que têm de sair da escola para serem mães substitutas. Uma jovem mulher com quem falei tinha a seu cargo 13 filhos deixados pelas irmãs que morreram. Chorou quando descreveu a luta para os alimentar e manter na escola.

ESTRUTURA ETÁRIA EM QUATRO PAÍSES EM CONFLITO, 2018

Filipinas

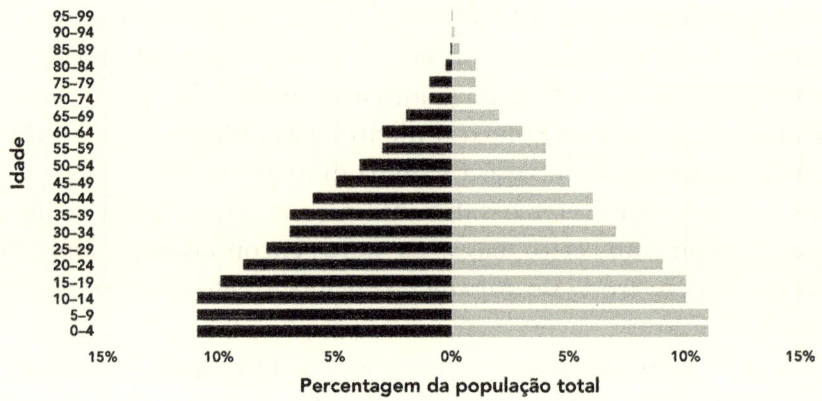

Guatemala

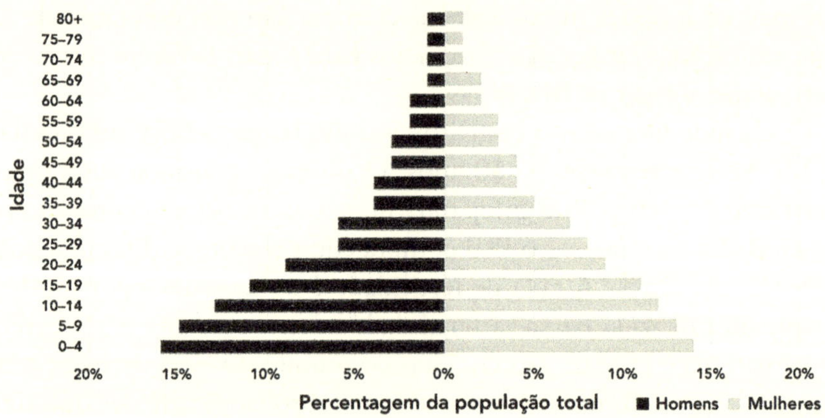

FIGURA 17. As barras à esquerda de cada gráfico representam os homens e as da direita as mulheres. Os jovens são representados na base, com a idade a aumentar à medida que se ascende na pirâmide.

Fonte: base de dados das Nações Unidas.

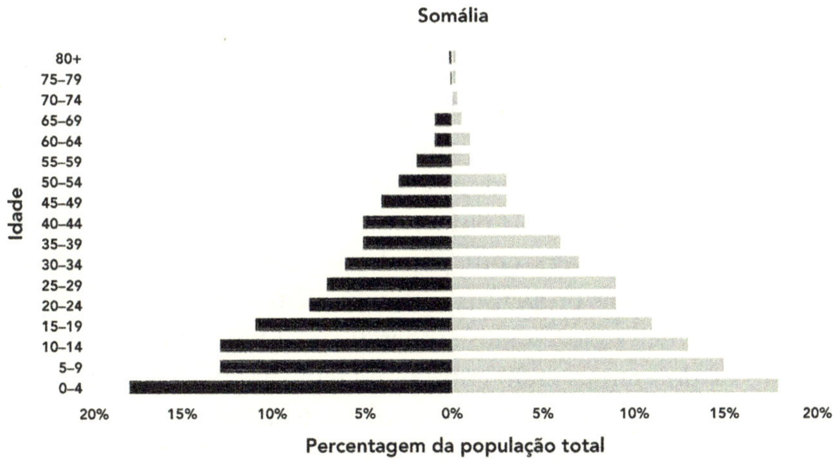
Somália
80+
75–79
70–74
65–69
60–64
55–59
50–54
45–49
40–44
35–39
30–34
25–29
20–24
15–19
10–14
5–9
0–4
Idade
20%
15%
10%
5%
0%
5%
10%
15%
20%
Percentagem da população total

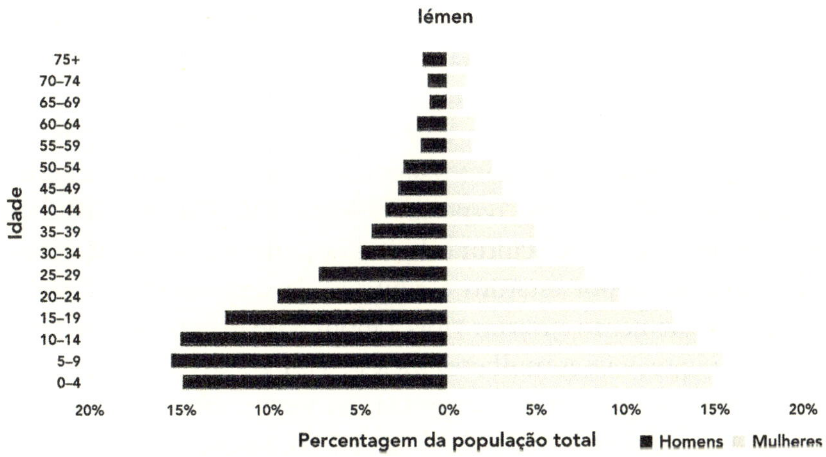
Iémen
75+
70–74
65–69
60–64
55–59
50–54
45–49
40–44
35–39
30–34
25–29
20–24
15–19
10–14
5–9
0–4
Idade
20%
15%
10%
5%
0%
5%
10%
15%
20%
Percentagem da população total
Homens
Mulheres

As mulheres nestes países têm um estatuto baixo e poucos direitos; a violência contra elas é a pior à face da Terra. Das 35 nações com as taxas de fertilidade mais altas, 27 estão nos últimos 50 lugares da classificação da Disparidade Global de Género ou — um sinal ainda mais alarmante — não produziram dados suficientes sobre o género para poderem ser classificados.[7] O Uganda tem a estrutura etária em forma de pirâmide típica dos países de alta fertilidade: demasiadas crianças na base, em comparação com o número de adultos (Figura 17). Durante quatro décadas, os países com populações deste formato piramidal foram oito vezes mais propensos a viver conflitos civis do que a média global, e 90% deles são estados autocráticos.[8] Dos 35 países mais férteis, mais de dois terços estão entre os estados mais frágeis do mundo.[9]

Uma população que cresce tão rapidamente estreita os recursos económicos. Os serviços governamentais, já pobres, estão sobrecarregados. Crescem as tensões e a agressão. Um número desproporcionado de homens jovens, em comparação com os mais velhos, aumenta a volatilidade. Os homens mais velhos costumam controlar os mais novos, por isso, a sua falta relativa faz com que tudo desemboque no caos. Os cidadãos querem desesperadamente ordem; os ditadores aproveitam esse vazio. Inevitavelmente, o conflito destrói recursos, afeta os países vizinhos e espalha doenças. E tudo isto acontece porque as mulheres não têm liberdades e os homens não conseguem manter as calças fechadas.

No seu livro de referência *Sex and World Peace*, Valerie Hudson e os colegas de estudos internacionais explicam, ao pormenor e com provas, por que motivo existe uma correlação forte entre a desigualdade de género e o conflito. Sob estas ideologias, as carências e a pobreza são a base singular do extremo domínio masculino. A raiva típica dos cenários masculinos dominantes significa que a primeira resposta a qualquer desafio será uma resposta violenta. Os estados conflituosos normalmente têm uma «cultura de honra», em que os homens constantemente lutam por estatuto e controlo da sexualidade da mulher. Quando um elemento exterior viola a «honra» do grupo intrometendo-se sexualmente com as mulheres «deles», a ética exige retaliação. Estes homens passam quantidades excessivas de tempo em contextos só de homens, e criam laços através do desrespeito e intenções violentas para com as mulheres. As mulheres são muitas vezes isoladas dos homens e umas das outras. À medida que as tensões ascendem ao conflito, a violação de guerra é prática comum porque é a forma mais direta de ofender a «honra» do inimigo.[10]

Agências internacionais e ONG realçam a contraceção e os serviços de saúde reprodutiva como os primeiros passos para controlar a fertilidade galopante. Ao tomarem esses passos, também reduzem o risco de conflito. Quando os conservadores nos EUA cortam os programas de saúde reprodutiva nestes países, não só negam às mulheres assistência médica básica: investem no surgimento de mais conflito e fome. Mas quando os serviços reprodutivos se focam apenas em «planeamento familiar» ou abstinência, não conseguem chegar à causa nuclear dos níveis altos de fertilidade: as mulheres não escolhem. O comportamento sexual irresponsável dos homens, a intrusão descarada de predadores sexuais e a violação de guerra, assim como a tolerância ao sexo forçado, à poligamia e aos pais irresponsáveis, continuam a alimentar o flagelo. As soluções para a fertilidade elevada parecem sempre focar-se nas mulheres, evitando um confronto com os homens. Mas se quiserem realmente resolver este problema, deveriam focar-se no incentivo de sanções sociais contra a violação, a bigamia e o abandono.

A capacitação económica das mulheres não consegue resolver toda esta panóplia de problemas, mas pode ajudar. Por vezes, os homens mostram respeitar mais as mulheres com recursos. Frequentemente, as mulheres têm voz quando têm dinheiro. Seja como for, as mulheres abandonadas por maridos irresponsáveis podem pelo menos sustentar os filhos. Mais viúvas podem escapar a serem herança e as mulheres agredidas podem ir embora.

No entanto, entregar à mulher o domínio dos seus próprios corpos seria o primeiro passo. É muito frequente as mulheres serem forçadas a ter sexo com homens que não se preocupam nem com filhos nem com doenças e que se recusam a usar preservativo para não sacrificarem o seu prazer. Esperar que as mulheres *escolham* «ter menos um filho» nestas condições é tanto irrealista como cruel.

Contrariamente, as mulheres nos países de baixa fertilidade parecem ter tudo. Andam na escola e recebem pelo seu trabalho. Escolhem os parceiros e fazem sexo para seu prazer, usam contracetivos que são fáceis de arranjar. Mas as mulheres no Ocidente ainda lutam contra homens que querem empurrá-las de volta para a cozinha, castigando a maternidade no contexto laboral até elas desistirem e voltarem para casa — ou optarem simplesmente por não ter filhos. Esta arrogância masculina está em condições de derrubar os países ricos.

Os países com taxas baixas de fertilidade enfrentam agora uma crise de proporções épicas, crise para a qual ninguém está preparado: o envelhecimento das populações. A maioria dos comentadores parte do princípio de que a crise é causada pela expectativa de vida mais longa, e é um fator, mas as populações dos países desenvolvidos não estariam a envelhecer de forma tão precipitada se as mulheres que os habitam não tivessem começado a ter menos filhos.

A crise das próximas décadas não vai afetar seletivamente os cidadãos, o seu impacto irá atingir todos a nível individual, e vai ser doloroso. O crescimento do número de idosos irá exigir mais serviços sociais. As receitas de impostos vão diminuir porque vai haver menos pessoas economicamente ativas. Não vai haver mão de obra suficiente para sustentar o crescimento. Os mercados de consumo vão cair a pique, as poupanças diminuirão, as economias avançadas vão entrar em espiral em direção à ruína.

Inevitavelmente, uma crise no sistema de cuidados vai chegar, com os idosos a competir com as crianças por uma parte maior dos cuidados, atenção e despesa. Se «o passado é preditivo», vai-se esperar das mulheres que tratem dos idosos e dos jovens. Na verdade, muitas mulheres já estão a sofrer com esse sufoco — e é incapacitante. Potencialmente, cada mulher irá ter de cuidar de quatro idosos — os pais e os pais do marido —, assim como dos filhos que ainda morem com ela. A probabilidade é que a fertilidade desça ainda mais, em vista destas pressões avassaladoras com os cuidados. O fardo do cuidado vai ser tão intenso que muitas mulheres vão ser obrigadas a deixar de trabalhar, pressionando ainda mais o crescimento, os impostos, os meios de subsistência e os espíritos das mulheres. A responsabilidade para manter o rendimento vai recair sobre um parceiro, normalmente o homem, que irá ter de sustentar a família imediata e talvez suplementar os recursos dos idosos. Ao mesmo tempo, o salário vai ser reduzido para acomodar os gastos superiores do governo em serviços sociais, deixando-o constantemente à beira de um ataque de pânico.

O que levou a esta marcha na direção do desastre? A resposta é a mesma em todo o lado. Os custos de vida dos países ricos, e sobretudo nas cidades onde reside 80% da população, são demasiado altos para os pais recentes viverem apenas com um salário. As mães *têm* de trabalhar e, no entanto, as mães trabalhadoras são penalizadas e estigmatizadas pelos empregadores. Os governos ou ignoraram as necessidades das mães trabalhadoras ou bloquearam-nas com políticas desatualizadas. Os colegas são hostis para com a licença de maternidade e concessões para os pais. Os horários imprevisíveis fazem com que cada dia pareça um anúncio de antiácido. Se conhece uma mãe trabalhadora, *você* trocava de lugar com ela?

Não é muito melhor para as mães domésticas. A maioria das famílias com apenas um salário tem de suportar anos de *stress* financeiro e vê-se impossibilitada de poupar para o futuro. Algumas mães tentam ganhar dinheiro e «permanecer no jogo», trabalhando a tempo parcial, mas não fazem uma escolha livre — onde existem dados, estes mostram que cerca de 75% das mães domésticas que trabalham a tempo parcial em nações ricas afirmam que preferiam trabalhar a tempo inteiro. Estas mães vivem em isolamento; sentem falta dos amigos e da liberdade. Uma sondagem da Gallup de 2012 a 60 mil mulheres americanas mostrou que as mães domésticas têm uma probabilidade significativamente maior de se sentirem deprimidas e preocupadas do que as que trabalham.[11] Se conhece uma destas mães, é provável que também não trocasse de lugar com ela.

As economias desenvolvidas têm taxas elevadas de divórcio; há uma forte probabilidade de, a dada altura, uma jovem mãe ser deixada sozinha a sustentar o filho. Na maioria dos casos, estas mães têm uma redução abrupta nos recursos diários; um número significativo cai na pobreza. Sei por experiência própria que ser mãe solteira trabalhadora é terrível — é como dar uma volta na montanha-russa pelo limiar do mundo. Ninguém acredita que lhe aconteça, mas uma jovem mulher é idiota se não pensar nessa possibilidade antes de optar por ter um filho.

Perante o risco de passar 20 anos na pobreza, com depressão, alvo de estigma e do *stress* incessante, as jovens decidiram cada vez mais não ter filhos. É uma realidade triste, mas que tem vindo a ser gerada durante décadas. Estamos a viver o impacto de decisões políticas feitas nos anos 70 que pretendiam manter as mães em casa e que *nunca foram revistas*. Vou mostrar dois exemplos nacionais desse impacto negativo.

Os europeus já brincam que a Alemanha é «o lar de idosos da Europa» ou «o país sem filhos». A taxa de fertilidade do país tem estado abaixo do 1,5 desde 1970, e em alguns anos caiu abaixo de 1,25. A Alemanha teve um breve aumento de natalidade depois da Segunda Guerra. Quando as mulheres nascidas nessa altura se juntaram ao mercado laboral no início dos anos 70, no entanto, a cultura alemã reagiu com políticas destinadas a incentivar as mulheres a ficarem antes em casa. A fertilidade começou imediatamente a diminuir, voltando aos níveis dos tempos da guerra em 1978. Atualmente, 78% dos agregados familiares alemães não têm crianças.

Talvez surpreendentemente, a licença de maternidade remunerada de três anos da Alemanha, que as mulheres de outros países cobiçam, estava entre as políticas conservadoras introduzidas nos anos 70. Mas nenhuma creche para crianças menores de três anos foi autorizada ou construída, quer pelo setor público quer pelo privado. Isso significava que as mães tinham muito poucas alternativas de cuidados infantis, quer tirassem ou não licença. Quando as crianças começavam a escola, as mães não ficavam mais descansadas, porque durante todo o secundário a escola alemã é, mesmo agora, apenas metade do dia. As mães cujos filhos terminaram a escola têm dificuldade em conseguir bons empregos, por terem estado fora do mercado de trabalho a tempo inteiro durante 15 anos. Perante todos estes obstáculos, apenas uma em cada dez mães alemãs volta ao trabalho depois de dar à luz.

Como consequência deste conjunto de políticas erradas, o número de mulheres «permanentemente sem filhos» na Alemanha é o mais elevado da Europa.[12] Não ter filhos é o novo normal. Estas políticas também afetam as perspetivas de trabalho de todas as mulheres. Quando os empregadores pensam em contratar uma jovem candidata, não têm como não imaginar que se ela engravidar enquanto estiver empregada, irá estar três anos de licença, e que depois há uma probabilidade diminuta de regressar. É uma grande desvantagem para as mulheres que entram no mercado laboral, e a representação que lá têm mostra isso. Os empregadores alemães de topo entrevistados pelo Fórum Económico Mundial em 2010, por exemplo, disseram que apenas 33% dos funcionários de *entry-level* eram mulheres, comparado com os 40% no Reino Unido e 52% nos Estados Unidos.[13]

Obrigar mulheres qualificadas a desistir das suas carreiras e a sacrificar a sua educação e experiência, particularmente quando a oferta de trabalho está destinada a diminuir drasticamente, é uma estratégia pobre para permanecer à tona num cenário de envelhecimento populacional. Além disso, milhões de mulheres que agora entram na velhice terão, como resultado de políticas e práticas do passado, ou pensões muito reduzidas ou mesmo nenhuma. A desigualdade de género nas pensões — a diferença entre o que homens e mulheres recebem nas pensões — é de 60% na Alemanha. Muitas mulheres vão necessitar de apoio governamental.

Em 2006, o governo alemão acordou finalmente para o desastre que tinha criado e começou a rever as suas políticas. É demasiado tarde para salvar a Alemanha da crise do envelhecimento, mas as mudanças podem torná-la um pouco mais breve.

Um misógino poderia perguntar porque é que a Alemanha não obrigou simplesmente as mulheres a terem mais filhos, proibindo os contracetivos e os abortos. Em resposta a essa pergunta, os especialistas populacionais apontam para a Roménia. Em 1966, culpando a existência do aborto pelo declínio populacional, o Estado comunista proibiu tanto os contracetivos como o aborto, instituindo um sistema horrível de execução:

> A maternidade tornou-se um dever estatal. O sistema era imposto impiedosamente pela polícia secreta, a *securitate*. Os médicos que executassem abortos eram presos; a cada três meses, as mulheres eram examinadas no seu local de trabalho para testar sinais de gravidez. Se vissem que estavam grávidas e depois não dessem à luz, podiam enfrentar uma acusação. A fertilidade tinha-se tornado um instrumento de controlo estatal.[14]

A fertilidade romena aumentou de facto, mas o aumento de nascimentos levou a outro espectro assustador: ao aumento de «orfanatos» governamentais para alojarem centenas de milhares de descendentes que os pais não conseguiam sustentar. Como o governo não atribuiu fundos adequados para os cuidados dessas crianças, a geração romena que se seguiu cresceu em condições abusivas — subnutrida, subdesenvolvida, sem amor e sem asseio. Essa geração, agora conhecida como *decretei*, devido ao Decreto 770 contra a contraceção, deu origem às revoluções que desencadearam o fim violento do comunismo na Roménia em 1989. O impacto desta política mal informada continua a ser sentido nos níveis mais altos de violência, consumo de substâncias, crime e suicídio entre os *decretei*. Os demógrafos que fazem estudos comparativos devido à atual crise populacional na Europa são completamente contra estas políticas, recomendam antes que os governos invistam fortemente nas crianças do seu país.

Em comparação com a Europa, os Estados Unidos fazem ainda menos para apoiar as mães trabalhadoras. As mulheres americanas não têm direito a licença de maternidade[15], e a creche é privada e cara. No entanto, 70% das mulheres americanas com filhos trabalham — e 75% dessas trabalham a tempo inteiro. Dado que as mulheres americanas não ficam anos e anos fora do mercado laboral depois de terem filhos, são mais propensas a construir carreiras do que as mulheres na Europa.[16]

As mulheres representam agora quase metade da força laboral dos EUA, e as mães trabalhadoras são a norma. Ambos os adultos trabalham na maioria dos agregados familiares com filhos e ambos os pais.[17] As mulheres americanas, para além de serem essenciais para a economia nacional, são também essenciais para as economias das suas famílias: 42% das mulheres contribuem com pelo menos metade do rendimento da sua família.[18]

Apesar de os dados mostrarem que as mães americanas não desistiram de trabalhar, não trabalham em *part-time* e têm responsabilidades significativas no sustento da família, os empregadores americanos ainda usam a desculpa «elas têm filhos» para lhes pagar menos e lhes barrar a progressão. Um estudo de 2019 mostra que o rendimento médio das mães diminui imediatamente após o nascimento do primeiro filho e depois nunca recupera, nem passada uma década.[19] No final, quando se tem em conta tanto o historial salarial como as horas de trabalho

MUDANÇA PERCENTUAL NO SALÁRIO DEZ ANOS APÓS O NASCIMENTO DE UMA CRIANÇA

	Mães	Pais
DINAMARCA	–21	–1
SUÉCIA	–27	1
EUA	–40	–2
REINO UNIDO	–40	1
ÁUSTRIA	–51	0
ALEMANHA	–61	–1

FIGURA 18. Note-se que as políticas e os resultados dos países escandinavos são melhores para os pais do que os do Reino Unido ou dos Estados Unidos ou dos países germânicos, mas que todos os países apresentam uma perda significativa e, ao que parece, permanente, de rendimentos para o agregado familiar quando as crianças nascem.

Fonte: Henrik Kleven, Camille Landais, Johanna Posch, Andreas Steinhauer e Josef Zweimiller, «Child Penalties Across Countries: Evidence and Explanations», Documento de Trabalho do Gabinete Nacional de Investigação Económica n.º 25524, fevereiro de 2019, https://www.nber.org/papers/w25524.

reduzidas, as mães americanas absorveram uma queda líquida de 40% no salário.

Vamos comparar o registo americano sobre a penalização da maternidade com as diferentes políticas de outros países (Figura 18). O Reino Unido é semelhante aos Estados Unidos, na medida em que o apoio governamental às mães tem sido insignificante, embora os britânicos recebam um ano de licença remunerada e um crédito (totalmente desajustado) para cuidados infantis; a penalização de maternidade no Reino Unido, após dez anos, calcula-se numa queda de cerca de 40%. Os países escandinavos têm as políticas parentais mais liberais, incluindo licenças generosas para os pais e cuidados infantis financiados; no entanto, na Dinamarca e na Suécia, a remuneração das mães acaba, após uma década, por baixar cerca de 21% e 27%, respetivamente. A Alemanha e a Áustria, com longas licenças de maternidade, mas sem quaisquer cuidados infantis, são as piores. O salário das mães cai 80% imediatamente após o nascimento e continua a baixar após dez anos, 61% na Alemanha e 51% na Áustria.

A comparação com o salário dos homens é inesperadamente alarmante. Os autores deste estudo observam que o salário do pai não é «afetado» em todos estes países. Mas o que os seus dados mostram é que a remuneração dos pais é fixa desde o nascimento do seu primeiro filho, nunca mais subindo passados dez anos. Mesmo que os salários estagnem para a população masculina na totalidade, era de esperar que subissem entre homens desta idade, à medida que adquirem senioridade e progridem nas carreiras. Mas não progridem: os pais estão condenados assim que nasce o primeiro filho. Pode imaginar como é dissuasivo para a parentalidade. No total, os agregados familiares com filhos, em todos os seis países ocidentais, estão a ser penalizados simplesmente por terem descendência. E os empregadores estão a retirar recursos às crianças para benefício próprio.

Juntar os dados americanos com o *stress* económico que a geração atualmente em idade fértil sofre torna o quadro ainda mais angustiante. Como as suas coortes nos outros países, esta geração saiu da escola para se deparar com um custo de vida crescente e um mercado de trabalho em declínio. A queda da Bolsa de 2008 prejudicou-os imenso e atrasou-lhes as carreiras, o progresso na compra de casa e a possibilidade de iniciar uma família. Mas, ao contrário das suas coortes noutros países ricos, os norte-americanos, a maioria dos quais andou na faculdade, licenciaram-se com uma dívida enorme de propinas. Segundo a Associação Americana das Mulheres Universitárias, dois terços da dívida estudantil pertencem a jovens mulheres, e terminam os estudos a ganhar menos 18% do que os colegas homens, independentemente da área de estudos, o que significa que demoram mais a pagar os empréstimos e, portanto, acumulam mais juros.[20]

O governo comparativamente liberal dos EUA dos anos 60 e 70 levantou algumas barreiras no local de trabalho, mas, tal como na Alemanha, houve também um grande retrocesso cultural. Os líderes do setor privado na década de 70 tinham atitudes de género muito semelhantes às retratadas na série de televisão *Mad Men*. A maioria estava profundamente ressentida com a coerção que sentia das políticas de ação afirmativa, deixando claro às jovens mulheres que entraram nos seus locais de trabalho que o seu desempenho precisava de ser perfeito se quisessem ficar — e que não deviam chamar a atenção para as suas «tarefas» domésticas.

O grande momento da História chegou quando a maioria das mulheres *baby-boomers*, apesar das condições injustas e da desaprovação social, decidiu ir trabalhar na mesma. Vestiam-se com saia e casaco, escondiam as famílias da vista, cuidavam da casa no final do dia, faziam o jantar e deixavam os patrões e parceiros preservar a masculinidade como era a crença por reformar daquela época. O mito mal-intencionado de que as mulheres eram egoístas e «queriam ter tudo» não é exato, mas a verdade é que elas *faziam* mesmo tudo.

Ao longo das décadas que se seguiram, esta geração de mulheres da Segunda Vaga foi violentada pelos conservadores que apontavam o suposto impacto negativo nos filhos como preço do seu «egoísmo». Numerosos estudos tentaram avaliar o efeito que uma mãe trabalhadora provoca nos filhos; durante anos, as conclusões pareciam fazer ricochete de um lado para o outro. No entanto, em 2010, chegou a resposta definitiva. Rachel G. Lucas-Thompson, Wendy A. Goldberg e JoAnn Prause fizeram uma meta-análise de 69 estudos ao longo de cinco décadas.[21] Numa meta-análise, os dados de todos os estudos são combinados, e as estatísticas são elaboradas sobre toda a amostra. O resultado sobrepõe-se a qualquer estudo individual — a meta-análise é a *última palavra*. Esta meta-análise mostrou que as crianças das mães trabalhadoras dos anos 70 apresentavam os mesmos resultados comportamentais e académicos daquelas cujas mães ficavam em casa, não havia diferença. *Boom*.

Pesquisas realizadas desde os anos 70 sugerem que os homens que vivem em agregados familiares em que ambos os pais trabalham, assim como partilham as tarefas domésticas e os cuidados infantis, são física e mentalmente mais saudáveis — e mais felizes. Um estudo de 2019 a seis mil famílias americanas publicado no *Personality and Social Psychology Bulletin* mostrou que os homens são de facto mais felizes quando as esposas contribuem com 41% do rendimento familiar — que é o valor onde se encontram os agregados familiares americanos atualmente. A mudança cultural da pressão de serem os únicos provedores fez-lhes bem.[22]

O que aconteceu às crianças da Segunda Vaga quando se tornaram adultas? Um estudo da Harvard Business School a cem mil homens

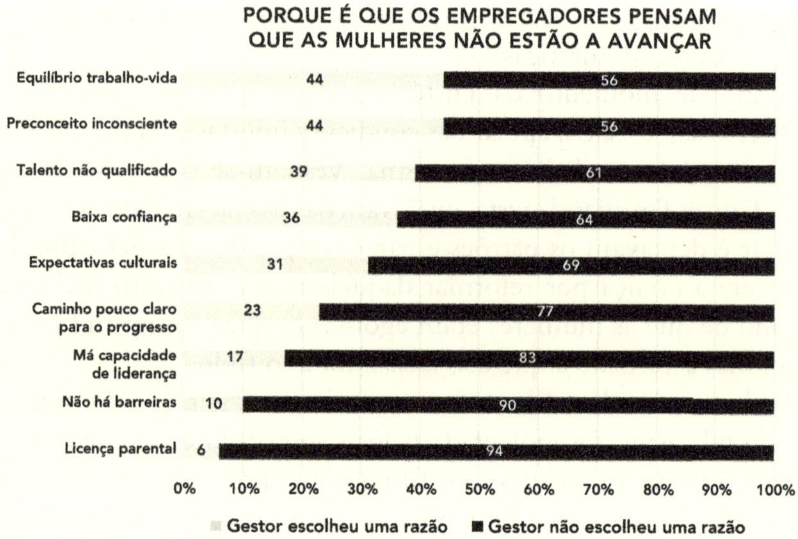

FIGURA 19. Neste gráfico, os empregadores atribuem a maior parte dos problemas de progressão na carreira das mulheres a «preconceitos inconscientes», negando totalmente qualquer responsabilidade. Fora isso, os empregadores culpam alguém ou outra coisa qualquer, mas a maioria culpa as mulheres.

Fonte: adaptado do Fórum Económico Mundial, *The Industry Gender Gap*, resumo executivo, janeiro de 2016.

e mulheres de 29 países concluiu que as filhas de mães trabalhadoras têm mais probabilidades de trabalhar, ganham em média 24% mais dinheiro e são mais frequentemente patroas do que as filhas cujas mães eram domésticas.[23] Os filhos, agora homens, não têm resultados profissionais diferentes daqueles cujas mães eram domésticas, mas têm mais valores de igualdade de género e passam mais tempo a fazer trabalhos domésticos e a cuidar das crianças, o que cria uma proximidade entre pais e filhos que as gerações anteriores desconheceram. A conclusão: os filhos desta vaga histórica de mães trabalhadoras saíram-se lindamente e seriam ótimos pais se tivessem essa oportunidade, mas não estão a tê-la.

Os empregadores americanos usam a maternidade como uma desculpa para limitar as mulheres, citando «equilíbrio vida-trabalho» como o eufemismo para esta discriminação sistemática. De facto, quando

O QUE OS EMPREGADORES ESTÃO A FAZER A ESSE RESPEITO

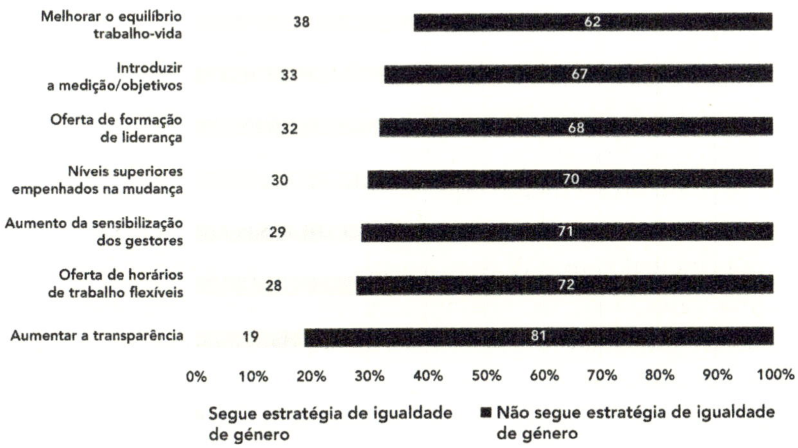

FIGURA 20. Neste gráfico, vemos quantos empregadores estão a fazer algum tipo de esforço para ajudar as mulheres a avançar. As barras escuras mostram que 62 a 81% não estão a fazer sequer os esforços aqui elencados.

Fonte: adaptado do Inquérito sobre o Futuro do Emprego, como demonstrado no Fórum Económico Mundial, *The Industry Gender Gap*, resumo executivo, janeiro de 2016.

vemos além do programa da «planificação para a diversidade» nas grandes empresas, percebemos que a maioria dos empregadores não está a fazer absolutamente nada para ajudar as mulheres a progredir — e tendem a culpar as mulheres, em vez de se responsabilizarem pelas próprias ações das empresas (Figuras 19 e 20). Alegam que se têm preconceitos só podem ser inconscientes. Note-se que muito poucos estão a dar o passo mais suscetível de resultar na igualdade salarial: tornar a remuneração transparente.

As «explicações» convencionais do progresso mais lento das mulheres nas carreiras parecem captar o que os empregadores realmente pensam que é a causa.

Na Figura 19, podemos ver que a *maioria* não concorda com cada *uma* das afirmações do inquérito. Talvez haja uma razão mais poderosa, mas não foi dada como opção no inquérito. Qual pode ser a razão? Um inquérito de 2010 do Fórum Económico Mundial, *Relatório da*

Desigualdade de Género nas Empresas, dá-nos uma pista. Este inquérito pedia a uma amostra grande de funcionários de 20 países que avaliasse o progresso das mulheres, para ver o que está a ser feito para as ajudar e para identificar as barreiras.[24] Constataram que em *todos* os países — à exceção da Noruega (que tinha quotas para as mulheres nos quadros de direção) — havia uma percentagem progressivamente menor de mulheres à medida que se subia nos cargos. Perguntaram aos gestores dos recursos humanos destas empresas qual era, na opinião deles, a principal causa. A resposta não foi «equilíbrio trabalho-vida» nem «má capacidade de liderança» entre as mulheres, mas «cultura empresarial patriarcal» e a atitude negativa da sociedade em relação às mulheres trabalhadoras.

Uma sensação de raiva social por detrás de atitudes negativas em relação às mães trabalhadoras pode ser vista em blogues conservadores na Internet. John Davis, *blogger* americano, que escreve no website de topo para os grupos de ódio misóginos, *A Voice for Men*, declara: «A taxa de natalidade [sic] em países que tendem para o feminismo e misandria (odiar homens) está, sem exceção, a revelar enormes declínios nas taxas de natalidade [sic] e no aumento da população efetiva». Alega que os países ocidentais estão em pânico porque as suas «populações indígenas serão extintas dentro de um século» e porque «não há jovens suficientes para pagarem aos sistemas socialistas pelo cuidado dos seus idosos». A sua lengalenga antifeminista equipara-se a tópicos racistas quando afirma que os países europeus querem abrir as fronteiras para que homens norte-africanos possam atravessar e ter sexo com as mulheres da Europa Ocidental. Depois, surge a vitimização:

> Nos países da Europa Ocidental, o feminismo tem sido inquestionável há mais de 60 anos e, é agora *de rigeur* [sic] em todas as instituições, sobretudo no sistema público europeu de doutrinação (educação). O ódio aos homens e à masculinidade, nos países da Europa Ocidental, é aberto e opressivo para com os homens. É um dos fatores que conduzem à disparidade de género no suicídio no mundo inteiro (os homens cometem suicídio a uma taxa quatro vezes superior à das mulheres). É também a razão principal subjacente à diminuição das taxas de natalidade e às diminuições de população efetiva.[25]

Podemos reconhecer este ataque como a resposta de fúria do homem problemático; a retórica sobre o socialismo e a imigração é igualmente típica do populismo enfurecido da direita que desembocou no Brexit e na eleição de Donald Trump, e que ameaça destruir internamente a União Europeia. A característica singular que melhor identifica os responsáveis por este tipo de insurreição, pelo menos no trumpismo, é a sua classificação numa escala que mede o «autoritarismo» — ou seja, a sua afinidade com o patriarcado.[26] De facto, entre os grupos de ódio americanos, os que têm as mulheres como alvo crescem mais depressa; o Southern Poverty Law Center, que monitoriza estas organizações, diz que os grupos de supremacistas homens são o ponto de entrada mais comum para todos os outros grupos de ódio — e a ascensão destes grupos desde os anos 70 foi «fundamental para a fundação racista da "*direita alternativa*"».[27]

A alegação de que o sucesso do movimento das mulheres nos Estados Unidos — especificamente de que as mulheres alegadamente substituíam os homens nos «bons cargos» — causou um pico na taxa de suicídio masculino surge frequentemente no discurso dos políticos conservadores americanos e encontra particular expressão nos programas de Tucker Carlson, o comentador arquiconservador da Fox News. No entanto, está provado que esta alegação é falsa.

No mundo inteiro, os homens *cometem* suicídio com muito mais frequência do que as mulheres; as mulheres, contudo, *tentam* suicidar-se com mais frequência. Os homens têm melhores taxas de sucesso principalmente por usarem métodos mais violentos; nos Estados Unidos, mais de metade dos suicídios de homens são efetivados com armas de fogo. Na verdade, a causa mais comum de morte por armas é o suicídio, não é o homicídio nem os acidentes. Os homens americanos têm 50% maior probabilidade de ter uma arma do que as mulheres.

A taxa de suicídio entre os homens americanos começou a subir em 2000 e não abrandou; durante o mesmo período, a produção de armas mais do que duplicou e a concentração geográfica da propriedade intensificou-se. Tanto a posse de armas como o suicídio masculino estão concentrados no Upper Midwest e entre os homens mais velhos e brancos. A posse de armas é também mais provável entre os homens que se identificam fortemente com a masculinidade tradicional.

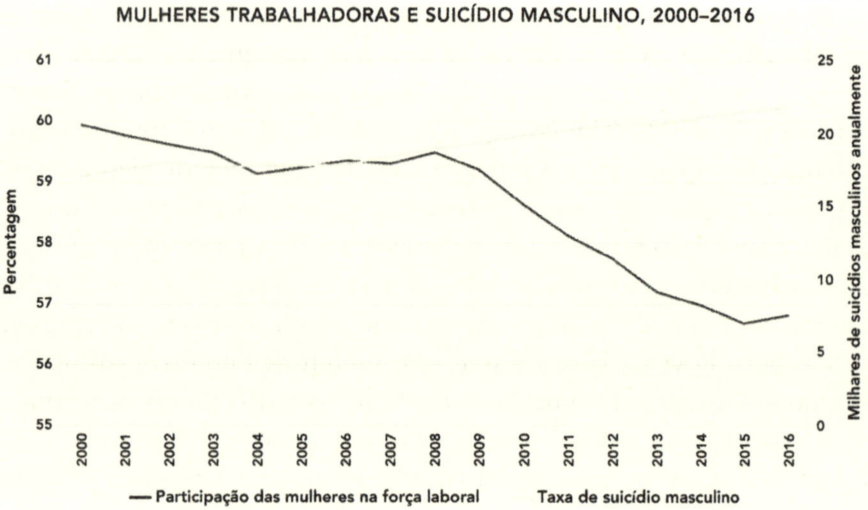

FIGURA 21. Neste gráfico, vemos que a taxa de suicídio masculino nos Estados Unidos da América aumentou significativamente entre 2000 e 2016. Contudo, a participação da força laboral feminina diminuiu ainda mais acentuadamente durante o mesmo período. Esta evidência mostra que as afirmações da direita dizendo que os homens estão a cometer suicídio com mais frequência porque as mulheres lhes estão a retirar empregos são falsas.

Fontes: Federal Reserve Economic Data, https://fred.stlouisfed.org, acedido a 7 de setembro de 2019, para a participação da força de trabalho feminina; U.S. Center for Disease Control, Tabela 30, 2017, https://www.cde.gov/nchs/data/hus/2017/030.pdf, para taxa de suicídio masculino.

Além disso, a linha de tendência para o emprego feminino vai no sentido oposto ao da taxa de suicídio masculino (Figura 21). Por conseguinte, o aumento da taxa de suicídio de homens brancos é atribuível ao maior número de armas e às pressões da masculinidade tradicional — não às mulheres no trabalho. A solução é tirar as armas aos homens e não mandar as mulheres de volta para a cozinha. Porém, o público de Tucker Carlson muito provavelmente não vai ouvir essa verdade.[28]

Pode acusar o Ocidente de favorecer o feminismo ao abandonar a estrutura familiar tradicional, mas, no Sudeste da Ásia, as normas estabelecidas para a família têm continuado sólidas. No entanto, a taxa de fertilidade nesta região caiu de seis crianças por mulher para apenas uma, no intervalo de duas gerações. Em 1950, o Japão tinha uma estrutura etária piramidal. Cinquenta anos depois, a taxa de fertilidade caiu para 1,44, e a estrutura etária inverteu-se.

As mulheres do Sudeste da Ásia não estão só a não ter filhos; deixaram de casar. Os gráficos da Figura 22 mostram que, durante 35 anos, em Singapura, Coreia do Sul e Taiwan, houve uma mudança simétrica entre as mulheres que *entraram* na força laboral e as mulheres que *não casaram* — acompanhada por uma diminuição a pique do número de nascimentos. Até aqui, pelos vistos, as mulheres estão insatisfeitas com os constrangimentos do casamento e maternidade tradicionais. A *The Economist* refere que as mulheres desta região têm escolaridade e ambiciosas perspetivas de carreira, mas ainda é esperado delas que façam tudo o que for necessário para tratar dos maridos, dos filhos e de dois casais de pais envelhecidos, sem qualquer assistência. Porque é que alguém faria isso?, sugere a *The Economist.*[29] Realmente, para *quê*?

As instituições gananciosas da economia patriarcal também obrigam os pais, na Ásia e noutros locais, a sair de casa um número absurdo de horas para aguentar uma hierarquia insensível de machos alfa. No Ocidente, está a surgir uma tendência inesperada entre os homens *millennial* em resposta a estas exigências institucionais excessivas. Esta postura explícita contesta a validade do modelo tradicional masculino de paternidade — e mesmo da própria imagem de masculinidade. O termo *masculinidade tóxica* é uma das palavras-chave do nosso tempo.

Os pais prestam os mais importantes «cuidados aloparentais» — significam os cuidados «além dos da mãe» — e a sociedade está a falhar-lhes, tal como está a falhar com as mães. Josh Levs, agora membro do Power Shift Forum for Women na comunidade da Economia Mundial, fez frente à Time Warner para exigir uma licença de paternidade. Depois, escreveu o livro *All In: How Our Work-First Culture Fails Dads, Families, and Businesses — and How We Can Fix It Together*, em que entrevista centenas de jovens pais. Expressam o desejo de colaborarem mais no cuidado dos seus filhos, assim como impaciência para com a estrutura de poder mercenário que os impede de conseguir fazê-lo.[30]

Um investimento numa infraestrutura «aloparental» — ou seja, cuidados durante o dia apoiados pelo governo — contribuiria em muito para aliviar esta situação. De todas as políticas e programas com o objetivo de apoiar as mães trabalhadoras, os cuidados infantis financiados são a única medida comprovada. E, investindo reflexão e dinheiro, o sistema poderia ser benéfico para o desenvolvimento da criança.

Os cientistas alertam-nos atualmente para a capacidade de aprendizagem de crianças muito pequenas, assim como para a necessidade de estímulo. A minha opinião, depois de há pouco tempo me tornar

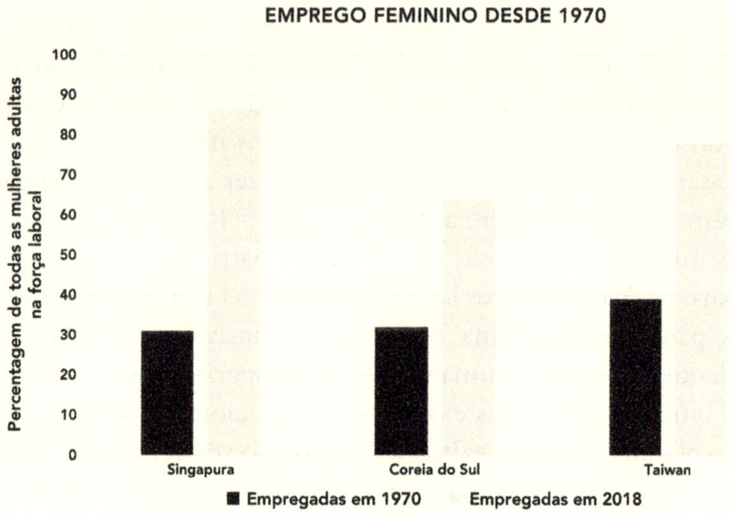

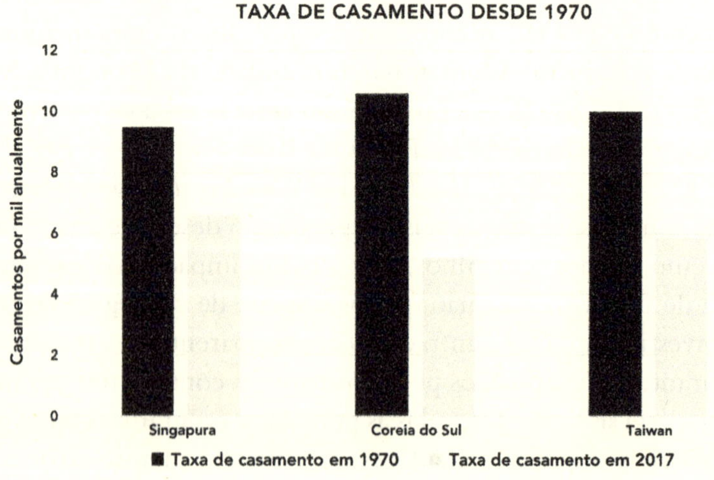

a principal cuidadora do meu neto bebé, é que simplesmente não há maneira de *uma* pessoa, por mais carinhosa que seja ou por mais brinquedos didáticos que tenha, conseguir oferecer estímulo suficiente. Mais, a prestação de bons cuidados infantis é tão desvirtuada pela classe que contribuímos para a desigualdade futura, deixando o desenvolvimento da primeira infância entregue à riqueza privada. Gostaria de ver uma prestação de cuidados infantis na primeira infância de alta qualidade como uma opção para *todas* as crianças com menos de cinco anos — semelhante ao sistema escolar público —, para que possamos tirar o máximo partido deste recurso cada vez mais escasso e ter a alegria em ver as crianças crescerem para atingir o seu máximo potencial. O custo do desenvolvimento das crianças ao nível que as futuras sociedades exigirão — especialmente investindo em cuidados infantis de alta qualidade na primeira infância e numa excelente educação — é demasiado para pedir aos pais que o forneçam a título privado, especialmente dada a situação económica atual.

O senão é sempre a forma de pagamento. Neste momento, o cálculo do orçamento parece assentar frequentemente no pressuposto de que os

FIGURA 22. (ao lado) Desde 1970, as mulheres nestes quatro países do Sudeste Asiático mais do que duplicaram a sua participação na força de trabalho, ao mesmo tempo que casaram a metade do ritmo que casaram 40 anos antes.

Fontes: East-West Center, «The Changing Status of Women in Asian Societies», em *The Future of Population in Asia*, 2002, https://www.eastwestcenter.org/fileadmin/stored/misc/FuturePop05Women.pdf, para dados sobre o emprego em Singapura, Coreia do Sul e Taiwan na década de 1970; base de dados Banco Mundial para os dados mais recentes sobre o emprego na Coreia e Singapura; Wei-hsin Yu, «Women and Employment in Taiwan», op-ed, Brookings Institution, 14 de setembro de 2015, https://www.brookings.edu/opinions/vomen-and-employment-in-taiwan/, para dados de taxas de casamento em Taiwan; Organização para a Cooperação e Desenvolvimento Económico Base de Dados de Famílias, http://www.oecd.org/elsAamily/database.htm, para ambos os anos de dados da taxa de casamento da Coreia do Sul; a taxa de casamento de Singapura de 1970 foi calculada de forma conservadora em 9,5, com base na taxa de mudança entre 1995 e 2017 e comparação com Taiwan; Departamento de Estatística de Singapura, https://www.statista.com/statistics/995762/singapore-crude-marriage-rate/, para a taxa bruta de casamentos de 2017 para Singapura; Gabinete Nacional de Estatística da China: Estatística Nacional de Taiwan, https://www.statista.com/statistics/321428/taiwan-marriage-rate/, para a taxa bruta de casamentos de 2017 para Taiwan; Vital Statistics of Korea, http://kosis.kr/statHtml/statHtml.do?orgld=101 &tblld=DT_1B8000F &language=en, para a taxa bruta de casamentos de 2017 para a Coreia do Sul.

cuidados infantis são um «presente» desnecessário para as mulheres e, portanto, indigno de desviar dólares dos impostos de outras despesas, presumivelmente mais dignas. Assim, o cálculo centra-se em como o custo dos cuidados infantis para um número mínimo de famílias pode ser espremido dos cêntimos que sobram. A Brookings Institution propôs recentemente a eliminação dos benefícios fiscais para as crianças![31] Nessas circunstâncias, apenas metade das crianças americanas receberia cuidados, e isso não chega. Alguns políticos propõem tirar as despesas dos bolsos dos multimilionários, e isso agrada-me, parece-me que os patriarcas não precisam de alguns brinquedos de guerra em nome de uma causa mais afirmativa.

Mas, se aplicarmos uma perspetiva económica de género à análise, conseguimos ver que os cuidados infantis económicos e de alta qualidade se pagam a si mesmos. A Brookings estima que a prestação de cuidados infantis a metade das crianças na América custaria 42 mil milhões de dólares, pelo que estamos a tentar cobrir uma despesa de 84 mil milhões de dólares. Christine Lagarde, presidente do Fundo Monetário Internacional*, diz que o PIB dos EUA aumentaria 5% se as mulheres trabalhassem ao mesmo nível que os homens.[32] O PIB dos EUA é de cerca de 20 biliões de dólares, portanto, trata-se de 1 bilião de dólares. A receita fiscal desse bilião de dólares seria superior a 271 mil milhões de dólares — mais do triplo do custo da provisão universal de cuidados infantis à primeira infância. Uma estimativa mais conservadora pressuporia apenas um terço do recente declínio na participação feminina na força laboral, cuja recuperação renderia 93 mil milhões de dólares em receitas fiscais. Por conseguinte, os cuidados infantis estariam contemplados, de qualquer forma, pelas receitas fiscais adicionais *geradas pelas mães trabalhadoras.*

Hoje, as mulheres também *pagam* uma parte significativa dos impostos cobrados pelo governo dos Estados Unidos da América. Tratar algo que, para as mulheres, seria um serviço essencial como se fosse uma extravagância é inaceitável. As mulheres têm o direito, como cidadãs e contribuintes, de esperar benefícios do seu governo.

---

* Christine Lagarde foi presidente do FMI entre julho de 2011 e novembro de 2019, altura em que assumiu a presidência do Banco Central Europeu (BCE) [N. do E.]

A primeira prioridade para *qualquer* economia é prover as necessidades materiais dos seus integrantes e apoiar a reprodução da espécie. Uma economia que não consiga fazê-lo é um fracasso, independentemente de como estiver o seu mercado bolsista. A ética da Economia XX é dar prioridade a este aprovisionamento e fazer uma utilização cuidada dos recursos — o que inclui o capital humano e o planetário — para garantir o futuro. Estes são os valores que as mulheres trazem para a mesa; devíamos deixá-las sentar.

8 | FANÁTICOS DO CÉREBRO

A DIFERENÇA DE PROGRAMAÇÃO ENTRE OS CÉREBROS MASCULINO E FEMININO PODERIA EXPLICAR PORQUE É QUE «OS HOMENS SÃO MELHORES A LER MAPAS», gritava um título no jornal britânico *The Independent* em dezembro de 2013.[1] A história retratava um estudo da Universidade da Pensilvânia que concluiu que o «conectoma» feminino — o padrão de conexões cerebrais formadas pela aprendizagem e experiência — é diferente do masculino. A pesquisa dizia que os cérebros das mulheres se ligavam *de um lado para o outro*, e os cérebros dos homens se ligavam *da frente para trás,* dentro dos hemisférios. Passado um mês, tinham surgido 87 artigos sobre este tópico na imprensa convencional, e foram publicadas milhares de entradas em blogues e de comentários online. As verdadeiras constatações do estudo foram rapidamente reformuladas como «prova científica» de que os homens e as mulheres são biologicamente predestinados a agir segundo os papéis tradicionais de género, em grande parte porque os cérebros das mulheres são inferiores.[2]

Em setembro de 2016, o Museu da Ciência de Londres teve de mudar uma exposição em que os visitantes podiam atribuir «pontos cerebrais» num marcador, chamado «sexómetro», que ia de rosa a azul. Explodiu a indignação no Twitter e na comunidade científica. «A visão estereotipada de uma ligação «programada» entre o sexo e o género está errada e pode ser prejudicial porque supõe que se trata de alguma forma da «ordem natural das coisas», protestou um neurocientista. Os curadores retiraram a máquina, com a justificação de que era uma piada e, de qualquer das formas, a ciência é difícil de acompanhar.[3]

Em agosto de 2017, um funcionário da Google chamado James Damore fez circular um memorando entre os colegas a dizer que as mulheres não deviam ser contratadas por empresas tecnológicas porque «a ciência diz» que as suas mentes são biologicamente inadequadas para fazer esse trabalho. Só foi despedido depois de este ultraje explodir na comunicação social, mas processou a Google por despedimento sem justa causa, alegando que estava a ser discriminado pelas suas «visões políticas heterodoxas».[4] Do dia para a noite, Damore teve o apoio de *Breitbart*; rapidamente tornou-se um ícone da direita alternativa.[5]

Há 50 anos, alguns cientistas ainda tentavam provar que os cérebros dos negros e dos brancos eram diferentes, mas a esmagadora influência da ciência superior e uma consciencialização crescente do racismo acabaram por apanhá-los e foram silenciados, afastados e relegados para um canto escuro da história científica. As publicações académicas deixaram de aceitar esse tipo de artigos, e até os meios de comunicação populares acabaram por deixar de promover estas visões venenosas. Mas o mesmo ataque está a ser dirigido às mulheres e continua a espalhar-se.

Note-se o seguinte: um funcionário da Google faz circular um memorando a alegar que as etnias minoritárias, sobretudo negros, não deviam ser contratadas pelas empresas tecnológicas porque são biologicamente inadequadas. Ou o Museu da Ciência de Londres abre uma exposição que sugere que os cérebros dos muçulmanos são diferentes — e depois pede desculpa pelo «erro», e diz que era uma piada. Ou um jornal de referência publica um artigo enaltecedor sobre pesquisa cerebral a mostrar que os homossexuais são «mais intuitivos» do que os heterossexuais.

Acha horrível? E deve achar. De alguma forma, o discurso de ódio sobre os cérebros das mulheres não é considerado ofensivo. Durante séculos, cientistas homens tentaram encontrar propriedades físicas que provassem alguma diferença entre os cérebros dos homens e das mulheres, mas nenhuma destas tentativas chegou a lado nenhum. Depois de tudo dito e feito, os cérebros assemelham-se mais a fígados ou a globos oculares do que a testículos e a ovários — simplesmente não refletem o sexo como alguns gostariam de acreditar.[6]

No entanto, existe uma fome aparentemente insaciável entre o público para provar que as mulheres e os homens são cognitivamente diferentes — e que as mulheres são inferiores. Qualquer estudo que pareça provar que os cérebros femininos são diferentes alastra-se pelos meios de comunicação social como fogo. Estudos que demonstram que o cérebro humano e as capacidades cognitivas são basicamente os mesmos, independentemente do sexo, são muito mais numerosos e de melhor qualidade, mas raramente riscam a superfície da consciência pública, porque os meios de comunicação social optam por divulgar investigação mais comercializável, escrevendo conclusões misóginas como uma forma de entretenimento leve.

A neurociência está em crise devido a este fenómeno. Os cientistas veem as suas conclusões a serem usadas por pessoas viciosas para fins viciosos, por exemplo, quando defendem que as escolas públicas deviam ser segregadas por sexo, ou que deviam excluir raparigas das aulas de ciências ou de matemática porque, de qualquer das formas, não «iam entender».[7] Mas não cabe à ciência terminar com este problema; cabe a todos nós. Podemos restringir o uso indevido da informação científica, denunciando o fanatismo descarado quando o vemos.

Agora é usado um termo mais suave, «preconceito inconsciente», enquanto eufemismo para atitudes que não deviam ser desculpadas. Os nossos cérebros produzem julgamentos imediatos que resultam de decisões preconceituosas sobre as outras pessoas; aprendemos a fazê-los por imersão numa cultura com preconceitos disseminados. O fanatismo é algo completamente diferente: é intencional, consciente e muitas vezes manifesta-se no discurso e no comportamento. Os fundamentalistas rejeitam ou reinterpretam novas informações que contradizem as suas crenças para manterem os seus ódios. Foi isto que James Damore fez: tornou a ciência uma arma para contribuir com mais um *meme* fanático para a cultura que produz preconceito inconsciente.

Damore também permitiu que outros fanáticos avançassem, normalizou os piores impulsos de Silicon Valley. Quando o incidente na

Google foi reportado na imprensa, foram realizados estudos rápidos e superficiais entre outros funcionários da Google e de mais empresas tecnológicas como a Uber e a Apple, e metade desses estudos sustentavam Damore. O incidente reforçou os seus preconceitos. Assim sendo, poderemos chamar as atitudes destes grupos de homens *preconceitos inconscientes*? Não, porque quando expressam as suas crenças, não há como chamar a isso um ato *inconsciente*. Aqueles estudos documentavam fanatismo puro e duro.[8]

Consegue imaginar ser uma mulher no setor tecnológico quando isto estava a acontecer? Como é que o desdém desmedido que os seus colegas homens expressam a faz sentir estando lá? E iria isso afetar a sua carreira?

A neurociência responde a essa pergunta. Independentemente da capacidade de uma mulher quando é contratada, o seu desempenho vai sofrer com a consciência de que este fanatismo é expresso. Quando é confrontada com o estereótipo, tem de dominar um esforço cognitivo para resistir à difamação, o que requer «espaço cerebral» retirado à tarefa que tem em mãos. Se estiver diariamente nesse ambiente incapacitante, vai ter um desempenho consistentemente inferior ao que é capaz de executar. Este fenómeno, conhecido como «ameaça do estereótipo», é uma das conclusões mais sólidas das ciências sociais. É importante realçar que as mulheres mais competentes são as mais vulneráveis porque são as que mais investiram na carreira. Mas a mulher não sucumbe à autoaversão nem «ganha costas largas». Em vez disso, arruma as coisas e vai embora para fazer algo completamente diferente, e perde-se mais uma estrela numa área com muito poucas mulheres.[9]

A exposição rosa e azul de Londres também tem efeitos nocivos persistentes. As pessoas expostas a estereótipos de género no domínio público ficam «preparadas» para expressar preconceito e têm maior probabilidade de tomar decisões discriminatórias no trabalho.[10] A missão de um museu de ciência é *acompanhar as evoluções científicas*, traduzir de forma exata esse conhecimento ao público, em vez de incentivar preconceitos ignorantes que prejudicam as pessoas no trabalho ou na escola. Temos de exigir que instituições dessas mostrem a mesma consideração pelas mulheres que mostram pelos grupos minoritários

— e exercer o mesmo esforço meticuloso para traduzir a ciência da forma mais precisa neste e em qualquer outro tópico.

A comunicação social leva estas mensagens prejudiciais a um público ainda mais alargado. A equipa de relações públicas da Universidade da Pensilvânia inseriu a parte sobre leitura de mapas no comunicado de imprensa, embora o estudo não revelasse provas da alegação. Esta pequena adaptação, certamente com o objetivo de tornar a investigação mais interessante para a comunicação social, acabou por ir parar a uma manchete do *The Independent*. Numa entrevista, uma das autoras do estudo foi citada supostamente a dizer que a sua pesquisa explicava porque é que os homens ou as mulheres eram melhores em diferentes ocupações, um comentário que não era *de todo* justificado pelas conclusões. Os investigadores têm de ter cuidado extra, porque depois de a comunicação social popular ter a história, um estudo sobre diferenças no cérebro vai ter mais estereótipos acrescentados. Neste caso, a imprensa acrescentou os seguintes pontos, nenhum deles constava do estudo, do comunicado de imprensa ou de nenhuma entrevista aos autores: (1) as mulheres são melhores em *multitasking*; (2) os homens são racionais, as mulheres são emotivas; (3) as mulheres estão «programadas» para tarefas domésticas, e os homens não; e (4) as causas subjacentes às diferenças de género são biológicas.

Nos comentários online a responder a estas histórias da comunicação social, alguns leitores levaram a discussão para um lado particularmente negativo, por exemplo, alegando que *multitasking* nas mulheres não passava de atenção dividida que resultava num desempenho inaceitável. «Poderiam afirmar que as mulheres não conseguem focar-se numa função — *multitasking* é muitas vezes um eufemismo para nunca serem capazes de terminar nada», disse um leitor.[11] Ficou evidente a defesa furiosa dos que defendiam a superioridade masculina, e houve vários comentários maliciosos alusivos ao facto de as mulheres nunca ganharem Prémios Nobel nem torneios de xadrez. Os comentários online do mundo inteiro mostraram o impacto desta barreira: «Os homens têm um desempenho melhor do que as mulheres em todos os campos na realidade, sobretudo na Índia, apesar de as mulheres receberem todo o tipo de facilidades e reservas... Portanto, os homens são muito superiores às mulheres, quer seja a fazer uma única tarefa ou várias».[12]

Uma equipa de investigação do University College London monitorizou a resposta ao estudo da Universidade da Pensilvânia e concluiu que o público não estava preocupado com o conteúdo factual do estudo, mas tinha aproveitado a oportunidade para provar que os sexos não eram iguais.[13] A equipa da UCL terminou com um aviso que os neurocientistas reconheceriam demasiado bem: «A neurociência da diferença entre os sexos não se limita a refletir, pode moldar ativamente as normas de género da sociedade contemporânea».

Temos de ter também mais noção de que, no processo da descoberta, as teorias são aprovadas e refutadas, os métodos vão mudando. Por exemplo, há 30 anos, uma teoria da neurociência afirmava que as mulheres e os homens têm um funcionamento diferente porque no útero os rapazes levam um banho de testosterona dos seus testículos em desenvolvimento — e isso altera-lhes o cérebro. Depois disso, as diferenças cerebrais entre os sexos foram escritas na pedra; agora repletas de todos os tipos de preferências e propensões estereotipadas, estas crianças ficavam encurraladas em rotinas que iriam acompanhá-las para o resto das suas vidas. Esta teoria, quando surgiu, tinha muito que andar para fazer a ligação entre a presença da hormona e um cérebro mudado, e daí para uma diferença no pensamento ou no comportamento. Claro, nunca lá chegaram; nem todos os pormenores científicos sumarentos que lê nas notícias se confirmam depois de testes subsequentes.[15] Esta teoria nunca foi provada, mas ainda é possível vê-la a pairar na cultura popular, hasteada por pessoas como James Damore.

As investigações sobre diferenças de género são muitas vezes consideradas triviais, mas divulgadas como «estatisticamente relevantes» porque é o que é preciso para serem publicadas. Há uma diferença entre uma conclusão estatisticamente relevante e uma que é relevante para o dia a dia. Por exemplo, Robert Plomin, professor de genética comportamental no King's College London, afirma: «Se mapearmos a distribuição dos resultados para as competências verbais dos rapazes e das raparigas, obtemos dois gráficos que se sobrepõem de tal forma que íamos precisar de um lápis muito fino para mostrar as diferenças entre eles. No entanto, as pessoas ignoram esta enorme semelhança entre rapazes e raparigas e, em vez disso, exageram desmesuradamente na mais ínfima diferença entre eles.[16]

Às vezes, a amostra não tem dimensão suficiente para sustentar uma alegação. O estudo original que defendia que a biologia era responsável por os rapazes serem melhores que as raparigas a matemática surgiu nos Estados Unidos nos anos 80. C. P. Benbow e J. C. Stanley publicaram dois estudos que analisavam o desempenho de 50 mil alunos de 13 anos na área de matemática com o Teste de Aptidão Escolar. Dez anos de dados relativos a um teste, num só país, foram utilizados para generalizar a toda a espécie. A amostra era grande, mas não o suficiente para declarar uma diferença biológica.[17]

Em 1990, Janet Hyde, Elizabeth Fennema e Susan J. Lamon levaram a cabo uma meta-análise de cem estudos ao desempenho matemático de raparigas e rapazes e constataram — só passados dez anos — que não havia qualquer diferença de género no desempenho; aliás, no geral, as raparigas tiveram um melhor desempenho que os rapazes, mas por um valor insignificante. No entanto, no secundário, as raparigas ficaram atrás dos rapazes na resolução de problemas complexos. Em 1995, a ausência de raparigas nas aulas de matemática avançada, química e física foi identificada como a causa. Durante a década seguinte, aumentou o número de raparigas a tirar matemática avançada e equiparou-se ao dos rapazes. Em 2000, a análise a mais de sete milhões de testes de desempenho matemático mostrou que a disparidade que Benbow e Stanley tinham identificado tinha desaparecido. Estas mudanças ao longo do tempo não podiam ter ocorrido se a causa subjacente fosse uma diferença biológica congénita.[18]

Um dos estudos mais interessantes que contradiz a máxima de que «as raparigas não sabem matemática» apareceu na *Science* em 2008: mostrava que o desempenho das mulheres nos testes de matemática variava diretamente com o Índice Global de Diferença de Género do Fórum Económico Mundial.[19] Onde a igualdade de género é grande, o desempenho matemático das mulheres também é alto, mas onde é baixo, o desempenho matemático das mulheres também é baixo.[20] Isto sugere que o efeito das práticas de género é suficientemente forte para influenciar os resultados dos testes, e se este tipo de variações ocorre de forma sistemática, a diferença biológica não pode ser a causa.

A última disparidade matemática entre géneros a manter-se era o raciocínio espacial. Mas, em 2007, um estudo de Jing Feng demonstrou que a disparidade de género na cognição espacial acabava depois de as raparigas terem apenas dez horas de instruções de videojogos. Atualmente, as crianças na escola primária não demonstram esta disparidade, de todo, provavelmente devido à exposição precoce a jogos, telemóveis e *tablets*.[21] A experiência que adquirem suplanta a diferença, o que antes se considerava uma diferença biológica de género.

Também nos anos 90, os matemáticos demonstraram que a disparidade de género nos percentis mais altos de realizações matemáticas (e outras realizações, como o xadrez) se devia ao facto de a amostra de rapazes ser maior, e não a uma diferença de desempenho real.[22] À luz destas conclusões, deixou de ser possível alegar uma superioridade biológica como motivo para haver mais homens entre os cientistas de topo, os jogadores de xadrez ou os laureados com o Nobel.

Embora o número de estudos ajudasse a desmascarar a disparidade biológica em matemática, a imprensa popular continuava a avançar a teoria de que as psicologias do homem e da mulher eram bastante diferentes. Então, em 2005, Janet Hyde propôs a «Hipótese das Semelhanças de Género», que diz que as mulheres e os homens são os mesmos na maior parte das variáveis psicológicas, incluindo as competências cognitivas.[23] Fundamentou a sua teoria com uma meta-análise enorme da pesquisa sobre as diferenças de género no temperamento, nas preferências, hábitos, e muitos outros aspetos de personalidade e competências. Hyde constatou que as mulheres e os homens são geralmente mais parecidos do que diferentes; porém, há algumas diferenças a nível populacional que justificavam o estereótipo. A nível individual ou em pequenos grupos, informou, essas diferenças não puderam ser previstas porque há simplesmente demasiada variação para se poder considerar que todas as mulheres sabem coser e que todos os homens veem futebol. Há homens que cosem e mulheres que veem futebol.

Existe uma nova teoria elegante do cérebro para explicar todas estas semelhanças e variações. Agora sabemos que os humanos aprendem a pensar criando sinapses que ligam as partes do cérebro. Um recém-nascido tem de gerar cem mil milhões de sinapses para funcionar como um adulto. Mas só estão disponíveis seis mil genes para isso à nascença, um número suficiente para produzir apenas 10% dessas ligações.

O restante trabalho é feito através da experiência e aprendizagem. Estamos a absorver informação e a criar sinapses a cada segundo das nossas vidas. O conectoma expande-se, reconfigura-se e retrocede quando aprendemos e esquecemos; os estudos mostraram o conectoma a adquirir e depois a perder informação no mapa com competências de malabarismo e domínio do piano. Muitas pessoas perderam a capacidade de falar uma língua que outrora sabiam. Estas lições e perdas vão-se juntando, e o padrão das ligações do conectoma de cada um torna-se único como uma impressão digital ou um floco de neve.[24]

Normalmente, as culturas ensinam aos rapazes e às raparigas coisas diferentes. Assim, é natural esperarmos diferenças sistemáticas no seu conhecimento a nível populacional, como as que Hyde observou. Portanto, os conectomas *podem ter* padrões diferentes. Mas ainda não sabemos. Atualmente, existe um esforço internacional para «mapear» as variações no conectoma humano, semelhante ao projeto sobre o genoma humano de há 30 anos. Nos Estados Unidos, o National Institutes of Health financiou um projeto de cinco anos, em 30 milhões de dólares, chamado *Human Connectome Project*, e está a ser projetado um projeto internacional semelhante chamado *Developing Human Connectome Project*, que consiste na recolha de *scans* ao cérebro de centenas de pessoas, assim como de animais.[25] Temos de esperar até esse trabalho estar concluído para podermos dizer com certeza se os homens e as mulheres têm conectomas diferentes — e descobrir o que isso quer dizer. Num panorama mais geral, então, o estudo da Universidade da Pensilvânia não passou de um teste.

Ao longo da História, as mulheres foram excluídas das instituições académicas. As elites masculinas negaram o conhecimento da escrita aos grupos «menores», incluindo às mulheres, quando a tecnologia se disseminou pelo mundo ancestral; a literacia permaneceu invulgar entre as mulheres durante milhares de anos. Só no século XIX é que as mulheres dos países desenvolvidos se uniram para terem acesso à mesma educação que os homens. As raparigas de África dos dias de hoje estão a travar uma batalha muito antiga. Noutros lados do mundo, as raparigas estão agora a abrir caminho para o ensino superior, o que está a provocar um efeito dramático nas economias dos seus países. No entanto, a tendência no sentido da educação não leva as mulheres a obterem empregos; acontece o oposto: a disponibilidade de emprego leva-as a procurarem a educação.

O exemplo paradigmático deste fenómeno é a América Latina e as Caraíbas. A Figura 23 ilustra as tendências nas matrículas de mulheres no ensino superior naquela região desde 1970, em paralelo com a participação das mulheres na força laboral e no PIB. Podemos ver a relação entre o número crescente de mulheres trabalhadoras e o aumento do ensino superior; porque agora há mais e melhores empregos disponíveis para as mulheres latino-americanas, as raparigas e as suas famílias investem na educação e esperam um tipo diferente de futuro. Por todos os países ocidentais, há mais mulheres que homens no ensino superior, obtêm melhores notas, têm taxas de licenciatura mais elevadas, e mais frequentemente seguem estudos de pós-graduação (Figura 24).[26]

PARTICIPAÇÃO FEMININA NA FORÇA LABORAL E MATRÍCULA NO ENSINO SUPERIOR EM COMPARAÇÃO COM O PIB, AMÉRICA LATINA E CARAÍBAS, 1970–2016

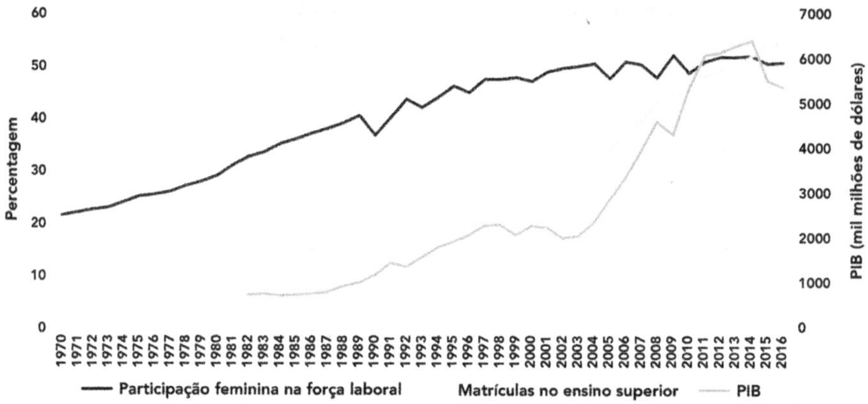

FIGURA 23. No gráfico acima, a linha cinza-clara representa a percentagem de todas as mulheres matriculadas no ensino superior na América Latina e nas Caraíbas de 1970 a 2016. A linha preta mostra a percentagem de mulheres que participam na força laboral, com uma linha de tendência que segue de perto a matrícula no ensino. Da mesma forma, o PIB cresceu a par da educação feminina e da participação da força laboral, tal como é o padrão global. A queda do PIB nos últimos anos foi causada pela instabilidade política, especialmente na Venezuela.

Fonte: base de dados do Banco Mundial, acedida a 17 de julho de 2018.

MATRÍCULA DE MULHERES NO ENSINO SUPERIOR, 1970–2016

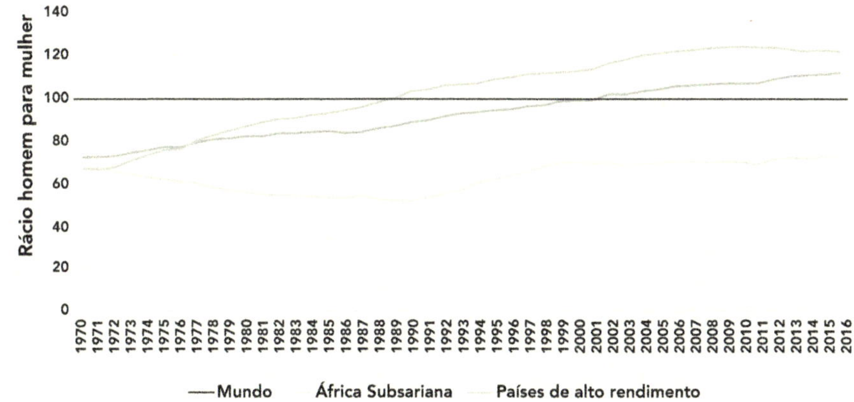

FIGURA 24. No gráfico acima, a linha negra a negrito indica onde estaria a igualdade com os homens. As mulheres nos países de alto rendimento passaram a marca da igualdade por volta de 1990. O total mundial mostra as mulheres a passar a igualdade por volta do ano 2000. A linha inferior representa a África Subsariana, a única região onde as mulheres não se matriculam presentemente no ensino superior a uma taxa igual ou superior à dos homens.

Fonte: base de dados do Banco Mundial, acedida a 17 de julho de 2018.

Mas quando se apresenta a fanáticos do cérebro dados sobre o domínio da mulher no ensino superior, estes rejeitam as provas, argumentando que as mulheres não estudam as disciplinas «certas» e que, portanto, a sua ascensão nas concretizações na educação não é relevante. As disciplinas «certas» são tecnologia digital, engenharia, matemática, ciências e gestão, que consideram as mais exigentes, as mais importantes para a economia futura, que mais amplamente são dominadas por homens e que mais assustam as mulheres.

Vejamos onde as mulheres realmente concentram a sua educação (Figura 25). As mulheres têm de facto apenas metade da probabilidade de estudar tecnologias de informação e comunicação (TIC), mas o rácio de *todos* os estudantes que estudam TIC é inferior a 5%. A diferença entre 6,5% (masculino) e 3,2% (feminino) não é suficientemente importante para se considerar. Os homens dominam o ramo, mas o quadro geral é que quase *ninguém* está a tirar esses cursos.

ÁREAS DE ESTUDO DOS RECÉM-LICENCIADOS, 2017

	Total estimado % de estudantes	Homens (%)	Mulheres (%)	Rácio homem/ /mulher
GESTÃO	27,1	26,3	27,8	106
ENGENHARIA, INDÚSTRIA, E CONSTRUÇÃO	12,2	19,4	6,1	31
EDUCAÇÃO	14,2	10,4	17,3	166
CIÊNCIAS SOCIAIS, JORNALISMO E INFORMAÇÃO	9,1	7,9	10,1	128
HUMANIDADES E ARTES	9,2	7,7	10,4	135
TECNOLOGIA DE INFORMAÇÃO E COMUNICAÇÃO	4,7	6,5	3,2	49
SAÚDE E BEM-ESTAR	9,8	6,4	12,6	197
CIÊNCIAS NATURAIS, MATEMÁTICA E ESTATÍSTICA	5,0	5,3	4,8	91
SERVIÇOS	2,9	3,7	2,3	62
SERVIÇOS AGRÍCOLAS E FLORESTAIS	2,3	2,8	1,8	64

FIGURA 25. Estes números refletem o total para todas as nações para as quais existe informação, não ponderada pela população. A coluna «Total estimado» é ponderada para o maior conjunto de mulheres. Destaquei as tecnologias de informação e comunicação. Vê-se que este domínio é muito pequeno, pelo que a diferença entre a matrícula masculina e feminina não é grande em termos de números absolutos.

Fonte: Fórum Económico Mundial, *The Global Gender Gap Report*, 2017.

O estereótipo é que as mulheres estudam as «disciplinas fáceis», como profissões liberais.[27] É verdade que as mulheres estudam humanidades, educação e ciências sociais com maior prevalência que os homens, mas também se licenciam em gestão mais frequentemente. Na verdade, três vezes mais mulheres estudam gestão do que humanidades. Há 40 anos, a educação empresarial era muito dominada pelos homens, e ainda continua a ser altamente quantitativa e competitiva. As mulheres não parecem amedrontadas, quem está a tentar passar este estereótipo não fez o trabalho de casa; partem do princípio de que as mulheres não estudam gestão porque estão muito ocupadas a dedicar-se às artes.

Vamos ter uma melhor noção de como este padrão surgiu, concentrando-nos nos dados dos Estados Unidos, que são mais detalhados e recuam mais do que os de outros países, embora mostrem as mesmas tendências (Figura 26). As mulheres inscreveram-se no ensino superior em número igual aos homens a partir do início dos anos 70, provavelmente encorajadas pelas reformas no local de trabalho originadas pela Segunda Vaga. A tendência continuou a aumentar durante 25 anos, até que as filhas do movimento dos anos 70 terminaram o liceu e a taxa voltou a subir, resultado de uma maior ênfase nas carreiras das mulheres nos anos 90, bem como da influência das mães trabalhadoras.

O número crescente de mulheres inscritas no ensino superior pressionou a capacidade das universidades americanas. As universidades utilizam critérios de admissão para recrutar os melhores estudantes para um número limitado de vagas, pelo que a maior presença de mulheres na população estudantil atesta a sua melhor capacidade de satisfazer os requisitos. No final dos anos 90, as escolas privadas na América começaram a aceitar padrões de admissão mais reduzidos para rapazes, a fim de manterem um equilíbrio de género.[28] Ao longo do tempo, estas práticas resultaram num sistema de admissão que dificulta a entrada das raparigas, mesmo que estas tenham melhores resultados académicos. Apesar destas desvantagens intencionais por parte dos responsáveis pela admissão escolar, 57% de todos os estudantes são hoje do sexo feminino. Em geral, pouco mais mulheres americanas do que homens possuem graus académicos em toda a população, não apenas entre os jovens, o que também se verifica nos países do G7 no seu conjunto.

Quando as alunas mulheres começaram a frequentar a faculdade em maior número que os homens, houve um grande clamor. No livro *The War Against Boys: How Misguided Feminism Is Harming Our Young Men*, Christina Hoff Sommers defendeu que não era esperado dos rapazes que ficassem sentados a prestar atenção às aulas, por isso a forma educativa era discriminatória.[29] Este argumento era bastante estranho porque os educadores insistiam há décadas que a razão de os rapazes entrarem mais frequentemente na faculdade do que as raparigas era simplesmente serem melhores alunos e mais inteligentes.

A explicação real para o número inferior de homens na faculdade é que os homens jovens não *precisam* de tantas credenciais como as mulheres para os mesmos empregos. Um estudo norte-americano que utilizou 122 milhões de perfis profissionais concluiu que engenheiras de *software* precisavam de um mestrado para conseguir o mesmo emprego que um homem com um bacharelato.[30] Os homens norte--americanos também continuam a progredir mais rapidamente, ganham mais dinheiro e monopolizam a liderança, mesmo quando têm menos habilitações.[31]

Estas tendências dizem-nos que o menor estatuto das mulheres no mercado laboral não se deve ao facto de serem menos inteligentes, motivadas ou disciplinadas. Então, o que estudaram? Desde 1970, as áreas de preferência das mulheres mudaram drasticamente, passando a revelar muito mais orientação intencional para carreiras, segundo a economista de Harvard Claudia Goldin.[32] As tendências gerais dos tópicos de estudo são mostradas na Figura 27. Embora estes dados traduzam os interesses dos estudantes como um todo, a força motriz é o aumento do número de matrículas de mulheres. Os cursos que aumentaram foram os escolhidos pelas mulheres, enquanto os temas que apresentam linhas planas não as interessaram. Gestão ganhou mais estudantes, seguida das ciências da saúde. As TIC e a engenharia têm sido comparativamente pouco atrativas para todos os estudantes durante a maior parte dos últimos 50 anos.

Nos últimos dados disponíveis do Departamento de Educação dos Estados Unidos, podemos ver a atual distribuição por género (Figura 28). Os estudantes que estudam algo que não seja ciência, tecnologia, engenharia e matemática (STEM) — uma categoria que inclui áreas de

FIGURA 26. (ao lado) No topo, vê-se o número de licenciaturas americanas atribuídas aos homens (linha pontilhada) desde a II Guerra Mundial. A tendência mantém-se desde 1970 até cerca de 2001. Contudo, os graus atribuídos às mulheres (linha sólida) têm subido consistentemente desde que as mulheres atingiram a igualdade com os homens por volta de 1983. Uma tendência como esta leva muito tempo a trabalhar através de toda a população, mas, como se pode ver no fundo, nos últimos anos, as mulheres adultas nos Estados Unidos tornaram-se mais propensas a ter uma educação universitária do que os homens adultos.

Fonte: Centro Nacional de Estatísticas da Educação, https://www.statista.com/statistics/185157/number-of-bachelor-degrees-by-gender-since-1950/.

LICENCIATURAS CONCEDIDAS NOS ESTADOS UNIDOS POR GÉNERO, 1950–2015

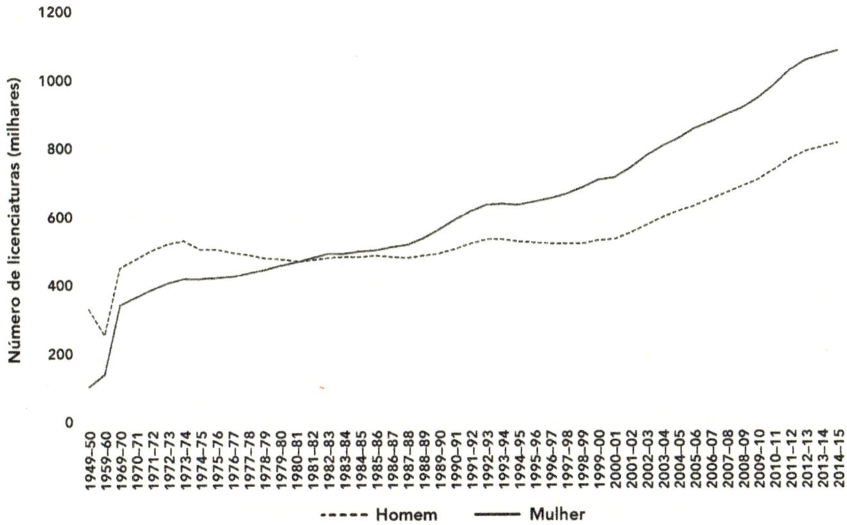

POPULAÇÃO TOTAL DOS EUA COM PELO MENOS QUATRO ANOS DE FACULDADE POR GÉNERO, 1940–2017

especialidade tão diversas como geografia, economia, silvicultura e arte — são 51% do total. Hoje em dia, são raros os homens que estudam profissões da saúde (que inclui médicos e veterinários, bem como enfermeiros e terapeutas da fala). Os géneros são mais ou menos iguais em gestão, e bastante próximos na matemática e estatística. A maior diferença entre os géneros está na engenharia e nas TIC.

Longe de serem cobardes que «receiam a ciência», como os fanáticos do cérebro alegam, as mulheres revelaram ter coragem ao entrarem em disciplinas dominadas por homens. Atualmente, 50% de todos os alunos de medicina americanos são mulheres — em 1965, eram menos de 10%. São uma maioria sólida nas ciências biológicas. Se considerarmos a ciência num todo, as mulheres obtêm mais de 50% dos doutoramentos.[33] Mas é interessante constatar que as ciências naturais subitamente não contam como STEM.

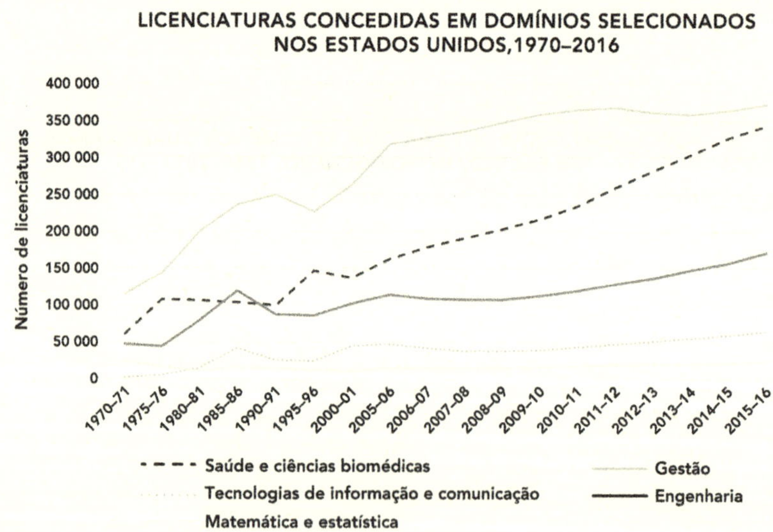

FIGURA 27. Note-se que as tendências aqui refletem mudanças nos interesses dos estudantes universitários, mas o influxo de estudantes do sexo feminino afeta-os ainda mais. Os dois campos que mais aumentam são os que mais atraem as mulheres. Os outros são planos porque não lhes interessaram.

Fonte: Centro Nacional de Estatísticas da Educação.

DIPLOMAS DE BACHARELATO CONCEDIDOS POR TEMA NOS ESTADOS UNIDOS EM 2015

	Percentagem de todos os estudantes que receberam diplomas	Número de mulheres	Número de homens	Percentagem de mulheres
PROFISSÕES DA SAÚDE E PROGRAMAS RELACIONADOS	11,4	182 570	33 658	84
BIOLOGIA E CIÊNCIAS BIOMÉDICAS	5,8	64 794	45 102	59
GESTÃO	19,2	172 489	191 310	47
MATEMÁTICA E ESTATÍSTICA	1,2	9391	12 462	43
CIÊNCIA FÍSICA E TECNOLOGIAS DA CIÊNCIA	1,6	11 560	18 478	38
TECNOLOGIA DE INFORMAÇÃO E COMUNICAÇÃO	3,4	12 509	52 207	19
ENGENHARIA E PROGRAMAS RELACIONADOS	6,0	21 521	92 948	19
OUTROS	51,4	607 431	366 504	62
TOTAL DE GRADUAÇÕES ATRIBUÍDAS	100	1 082 265	812 669	57

FIGURA 28. Este quadro mostra a distribuição por género para as principais áreas de ciência, tecnologia, engenharia e matemática (STEM) nos Estados Unidos em 2015. Pode ver-se que a principal diferença está nos campos da saúde/biologia *versus* TIC/engenharia. Note-se que cerca de 60% dos «outros» licenciados são mulheres, enquanto cerca de 40% são homens. «Outros» inclui uma gama muito vasta de áreas, incluindo economia.

Fonte: Centro Nacional de Estatísticas da Educação.

O direito de entrar em medicina foi conquistado com dificuldade. As mulheres foram derrubando as barreiras que lhes colocavam, foram obrigadas a frequentar escolas segregadas e frequentemente foram recebidas com oposição férrea. Em 1869, o reitor da Faculdade de Medicina Feminina da Pensilvânia convenceu o hospital universitário a permitir que as estudantes participassem em observações clínicas. Quando se soube, centenas de estudantes de medicina homens reuniram-se para expressar a sua desaprovação: «Organizados em linha, estes cavalheiros galantes atacaram as jovens, enquanto elas passavam [saíam pela porta], com linguagem insolente e ofensiva, e depois seguiram-nas até à rua, onde o gangue inteiro, com a fluência da longa prática, se juntou para as insultar... Durante uma hora, as meninas foram atingidas com mísseis de papel, de alumínio, pontas de cigarros, etc., enquanto alguns destes homens sujavam os vestidos das meninas que passavam perto deles com tabaco mascado.»[34]

Atualmente, há provas de que este tipo de comportamento nas TIC e engenharias está a crescer. «The Elephant in the Valley», um estudo de mulheres jubiladas da área de tecnologia, reportou que 87% tinham experienciado comentários depreciativos dos colegas homens; 84% tinham colegas ou clientes que não as olhavam nos olhos; a 84% tinha-lhes sido dito que eram demasiado agressivas (a 42% mais de uma vez); e 90% tinham assistido a comportamento sexista em eventos fora do contexto profissional. Para além disso, 59% sentiam que não tinham tido acesso às mesmas oportunidades que os homens e 47% ficaram incumbidas de tarefas de um nível inferior e que não eram exigidas dos homens. A estatística mais chocante é que 60% tinha sido alvo de avanços sexuais não desejados, dos quais 65% por parte dos seus supervisores (50% mais que uma vez).[35]

Um estudo recente do Pew Research Center informou ainda que as mulheres que trabalham em empregos STEM em que a maioria dos trabalhadores são homens são significativamente mais suscetíveis de sofrer assédio sexual, comportamento social humilhante e discriminação sexual.[36] O Fórum Económico Mundial diz que metade das jovens mulheres que entram na indústria das TIC saíram até ao 12.º ano, o dobro da frequência noutras indústrias: em média, os contratos são de apenas sete anos.

Ao avaliar os resultados possíveis, é improvável que uma jovem mulher e os seus pais, considerando as «disciplinas certas para estudar», vejam uma proposta interessante no estudo de tecnologia ou engenharia. O investimento inicial é grande e implica custos de oportunidade ao longo da vida, o período de recuperação é inaceitavelmente curto, e o risco de que a decisão não valha a pena é elevado. Escolher uma destas disciplinas, dadas as condições de trabalho que uma mulher poderia esperar, é economicamente irracional, mesmo que o salário seja mais elevado a curto prazo.

Assim, as jovens têm estado a tomar a melhor decisão para elas. Nos Estados Unidos, o setor da saúde tornou-se o maior empregador (responsável por muito mais emprego que o setor tecnológico desde 2018), e há projeções para a criação de mais novos empregos do que qualquer outra indústria na próxima década. Os empregos nos cuidados de saúde são muito mais seguros do que na tecnologia. A indústria está em declínio.[37] Além disso, alguns dos mais importantes e rentáveis avanços tecnológicos não provêm das TIC ou da engenharia, mas das ciências biológicas e biomédicas. Dado que as mulheres são a maioria nestas ciências, não parece que sejam fracas a matemática, receosas da ciência, incapazes de inovar ou que tenham falta de confiança. Elas estão prontas para ajudar os seus países a crescer *e* a cuidar dos seus concidadãos. Não têm problema *nenhum* no cérebro.

9 | O FRACASSO DA IGUALDADE SALARIAL

O governo britânico fez algo extraordinário na primavera de 2018: estipulou que todas as empresas com mais de 250 empregados deveriam revelar online as suas disparidades salariais entre os géneros. Quando os dados apareceram, a controvérsia foi imediata e intensa. Ali, à vista de todos, estava um padrão consistente da desigualdade entre cerca de 15 milhões de funcionários. Transversais às empresas e aos setores, disparidades salariais segundo o género, algumas enormes. E as mulheres quase completamente excluídas do quartil de topo — os empregos mais bem pagos.

«O conceito da extrema disparidade de ordenados nas finanças da City não é particularmente novo, o que é surpreendente na situação é que oferece um raio x ao funcionamento interno de diversas organizações, desde universidades a empresas de preparação de carnes, departamentos governamentais e retalhistas da alta moda, empresas de esgotos ou o Ritz», escreveu Amelia Gentleman no *The Guardian*. «As empresas ficaram expostas... e revelam-se as atitudes para com as mulheres com desconfortável clareza.»[1]

De todas as empresas, as companhias aéreas e os bancos eram as piores agressoras. As companhias aéreas tinham homens a pilotar aviões e mulheres a servir bebidas, os homens a receber muito bem e as mulheres bastante mal. A título de exemplo, 94% dos pilotos da easyJet são homens, recebem, em média, salários de 92 400 libras (cerca de 121 mil dólares). Os assistentes de bordo eram 69% mulheres, recebiam, em média,

24 800 libras (cerca de 32 mil dólares). As companhias aéreas pareciam considerar esta divisão perfeitamente normal, embora a estereotipagem dos papéis dos géneros nos anos 50 tivesse a ironia de um íman de frigorífico. Estabeleceram o objetivo de ter 20% de mulheres piloto até 2020 — e esperavam que todos ficassem impressionados por esse esforço. Será que adormeceram ao *cockpit* desde a Lei da Igualdade Salarial de 1970?[2]

No geral, os porta-vozes das empresas pareciam desconhecer que as mulheres britânicas tinham ultrapassado os homens numa vasta gama de qualificações. Por exemplo, a gestora de recursos humanos da Deloitte (que apresentou uma diferenciação salarial por género de 43%) queixou-se de que esse tipo de progresso numa empresa como a deles não poderia acontecer num ápice. «Para nós, não é possível inventar mulheres de carreira e inseri-las na nossa organização. Temos de garantir que capacitamos as nossas mulheres para o progresso», disse. «Digo frequentemente que para nós vai ser uma viagem de dez anos». A Deloitte já teve 50 anos para criar um contexto laboral equilibrado — agora precisa de mais dez? Talvez devessem «magicar» outra pessoa para os recursos humanos.

No Reino Unido, as mulheres recebem a mesma educação que os homens há décadas. De facto, há 31% mais mulheres que homens no ensino superior — e essa notícia não é de última hora. Como as suas contrapartes nos Estados Unidos, as mulheres britânicas ocupam mais lugares nas universidades, têm melhores notas, licenciam-se a taxas mais elevadas e seguem pós-graduações com maior frequência que os homens. Apesar destas amplas vantagens nas suas credenciais, o governo, a imprensa e as empresas sugerem persistentemente que as mulheres deviam ter mais formação para conseguirem obter os trabalhos importantes.

Se, no conjunto, as mulheres forem mais qualificadas, mas não forem promovidas, então deve estar a dar-se uma discriminação sexual generalizada e de forma consistente. É a única explicação para esses factos. Então onde estão os processos judiciais? A BBC analisou estatísticas do tribunal, na expectativa de encontrar processos pela igualdade de pagamento a rodos a entupirem os funcionários judiciais, mas foi surpreendida por saber que nem um único caso de igualdade salarial foi julgado desde 2010.[4] Zero.

Os países ocidentais têm legislação de igualdade salarial desde os anos 70. Os empregadores tiveram muito tempo para cumprir, mas a igualdade salarial não foi alcançada em lado nenhum. Hoje em dia, os analistas apontam três causas principais para o desfasamento: a penalização da maternidade, o aglomerado das indústrias dominantes do sexo feminino e a falta de progresso. Lendo apenas os «grandes dados» e utilizando os seus preconceitos para projetar uma razão por detrás dos números, a maioria dos especialistas, gestores de RH e funcionários do governo culpam as mulheres por terem filhos, trabalharem em lugares errados e, de uma forma ou de outra, não se esforçarem o suficiente. Neste capítulo, vou facultar uma explicação diferente através de duas ilustrações: a Grã-Bretanha, onde as leis de igualdade salarial foram tornadas ineficazes quando redigidas; e nos Estados Unidos, onde o sistema de aplicação foi talvez demasiado efetivo e, por isso, considerado impotente pelos reacionários que tomaram conta dos tribunais. Em todos os países ocidentais, foi uma falta de vontade da parte dos governos que manteve em vigor a diferença salarial devido ao género.

A origem da primeira legislação de igualdade na Grã-Bretanha cria as condições. A União Europeia declarou o princípio de igualdade salarial para as mulheres no Tratado de Roma, em 1957. Nessa altura, os líderes britânicos não nutriam gosto pela igualdade de género; de qualquer forma, não faziam parte da UE. Algumas resoluções foram aprovadas pelos sindicatos britânicos no início da década de 60, mas nem a liderança sindical nem o governo tomaram passos concretos para tornar a igualdade salarial uma realidade. Na versão cinematográfica da história, um impasse governamental foi quebrado com uma greve de costureiras numa fábrica da Ford em Dagenham em 1968. As sondagens desse ano mostraram que três quartos dos cidadãos do Reino Unido apoiavam a igualdade de remuneração por trabalho igual, mas parece mais provável que a Grã-Bretanha tenha adotado legislação sobre igualdade salarial porque, nessa altura, o governo queria aderir à UE, que exigia que todos os membros previssem disposições para a igualdade salarial das mulheres. Então, a Lei da Igualdade Salarial de 1970 da Grã-Bretanha apoiava a aplicação para a admissão à UE em 1973. Esta não iria ser a última vez que a UE viria a exigir a uma Grã-Bretanha relutante a liberalização das suas práticas de género.

A Lei da Igualdade Salarial de 1970 da Grã-Bretanha consiste apenas em dez páginas, mas contém uma disposição que segurou a igualdade pelo pescoço durante os 50 anos que se seguiram: não podia haver um tratamento diferente de um dos sexos *versus* o outro.[5] Os legisladores protegeram-se a si próprios da raiva dos cidadãos masculinos e garantiram os seus próprios interesses com esta disposição. Embora a regra pareça correta e razoável, não reconhece as desigualdades que já existiam entre homens e mulheres, nem que a discriminação passada tenha criado uma enorme vantagem masculina, nem que as mulheres tenham sofrido como resultado de atitudes fortemente integradas na estrutura social. Uma regra nestes moldes também não reconhece que a discriminação sexual é um processo em curso em que um sexo usa as suas vantagens para prejudicar o outro.[6]

Então, desde o início, qualquer tipo e concessão ou apoio a uma mulher britânica em detrimento de um homem era chamado de «discriminação positiva» — a chamada «discriminação invertida» nos Estados Unidos —, e era ilegal. A doutrina da discriminação positiva levou a dilemas de emprego que foram contraproducentes para os objetivos da igualdade de género. Se duas pessoas estivessem a trabalhar na mesma função, era evidente que tinham de ser pagas na mesma medida, mas se um empregador estivesse a optar por contratar ou promover um homem e uma mulher igualmente qualificados, qualquer uma das escolhas poderia teoricamente convidar a uma ação judicial por discriminação sexual. No entanto, à medida que as práticas de pessoal evoluíam, os homens podiam obter empregos e promoções se só fossem *igualmente* qualificados em relação às mulheres candidatas, mas uma mulher tinha de ser claramente *superior* a todos os candidatos masculinos para ganhar.

Esta falha estrutural na lei britânica foi agravada por questões de aplicação da lei. Uma mulher que sentia que estava a ser tratada injustamente tinha de o provar mostrando qual o salário adicional, promoções ou outras vantagens que tinham sido dadas a um homem *e* que estava a desempenhar tão bem o mesmo trabalho. No entanto, um empregador poderia legalmente despedir qualquer empregado que falasse com outro sobre remuneração. Tornava-se assim mais perigoso ela perguntar e ficar a saber que um homem recebia mais.

Ainda hoje, o processo judicial pode levar anos, e o máximo que uma mulher pode ganhar é o seu salário de volta, mais outros danos limitados a níveis inconsequentes. A menos que o salário seja muito elevado, é improvável que os retroativos cubram sequer as despesas legais — e os tribunais britânicos nunca obrigam o empregador culpado a pagar os honorários legais do queixoso quando vence. Em contrapartida, a lei prevê que, se o tribunal e o empregador considerarem a queixa indigna, o juiz pode condenar a funcionária a pagar as despesas legais do empregador, bem como as suas. Uma vez que o sistema britânico não dispõe de ações coletivas, não há partilha de custos para os queixosos. Além disso, leis rigorosas de calúnia impedem qualquer vestígio de um caso a ser julgado de chegar ao público ou à imprensa. Todo o processo é secreto como uma câmara estelar.

Os riscos de perseguir uma reivindicação de igualdade superam largamente os possíveis benefícios. O risco do empregador é tão mínimo que faz sentido económico pagar salários mais baixos às mulheres e apostar que nada advirá daí. Previsivelmente, as características do sistema de igualdade do Reino Unido resultaram exatamente no que a explosão da Primavera de 2018 revelou: menos mulheres no topo, grandes disparidades salariais, tribunais sombrios, empregadores complacentes e um público chocado.

No final dos anos 90, a União Europeia começou a reconhecer que os esforços para atingir a igualdade salarial estavam a falhar em todos os estados-membros. Propôs a adoção de uma política de «ação positiva» (o que os americanos chamam «ação afirmativa»), e os conservadores britânicos foram aos arames, discutiram fervorosamente uma nova lei de igualdade que reconciliasse as diretivas da UE com a doutrina de discriminação positiva da Grã-Bretanha. Os opositores à política da UE começaram a falar da «tradição» legal da discriminação positiva como se fosse a Carta Magna e não um expediente dos anos 70.

Quando a Lei para a Igualdade de 2010 foi finalmente anunciada, a grande novidade era que a nova legislação permitia a contratação de mulheres *igualmente* qualificadas, uma afirmação que era altamente enganadora. Como a lei continuava a considerar ilegal a discriminação positiva, era uma nova característica, o «desempate», oferecido para que o governo pudesse argumentar que algo concreto tinha mudado.

As condições em que se pode usar o desempate são incrivelmente complexas, e deixam claro que o risco de contratar ou promover uma mulher que não esteja claramente acima do candidato masculino mais próximo continua a ser alto.

De acordo com o desempate, um empregador pode contratar uma mulher com iguais qualificações *se* conseguir provar que ela é absolutamente igual em tudo, mas também tem de conseguir provar o seguinte:

- Existe um problema de diversidade documentável na empresa ou no setor.
- A ação é «proporcional à necessidade» (o que quer que isso signifique).
- A empresa avaliou minuciosamente todos os aspetos relevantes possíveis dos antecedentes de cada candidato.
- As qualificações da mulher são diretamente necessárias para o trabalho.

Em caso de dúvida, o candidato masculino deve ter a oportunidade de fornecer mais informações que possam fazer pender a balança a seu favor. Os peritos em recursos humanos recomendaram que qualquer empregador que contrate uma mulher mantenha extensos registos sobre como e porquê a decisão foi tomada, para o caso de ser contestada pelo homem.

O governo ficou surpreendido quando, passados cinco anos, nenhum empregador tinha usado o desempate.

A abordagem britânica baseia-se fortemente na expectativa de que os empregadores façam julgamentos objetivos, o que pressupõe que os patrões estão conscientes do seu próprio potencial de enviesamento, bem como a certeza de que qualquer juiz faria o mesmo apelo. Se os alinhasse a todos, os estudos que provam que um preconceito de género afetaria sistematicamente as avaliações de emprego provavelmente circundariam o globo. Costumam ser uma das seguintes versões:

1. Ter um conjunto falso de CV, alguns identificados como pertencentes a mulheres e outros a homens.

2. Entrega-os a um grupo de empregadores e pede-lhes que avaliem e escolham o melhor candidato.
3. Depois troca os CV masculino e feminino, de modo que cada «candidato» tenha um CV que antes pertencia ao sexo oposto.
4. Pede outra avaliação.

Provavelmente consegue adivinhar o resultado: as pessoas classificam os homens melhor que as mulheres, mesmo quando têm um CV idêntico. Se pedir aos inquiridos para explicarem as suas escolhas, exprimem dúvidas em relação às credenciais da mulher e desvalorizam as suas realizações, enquanto consideram as mesmas credenciais e realizações superiores quando o nome no topo do CV pertence a um homem. Os investigadores estudaram este efeito utilizando muitas medidas e funções, e eu não conheço um único estudo que tenha concluído que homens e mulheres são classificados da mesma forma. Assim, para uma mulher ser julgada como igual a um homem em qualquer circunstância, teria de ser realmente melhor do que ele.

Os porta-vozes da empresa que tentaram defender a diferença salarial entre os sexos em 2018 passaram muito tempo «a desculpar os homens» com os limites dos requisitos de informação do governo às mulheres indignadas. Queixaram-se de que o método governamental de cálculo da diferença salarial era demasiado simplista para refletir a complexidade dos seus salários. A verdade é que a fórmula «simplista», embora tornando os números de todas as empresas comparáveis e reduzindo ao mínimo a carga de relatórios, não permitia aos empregadores mascarar o fosso salarial dos seus números. Como a *Bloomberg Businessweek* explicou num título de notícia «New Numbers Show the Gender Pay Gap Is Real» («Novos números mostram que a disparidade salarial por género é real»), «a abordagem rígida [do governo do Reino Unido] não permite às empresas que se escondam, não lhes confere qualquer mecanismo estatístico para encobrir os seus falhanços na mentoria de mulheres, não há retórica que contorne o facto de as suas divisões mais bem pagas serem largamente compostas por homens».[7]

A UE tem vindo a criticar o governo do Reino Unido há anos porque o custo com cuidados infantis era o mais alto na Europa (talvez no mundo), o Reino Unido não oferecia ajuda às mulheres trabalhadoras para o pagar e o resultado visível era a desigualdade salarial. Quase 40% das mulheres britânicas no mercado laboral trabalham em *part-time*, uma das taxas mais altas entre os países desenvolvidos, o que só gera mais desigualdade salarial porque quem trabalha a *part-time* recebe menos, até à hora, pelo mesmo trabalho. A maioria são jovens mães, embora cada vez mais se vejam mulheres com idosos a seu cargo. Estudos mostram que os jovens casais no Reino Unido não querem viver em famílias em que só um sustenta o agregado; as mães prefeririam trabalhar a tempo inteiro. Mas como a creche é tão cara, as famílias jovens são forçadas a ter um adulto que fica em casa — e quase sempre é a mulher. Estas mulheres acabam por ficar muito tempo fora do mercado de trabalho, e quando regressam, vão para cargos menos importantes e mais mal pagos, ou seja, sacrificam as suas habilitações e a carreira. Os conservadores (e muitas empresas) defendem que não se trata de um fenómeno de género, mas apenas do resultado «natural» da reprodução dos mamíferos — ou de uma escolha privada feita livremente num sistema de mercado livre.

O padrão da segregação na indústria é o mesmo na Grã-Bretanha que era há 50 anos; na verdade, é o mesmo que era no Período Paleolítico — as mulheres ficam limitadas aos cuidados, vestuário e alimento. As indústrias mais bem pagas não recebem bem as mulheres, sobretudo as mães, o que as leva de volta para os setores mais amigáveis para evitarem tratamentos incorretos e encontrarem uma maior flexibilidade. A igualdade salarial por ocupação não é melhor: as mulheres recebem menos em todos os trabalhos.

Outra «desculpa de homem» ouvida durante o escândalo de 2018 era que as mulheres recebiam menos porque eram piores a negociar. Já em 2007, um livro chamado *Women Don't Ask* dizia que as mulheres recebiam menos porque, ao contrário dos homens, não negoceiam mais dinheiro.[8] A solução dos autores era simples: as mulheres deviam «armar-se em homens fortes» e pedir aumentos salariais. Estudos subsequentes mostraram, no entanto, que existe uma boa razão para as mulheres não tentarem negociar salários mais altos: as que o fazem costumam ser castigadas. Pedir dinheiro é considerado um comportamento indevido por parte das mulheres, assim como a reivindicação do seu próprio valor, que deve estar subjacente ao pedido. Quanto menor transparência houver em torno dos parâmetros salariais, pior as mulheres se saem quando pedem mais dinheiro, e ter outra oferta em mãos não ajuda. Um estudo muito falado argumentava que as mulheres podiam ganhar negociações salariais se pedissem com suficiente cordialidade, mas isso foi refutado por outros estudos. Ao que parece, se for uma mulher, não consegue pedir com suficiente cordialidade. A maioria das mulheres já sabe disso e é por isso que não pede.[9]

Tanto nos Estados Unidos como no Reino Unido, a controvérsia sobre a forma correta de calcular a diferença salarial entre os sexos tem assombrado o esforço para promover a igualdade de género. Os economistas de mercado extremo querem provar que não existe disparidade de género porque se enquadra na versão do seu interesse da forma como a economia funciona; a sua ideia é que, se de facto existisse uma disparidade salarial de género, as empresas só iam contratar mulheres para pouparem nos custos. (Este argumento ignora a realidade prática de que fazer tal coisa seria ilegal em praticamente todos os países do mundo.) Estes economistas prosseguem a sua agenda ideológica «controlando variáveis» em conjuntos de dados nacionais para que a diferença de remuneração entre homens e mulheres desapareça. Concluem que, se as mulheres fizessem as mesmas escolhas que os homens, haveria igualdade salarial. Depois, publicam os estudos na comunicação social, que os cavalga, como acontece em estudos sobre as diferenças dos cérebros, até que todos tenham ouvido algo quanto ao facto de a disparidade de género ser ficção.

Por vezes, é apropriado controlar as variáveis, mas também é verdade que pode fazer quase todos os efeitos desaparecerem se controlar as suficientes. Este controlo analítico para itens como «trabalha em *part-time*», «trabalha a partir de casa» e «trabalha nos cuidados de saúde, na educação ou na moda», que descrevem com muito maior frequência mulheres do que homens, na verdade, não passa de outra forma de dizer *feminino*. Quando os analistas controlam estes fatores, não descobrem que a disparidade salarial é uma ficção. O que os dados manipulados dizem na realidade é «as mulheres recebiam o mesmo que os homens depois de se retirarem todos os fatores que impõem e refletem preconceito de género no local de trabalho».

Uma analogia torna muitas vezes o problema mais claro. Os homens afro-americanos recebem menos, em média, do que os caucasianos. Imagine que alguém pega no conjunto de dados sobre os homens e controla variáveis como residir numa zona onde o código postal é desfavorecido ou ter estado desempregado recentemente, ou ter estado preso. Depois de todos esses fatores serem excluídos, os homens caucasianos e os negros recebem o mesmo. O analista anuncia: «Não há discriminação racial na América! Os negros receberiam o mesmo se agissem mais como os brancos!» Mas a conclusão não é válida porque as variáveis eliminadas são, elas próprias, um reflexo de discriminação racial ou um meio através do qual a discriminação racial é alcançada. Também ficaríamos bastante desconfiados dos motivos subjacentes a uma análise dessas. Ficaríamos igualmente desconfiados quando o conjunto de dados são as mulheres.

O Fórum Económico Mundial, a Organização para a Cooperação e Desenvolvimento Económico e a UE publicaram estimativas das disparidades salariais entre os sexos no Reino Unido, que variam entre 18 e 45%. Depende de que fonte usam e da forma como calculam a disparidade, mas o facto incontornável é que todos revelam uma grande diferença. Mesmo dentro da mesma indústria ou da mesma ocupação, mesmo quando as horas de trabalho são equiparadas, as mulheres recebem menos que os homens.

Os prejuízos que a disparidade salarial causa à economia britânica são consideráveis. As mulheres britânicas perdem 140 mil milhões de libras por ano em salários por causa da disparidade de género, uma média de 9112 libras (cerca de 12 mil dólares) por ano por pessoa. E a Grã-Bretanha sacrifica cerca de 123 mil milhões por ano devido a produtividade perdida associada à desigualdade salarial. Mesmo assim, o governo resiste a uma reforma real. Como uma mulher disse ao *The Guardian*, furiosa: «Tentamos conseguir mudanças, mas os homens é que controlam as alavancas do poder. Estamos à espera de que os nossos opressores mudem o sistema — é como pedir aos perus que votem para que o Natal aconteça.»[10]

Os Estados Unidos começaram esta viagem numa situação diferente e, durante um tempo, estavam a progredir melhor. A garantia jurídica da igualdade salarial das mulheres surgiu na América na senda do movimento dos direitos civis, porque o género foi acrescentado às proteções concedidas à raça. Assim, o ímpeto por detrás de toda a legislação sobre igualdade foi o desejo de corrigir os maus-tratos do passado e os seus efeitos no presente. Ao contrário da legislação do Reino Unido, portanto, a legislação americana reconheceu uma disparidade de direitos e oportunidades, o que significava que as barreiras tinham de ser removidas, contrabalançadas e proibidas. Implícito nesta abordagem estava o reconhecimento de que os homens caucasianos, o grupo mais dominante na América, tinham sido responsáveis pela discriminação e continuavam a beneficiar da mesma. Também implícito estava o reconhecimento de preconceito significativo na sociedade atual que emergia das tentativas injustas de manter os grupos desfavorecidos na mó de baixo. Ninguém foi tolo o suficiente para pensar que negros e brancos, ou homens e mulheres, estavam a partir da mesma posição quando a lei da igualdade salarial entrou em vigor em 1963.

O programa americano de igualdade de género veio de duas direções. Do Congresso e de três Presidentes vieram leis e ordens executivas, enquanto das bases vieram processos judiciais. Também aqui o ónus da implementação caía sobre as mulheres individuais, mas as disposições do sistema igualavam as hipóteses de sucesso: ação afirmativa, processos de ação coletiva, danos punitivos e acordos de contingência. Acrescenta-se a tudo isso o gosto dos americanos por assistir a casos badalados em tribunal, era um desporto sangrento, e existia um sistema de implementação que podia funcionar.

A ação afirmativa foi estabelecida e implementada através de ordens presidenciais que proibiam a discriminação sexual no governo federal e entre subcontratados federais. Assim, todos os fornecedores governamentais tiveram de demonstrar um esforço sério e impactante para equalizar o avanço das mulheres e das minorias, ou arriscavam-se a perder os seus contratos. O governo dos EUA não só é o maior empregador do país, é também o maior comprador de tudo, desde maionese a mísseis. Ameaçar anular um contrato federal a um empregador é o mesmo que desligar o suporte de vida de alguém. É um testemunho do poder desta ameaça o governo nunca ter tido de o fazer.

Os empregadores que ignoraram as novas leis também ficaram vulneráveis a processos de ação civil. O sistema jurídico dos EUA permite que as ações civis corrijam as queixas apresentadas por indivíduos, mas também proporciona um local a partir do qual se podem testar publicamente os mandatos governamentais, expor práticas ofensivas dentro das instituições e levantar questões na consciência pública. Para um assunto de interesse social como igualdade salarial, estes processos civis podem ser mais uma plataforma do que um *star chamber.**

Os casos de discriminação sexual apresentaram um grande risco para as instituições acusadas. Os Estados Unidos têm processos judiciais de ação coletiva, processos em que um grupo de indivíduos lesados processa o mesmo partido, e os requisitos tornam bastante fácil angariar um grupo muito grande de queixosos. O maior processo de discriminação sexual de sempre, iniciado contra a Walmart em 2001, teve 1,6 milhões de queixosos. Além disso, os tribunais podem e fazem conceder indemnizações punitivas nos casos mais graves — a lei estabelece essa disposição para que as decisões judiciais atuem como um forte dissuasor contra o mau comportamento. Assim, num caso de discriminação sexual, para além da recuperação dos danos financeiros diretamente ao queixoso, o tribunal pode acrescentar uma sentença num montante calculado para punir o empregador. Se um grande grupo de queixosos ganhar uma ação por discriminação sexual, o empregador tem de pagar por *todos* os danos (tais como retroativos) a todos os membros do grupo, *além* dos danos punitivos.

Estamos a falar de muito dinheiro. Como o prémio pode ser tão alto, os advogados que defendem casos de ações conjuntas aceitam muitas vezes o caso «à contingência», ou seja, só recebem se ganharem, ficam com uma percentagem, em vez de receberem honorários pelas horas de trabalho. A possível notoriedade pode também aumentar

---

* Star Chamber foi um tribunal inglês no Palácio Real de Westminster, desde finais do século XV até meados do século XVII (c. 1641), e era composto por conselheiros particulares e juízes de direito comum, para complementar as atividades judiciais dos tribunais de direito comum e de equidade em matéria civil e penal. Foi originalmente criado para assegurar a aplicação justa das leis contra pessoas social e politicamente tão poderosas que os tribunais comuns poderiam hesitar em condená-las dos seus crimes. Contudo, tornou-se sinónimo de opressão social e política através do uso arbitrário e abuso do poder que exercia. (*Fonte:* Wikipédia) [*N. da T.*]

o desejo de trabalhar à contingência, uma exposição a nível nacional na comunicação social pode atrair mais clientes.

Dos anos 70 aos anos 90, as disposições do Sistema Jurídico americano permitiam criar facilmente enormes grupos de queixosos, elevando muitíssimo a fasquia para o empregador, enquanto se reduzia o risco para os queixosos, consequentemente, aumentando o valor do combate. A discriminação sexual tornou-se uma questão de interesse público, em vez de uma disputa privada entre uma mulher e o seu empregador, como acontece na Grã-Bretanha.

Dois mal-entendidos frequentes sobre a lei de discriminação sexual dos EUA — de ambos os lados do Atlântico — têm que ver com quotas e discriminação invertida. No caso de 1978 *Reitores da Universidade da Califórnia vs. Bakke, Allan Bakke*, um homem branco alegou ter sido rejeitado para admissão na faculdade de medicina da universidade, que utilizava quotas para favorecer candidatos negros, e assim tinha sido vítima de «discriminação invertida». A opinião do tribunal essencialmente argumentava que se os homens brancos podiam alegar discriminação, o argumento de Bakke, se permitido, iria sabotar a intenção da lei — compensar o sofrimento dos grupos que tinham experienciado discriminação no passado. A discriminação invertida foi rejeitada — com efeito, colocou o conceito de lado para sempre. Como os homens brancos tinham direito a um tratamento igual perante a lei, no entanto, o tribunal decidiu que quando a Universidade da Califórnia usava quotas para atingir igualdade, estava a atuar inconstitucionalmente. Então, contrariamente à crença popular, a ação afirmativa americana *nunca* exigiu quotas.

Nos Estados Unidos, a remuneração das mulheres, enquanto percentagem da dos homens, aumentou acentuadamente de 1973 a 1990, num crescimento global de cerca de 30%. Mas, no início de 1990, o aumento estagnou; durante as três décadas seguintes, as mulheres americanas viram aumentos de apenas 12%, no total, contra a diferença salarial entre géneros. Se os americanos tivessem mantido o ritmo que se verificou entre 1973 e 1990 até ao final do século XX, estariam agora em situação de igualdade salarial.

O abrandamento do progresso americano é atribuído à ascensão da direita e ao sucesso na nomeação de juízes conservadores, sobretudo no Supremo Tribunal. A viragem para um sistema judicial de direita já destruiu essencialmente os direitos laborais das mulheres dos anos 70, utilizando três medidas drásticas: (1) permitir que os empregadores utilizem contratos de trabalho que se sobrepõem à igualdade de direitos, (2) pressionar os tribunais para limitar o uso de indemnizações punitivas, e (3) declarar que as mulheres não constituem uma classe.

A partir do início dos anos 90, os empregadores começaram a fazer com que os novos funcionários assinassem contratos de trabalho, estipulando que qualquer queixa de emprego tinha de ser resolvida através de arbitragem, uma prática que funciona consistentemente contra os empregados. Os empregados também devem prescindir do direito de participar num processo de ação coletiva. Uma série de decisões de tribunais inferiores determinou inicialmente que estes contratos eram ilegais. Mas, em 2018, o Supremo Tribunal declarou que as exigências da «arbitragem forçada» eram constitucionais. Nessa altura, 60 milhões de homens e mulheres, que representam quase 50% da força laboral americana, trabalhavam subjugados a esses contratos. Para as mulheres vinculadas pela arbitragem forçada, o Supremo Tribunal tinha negado o sistema de disposições que tinha impulsionado os EUA no sentido da igualdade salarial.[11]

Durante o mesmo período, os tribunais que decidiam casos de discriminação começaram a limitar a concessão de indemnizações compensatórias e a eliminar completamente os danos punitivos. Mais uma vez, esta mudança pode ser aproveitada para estratégias conservadoras para obter o controlo do sistema judicial.

O caso Walmart, *Wal-Mart Stores, Inc. vs. Dukes, et al.*, foi outra situação em que todos os tribunais inferiores se pronunciaram a favor dos queixosos, mas o Supremo Tribunal inverteu-os. Em 2004, esse caso tinha sido certificado por um tribunal federal dos EUA como ação coletiva em nome de todas as funcionárias antigas e atuais da Walmart; contudo, a decisão do Supremo Tribunal de 2011 decidiu que as mulheres não podiam ser uma classe. A decisão dividiu-se entre género e linhas ideológicas, cinco juízes conservadores homens contra quatro liberais, três mulheres e um homem.

A história ficou conhecida na cultura popular como a vitória da Walmart no maior processo de discriminação sexual da história americana, mas a questão que decidiu este caso não foi se tinha havido discriminação sexual, mas se as mulheres, enquanto grupo, têm «convergência» suficiente para se poderem considerar uma classe. Os conservadores alegaram que a queixa era uma agregação de experiências individuais, portanto, as mulheres tiveram de levar os casos avante numa base individual.

A objeção do Supremo Tribunal de considerar as mulheres enquanto classe há muito que andava oculta nas malhas da lei, devido à comparação implícita com raça, na qual se baseia a legislação para a igualdade dos EUA. No caso *Bakke* de 1978, por exemplo, a decisão do tribunal salientou os maus-tratos históricos aos afro-americanos com base no estatuto de classe, mas rejeitou explicitamente a semelhança do caso das mulheres porque «a perceção das classificações raciais como inerentemente odiosa provém de uma história duradoura e trágica que as classificações baseadas em género não partilham».[12] Esta atitude também é visível na decisão da Walmart de 2011, e é claramente atribuível ao facto de as *mulheres não terem uma história escrita* até há pouco tempo e de o público não ter sido inteirado dela, agora que existe.

Desde que o caso da Walmart ficou decidido, múltiplos casos que passaram pelos tribunais foram decididos com base no precedente de que as mulheres não experienciaram suficiente convergência na discriminação laboral para constituírem uma classe. Foi negado às queixosas o estatuto de ação coletiva num processo judicial contra a Microsoft, apesar de dois relatórios enormes, fidedignos e independentes terem concluído que havia padrões estatisticamente significativos de mulheres a serem pagas de forma desigual e promovidas com menor frequência — e múltiplos processos judiciais pendentes de outras mulheres.

Embora a administração Obama tenha dado um contributo significativo para os direitos laborais das mulheres decretando o *Lilly Ledbetter Fair Pay Act* de 2009 (que quebrava o poder de segredo salarial para minimizar a recuperação de danos), a direita continuou a bloquear a igualdade salarial. Trump cancelou abruptamente um decreto, feito durante a Presidência de Obama, que exigia às empresas que reportassem informação salarial pormenorizada por género; felizmente, um juiz federal ordenou que a administração continuasse a recolher os dados exigidos pela lei. Mas vários decretos relacionados com o problema da igualdade salarial andam a arrastar-se no Congresso dos EUA, bloqueados pelos conservadores.

Neste momento, o Reino Unido, os Estados Unidos e todos os países ocidentais fracassaram em garantir direitos iguais a metade dos seus cidadãos. Foi a essa conclusão que chegou a Comissão Europeia em 2009, quando estudou os resultados obtidos pelos Estados-membros da União Europeia, Canadá, África do Sul e os Estados Unidos.[13] A falha fatal em todos os processos de igualdade foi o facto de o ónus da aplicação da lei ter sido imposto a mulheres individuais, que suportaram o custo e o risco de processos judiciais que dificilmente seriam decididos a seu favor. As mulheres perderam completamente a confiança no sistema judicial, e nem sindicatos nem governos se empenharam em resolver esta situação. Os empregadores praticaram a discriminação durante todo o século XX com impunidade.

Em 2010, a Comissão Europeia publicou outro relatório que analisava os mecanismos disponíveis à reforma.[14] A conclusão era que a principal solução seria tirar a responsabilidade de fazer cumprir as leis de igualdade de género dos ombros das mulheres individuais — e retirar toda a questão das mãos do sistema judicial —, restituindo aos governos a supervisão e execução, da mesma forma que a evasão fiscal, a fraude bancária e as violações da segurança são controladas e punidas.[15] Haveria regulamentos, uma obrigação de apresentação de relatórios, um gabinete que controlasse o cumprimento, uma força de pessoas encarregadas de avaliações periódicas de empresas individuais e um conjunto de sanções. Os tribunais especializados julgariam as queixas, caso estas surgissem, e os sindicatos seriam obrigados a submeter acordos coletivos para aprovação.

Esta sugestão, ou outra reforma drástica da forma como os direitos laborais das mulheres são executados, é essencial para que possamos progredir. Todas as parangonas que dizem que serão necessários 50, 100, 200 anos para alcançar a igualdade salarial estão erradas: este não é um processo lento, mas automático; é um grande avanço contra a resistência enraizada.

As mulheres não recebem menos porque são menos habilitadas, menos motivadas, menos ambiciosas, menos dispostas a pedir mais dinheiro, mais fracas, mais cobardes, preguiçosas, destinadas a serem mães a tempo inteiro, ou qualquer uma das centenas de desculpas do género «culpem as mulheres» que a cultura popular nos atira para cima. Recebem menos porque homens hostis e as instituições criadas por eles continuam a encontrar formas de contrariar a igualdade de género.

Está na hora de parar de fingir que isto não é uma luta. As mulheres podem usar manifestações, greves e votos em protesto — ou podem recorrer ao único sítio da economia mundial que *elas* controlam e usar esse poder.

10 | O NATAL A 80%

Imaginemos o seguinte: as mulheres de todos os países onde se celebra o Natal comprometiam-se a gastar apenas 80% do que gastaram no ano anterior. Prometem continuar a reduzir os gastos no mesmo montante, todos os anos, até a disparidade salarial de género não existir. Há um *hashtag*, t-shirts, crachás, autocolantes. Cobertura da imprensa. Retalhistas, fabricantes e economistas tremem que nem varas verdes.

Basta uma redução de 20% nas despesas no Natal para gerar um grande alarme. Para as economias nacionais do Ocidente, esta época festiva é extremamente importante. Os gastos dos consumidores mantêm a economia viva; nos países em que o Natal é a principal celebração anual, uma grande percentagem dos gastos anuais acontece no último trimestre do ano. Nos Estados Unidos, por exemplo, os gastos do consumidor representam 70% do PIB, dos quais mais de um terço acontecem entre novembro e dezembro; esta explosão de compras gera cerca de 23 mil milhões de dólares nas vendas a retalho só nos grandes armazéns e 60 mil milhões de dólares em compras online. Só a categoria de vendas de brinquedos gera cerca de 600 mil empregos. As compras de Natal afetam quase todos os setores: alimentação, artigos para a casa, brinquedos, joias, perfumes, vestuário, serviços ao consumidor, viagens, bebidas, eletrónica, livros — penso que conhece o resto.

Como se costuma dizer, o Natal é uma vez no ano, ou se ganha dinheiro ou não se ganha — não há como compensar as perdas no trimestre seguinte. Um abrandamento de 20% nos gastos do consumidor durante a época de festas é o bastante para fazer descarrilar completamente as economias ocidentais. Passo a ilustrar: de ano para ano, o crescimento das compras de Natal de 2 para 4% é considerado sinal de uma economia saudável nos EUA; tudo o que for inferior a isso tira o sono às empresas.[1]

Agora, imaginemos: ainda o Ocidente está a ganhar fôlego do choque do Natal, e as mulheres do mundo estão a preparar-se para o Novo Ano Chinês a 80%. O Novo Ano Lunar é o maior feriado do mundo. Em 2018, aproximadamente 142 mil milhões de dólares foram gastos apenas na China. A economia chinesa depende cada vez mais dos gastos do consumidor para crescer; um declínio no consumo de 8,5% no Novo Ano Lunar em 2018 pôs os economistas a bradar aos céus.[2] Agora, imagine-se como seria uma queda de 20%.

O Ramadão, outra celebração de grande impacto económico, acontece na primavera. Depois, no outono, há o Diwali — o pai de todos os festivais na festivaleira economia da Índia. No final do ano, a trajetória da ação das mulheres encerraria o ciclo novamente com o Natal, em que os gastos seriam agora 80% dos 80%. Toda a ação é organizada pelas redes sociais, algo que as mulheres do mundo provaram que conseguiam fazer com a Marcha das Mulheres, em 2017.

Nenhuma destas festividades aconteceria se as mulheres não comprassem todas as coisas necessárias para as realizar. Controlam totalmente os gastos.[3] É uma jogada em cheio.

O consumo é uma área da economia frequentemente negligenciada ou desvalorizada tanto pelos economistas como pelos feministas. Mas as decisões de compra que afetam o consumo impulsionam a economia com um impacto semelhante às decisões de investimento, e ninguém tem mais controlo sobre essas escolhas do que as mulheres. Na Europa Ocidental e América do Norte, as mulheres controlam mais de 75% das despesas de consumo. O Boston Consulting Group calcula que o mercado representado pelos gastos das mulheres no mundo inteiro seja três vezes o PIB da China e seis o da Índia — os dois países mais populosos do planeta.[4] Esta é uma parte da vida económica em que a Economia XX domina. Porque está este poder a ser desperdiçado?

Penso que é porque o movimento das mulheres há muito que adquiriu uma visão da economia centrada na produção. Trata-se de uma abordagem de orientação masculina que diz que é importante fazer coisas, mas comprar coisas — como é uma coisa de raparigas — já não é. Perdemos de vista a influência que o poder da compra tem sobre a economia — e só recentemente as mulheres o controlam.

No início do século XX, as mulheres ocidentais já eram retratadas como consumidoras nas revistas, mas, na realidade, os homens permaneciam no controlo dos orçamentos do agregado familiar. Nos anos 60, as mulheres tinham maior autonomia para decidir o que comprar e, por isso, começaram a ganhar influência na seleção de compras para categorias de produtos domésticos, como detergentes de roupa, produtos de limpeza, alimentação e vestuário para toda a família. O marido dava uma mesada à mulher para comprar os bens para a casa como ela achasse melhor, mas tinha a palavra final sobre os luxos e as compras mais avultadas. Porém, quando as mulheres começaram a receber salários, as consumidoras ganharam controlo de mais fundos e de gamas mais alargadas de produtos. Atualmente, no Ocidente, as mulheres ainda compram os bens necessários para a casa, mas também influenciam ou controlam as compras de artigos grandes e luxuosos — a maior parte das vezes, são elas que os compram.

Ganhar a capacidade de tomar decisões sobre as compras do agregado familiar foi um marco importante para as mulheres. Podemos ver porquê analisando de perto as mulheres que ainda não têm esse poder. O impacto de muitas intervenções de capacitação económica das mulheres nos países em vias de desenvolvimento é medido pela mudança na capacidade de as mulheres influenciarem as decisões do agregado familiar, sobretudo em compras de itens mais avultados. A minha medição preferida é se uma mulher pode comprar pequenos luxos para ela. Segue-se a história que me levou a pensar nisso como uma melhor questão.

Eu e Laurel Steinfield, minha aluna de doutoramento, andávamos com dificuldades para encontrar uma forma de avaliar a posição que itens como pensos higiénicos ocupavam na hierarquia das compras de uma família do Uganda. Certa manhã, na carrinha a caminho do terreno para estudar grupos de foco, tivemos uma epifania. Com os nossos colegas da ONG Plan International para nos aconselharem, parámos no mercado para comprar uma cesta de bens que achámos representar um leque variado de usos e utilizadores: necessidades diárias, doces, compras pouco frequentes, compras frequentes, objetos para o homem e para a mulher, objetos dados às crianças, açúcar, especiarias e alimentos perecíveis ou não perecíveis. Levámos tudo para o nosso grupo de foco.

Uma mescla de homens e mulheres estava sentada a uma mesa comprida numa escola abandonada. Pusemos o que tínhamos trazido à frente do grupo, e depois pedimos-lhes que organizassem tudo num espectro de «necessidade» a «luxo». Confusos, começaram a reorganizar os produtos, e em pouco tempo surgiu um alinhamento. Quando chegaram ao espectro do luxo, o grupo começou a discutir ligeiramente. Os itens que suscitaram contestação? Cerveja, pilhas, um cartão SIM, sabonete, uma extensão de cabelo, creme de rosto e, interessante, pensos higiénicos.

A tarefa seguinte era ordenar por compras frequentes e não frequentes. Na parte das «frequentes» estavam parafina, sal, açúcar e óleo culinário, juntamente com cerveja, pilhas e cartões de telemóvel. Na parte das «não frequentes» estava arroz (um alimento para ocasiões especiais no Uganda), sabonete, especiarias, doces, creme de rosto e a extensão de cabelo. Mais ou menos a meio, ao lado dos legumes, estavam os pensos higiénicos.

Eu e Laurel trocámos um olhar de exclamação, e pedi espontaneamente ao grupo para retirar itens que os homens achavam necessários e as mulheres não. Nesta altura, começaram a divertir-se imenso, desatavam frequentemente às gargalhadas. Escolheram cerveja, pilhas, um cartão de telefone e uma gasosa. «Certo», disse eu, «vamos passar aos itens que as mulheres consideram necessários e os homens não».

Os homens e as mulheres olharam uns para os outros e sorriram, conscientes, como a dizer: «Agora começa o verdadeiro combate». As mulheres foram direitas aos objetos da disputa, e deixaram-nos cair no meio da mesa com um estrondo desafiador. Todos à volta da mesa riram alto. Havia quatro objetos para rever: sabonete, creme de rosto, pensos higiénicos e a extensão de cabelo.

Usámos o nosso novo «método de compras» com mais grupos de foco ao longo dessa semana, fizemos o teste em grupos mistos e em grupos do mesmo sexo. Durante o processo, retirámos alguns objetos e juntámos batom vermelho. Aprendemos imenso.

O fator determinante para todas as escolhas era que o homem da casa controlava os gastos. Nesta comunidade, a maioria das mulheres não trabalhava fora de casa, enquanto os homens se deslocavam para uma pequena cidade ali perto. Os homens recebiam em dinheiro e as mulheres faziam troca direta de bens entre elas. Os homens, portanto, tinham sempre moedas e notas, enquanto as mulheres só tinham o dinheiro que os maridos lhes davam para comprar «necessidades» — ou o que a previsão masculina considerava «necessário».

Nenhuma delas sabia quanto o marido ganhava nem quanto dinheiro tinha escondido algures. Nem sabiam o que descobrimos: que à hora de almoço ele comprava uma taça de arroz e carne, alimentos que ela e os filhos comiam muito raramente, e bebia uma gasosa a acompanhar. De vez em quando, usava o dinheiro que lhe sobrava à noite para dar um mimo aos filhos, e às vezes à mulher, uma gasosa ou doces. Claro, ser o único que pode dar um presente é uma expressão de poder, e as mulheres nunca podiam dar nada aos filhos. Já os cartões de telemóvel foram considerados necessários pelos homens que iam trabalhar para a cidade. As pilhas eram para o rádio «dele», que também precisava de roupa impecável e sapatos reluzentes para ir trabalhar para a cidade, já para as mulheres, a roupa não era considerada uma necessidade.

Individualmente, todas as mulheres que entrevistámos insistiram que os maridos não bebiam cerveja, só quando outro homem oferecia. Porém, os homens, quando estavam no grupo do mesmo sexo, admitiram beber todas as noites. Também disseram que pagavam rodadas, calhava a um homem diferente cada noite, para que todos menos um pudessem ir para casa e dizer com verdade que outro homem lhes tinha oferecido a cerveja. Ao longo do tempo, a conta de cada um chegava a atingir vários dólares por semana; os agregados familiares da comunidade ganham cerca de dois dólares por dia. Mas os homens explicaram que o ritual de beber cerveja fazia parte de ser homem, e que não se podiam realmente recusar a participar.

Compreendi este ritual completamente comum entre os humanos — mas isso irritou-me devido à contínua controvérsia sobre os pensos higiénicos. Os trabalhadores das ONG conseguiam ser bastante arrogantes nessa altura em relação a quão frívolos eram os pensos higiénicos, insistindo sempre que eram demasiado caros para estas famílias pobres. Mas assim que soubemos do dinheiro gasto em cerveja, comecei a perguntar às ONG se tinham conhecimento disso. Todos tinham, claro. Não sabiam exatamente quanto gastavam, sabiam que talvez fosse significativo, em proporção dos níveis de rendimentos. Ninguém tinha falado com os homens sobre se estes gastos eram apropriados. Nesta altura, já sabíamos que a maioria das raparigas conseguia passar com uma embalagem de pensos que custa um dólar por mês — *versus pelo menos* dez dólares por mês em cerveja. Os homens, quando falavam em grupos só deles, admitiam saber que as raparigas que andavam na escola precisavam dos pensos, mas nenhum tinha falado com elas sobre isso porque esse tópico era tabu. Esse silêncio permitiu-lhes «fazerem-se de parvos» e ignorar o assunto completamente.

Na verdade, todos os artigos de higiene pessoal eram problemáticos para as mulheres. Nas zonas rurais do mundo em desenvolvimento, as pessoas usam o mesmo sabão para tudo. Em África, é uma barra azul estreita de cerca de 30 cm de comprimento. Corta-se como uma salsicha e utiliza-se para lavar o chão, a louça, o bebé ou a cara. É áspero, e é por isso que as mulheres valorizam — tanto o sabonete como o creme facial —, pois tornam a pele mais suave e com melhor aparência. As explicações delas foram contundentes: a utilização desses produtos fazia-as sentirem-se seres humanos, e não animais de carga. Quando alguém lhes dava sabonete ou creme, sentiam-se reconhecidas, como pessoas dignas. As mulheres disseram que se pudessem ter sempre as extensões de cabelo, prefeririam, mas normalmente só as usavam para ocasiões especiais como casamentos, funerais e Páscoa, e depois só se os maridos lhes oferecessem uma ida ao cabeleireiro.

O batom foi um para-raios. Utilizámo-lo num exercício em que reuníamos cinco ou seis artigos e depois pedíamos ao grupo que nos dissesse que tipo de pessoa seria dona das coisas que viu. Os homens identificaram sempre o batom vermelho, especialmente em conjunto com creme de rosto, sabonete e um cartão telefónico, como pertencente a uma prostituta urbana. Num grupo misto particularmente eloquente, uma das mulheres recuou e atacou, rindo, que os homens disseram que só as prostitutas usavam maquilhagem para não terem de a comprar para as suas esposas. As outras mulheres riram e anuíram e os homens também.

Um grupo de mulheres, lá do alto das montanhas, onde as pessoas são muito pobres e não há muito para comprar, disse admirar as mulheres com batom vermelho, creme de rosto, cartões telefónicos e sabonete. Quando perguntei porquê, responderam: porque tinham comprado aquelas coisas com o dinheiro delas e respeitavam-se o suficiente para comprar coisas que as fazem ficar bonitas. «Como ganha dinheiro?», instiguei-as. «Ela é emancipada», disseram empaticamente; «tem o seu próprio negócio.» «Mas é uma boa mãe?», perguntei. «Toma bem conta dos filhos?» «Sim», responderam, «só compra coisas para ela depois de os filhos terem o que precisam.» Era evidente pelas suas expressões que esta linha de perguntas tinha tocado num ponto sensível — estas inquiridas nem tinham batom nem se sentiam emancipadas.

Desde esse trabalho de campo, coloco questões sobre a liberdade das mulheres de comprar o seu próprio creme de rosto e sabonete na minha pesquisa sobre a capacitação económica. As respostas trespassam o cerne da desigualdade entre homens e mulheres.

Estes grupos de foco no Uganda ilustraram ainda melhor que a pessoa com o poder decide o que o agregado compra, nesse processo de escolha, permite alguns hábitos e desencoraja outros, dá a alguns membros da família o que precisam para se desenvolverem e frustra os sonhos de outros. É a pessoa que põe dinheiro de lado para a educação ou esbanja o dinheiro em cerveja. As decisões de compra determinam, de uma forma fundamental, no que uma comunidade se vai tornar. O responsável pelas provisões afeta o futuro da comunidade, direta e forçosamente. Nestes grupos de foco, os homens decidiam, e era frequente valorizarem mais os seus prazeres do que as despesas que podiam beneficiar o desenvolvimento dos filhos.

Observámos questões semelhantes no nosso trabalho sobre o sistema de distribuição rural concebido pela CARE Bangladesh. Nesta situação, o poder de compra é mediado pelo acesso ao dinheiro, bem como pela mobilidade, uma vez que as potenciais compradoras não estão autorizadas a sair de casa. A CARE foi buscar as vendedoras aos pobres extremos e chamou-lhes *aparajita*, que quer dizer «mulheres que não aceitam a derrota». O sistema propriamente dito é chamado Jita.

A equipa de desenvolvimento económico que concebeu o sistema negociou com empresas locais e internacionais para permitir às mulheres venderem pequenas embalagens de coisas, incluindo champô, detergente para roupa, sabonete e pasta de dentes. Também levavam cartões telefónicos, sementes de vegetais e lanches embalados. A ideia central, como descrita anteriormente, era criar emprego para as *aparajitas*, enviando-as para os complexos em que as mulheres casadas não podiam sair de casa e possibilitar que pudessem comprar coisas da mala que as *aparajitas* transportavam. O projeto foi idealizado por dois jovens muçulmanos com formação em marketing e economia, Saif Al Rashid e Asif Ahmed, que são dois dos feministas mais dedicados que conheço.

Enquanto as *aparajitas* vendiam produtos às mulheres em reclusão, ficaram a saber o que era mais desejado e difícil para as clientes arranjarem. Uma das primeiras coisas, como deve imaginar, eram pensos higiénicos. As mulheres queriam usá-los, mas os maridos, de quem dependiam para comprar tudo, nem mortos iam comprar-lhes pensos higiénicos. As mulheres do complexo também queriam um contracetivo que pudessem tomar sem os homens saberem. (É possível comprar contracetivos orais sem receita no Bangladesh.) E queriam sutiãs.

As *aparajitas* começaram a mudar o que levavam nas malas. Continuaram a levar as coisas usuais, assim como os artigos que as clientes pediam, mas também acrescentaram pequenos itens que acharam que iriam deliciar e surpreender. Às vezes, no final de uma entrevista, perguntávamos à *aparajita* se podia mostrar-nos os conteúdos da mala naquele momento. Normalmente, não se importavam nada, e todos nos divertíamos. Tinham ornamentos de cabelo e pequenas saquetas de fragrância. O meu favorito foi um preservativo de morango.

Mas as *aparajitas* também vendiam um item que tinha o potencial de acabar com todo o sistema. A Unilever, fornecedora do projeto Jita, facultava às *aparajitas* Fair & Lovely, a marca mais vendida do mundo de branqueador de pele. O sistema já estava a passar dos limites por ter pessoas pobres a vender coisas para empresas, assim como a vender produtos de consumo, que os ocidentais muitas vezes generalizavam como «coisas de que os pobres não precisam». O projeto Jita estava a funcionar muito bem na mitigação da pobreza, e podia ser trabalhado em maior escala para ajudar milhares, mas os escritores ocidentais e os doadores podem ser chocantemente críticos sobre o que as mulheres pobres «têm o direito» de ter.

A moralidade do consumismo — quem deve ter o quê, que coisas são proibidas e o que pode ou não ser exposto — varia bastante de um lugar para o outro, assim como a própria noção do que é necessidade e do que é um luxo. Já se escreveram volumes sobre estes julgamentos; o melhor, na minha opinião, é *The World of Goods,* de Mary Douglas e Baron Isherwood.[5] No Ocidente, a comunicação social e os doadores (e os oficiais do governo e alguns funcionários de ONG à moda antiga) agem como se todos pudéssemos concordar com o que é um produto moral ou imoral. Conheço pessoas que acham os cosméticos imorais e até algumas que dizem que são um vício, como droga e álcool. Pessoalmente, sinto-me muito mais ofendida pelas armas, e no entanto cresci no Texas, onde as pessoas pensam que é seu direito moral e cívico serem proprietárias de quantas armas quiserem. A comunidade da saúde global considera estar numa cruzada moral para distribuir preservativos da forma mais abrangente possível. Porém, muitos católicos em todo o mundo ainda pensam que os preservativos são imorais.

Certo dia, fui humilhada na Malásia, depois de fazer um comentário crítico sobre cremes de branqueamento da pele. A mulher que me envergonhou disse, em frente de outras pessoas, que não havia qualquer diferença entre branqueadores de pele e bronzeadores. Envergonhada, percebi que ela tinha razão e nunca mais critiquei. Claramente, a comunidade global não chegou a um consenso sobre o que é um produto moral e provavelmente nunca lá chegará.

O mesmo se aplica para o que é considerado «necessário». Normalmente, as necessidades evidentes em que as pessoas pensam são as coisas a que Douglas e Isherwood se referem como «aquelas que temos em comum com os animais», descartando o pressuposto como «uma abordagem grosseiramente veterinária».[6] Mas a redução das necessidades das pessoas àquilo que é estritamente necessário para continuar vivo é desumanizador. Num mundo assim, não teríamos música nem livros nem arte, por exemplo, porque não precisamos disso para continuarmos vivos da mesma maneira que uma vaca precisa de alimento. Pode dizer-se, porém, que se trata de coisas que nos «tornam humanos» ou «fazem com que a vida valha a pena». Quando se está a fazer trabalho para prover uma comunidade, há que pensar além da alimentação de animais.

Alguns dos favorecidos partem do princípio de que os pobres estão tão concentrados na sobrevivência que não dão importância às coisas mais «supérfluas». Ou talvez pensemos que os pobres sofrem tão horrivelmente que deixaram de se comover com a beleza. Ou talvez — e receio que esta seja a verdade — pensemos que os pobres se deviam concentrar apenas na sobrevivência e não tenham direito às coisas bonitas. Sobrevalorizamos o efeito positivo que as coisas bonitas exercem sobre os humanos, assim como o enorme impacto que pequenos objetos de beleza podem ter numa vida que em tudo o resto é difícil.

Apesar da pobreza, até as pessoas mais marginalizadas do mundo ainda sentem e procuram o prazer, ainda têm um espírito aventureiro, e sentido de humor. A pior coisa que pode acontecer num sítio empobrecido é as pessoas caírem no desespero. Nessa altura, torna-se extremamente difícil ajudar porque as pessoas perderam o desejo de se ajudarem a si próprias. Quando vemos que ainda sentem alegria e prazer, quando ainda conseguem rir e apreciar experimentar coisas novas, sabemos que a humanidade e a esperança estão intactas.

À medida que a equipa do Jita observou o sistema a disseminar-se pelo Bangladesh, reparou numa coisa contundente. As mulheres costumavam usar tons azuis. A equipa do Jita explicou-nos que os homens compravam todo o tecido para o vestuário das mulheres, e preferiam o azul. Porém, à medida que as *aparajitas* se foram estabelecendo, a palete de cores das roupas mudou de azul para um espectro de cores e padrões — suficientemente grande para a ONG reparar. Pela primeira vez, as mulheres estavam a escolher a sua roupa, portanto, conseguiam expressar as suas identidades, onde antes existia apenas uma mensagem de controlo.

Sabendo que a equipa do Jita observou essa mudança, fizemos perguntas sobre o vestuário nas nossas entrevistas às clientes. Vimos uma diferença marcada entre as participantes mais jovens e as mais velhas. As mais novas afirmaram que se vestiam para se sentirem bem com elas e não para agradar aos maridos, enquanto as mais velhas disseram que se vestiam para os maridos. Uma jovem disse que a sua cor preferida era o preto. «Fica elegante», disse. «O preto fica bem com tudo, pode ser vestido em cima ou em baixo e fica bem o ano inteiro.» Parecia a editora de moda de uma revista de páginas acetinadas. Perguntei-lhe sobre uns sapatos estilosos que tinha debaixo do roupeiro. Ela disse que os sapatos eram a peça de moda que preferia. Parece-lhe familiar? Já isto não: quando sai de *burka*, os sapatos são a única forma de ela se poder expressar.

Embora não fosse comum ver mulheres de *burka* no Bangladesh, tornaram-se mais visíveis à medida que os conservadores forçaram as mulheres a taparem o que consideravam ser o aumento de imodéstia das roupas interiores. (Já houve alguma cultura em que os homens mais velhos não achassem que as jovens se vestiam imodestamente?) Algumas responderam de formas divertidas, mas acutilantes. Em vez de usar uma *burka* escura só de um tom, uma jovem fez uma *burka* azul-celeste e comprou uns sapatos a condizer. Ao que parece, o marido adora vê-la de azul-celeste e ficou encantado. Sentiu-se inspirada para fazer mais, cada uma de uma cor diferente, com sapatos a condizer. O seu estilo era uma retaliação petulante aos *mullahs*.

Os bengalis gostam especialmente de cor e padrões. Pintam as carrinhas e riquexós como se fosse carnaval. Nas aldeias Jita, a maioria das casas era muito austera, feita de metal espiralado sobre uma laje de betão com vigas de madeira. Mas as vigas de suporte para o telhado e paredes metálicas tinham sempre um padrão. Por vezes, era uma videira; outras, uma forma de diamante. Ocasionalmente, os residentes pintavam-nas com uma cor bonita.

As grades das janelas eram frequentemente num tom brilhante, como turquesa. Um desenho circular vermelho com uma flor no centro aparecia frequentemente no chão à entrada. Pensei que talvez fosse um símbolo religioso, mas asseguraram-me que estava lá só porque achavam bonito.

Através do exemplo do Jita, podemos ver como o consumo não só é uma forma de expressão como parte da identidade, moralidade e estética. Conseguimos ver uma única categoria, a indumentária, utilizada para expressar desaprovação, conformidade, propriedade e lealdade, bem como rebelião e até petulância. Temos pessoas a construir ambientes que não os protegem só da chuva, também lhes levantam o moral. Mais uma vez aqui, muitas vezes a pessoa que compra tem um impacto desproporcionado na aparência das coisas, como são mantidas, se um membro da família se conforma ou revolta, e por aí em diante. Essa pessoa é normalmente o guardião da cultura e da família; no Bangladesh, são os homens que têm essa influência.

Mas à medida que o país muda de baixo rendimento para alto rendimento, as mulheres assumem um papel de maior provisionamento. A Figura 29 mostra a percentagem de consumo controlado pelas mulheres juntamente com o PIB *per capita*.[7] À medida que os países enriquecem, as mulheres controlam mais a despesa. Nos mercados desenvolvidos, as mulheres excedem as expectativas na despesa do consumo. Mesmo ganhando menos, as mulheres gastam muito mais, porque usam as finanças da família para comprar coisas para os filhos e para os homens. Portanto, não é apropriado pensar nos gastos das mulheres em vestuário, por exemplo, como abrangendo apenas o que compram para si próprias. As mulheres compram quase toda a roupa das crianças e também uma grande parte da roupa dos homens. O mesmo se aplica a outras compras, desde alimentos a equipamento desportivo.

As mulheres controlam os cordões da bolsa em muitos segmentos de mercado que podem parecer independentes. Por exemplo, os profissionais de marketing fazem um grande caso do «mercado jovem», mas embora os adolescentes com certeza tenham mais opinião a dar sobre o que vestem do que as crianças, são geralmente as mães que aprovam a compra, pagam a conta e impõem as restrições na utilização dos objetos.

No entanto, as mulheres ainda compram menos que os homens em algumas categorias. Os homens compram e fumam muito mais cigarros do que as mulheres, e também compram mais álcool; e há menor probabilidade de as mulheres gastarem dinheiro em casinos. É por isso que a capacitação económica das mulheres ajuda as crianças, e é também por isso que a crença comum de que os homens são compradores mais racionais é manifestamente absurda.

MULHERES, CONSUMO E RIQUEZA NACIONAL

	PIB *per capita* (milhares de dólares)	Despesas de consumo controladas por mulheres (%)
EUA	46	73
CANADÁ	37,9	75
REINO UNIDO	37	67
ALEMANHA	36	70
FRANÇA	34	71
ESPANHA	33	60
JAPÃO	32	63
ITÁLIA	32	57
CHINA	7	50

FIGURA 29. As mulheres tendem a ter mais controlo sobre as despesas de consumo à medida que o PIB *per capita* aumenta.

Fontes: Michael J. Silverstein e Kate Sayre, «The Female Economy», *Harvard Business Review*, setembro de 2009, para despesas de consumo; base de dados do Banco Mundial para o PIB *per capita.*

Comprar por razões sociais maiores, como a escolha de produtos «verdes» ou de comércio justo, tornou-se muito mais importante nas últimas duas décadas, e as mulheres são consideravelmente mais propensas do que os homens a comprar de acordo com esses objetivos sociais e ambientais. As provas sugerem que também gostam muito de comprar para apoiar outras mulheres. Campanhas de marketing ligadas a causas, como a que a Pampers e a UNICEF fizeram sobre tétano materno e neonatal, são sobretudo dirigidas às mulheres[8], e algumas foram extremamente bem-sucedidas. Penso que este consumo socialmente proativo sugere que as mulheres podem organizar-se nas linhas de consumo, talvez com maior produtividade do que através de greves e outras medidas de protesto tradicionais, e terem mais impacto.

Em 2017, houve uma greve geral pelos direitos das mulheres nos Estados Unidos, na qual as mulheres foram convidadas a ficar em casa e a não irem trabalhar para protestar contra as atitudes da administração Trump em relação aos direitos das mulheres. Mas uma greve não resulta para as mulheres porque não estão presentes na economia da mesma forma que os homens. Muitas estão em casa, e a maior parte das que trabalham está agrupada em indústrias em que as colegas também são mulheres. As mulheres estão desproporcionadamente em empregos inseguros e por isso são mais vulneráveis a serem despedidas.

Os organizadores da greve do «Dia Sem Mulher» sugeriram que as mulheres que não trabalhavam fora de casa não se deviam preocupar com o trabalho nesse dia. No entanto, não há hipótese de as mulheres se recusarem a cuidar das crianças, especialmente das mais pequenas, nem que seja por um dia. E quem iria reparar se não varressem o chão da cozinha uma vez? Essa ideia também partia do pressuposto de que todos vivem em relações heterossexuais, por isso seriam os homens os lesados. Também se assumiu que nenhum parceiro homem das grevistas estava a seu lado, o que me parece um pouco desatualizado. Apareceram muitas histórias na imprensa que citavam mulheres a dizerem que não achavam que conseguiam fazer greve porque iriam passar o trabalho para outras mulheres. Uma resposta ilustrou perfeitamente a razão pela qual as greves não se enquadram nas mulheres da mesma maneira que nos homens: uma mulher disse que tinha assistido à luta da mãe pelo direito ao trabalho, por isso, não achava bem fazer greve ao trabalho.[9]

Procurar ter impacto através do consumo, como a estratégia do Natal a 80%, pode ser bastante mais eficaz. As compras são normalmente feitas individualmente, portanto, há menor probabilidade de ser observada e ser alvo de retaliação. Todas podem participar. Poucas de nós sairemos prejudicadas se gastarmos um pouco menos na quadra. A maioria das empresas quer desviar-se de qualquer coisa que as coloque em maus lençóis com as consumidoras. Mas às vezes esquecem-se de que têm mulheres tanto como mercado-alvo *como* como força laboral. Vamos lembrá-las disso.

11 | RUFIAS DO DINHEIRO

Andava há semanas embrenhada numa luta com os curadores da coleção de moedas do Ashmolean Museum, em Oxford. Estávamos a planear o Fórum Power Shift para as Mulheres na Economia Mundial de 2014, subordinado ao tema finanças. A receção de abertura deveria ser realizada na antessala da exposição de moedas Ashmolean, e os curadores deveriam fazer uma visita guiada à exposição. Eu queria que falassem da inclusão das mulheres no sistema monetário.

Os curadores mostraram-se primeiro estupefactos com o meu pedido, depois insultados. A numismática, rabujaram, não estuda essas questões «políticas». Educadamente, apontei que a exibição falava de reis, conquistas e políticas económicas. Essas questões não eram «políticas»? Não, isso era apenas História, disseram-me. A sorrir para me tranquilizarem, voltaram a perguntar se não era mais simpático mostrar apenas às senhoras do Power Shift as lindas moedas cunhadas com figuras de deusas.

O silêncio em redor das mulheres é típico de disciplinas em que os académicos continuam a ser quase só homens. Os antropólogos ignoraram as mulheres enquanto tópico de estudo até à década de 70, assim como os arqueólogos até que as mulheres passaram a fazer parte da disciplina e fizeram a pergunta «política». Os historiadores costumavam escrever como se as únicas coisas que importassem fossem os reis e a guerra. Então, sabia que havia a possibilidade de a omissão das mulheres dos registos históricos do sistema financeiro ser meramente mais um desses ângulos mortos. No entanto, desta vez, eu tinha outra teoria.

Em todo o lado no mundo real, parecia-me, andava a observar uma atitude moral profundamente enraizada que insistia que o dinheiro estava inacessível às mulheres. As ideologias que alegavam que as mulheres não podiam ou não deviam gerir dinheiro eram bastante consistentes em várias culturas, mantendo-se praticamente inalteradas desde os credores nas aldeias aos investidores de risco, e ecoavam de forma inquietante o que tinha visto nas gerações da minha mãe e da minha avó, e as barreiras pouco variavam na prática. Concluí que todas as populações de mulheres que estudei — desde donas de casa do século XIX, às mulheres nos complexos habitacionais do Bangladesh, a empresárias em Londres — estavam a ser excluídas do sistema monetário no geral, e não só do trabalho remunerado ou dos melhores empregos.

O fosso entre as mulheres e o sistema financeiro tornou-se altamente visível no início dos anos 2000 com o aumento dos microcréditos, uma prática que disponibiliza empréstimos muito pequenos para os muito pobres. Muhammad Yunus, um banqueiro do Bangladesh, ganhou o Prémio Nobel da Paz por esta inovação em 2006. As principais clientes do microcrédito foram, e continuam a ser, as mulheres pobres dos países em vias de desenvolvimento. Desde o início, apesar de estes credores cobrarem taxas de juros exorbitantes, as mulheres acorreram ao microcrédito, em grande parte por não conseguirem crédito em mais lado nenhum. As mulheres usaram os empréstimos de formas pró-sociais, que produziram benefícios mensuráveis para as famílias e comunidades, como fazem quase sempre.

As instituições de beneficência globais começaram a criar programas de microcrédito. Houve, no entanto, muitos problemas. Um dos primeiros e mais problemáticos foi a violenta reação dos homens nas aldeias em que o microcrédito foi introduzido: qualquer banco que emprestasse dinheiro diretamente às mulheres ameaçava o domínio masculino. Os homens expropriavam frequentemente o dinheiro emprestado às mulheres, recusavam-se a pagá-lo e impunham a sua decisão através da violência. Desde essa altura, tornou-se prática comum ter um plano de resposta à violência doméstica quando houvesse um programa relacionado com a inclusão financeira das mulheres.

Embora os microcréditos fossem pequenos, algumas mulheres entraram numa espiral de dívidas devido às taxas de juro astronómicas de 25 a 50%, ou mais. Para a comunidade mundial, o risco de sobre-endividamento parecia demonstrar a corrupção inerente ao sistema bancário e também sublinhar uma crença comum sobre as mulheres — que são incapazes de ter responsabilidade financeira.

A nível mundial, homens e rapazes pontuam consistentemente mais do que mulheres e raparigas em testes de literacia financeira, mesmo após uma instrução especializada, o que geralmente leva os investigadores a concluir que há algo sobre as mulheres (talvez cérebros «inferiores») que as torna menos capazes de absorver informação financeira. No entanto, é crucial lembrar que as práticas culturais têm um impacto nas competências de vida desenvolvidas por homens e mulheres, especialmente para o processo de construção do conectoma. Os homens normalmente têm mais experiência com as questões financeiras, mesmo em tenra idade, precisamente porque o acesso das mulheres ao sistema monetário é muitas vezes severamente restrito. Os rapazes são educados com a expectativa de que irão lidar com dinheiro e estão frequentemente envolvidos em assuntos comerciais numa idade precoce, de uma forma que as raparigas não estão. As raparigas têm menos oportunidades de aprendizagem informal no que toca a dinheiro, e por vezes têm ideias estranhas, como «o dinheiro é sujo», um mantra que ouvi repetidamente de mulheres do Bangladesh, teóricas feministas e até da minha própria avó.

Prova de que a familiaridade com o dinheiro pode ser mais eficaz do que instrução especial é oferecida pela experiência da ONG com grupos de poupança de mulheres, que foram instalados em áreas empobrecidas desde meados da década de 90. O procedimento é o seguinte: um grupo de mulheres encontra-se periodicamente, num espaço privado só para mulheres. Cada uma deposita uma pequena quantia num cofre. À medida que vão tendo mais dinheiro, tomam decisões sobre o que fazer com os fundos, sem que os homens interfiram ou tirem dinheiro. Os grupos que conheci põem de parte dinheiro para emergências e guardam uma parte para as necessidades da comunidade, como para os órfãos do VIH. O montante é emprestado aos membros do grupo para usarem em projetos geradores de rendimento, como criar galinhas ou fazer saris. Os empréstimos têm juros, normalmente a uma taxa elevada (20% ou assim), embora não tão altos como os juros cobrados pelos microcréditos.

No final do ano, a prática é liquidar tudo e pagar uma parte que o grupo ganhou a cada membro, para que todas as mulheres beneficiem do sucesso das outras. Com o surgimento do microcrédito, as mulheres passaram também a poder fazer empréstimos em instituições formais e a pagá-los com os lucros dos seus investimentos. Apesar dos juros altos, as taxas de amortização destes empréstimos têm sido de 98% ou mais, o que é um resultado líquido excecional.

As ONG encorajaram os grupos de poupança das mulheres porque os benefícios foram imediatamente claros: à medida que o rendimento das mulheres aumenta, as famílias recebem melhor nutrição, as crianças vão mais frequentemente à escola e a habitação melhora. Todos esses resultados reduzem a pobreza. Podemos inferir deste registo, consistente em vários grupos e países, que as mulheres *são* capazes de adquirir perícia financeira quando lhes é permitido ter dinheiro e experienciar geri-lo. Também se verifica que as mulheres ficam com a autoestima elevada, e sentem-se mais valorizadas nos seus agregados familiares, em resultado do seu envolvimento em grupos de poupança, contexto que também fomenta a irmandade.

Todavia, as diferenças educativas entre as mulheres por vezes tornam o processo desigual. Por exemplo, observei um grupo em que havia três professoras e uma mulher que nunca tinha ido à escola. Uma professora abriu uma conta bancária para o grupo, e entre si discutiam os extratos mensais com os restantes membros, mas a mulher sem escolaridade, como era analfabeta (não sabia ler, escrever ou calcular), não conseguia perceber o que se estava a passar. Ficou refém numa espiral de dívida e sentia-se alienada do grupo, perdeu a confiança no grupo porque não conseguia entender nem as consequências financeiras do seu empréstimo nem a explicação dos extratos bancários.

Outro grupo escolheu para líder a única mulher entre elas que tinha escolaridade média. Ela decidiu efetuar todas as transações em dinheiro, porque as mulheres sem escolaridade conseguiam compreender as notas e as moedas. Ao manter todas as transações numa forma concreta, conseguiu preservar a confiança do grupo.

Estes dois exemplos ilustram que as exclusões educacionais básicas que as mulheres sempre sofreram têm efeitos permanentes na sua literacia financeira que não são resolvidos com um curso especializado, os métodos devem ser adaptados para se ajustarem às circunstâncias.

Nos últimos cinco anos, as ONG têm estado sob pressão por parte dos doadores para aumentarem o número de pessoas nos grupos de poupança. A sua resposta tem sido reunir grupos mistos, mas, infelizmente, os homens tentam muitas vezes assumir o controlo, exigem empréstimos maiores, não pagam os seus empréstimos, e esperam taxas de juro mais baixas ou nulas. Recusam-se frequentemente a guardar dinheiro para emergências — uma prática muito importante para as comunidades que vivem no limite — e têm relutância em utilizar o dinheiro para objetivos humanitários como ajudar os órfãos. Os homens envolvem-se em comportamentos financeiros mais arriscados, mas insistem que as mulheres é que não sabem nada de negócios. A privacidade que se perde ao aceitar homens nos grupos de poupança pode ser devastadora. Ter a possibilidade de poupar dinheiro com privacidade é a necessidade mais urgente das mulheres nas comunidades rurais pobres. Se estiverem homens na sala, é como se as mulheres conduzissem os seus negócios num aquário.

O primeiro grupo misto que visitei só tinha dois homens. Quando entrei, as mulheres estavam sentadas no chão, descalças, enquanto os dois homens estavam sentados nas duas únicas cadeiras com os sapatos calçados. Sentar numa cadeira e não descalçar os sapatos no interior são ambos indicadores de estatuto na etiqueta quotidiana dos pobres rurais. Os homens conduziam a reunião, viam os livros de poupança de cada mulher antes de registar as transações do dia, enquanto as mulheres olhavam para cima desde o chão e obedientemente respondiam às questões.

Rapidamente vi que os fatores-chave que levavam ao sucesso dos grupos de poupança de mulheres tinham desaparecido com a admissão de apenas dois homens. A privacidade sobre as transações, a solidariedade de grupo, a tomada de decisões independente, a dignidade feminina e um ambiente aberto e livre de *bullying* masculino tinham desaparecido. Ao exigir arbitrariamente um aumento dos números sem compreender as dinâmicas de género, o doador comprometeu a estratégia de combate à pobreza mais eficaz dos últimos 30 anos.

Contudo, observei uma exceção. Um grupo misto, parte da rede organizada pela CARE International, tomou decisões financeiras de forma respeitadora, colaborativa e, talvez em resultado disso, os ganhos financeiros tenham ultrapassado os de todos os outros grupos da rede. Os homens casados e as mulheres do grupo disseram-me que os outros aldeões invejavam os seus casamentos porque eram livres de violência. Os homens tentaram dizer aos outros que uma ética respeitadora na gestão das finanças tinha reduzido a tensão em suas casas, mas os amigos não quiseram arriscar o seu domínio ao adotar uma nova atitude. Apesar deste desempenho excecional de grupo, a CARE deixou de organizar grupos de género misto naquela área; o comportamento financeiro predatório dos homens no geral tinha sido demasiado destrutivo.

Outra lição fundamental da última década é que a emancipação económica das mulheres não deve limitar-se a ajudá-las a ganhar dinheiro — as mulheres devem também ser capazes de manter o dinheiro em segurança e em privado, a fim de controlarem a forma como o gastam. Se as mulheres não tiverem controlo, não podemos esperar uma redução da pobreza com os seus gastos construtivos. Em vez disso, o dinheiro vai para os homens e, porque lhes parece «grátis» ou uma espécie de dinheiro encontrado, é mais provável que o gastem em frivolidades.

Infelizmente, os bancos dificultam que as mulheres poupem dinheiro. Fiquei a compreender como as instituições financeiras restringem o controlo das mulheres sobre os seus rendimentos através de um projeto no Uganda em que estou a participar, também com a CARE, que é financiada pela Fundação Bill e Melinda Gates. Este projeto está a testar duas intervenções: um serviço bancário móvel concebido para dar às mulheres controlo do seu próprio dinheiro e um curso de aconselhamento familiar concebido para equiparar a participação delas nas decisões do agregado familiar. A teoria subjacente a este projeto é que, tornando possível às mulheres que controlem o seu próprio dinheiro ou tenham mais participação a nível do agregado, vai haver uma melhoria no combate à pobreza.

Porém, as atitudes e práticas dos bancos dificultaram a implementação do projeto. Até há pouco tempo, os bancos do Uganda não abriam contas em nome de mulheres, a menos que fosse acompanhada do parente masculino mais próximo para dar permissão. Embora essa regra tivesse sido legalmente alterada, os bancos continuaram a dificultar a inclusão financeira das mulheres. Por exemplo, continuam a exigir documentação como certidões de nascimento antes de abrir uma conta; é frequente as mulheres nem serem registadas à nascença. Na verdade, o acesso restrito das mulheres a bilhetes de identidade formais é uma das barreiras principais à sua inclusão económica no mundo inteiro. Para fazerem prova de identidade têm de andar a perguntar pela aldeia se alguém se lembra de quando nasceram. Claro, se o que pretende é abrir uma conta em que só a mulher pode ter acesso ao dinheiro, pedir a toda a gente que comprove a sua identidade vai revelar o segredo. Para piorar a situação, por vezes, o banco exige uma carta de aprovação do chefe local, que costuma sentir-se moralmente obrigado a contar ao marido que a mulher vai abrir uma conta no banco — mas não sente a mesma obrigação de informar a mulher quando o marido abre uma conta. Tudo isto significa que o processo normal de abertura de uma conta bancária contraria o objetivo de manter o controlo privado sobre os fundos, ajuda é os chefes de família do sexo masculino a manterem o poder total, controlando o dinheiro.

Para complicar mais todo o contexto, as áreas rurais têm tão poucos bancos que a distância entre as aldeias é uma barreira, especialmente porque as mulheres muitas vezes têm de ir a pé. Uma vez que precisam de autorização para sair de casa, não podem ir a um banco sem o chefe de família saber.

O acesso a um banco móvel poderia ser uma solução. A tecnologia elimina a distância do banco e oferece uma melhor hipótese de privacidade. As mulheres podem depositar e levantar fundos em pequenos quiosques próximos. Mas há muito menor probabilidade de as mulheres terem um telemóvel (não considerado «necessário» para elas), e o registo ainda exige identificação. Contudo, se o dinheiro pudesse ser depositado através do grupo de poupança, poder-se-ia conseguir privacidade e controlo. E se uma mulher não tivesse um telemóvel, podia aceder à conta pedindo um emprestado ao grupo. Foi por isso que levámos a cabo ambas as intervenções através dos grupos de poupanças — com a permissão deles, claro.

Enquanto a intervenção do banco móvel tem como objetivo conceder às mulheres independência e privacidade, esperamos que o aconselhamento familiar atinja os mesmos fins ao veicular um ambiente de maior colaboração familiar. O curso destina-se a persuadir o chefe de família a incluir a sua esposa como igual na tomada de decisões e a reconhecer os seus objetivos como igualmente importantes.

Nas aldeias em que estamos a trabalhar, as mulheres normalmente dão o dinheiro que recebem aos maridos. Depois, os homens dão-lhes uma mesada para as «necessidades» diárias (como vegetais, mas sabonete, não), gerindo o resto do dinheiro como querem, e normalmente não explicam como foi gasto. Quando chegámos, constatámos que a maioria dos homens já tinha contas bancárias, mas muitas mulheres não tinham. Os homens disseram-nos que usaram os fundos para as suas necessidades pessoais. As mulheres não sabiam normalmente que os maridos tinham contas no banco, quanto ganhavam ou se tinham poupanças. As mulheres não faziam ideia se a família tinha dinheiro para uma emergência. Então, guardavam um pouco de dinheiro sub-repticiamente quando o devolviam aos maridos e escondiam-no o melhor que podiam. Se o marido encontrasse o dinheiro escondido da mulher, era frequente ficar com ele.

Muitas mulheres tinham maridos abusivos, alcoólicos ou maridos à beira de as abandonarem, e precisavam desesperadamente de uma forma de guardar em segredo o máximo dinheiro possível. De todos os pontos de vista, havia razões legítimas e até urgentes para as mulheres controlarem o dinheiro com privacidade, mas prevalece a moralidade de que as mulheres não deviam ter autorização para isso.

Consegue imaginar quão vulneráveis estas mulheres se sentiam — e quão vulneráveis estavam, na realidade. Uma mulher que não sabia o estado das finanças do seu agregado familiar receava um desastre imprevisto e tentava poupar para se precaver, quer o marido fosse ou não um bêbedo ou um mulherengo. As mulheres também sabiam que, se os maridos morressem, ficariam vulneráveis ao horror subsequente de confiscação de propriedade e da herança da esposa.

Ao incluir escalas psicológicas padronizadas na nossa investigação, aprendemos que as mulheres que desconheciam a situação monetária do marido tinham muito mais probabilidades de estarem ansiosas e deprimidas do que as mulheres que sabiam.[1] Previsivelmente, as mulheres no geral tinham maior probabilidade que os homens de sofrer de ansiedade e depressão. Os homens tiveram resultados muito superiores às mulheres na *Pearlin Mastery Scale*, que mede a crença da pessoa de que pode alterar o seu destino.[2] Mais importante, no entanto: as mulheres que tinham a sua fonte de rendimento, conta bancária e telemóvel tinham uma maior noção de domínio, assim como menos depressão e ansiedade, do que as mulheres que não tinham essas coisas. Esses resultados mostraram que estávamos a ir na direção certa ao revelar o sofrimento emocional que os regimes financeiros injustos produzem e ao demonstrar quais os passos para capacitar economicamente as mulheres que podiam reverter esse impacto.

Também aferimos o impacto das crenças patriarcais.[3] As pessoas de ambos os sexos que concordaram que os homens deviam dominar as instituições e os governos tinham menores probabilidades de acreditar nas suas próprias capacidades de afetar o futuro. Mesmo que os homens mostrassem muito mais crença neste tipo de domínio patriarcal que as mulheres, sentiam-se igualmente vulneráveis perante um sistema que os enfraquecia. As mulheres mostraram menor probabilidade de partilhar as crenças patriarcais, mas eram mais negativamente afetadas por elas.

Enquanto desenvolvia este trabalho no Uganda, outros trabalhos de campo mostraram-me como estas práticas familiares e institucionais básicas se tornaram uma barreira tremenda para as mulheres que possuem pequenas ou médias empresas. Em 2017, avaliei as atividades relacionadas com o empreendedorismo feminino realizadas no âmbito de uma operação de empréstimo ao investimento do Banco Mundial na Moldávia, um país da Europa de Leste que pertenceu à União Soviética.[4] Outros estudos que analisei como preparação sugeriam que os homens moldavos controlavam os bens das suas famílias, independentemente da sua origem, e tomavam todas as decisões financeiras, exceto as que envolviam pequenas compras domésticas, apesar de a lei moldava considerar que os bens domésticos são propriedade conjunta.

A prova mais reveladora destas práticas financeiras familiares foi o destino dos títulos de propriedade feitos pelo governo moldavo na altura em que a União Soviética caiu. No processo de «privatização» da Moldávia, a terra foi dividida igualmente entre homens e mulheres. Na altura, o Banco Mundial tinha expressado preocupação de que as mulheres ficassem em desvantagem nesta tentativa de distribuição equitativa, devido ao seu conhecimento mais limitado de direitos à terra. Além disso, como os homens, enquanto chefes de família, teriam poder de decisão sobre a terra das suas esposas, seria difícil para as mulheres casadas manterem o controlo sobre a terra que lhes tinha sido dada.[5] Vinte e cinco anos mais tarde, apesar da distribuição equitativa inicial, os homens detinham dez vezes mais terra do que as mulheres, e 90% do equipamento agrícola. Como ficamos a saber repetidamente na capacitação económica das mulheres, programas «neutros em género» acabam por beneficiar os homens porque ignoram as especiais desvantagens experienciadas pelas mulheres.

Na avaliação que fiz para o Banco Mundial, vi que os homens moldavos estavam a aumentar exponencialmente a sua riqueza. Os homens não só possuíam mais empresas moldavas, como também estavam a expandir as suas participações, apesar do seu desempenho bastante medíocre nos negócios, em comparação com o das mulheres. Os homens de negócios receberam impulso de um sistema bancário que lhes concedeu um tratamento preferencial, os negócios geridos por mulheres cresceram mais lentamente, apesar de terem um desempenho superior em todos os outros aspetos, devido ao acesso restrito ao capital e às condições punitivas que os bancos lhes oferecem.

Em todo o mundo, as empresas de proprietárias mulheres crescem lentamente. Estudos transculturais de empreendedorismo concluem frequentemente que uma das principais razões para o «fraco desempenho» é a relutância das mulheres em penhorar os bens familiares como garantia para o negócio. Esta conclusão é invariavelmente apresentada como prova de que as mulheres têm culpa das suas desvantagens económicas, mas nenhum destes estudos faz a pergunta óbvia: *porque* é que as mulheres não penhoram os bens de família tão frequentemente como os homens? Os analistas que levaram a cabo estes estudos estão de acordo com a noção de que as práticas financeiras são neutras, e por isso não estão preparados para considerar que as circunstâncias dos homens e das mulheres diferem de forma consistente. Assim, pensa-se que quaisquer resultados negativos obtidos pelas mulheres sejam causados por uma inferioridade feminina inerente.

No setor financeiro, a maioria dos pareceres sobre a capacidade empresarial das mulheres é proferida sem qualquer base probatória. Um estudo de 2015 realizado pela Global Banking Alliance for Women, Data2X e InterAmerican Development Bank constatou que nenhum banco central recolhe dados desagregados por género (ou seja, dados separados por género) sobre os seus clientes de negócio, nem os bancos individuais. Os inquiridos dos bancos não consideravam as mulheres nem boas clientes nem parte significativa do seu negócio. Portanto, não achavam que o exercício de diferenciar dados por género valesse a pena e recusaram-se a fazê-lo. Dados retirados de potenciais clientes, e não dos bancos, como os recolhidos pelo estudo da Global Findex, mostram consistentemente que as mulheres têm menos probabilidades de ter contas do que os homens, embora quase todos nos países em vias de desenvolvimento permaneçam «sem contas bancárias». O Banco Mundial iniciou entretanto um apelo aos bancos dos países em vias de desenvolvimento para que comecem a apresentar dados de contas desagregadas por género; a primeira vaga dessas apresentações ocorreu em 2018.

Não obstante, na maioria dos países ocidentais, os regulamentos dos anos 70 proíbem os bancos de terem marcadores de identificação de género nos seus registos de clientes. Esta restrição destinava-se a impedir os bancos de discriminar, mas, 50 anos mais tarde, é evidente que os regulamentos, pelo contrário, tornaram possível que os bancos discriminassem sem receio de responsabilização. Os pedidos de empréstimos comerciais são inicialmente feitos pessoalmente, pelo que o responsável pelo empréstimo *sabe* quando o proprietário é do sexo feminino. Se o banco não tem um domínio para o género do candidato nos seus registos de clientes, não tem forma de avaliar se a instituição em geral está envolvida num padrão sistemático de discriminação; o banco pode estar a conceder 95% dos empréstimos comerciais a homens e ninguém ficaria a saber.

Foi a essa conclusão que chegou um estudo levado a cabo em 2014 pela Comissão das Pequenas Empresas e do Empreendedorismo do Senado dos EUA.[6] Apesar de 50 anos de sistema bancário supostamente cego ao género, a comissão constatou que 95% dos empréstimos convencionais, e 22 dólares de todos os 23 dólares emprestados por um banco a uma empresa, foram para homens — por outras palavras, os homens não só recebiam consideravelmente mais empréstimos, mas também mais avultados. As mulheres são proprietárias de cerca de um terço das pequenas e médias empresas nos Estados Unidos, geram 3 biliões de dólares anualmente para a economia dos EUA e empregam o equivalente a 23 milhões de pessoas.[7] Dada a mera dimensão destes números, permitir que os bancos deixem as mulheres proprietárias famintas de capital deve produzir uma poderosa influência no crescimento nacional. Tentar resolver o problema analisando dados desagregados por género iria sem dúvida valer o trabalho.

O Banco BLC no Líbano tornou-se um exemplo favorito para mostrar o poder de dados de clientes desagregados por género.[8] Em 2014, a muito custo, este banco dividiu os registos dos clientes e constatou que as mulheres constituíam uma pequena parte do seu negócio, mas que era altamente rentável e de baixo risco. As mulheres são proprietárias de cerca de um terço de todas as pequenas e médias empresas no Líbano, mas também detinham menos de 5% dos empréstimos comerciais convencionais. Por outras palavras, o segmento era grande, mas estava a ser ignorado e, portanto, negligenciado pelos bancos libaneses. Como mais nenhum banco no país tentava atrair proprietárias de negócio mulheres como clientes, o segmento de mercado estava aberto, e como o mercado financeiro libanês estava estagnado, servir as mulheres era uma das poucas oportunidades que o banco tinha para crescer. O BLC Bank decidiu fazer de tudo para se tornar o banco de eleição das mulheres.

Assistido pela Corporação Financeira Internacional (IFC), o BLC Bank fez uma pesquisa de mercado alargada junto das empresárias, incluindo grupos de foco e entrevistas. Depois de ouvir as mulheres a explicarem as suas necessidades e preferências de negócio, o banco criou e adaptou produtos e serviços de acordo com o que necessitavam. Por exemplo, as mulheres libanesas proprietárias de negócios têm muito pouco tempo, portanto, queriam que o banco estivesse aberto mais horas, que abrisse sucursais mais perto e que os processos de candidatura fossem mais rápidos.

Através desta pesquisa, o BLC Bank também ficou a saber que as mulheres libanesas sentiam a forma negativa com que os banqueiros as tratavam. O banco teria de comunicar diretamente que aceitava esta crítica e que trataria as clientes do sexo feminino com respeito. Isso queria dizer que a mensagem para as mulheres não podia ser disfarçada como uma comunicação neutra ao género dos novos produtos e serviços. Mudar produtos para interessar às mulheres, mas oferecê-los de uma forma «neutral em género», é uma estratégia frequente dos bancos, que insistem que devem sonegar apelos ao género para evitar «ofender» os clientes masculinos. Se for verdade, esta desculpa diz coisas desagradáveis sobre a base de clientes, mas parece mais provável que estes financeiros simplesmente não queriam ficar conhecidos como «o banco cor-de-rosa». É uma tática cobarde que se dirige ao problema central: o desrespeito que os banqueiros consistentemente mostram para com as mulheres.

Em vez de esconder a sua intenção de galantear mulheres como clientes por detrás de imagens neutrais ao género, o BLC Bank abordou o problema de frente. O banco produziu uma série de anúncios humorísticos, a dramatizar os problemas que as mulheres normalmente têm com os bancos. Requalificou todos os seus empregados para evitar comportamentos tendenciosos e criou incentivos para os recompensar pelo recrutamento de clientes do sexo feminino. Num esforço louvável para vestir a camisola, o BLC Bank também mudou as políticas de pessoal no sentido de aumentar o número de mulheres em cargos mais altos dentro do banco. E começou a publicar vídeos no YouTube em que os empregados representavam episódios para ensinar lições sobre discriminação de género no local de trabalho.

Sem surpresas, o BLC tornou-se o banco de eleição das mulheres libanesas; o aumento das clientes mulheres foi substancial, assim como o número e o montante dos empréstimos feitos e o número de contas abertas. Normalmente, as mulheres compram todos os serviços financeiros de um só fornecedor, e as clientes do BLC fizeram o mesmo, tornando-se mais rentáveis do que os clientes homens, as mulheres também apresentavam taxas de incumprimento muito menores. Por fim, as pesquisas de clientes do banco mostraram que tanto homens como mulheres aplaudiam os passos progressistas do banco no sentido da inclusão feminina. O BLC Bank tinha conseguido captar com sucesso um segmento rentável, de baixo risco, num mercado estagnado. A única coisa que impedia os outros bancos de fazerem o mesmo era o seu próprio preconceito.

A relutância da maioria dos bancos em servir de forma respeitosa e justa os clientes do sexo feminino tem importantes implicações na política económica para o desenvolvimento internacional. Num estudo de 2019, levado a cabo pelo Banco Mundial, os bancos dos países em vias de desenvolvimento revelaram uma lacuna na disponibilização de crédito ao género feminino de 1,46 biliões de dólares.[9] Recusar crédito às mulheres bloqueia o crescimento nacional, assim como mantê-las longe do mercado de trabalho. Esta prática também perturba a subsistência dos agregados familiares, com todas as consequências inerentes que vimos, mas amplificadas em biliões de dólares. O grupo The Women, Business and the Law, também do Banco Mundial, reporta também que os países que fazem um trabalho «bancário» melhor com as mulheres têm uma estabilidade melhorada.[10] Mais uma vez, excluir as mulheres acarreta um preço alto, e a sua inclusão é vantajosa para todos.

Infelizmente, recorre-se a práticas desagradáveis com a intenção de assustar as mulheres. Um estudo de caso de 2014 que escrevi com Jiafei Jin, da Southwestern University of Finance and Economics, demonstra esta realidade e ilustra melhor como podem ser infundadas as justificações dos banqueiros para excluírem as mulheres.[11] Os bancários do «Bank of Chengdu» (um pseudónimo) alegaram que não havia mulheres empresárias no seu portefólio de clientes de crédito, exceto as únicas herdeiras dos negócios dos pais, os quais estavam sob o controlo dos gestores (homens) dos pais.[12] Alegaram que as mulheres que tinham negócios seus nunca se candidatavam a empréstimos, embora não estivessem a contabilizar quem entrava pela porta, quem se fartava e ia embora, quem ficava tempo suficiente para se candidatar ou quem era rejeitado ou aprovado. Apesar de uma total falta de provas, os bancários conseguiam enumerar uma ladainha de razões para as mulheres não serem boas clientes bancárias: fazem demasiadas perguntas; olham com muita atenção para as taxas de juro; são adversas ao risco; e «têm filhos, portanto, não são sérias». Uma vez que fazer perguntas, estar vigilante às taxas de juro e mostrar cautela em relação à dívida são todos indicadores de um cliente digno de crédito, não fazia sentido rejeitar clientes mulheres por estas razões.

Na verdade, o Bank of Chengdu não fazia ideia se as mulheres eram boas clientes, porque não tinha qualquer experiência com elas. Mas não podemos concluir que aqui o problema se tenha tratado de preconceito inconsciente, uma vez que os bancários expressaram abertamente os seus preconceitos e sentiam-se confiantes de que estas crenças sobre as mulheres eram verdadeiras, apesar da falta de provas. Também participavam de um ritual social que *sabiam* que tinha o efeito de assustar as clientes mulheres, um ritual que quis bastante expor neste estudo.

Meses antes, tinha estado em Zhejiang a entrevistar três empreendedoras que tinham acabado de se graduar do programa de formação da Goldman Sachs *10,000 Women*. Quando comecei por lhes perguntar qual era a maior barreira ao seu sucesso, disseram que era a formação. «Mas agora já passaram essa fase», respondi, «qual é a barreira seguinte?» Estava à espera de que dissessem «cuidar dos filhos». Em vez disso, olharam umas para a outras, viraram-se para mim e disseram, aparentemente, em uníssono: «*Karaoke*». Como? Passaram a explicar: para conseguirem que um banco lhes desse um empréstimo, tinham de estar dispostas a sair para jantares demorados e cheios de bebida com os agentes dos empréstimos. Depois do jantar, os homens queriam beber mais e iam para o *karaoke*. Depois disso, tornava-se perigoso. Nenhuma mulher que se preocupasse com a sua segurança, reputação ou casamento ia querer expor-se a este risco. Foi esta revelação que me levou a perguntar a Jiafei Jin se queria fazer comigo uma pesquisa sobre o sistema bancário e as mulheres.

Sem dúvida, o Banco de Chengdu dedicava-se ao ritual do *karaoke*. Noites com clientes costumavam acabar em idas a prostitutas, depois das quais os homens iam de limusinas para casa porque estavam demasiado embriagados para conduzir. A prática ficava cara ao banco, e não era particularmente saudável para os agentes financiadores, uma vez que se esperava que fizessem isto com todos os clientes. Como estas noitadas costumavam acontecer durante a semana, os bancários estavam provavelmente de ressaca no dia seguinte de trabalho, situação que afetaria a precisão do seu trabalho financeiro, e podemos imaginar o impacto que tinha nas suas famílias. Consequentemente, o banco tinha menos mulheres executivas — como poderiam fazer parte desta cultura de deboche? — e, de facto, usavam a recusa de participação das empreendedoras femininas como justificação para não terem clientes mulheres, alegando que não havia forma de conseguirem «criar confiança» com alguém que não se embebedasse negligentemente com eles.

A realidade é que todos os centros financeiros têm o seu ritual de *karaoke*. Em Londres e Nova Iorque, são danças de *striptease*. Na Europa de Leste, é sauna. Sejam quais forem os pormenores, o ritual sexualmente perigoso usado para barrar o sistema monetário às mulheres está sempre presente. Dadas estas atitudes e práticas, deve conseguir compreender porque é que as ofertas criadas para serem «benéficas para a mulher», mas disponibilizadas tanto para as mulheres como para os homens, normalmente não têm impacto no acesso financeiro das mulheres: independentemente da intenção, as práticas prejudiciais tornam a oferta mais prontamente disponível para os homens.

Quando perguntei às três mulheres de Zhejiang o que lhes facilitaria o acesso bancário, responderam rápida e unanimemente: queriam mais funcionárias bancárias mulheres. Ouvi esta resposta muitas vezes, mas não é uma solução provável, porque o setor financeiro também exclui as mulheres, barrando-lhes avanços na carreira.

No *Equal Pay Scandal* (*Escândalo da Igualdade Salarial*) de 2018, na Grã-Bretanha, os resultados dos bancos foram ainda piores do que os das companhias aéreas, as casas de jogo e as indústrias de preparação de carne. As diferenças salariais de género não eram apenas transversalmente maiores, as mulheres tinham ainda menor presença nos empregos mais bem cotados e mais bem pagos nestas indústrias. Na Goldman Sachs, apenas 17% do quartil do topo dos melhores salários era atribuído a mulheres. O Barclays reportou que as mulheres ocupavam apenas 19% dos empregos mais bem remunerados. Na HSBC, 34% dos funcionários mais bem remunerados eram mulheres, mas 71% dos empregos mais mal classificados eram também executados por mulheres.[13]

Em todo o setor financeiro, as mulheres nos cargos importantes são aves raras. Provavelmente consegue adivinhar que a explicação facultada costuma ser a baixa representação no «mapa da diferença de géneros na matemática».

Em 2016, tive um confronto direto com este sectarismo do cérebro. Estava a trabalhar com outros colegas na elaboração de um programa de formação para o IFC. O programa seria usado para convencer os bancos afiliados do IFC do mundo inteiro a serem mais recetivos às clientes femininas. Na primeira *conference-call* que fizemos, os representantes do IFC disseram-nos que precisavam que puséssemos no currículo que estávamos a elaborar «algo sobre diferenças do cérebro». Expliquei que já estava bem estabelecido que não havia diferenças entre o cérebro das mulheres e o dos homens. Pensei que a questão tivesse ficado resolvida, mas quando prosseguimos para o desenvolvimento dos materiais do curso, continuaram a trazer a questão à baila.

Por fim, percebi que nunca fecharíamos este trabalho se eu não me sentasse a escrever uma revisão da literatura sobre o tema das diferenças cerebrais por sexo. Então, resumi os estudos científicos que mostravam porque é que já não era um consenso entre os peritos que «o dimorfismo sexual» nos cérebros causasse diferenças no desempenho cognitivo. Os nossos clientes na IFC ficaram radiantes, só então é que nos explicaram que a principal tática de resistência que estavam a experimentar por parte dos bancários era uma afirmação agressiva de que os cérebros das mulheres eram incapazes de fazer um cálculo matemático.

Outra tática é assédio sexual descarado. O tratamento das mulheres em Wall Street levou a uma série de confissões na comunicação social sobre como tanto as mulheres como os homens veem a «conversa de homens» como juvenil e degradante, que tipifica as casas de investimento. Maureen Sherry, antiga diretora executiva na Bear Stearns, uma vítima da crise de 2008, relembrou um ritual na bolsa de valores em que se atirava um castor de peluche ao ar para qualquer homem que obtivesse uma grande vitória. Num artigo que escreveu para a *Fortune* chamado «The Brutal Truth About Being a Woman on Wall Street», recorda: «Era um presente, um mimo de um corretor para outro em sinal de admiração pela transação bem feita. A conotação sexual era o objetivo: o tipo ia ter o castor*. As poucas mulheres com quem trabalhei não se permitiam a sentir repulsa. Todas sabíamos que éramos afortunadas por termos os nossos empregos e que éramos as que não tinham ido embora».[14]

Sam Polk diz no artigo do *New York Times* «How Wall Street Bro Talk Keeps Women Down» que o que se passa quando as mulheres não estão presentes pode ser pior. Conta que foi a um restaurante brasileiro com um diretor executivo e um cliente importante, ambos homens. Quando a empregada se afastou, o cliente disse: «Apetece-me deitá-la na mesa e dar-lhe com um naco de carne». Sam forçou um sorriso, mas mais tarde sentiu-se furioso consigo mesmo. «Fiquei perturbado com o comentário e enojado com o homem que o proferiu... Porque não disse nada?»[15] Polk não conseguiu falar pelas mesmas razões que levam as mulheres a ranger os dentes e a tentar suportar: não é possível manter o emprego ou progredir na carreira se estes comportamentos não forem tolerados.

Mais uma vez, temos «o choque de peito» dos manos.[16] Os homens que participam são «apreciados», generosamente recompensados, enquanto os que protestam são castigados. Os homens mais vulneráveis agem como cães de guarda, andam a farejar discórdia.

A conversa de homens reforça os laços entre os homens, mas também é um sinal para as mulheres de que não são bem-vindas, uma lembrança do seu estatuto de objeto. Num ambiente destes, podemos ver que as mulheres ficam no patamar inferior. Imagine o que acontece entre homens quando uma mulher é promovida — fazer avançar uma mulher significa necessariamente que um dos compinchas foi preterido. Isso pode significar sarilhos, sendo que o candidato excluído pode retaliar com fúria. Quando analisamos como é difícil para as mulheres *subirem* até aos níveis mais altos das empresas de finanças, devíamos perguntar se uma aliança entre homens está a *conspirar* contra elas.

Estes grupos de homens nunca se ficam por aterrorizar mulheres; o comportamento forçado de irmandade é também a forma de

---

* Castor, *beaver* em inglês, tem conotação de vagina. [*N. da T.*]

manterem os outros homens na linha. No verão de 2018, os jornais noticiaram mais um incidente chocante no setor financeiro. Desta vez, era um banqueiro de topo do Credit Suisse com historial de comportamento de *bullying* tão mau que foi impedido de participar no recrutamento, mas mesmo assim tinha ascendido na hierarquia do banco. Desta vez, agrediu fisicamente um estagiário e foi demitido. Tinha havido uma longa série de queixas formais a que o Credit Suisse optara por não dar seguimento, permitindo que o comportamento do banqueiro continuasse descontrolado. Todas as empresas, como Sherry e Polk apontam, têm lentamente adotado formações antidiscriminação e programas de diversidade na contratação, mas este comportamento ofensivo, que recorre aos laços mais primitivos entre os homens para barrar as mulheres, nunca é abordado com seriedade.

As instituições perpetuam este ambiente tóxico através de procedimentos e queixas sem pernas para andar. Além disso, nos ambientes dominados por muitos homens há a propensão para os *bullies* ascenderem ao topo, não apesar do seu comportamento, mas devido a ele. A agressividade excessiva é, afinal de contas, exatamente o que *constitui* um homem alfa. Os homens na chefia não são melhores — talvez sejam ainda piores — que os intermediários financeiros no *trading floor*. Se não fossem admirados pela irmandade, não seriam eles que estavam no comando. A liderança culpa muitas vezes as mulheres de serem «sensíveis» e de atribuírem proporções exageradas a estas agressões, esmagando as queixas com processos disciplinares criados para não chegarem a lado nenhum. Há muitas queixas sobre a falta de um processo justo para os homens acusados pelo movimento #MeToo, mas os procedimentos da queixa têm vindo a negar às mulheres um processo justo há décadas.

Nenhum destes comportamentos sexualmente incorretos conta como «preconceito inconsciente». Nos escalões superiores do setor financeiro, praticamente todos vêm de famílias privilegiadas, frequentaram escolas de prestígio e na vida privada exigem-lhes que participem em eventos de elite e que se comportem como se não tivessem sido criados por chimpanzés. A capacidade que têm de compartimentar diz-nos que os agressores sabem o que estão a fazer — e são capazes de anular essa postura quando têm de o fazer. Tal como homens que batem em mulheres podem parecer bons rapazes em público e ser monstros em casa, os agressores do setor financeiro sabem que conseguem safar-se com situações no trabalho que não lhes seriam permitidas em mais lado nenhum.

Esta conduta agressiva não tem lugar na humanidade do século XXI, muito menos nas instituições que mais afetam o futuro da economia mundial. Porque continuamos a deixar que persista? Estes tipos argumentam que a economia, o mundo empresarial e o setor financeiro são selvas onde só os mais aptos conseguem sobreviver. Ao obrigar toda a gente a trabalhar neste ambiente bizarro, dizem garantir que só os melhores permanecem — como se o comportamento de base fosse um indicador de mérito. Muitas vezes, os gestores de topo neste setor chegam ao ponto de sugerir que admitir mais mulheres baixaria os padrões.

Então quais são as provas de que este grupo de homens é melhor do que as mulheres nas finanças? Ironicamente, os dados disponíveis sugerem claramente que o ambiente «macho» típico do mundo da finança reduz a capacidade dos homens de tomarem boas decisões e, consequentemente, torna a economia mundial mais volátil.

Um volume significativo de investigação mostra que os homens, quando estão na companhia exclusiva de homens da irmandade, são propensos a fazer escolhas financeiras imprudentes: correm riscos escusados, negoceiam de forma impulsiva e são vítimas da mentalidade do rebanho.[17] Os níveis crescentes de testosterona e da hormona do *stress*, cortisol, explicam o que acontece: o comportamento pela busca de domínio de alguns homens aumenta o nível de testosterona no grupo inteiro, ficam todos mais competitivos e agressivos. Quanto mais agressivo o comportamento se torna, mais a testosterona dispara na vertical. A necessidade individual de provar que se é um membro másculo da irmandade piora tudo. Perde-se a disponibilidade e a capacidade de sair mentalmente do caos e avaliar o panorama geral. Por fim, a interação entre as hormonas, o ambiente masculino dominante e o *stress* tem o seu efeito testado — produz excesso de confiança e maior aceitação de riscos, prejudicando simultaneamente o julgamento e reduzindo a capacidade de fazer cálculos que requerem reflexão, enquanto atenua a disposição para controlar impulsos ou agir de forma independente. A um nível macro, é este fenómeno que leva a bolhas de mercado, que ocorrem quando os preços das ações são puxados além das estimativas razoáveis do seu valor. As bolhas são causadas por operadores que não estão a pensar de forma crítica, mas que, pelo contrário, vão atrás do rebanho. Portanto, a sugestão de que a cultura masculina de Wall Street garante a excelência é ridícula. Aliás, é assustador pensar que o sistema monetário está a ser operado nestas condições.

As mulheres também têm testosterona, claro; os níveis ascendentes dessa hormona também as tornam mais confiantes. No entanto, não sei por que razão, a interação entre a testosterona e o cortisol não prejudica o raciocínio e o discernimento nas mulheres como acontece nos homens. E, claro, a relação de intrusa perante a irmandade exclui-as do ritual da adesão. Assim sendo, as mulheres são mais capazes de se manterem focadas na negociação financeira.

Muitos estudos de comportamento financeiro estabeleceram agora uma ligação entre o comportamento de género e a tomada de decisões financeiras.[18] Normalmente, as mulheres apresentam melhores resultados: são mais propensas a fazer os seus trabalhos de casa, são mais realistas nas suas estimativas de risco, tanto para o lado positivo como negativo, pensam mais em termos gerais e a longo prazo, estão menos sujeitas à influência do rebanho e pensam mais frequentemente com originalidade.

Todos estes fatores produzem melhores resultados financeiros. É importante notar, no entanto, que os melhores desempenhos são das equipas de ambos os géneros. As tendências de investimento nos homens e nas mulheres complementam-se; ambientes de trabalho equilibrados em termos de género também impedem que a pressão indesejada da irmandade deturpe as decisões.

Com a imagem de um *trading floor* carregado de testosterona em mente, os especialistas que escreveram na sequência da crise de 2008 perguntam retoricamente se o colapso teria sequer acontecido se o setor financeiro fosse dominado por mulheres e não por homens. As mulheres que já trabalhavam no setor financeiro começaram a questionar a estabilidade e a direção do sistema monetário mundial. Estas mulheres começaram a formar grupos para reunir ideias sobre como o sistema financeiro poderia ser aproveitado para o bem, especialmente para o benefício das mulheres. Um conceito central que emergiu foi o investimento do ponto de vista do género — uma filosofia de investimento em que o objetivo era apoiar e valorizar as mulheres.[19]

Uma das líderes no desenvolvimento desta ideia radical foi Joy Anderson, que fundou o Criterion Institute, uma organização dedicada a apoiar inovações financeiras que beneficiam as mulheres. A primeira coisa que qualquer pessoa que ouça falar de «valorizar o género» tem de ultrapassar é a noção de que os indicadores financeiros são medições com estatuto divino de lógicas, necessárias e objetivas. Joy, que tem um doutoramento em História, arrasou no Power Shift quando explicou quão aleatórias estas medidas são na realidade: «Sou historiadora, posso dizer-vos as datas exatas em que inventámos esta merda».

Assim, a tarefa é «criar» *novos* indicadores financeiros que reflitam as realidades de género — e calcular os benefícios que advêm da abordagem dessas realidades. Um exemplo seria que, se estivesse a classificar uma ligação para construir um sistema de metro municipal, avaliaria o projeto de forma mais positiva se este tivesse melhores estruturas para manter as mulheres que se deslocam à noite em segurança. Uma melhor segurança para as mulheres reduziria os custos associados às respostas da polícia e médicas, tal como aumentaria a produtividade, benefícios financeiros acrescidos ao projeto da cidade, potenciando assim o valor do investimento. O conceito começou a ganhar terreno: uma Cimeira de Investimento de Género-Smart em Londres, no outono de 2018, estava repleta de investidores que pretendiam adotar estratégias de investimento que beneficiassem as mulheres. Investimentos com a perspetiva de género podem ser escolhidos com qualquer número de critérios, desde a representação das mulheres nos quadros à conceção de produtos a pensar nas mulheres.

Até há pouco tempo, a abordagem de investimentos com a perspetiva de género era considerada improvável, mas, quando a Bloomberg testou o seu novo Índice de Igualdade de Género em 2017, o conceito já tinha claramente passado à normalidade. A Bloomberg faculta informação de investimento a 325 mil instituições financeiras no mundo inteiro. A sua base de investidores tinha-lhe pedido para criar um sistema de classificação por género, acreditando aparentemente que as ações das empresas com melhor inclusão de género teriam um desempenho superior ao de outros índices, e os investidores da Bloomberg estavam certos.

O protótipo do índice de género que a Bloomberg inicialmente testou era muito básico, classificava as empresas em coisas como o número de mulheres nos quadros, o número de mulheres na gestão de direção e se a empresa oferecia licença de maternidade. No primeiro ano, este teste foi levado a cabo apenas a empresas de serviços financeiros — exatamente as instituições que estamos a analisar neste capítulo —, e o resultado nesse ano foi que as empresas financeiras mais bem classificadas em questões de género ultrapassaram de forma consistente os seus pares, mas apenas por um valor pequeno. Contudo, nos anos seguintes, o Índice de Igualdade de Género para as empresas financeiras ultrapassou cada vez mais o Índice de Serviços Financeiros da Bloomberg, assim como os índices financeiros MSCI. Em 2019, o Índice de Igualdade de Género da Bloomberg era 50% mais alto do que os outros dois (Figura 30).

Em 2018, a Bloomberg adicionou dados de mais empresas, 230 corporações que cooperaram facultando informação adicional. Acrescentar estas empresas novas permitiu que o índice refletisse a igualdade de género em várias indústrias. No terceiro trimestre de 2019, o Índice de Igualdade de Género alargado já estava a ultrapassar o Índice Financeiro Mundial MSCI e o MSCI Índice Financeiro Mundial de Todos os Países todos os meses.

O Índice de Igualdade de Género da Bloomberg oferece algo importante à capacitação económica das mulheres. Usando este índice, os subscritores da Bloomberg poderão escolher comprar ações de empresas individuais com uma perspetiva de género, e podem ver o desempenho financeiro das empresas que promovem a igualdade de género, enquanto um todo. Até agora, o índice mostra uma relação positiva entre o desempenho de género da empresa e o seu valor financeiro: empresas com igualdade de género são simplesmente um melhor investimento do que as empresas que não recebem bem as mulheres. Assim sendo, os investidores vão sentir-se motivados para comprar mais ações das empresas com boas práticas de género, o que provavelmente vai aumentar os preços das ações — e as empresas que não têm um bom resultado em termos de género serão incentivadas a mudar as suas políticas.

Outra força crescente é a influência da riqueza nas mãos das mulheres. Embora as mulheres ainda controlem uma fatia muito menor da riqueza do mundo do que os homens, as mudanças nas leis sucessórias, bem como os sucessos comerciais das próprias mulheres, criaram uma crescente acumulação de riqueza individual entre as mulheres. É importante notar que a investigação mostra que as mulheres ricas estão muito mais inclinadas para escolher investimentos social e ambientalmente responsáveis, bem como para dar mais para a beneficência, do que os seus homólogos masculinos. Estão também mais atentas ao impacto a longo prazo e aos benefícios de um investimento do que aos pagamentos a curto prazo que os mercados financeiros tradicionalmente têm perseguido.

Infelizmente, as mulheres com fundos para investir são cronicamente desamparadas pelo setor financeiro. Os consultores de património assumem consistentemente que as mulheres não sabem nada sobre finanças e não têm metas nem planos financeiros concretos. Apresentam às mulheres opções de investimento «seguras» e «padrão», escondendo-lhes os meios mais inovadores. Insultam as mulheres ricas, comunicando através dos seus maridos, mesmo quando um portefólio pertence à mulher. Os consultores também desvalorizam as mulheres

FIGURA 30. (ao lado) O gráfico superior mostra o desempenho das empresas de serviços financeiros incluídas no Índice Bloomberg de Igualdade de Género de 2016 a 2019, em comparação com dois outros índices que monitorizam as empresas de serviços financeiros, o Índice MSCI Finanças Mundiais e o Índice MSCI Índice Finanças Mundiais de Todos os Países. O Índice de Igualdade de Género teve um desempenho ligeiramente melhor do que os outros dois durante o primeiro ano, tendo depois começado a ter um desempenho dramaticamente superior por volta de meados de 2017. A diferença entre o Índice de Igualdade de Género e os índices comparativos alargou-se durante os dois anos seguintes até que o Índice de Igualdade de Género produziu claramente retornos superiores.

No gráfico inferior, vemos o novo e alargado Índice de Igualdade de Género a funcionar durante os primeiros três trimestres de 2019. Tal como na versão experimental, que incluía apenas empresas de serviços financeiros, o Índice de Igualdade de Género está a mostrar um resultado ligeiramente melhor em comparação com outros índices semelhantes no seu primeiro ano.

Fonte: Bloomberg Finance L.P., 2019.

ÍNDICE DE IGUALDADE DE GÉNERO PARA EMPRESAS DE SERVIÇOS FINANCEIROS BLOOMBERG *VERSUS* OUTROS ÍNDICES FINANCEIROS, 2016–2019

ÍNDICE DE IGUALDADE DE GÉNERO BLOOMBERG (TODAS AS INDÚSTRIAS) *VERSUS* ÍNDICES COMPARÁVEIS, 2019 (ANO UM)

de formas subtis, quando se referem ao portefólio como «riqueza de família», quando foi a mulher a ganhar o dinheiro.[20]

Os conselhos financeiros sexistas também prejudicam as economias nacionais. Um estudo levado a cabo por Sylvia Ann Hewlett e Andrea Turner Moffitt entre seis mil indivíduos ricos dos Estados Unidos, Reino Unido, Índia, China, Hong Kong e Singapura mostrou que as mulheres estavam tão insatisfeitas com os seus conselheiros financeiros que uma grande percentagem não trabalhava com nenhum. E muitas destas mulheres, portanto, guardavam o dinheiro vivo, em vez de o investirem.[21]

Se uma parte significativa da riqueza nas mãos das mulheres está em dinheiro vivo em vez de estar investida, a capacidade do país delas de desenvolver a sua economia fica reduzida, assim como a criação de empregos e o apoio à inovação. Dada a maior propensão das mulheres para investirem em empresas com um impacto social e ambiental positivo, este problema também reduz os recursos disponíveis para combater problemas complexos. Até as empresas de gestão de riqueza ganhariam mais dinheiro se tratassem as mulheres com respeito. Em vez disso, ao agarrarem-se aos preconceitos de género, escolhem um curso economicamente irracional que prejudica as mulheres, lesa o país deles e os seus próprios bolsos.

Tanto os homens como as mulheres no estudo de Hewlett e Moffitt expressaram o desejo de investir a riqueza de forma a ter um impacto positivo na sociedade, assim como para apoiar organizações com liderança diversificada. Este é o mesmo estímulo que está a impulsionar a procura de índices que reflitam um comportamento social, ambiental e de género positivo por parte das empresas. É estimulante que tantas pessoas queiram envolver-se no mundo do investimento de uma forma positiva, ao invés de pretenderem apenas lucrar como conseguirem.

Estas tendências indicam que é possível mudar radicalmente o espírito da economia global. Como o investimento responsável continua a superar a velha abordagem da violação e da pilhagem, uma vez que mais investidores exigem oportunidades para fazer investimentos sustentáveis, e como as instituições internacionais trabalham para introduzir uma ética de género diferente nas finanças, podemos esperar que o mundo financeiro ultrapasse a sua mentalidade de Genghis Khan.

12 | DOMINAR A SITUAÇÃO

O medo dos nazis fez com que os pais austríacos de Vera a enviassem com cinco anos para a Grã-Bretanha no *Kindertransport*, o «comboio dos órfãos» que assegurou a segurança de cerca de dez mil crianças, pouco antes do início da Segunda Guerra Mundial. Estes jovens refugiados foram criados em casas comuns e, no final da guerra, eram frequentemente os únicos sobreviventes das suas famílias.

Vera, como tantos outros jovens que tiveram de fugir dos seus países, ficou em Inglaterra e construiu lá a vida. Desde nova que gostava de matemática, mas como a escola de raparigas que frequentava não ensinava nem matemática nem ciências, conseguiu uma permissão especial para ir estudar para uma escola de rapazes. Escolheu não frequentar a universidade porque botânica era a única ciência que as mulheres podiam estudar, e não lhe interessava especialmente. Em vez disso, foi trabalhar para o Centro de Investigação dos Correios em Dollis Hill, Londres, onde ela, a única mulher entre dois mil programadores, construiu computadores do zero e programou códigos de linguagem automática. «No início, fui tratada com condescendência, como todas as outras mulheres, mas quando comecei a deixar claro que pretendia seguir uma carreira profissional pujante, a tentativa de me manterem de lado tornou-se mais entrincheirada».[1] Licenciou-se em matemática a estudar à noite e, aos 18 anos, tornou-se cidadã britânica e mudou o nome para Stephanie.

Stephanie foi obrigada pelo patrão a despedir-se quando casou com o médico Derek Shirley. Embora tivesse conseguido encontrar outro emprego, detestava ver outras mulheres talentosas à sua volta a serem impedidas de trabalhar devido ao casamento ou à gravidez, também. Num dia vaticinador, em 1959, decidiu fazer alguma coisa em relação a esta prática injusta e perdulária e usou 6 libras para fundar a «freelance programmers» (nome da empresa que ela iria sempre imprimir em letra minúscula, porque a firma não tinha capital), um novo tipo de empresa em que as mulheres podiam ser esposas e mães, assim como programadoras de *software*. Todas podiam trabalhar em casa e decidir as suas horas de trabalho, desde que os resultados não apresentassem erros e fossem entregues atempadamente.

O marido de Stephanie teve de ir com ela abrir uma conta bancária para a nova empresa, e quando começou a enviar cartas a solicitar vendas, foi aconselhada a assinar como «Steve» em vez de «Stephanie». Com a sua típica queda para a ironia, esta pioneira da tecnologia dos anos 60 começou de facto a assinar como «Steve». Apesar das condições inóspitas, o negócio arrancou e ganhou rapidamente uma soberba reputação no mundo da programação. Concomitantemente, a empresa era modelo de um método de trabalho «defensor da família ao extremo». Como Steve explicou passados muitos anos: «Recrutei mulheres qualificadas profissionalmente que tinham deixado a indústria informática para casar ou ter filhos e estruturaram-se numa organização de trabalho a partir de casa».[2]

Em 1975, a empresa empregava três centenas de pessoas e estava envolvida em várias inovações de alto perfil, de alta segurança, como a programação da «caixa negra» do *Concorde*. Na década de 80, empregava milhares de pessoas e trabalhava para as melhores empresas de Inglaterra. Quando a empresa foi cotada na Bolsa de Londres em 1996, foi avaliada em 121 milhões de libras (160 milhões de dólares). Como Steve tinha dado muitas das ações aos funcionários, 70 das pessoas que contratou tornaram-se milionárias.

Steve Shirley tornou-se a mulher mais rica do Reino Unido. Uma incansável servidora do seu país, também foi uma das filantropas mais generosas: tinha doado quase toda a sua fortuna quando chegou aos 80 anos. Reflete com frequência sobre as circunstâncias da sua vinda para a Grã-Bretanha: «Sem eu ter perfeita consciência do que se estava a passar e porquê, um grande número de desconhecidos de bom íntimo assumiu como missão salvar-me a vida. Demorei uns anos a assimilar este facto e as suas implicações. Mas, assim que o fiz, enraizou-se uma simples resolução no meu coração: tinha de garantir que a minha vida tinha valido a pena salvar».[3]

Quando me encontrei com Steve — atualmente «Dama Stephanie» — para tomar um chá, em Oxford, ela já era um ícone há mais de 30 anos. Estava lá para conseguir a atenção dela para um projeto diferente: ajudar a capacitar as mulheres do mundo inteiro a tornarem-se empreendedoras, tal como ela tinha feito. Queria que contasse a sua história na inauguração do primeiro Fórum Power Shift para as Mulheres na Economia Mundial. A sua história era a parábola perfeita para as restrições que as empresárias enfrentam, as formas criativas que encontram de as atravessar, a libertação que muitas vezes experimentam como resultado e o legado que podem deixar para trás.

As desvantagens contínuas das mulheres no emprego formal devem-se, em grande parte, ao facto de os homens serem proprietários das empresas que as empregam. As mulheres que possuem empresas são mais propensas a contratar outras mulheres, a dar-lhes formação que melhore a sua viabilidade no mercado de trabalho e a promovê-las. Assim, uma estratégia benéfica que deve funcionar a par de outros esforços para melhorar as condições de trabalho das mulheres é a criação de uma base de empregadoras. Infelizmente, *todas* as limitações que a Economia XX enfrenta noutras partes da economia viram-se contra o empreendedorismo. Vou apresentar três exemplos que ilustram o potencial e os problemas: experiências de mulheres negras pobres a vender Avon na África do Sul; o interesse do governo moldavo em estimular as mulheres na gestão; e o contributo positivo que as mulheres que investem em empresas de mulheres podia trazer à Grã-Bretanha.

A ideia para o meu estudo da Avon em África nasceu das longas horas investidas a ler revistas antigas de mulheres no arquivo da Universidade de Illinois quando estava a fazer pesquisa para o meu livro *Fresh Lipstick*.[4] Reparei que muitos anúncios entre 1880 e 1920 pediam mulheres para venderem vários bens como agentes. Nessa altura, as mulheres casadas ainda não estavam no mercado laboral formal, mas tinham a possibilidade de trabalhar perto de casa como agentes, tal como as *aparajitas* fazem hoje no Bangladesh. Redes de mulheres agentes emergiram pelos Estados Unidos nessa altura e levaram bens de uma fonte central para as áreas rurais; essas redes de mulheres construíram o formidável mercado de consumo americano, ainda um dos bens mais invejáveis da economia dos EUA. Estas agentes de vendas também tiravam partido da oportunidade de ganhar e de pertencer a uma rede de outras mulheres.

Queria aferir se este sistema em rede podia ajudar a capacitar as mulheres pobres dos países em vias de desenvolvimento. Quase todas as empresas que vi nos anúncios das revistas há muito que estavam extintas, mas uma delas, a Avon, tinha-se tornado uma gigante global. Fundada no final do século XIX como uma empresa de perfumes, a Avon ainda estava muito viva, nunca tinha mudado o seu sistema de distribuição e agora fazia a maior parte dos seus negócios nos países em vias de desenvolvimento. Havia relatos na imprensa de representantes da Avon a venderem rio Amazonas acima. Era exatamente o que eu queria estudar.

Quando me mudei para Oxford, em 2006, acreditava que a orientação mais global da universidade me daria oportunidade de conseguir o meu objetivo. Escrevi à CEO global da Avon, Andrea Jung, a perguntar se podia estudar a operação em África. *Deixa ver no que dá*, pensei, ao clicar em «enviar». Ela respondeu-me uma hora depois, não só a dar-me permissão, mas também a apresentar-me a chefia do gabinete da África do Sul. Fiquei impressionada. Em Joanesburgo, dois meses depois, fui apresentada aos gestores de distrito que me podiam ligar às mulheres negras pobres que eu queria estudar. Depois, a empresa deu-me carta-branca. Durante um período de três anos, a Avon não tentou uma única vez interferir com a minha pesquisa nem me pediu para ver nada que eu tivesse escrito antes da publicação.

Essa visita a Joanesburgo foi a minha primeira viagem a África, por isso sabia que ia precisar de alguém com experiência africana na minha equipa. Catherine Dolan, especialista em África, antropologia, desenvolvimento económico e género — que também tinha acabado de chegar a Oxford —, aceitou trabalhar comigo, e foi a primeira das nossas muitas colaborações.

Em 2007, o Departamento para o Desenvolvimento Internacional do Reino Unido emitiu um convite público para a apresentação de propostas através do Conselho de Investigação Económica e Social (ESRC), o principal ramo de financiamento governamental para a investigação em ciências sociais. O anúncio solicitava ideias inovadoras para combater a pobreza nos países em desenvolvimento. Quando entrei para apresentar o meu conceito da Avon, o tipo da ESRC riu-se ruidosamente na minha cara e disse-me: «Bem, estamos à procura de ideias novas e loucas, por isso, é melhor submeter as suas». Contrariando todas as possibilidades, conseguimos fundos e começámos o nosso estudo.

A Avon vende através de um catálogo e não através de publicidade, por isso normalmente as pessoas não se apercebem de que é a quinta maior empresa de cosméticos do mundo. Vendem-se quatro batons Avon a cada segundo. Há 6,5 milhões de representantes Avon, 99% dos quais são mulheres, em mais de 100 países. Todos os anos, são publicados mais de 600 milhões de catálogos Avon em 25 línguas em 143 países — seis vezes o número de Bíblias impressas.[5]

Quando as mulheres ocidentais foram trabalhar nos anos 70, porém, a venda porta a porta que construiu a Avon esbarrou num bloqueio — passou a não estar ninguém em casa! Então, a empresa começou a tentar expandir-se para os países em vias de desenvolvimento. Por exemplo, depois do colapso da União Soviética, a empresa estabeleceu-se nos antigos países satélite, onde as mulheres tinham ainda mais dificuldades que os homens em encontrar uma forma de se sustentarem economicamente. Enquanto grande corporação internacional que não necessita de capital, formação nem escritórios para dar um salário a uma mulher, a Avon lançou uma linha de salvação para as mulheres deslocadas da Europa de Leste. Uma impressionante multidão de 14 mil mulheres compareceu à primeira reunião de recrutamento na Ucrânia. O homem que chefiava essa operação disse-me, com algum embaraço, que as mulheres se dirigiam a ele a chorar lágrimas de gratidão no seu peito a ponto de lhe deixarem a gravata molhada. Desde essa experiência na Europa de Leste, a Avon expandiu-se para os países em vias de desenvolvimento com sucesso consistente. Há, de facto, «senhoras Avon» a remar Amazonas acima para vender batom.

Há quem diga que há mais senhoras Avon no Brasil do que militares, e não ficaria nada surpreendida por saber que é verdade.

As agentes Avon não são funcionárias, são contratações independentes, «empreendedoras», numa definição lata. Os 20% de comissão que recebem são generosos para este tipo de trabalho, mas as agentes podem ainda fazer mais dinheiro a recrutar outras mulheres como representantes. Como as recrutas mais novas estão motivadas para trazer mais mulheres, o outro grupo forma um terceiro nível. E depois outro e outro, eventualmente criando uma rede de relações em que conjuntos de mulheres estão relacionados uns com os outros através da pessoa superior a elas — a «superior». Se fizesse um desenho, parecia uma árvore genealógica. Então, as mulheres recrutadas para a Avon tornavam-se instantaneamente parte de uma comunidade de pares.

Como o sistema cresce de forma orgânica e as mulheres trabalham a partir de casa, é fácil estabelecer uma Avon numa nova localização, comparando com os sistemas de distribuição de uma loja das outras empresas de cosméticos. Quando começa num país em vias de desenvolvimento, a Avon cresce realmente depressa, multiplica-se como que pretendesse conquistar o mundo. À medida que a rede de agentes se desenvolve, cada superior é responsável por gerir as «subalternas» imediatas. Dá-lhes formação, aconselhamento sobre questões de negócio, motiva-as, resolve disputas e dá mentoria. Por isso, recebe uma pequena comissão por cada uma das vendas da subalterna, assim como todas as superiores acima dela. Se tiver muitas subalternas, este trabalho pode representar bom dinheiro. De facto, é um rendimento que pode encerrar a maior lacuna de desigualdade na África do Sul: entre as mulheres negras e todos os outros.

A maior parte das pessoas pensa que o eixo principal da desigualdade na África do Sul é a raça, uma perceção que é verdadeira, mas só até certo ponto. Os negros constituem 80% da população do país. Os caucasianos são apenas 9,2% da população, mas 79% estão no quartil do rendimento de topo. Menos de 10% dos negros ganha esse valor. De longe, a vasta maioria dos benefícios governamentais e das transferências vai para agregados familiares negros.

Os negros são inquestionavelmente os mais pobres da África do Sul, mas, dentro dessa comunidade, as mulheres são muito mais desfavorecidas do que os homens. Na altura do nosso estudo, o limiar de pobreza era de 645 rands (48 dólares) mensais. Cerca de 70% dos homens negros ganhavam pelo menos 1000 rands (75 dólares) por mês; apenas 53% das mulheres negras ganhavam esse valor. Além disso, as mulheres negras, quando comparadas com os homens negros, tinham taxas de desemprego mais elevadas, rendimentos mais baixos, níveis de educação mais baixos, maior envolvimento com empresas não registadas e menor utilização de produtos financeiros. Eram o segmento da população com maior probabilidade de serem trabalhadores independentes, mas 94% dos seus negócios eram esforços informais para vender produtos e artesanato. A desigualdade das mulheres é talvez mais visível na violência de género. As mulheres sul-africanas morrem seis vezes mais de violência por parte do parceiro do que a média global. Surgiu um estudo durante o nosso trabalho que mostrava que 25% dos homens sul-africanos admitiam ter violado *pelo menos* uma mulher, e metade deles disse ter violado entre duas e dez. Escritoras locais como Redi Tlhabi deram-nos relatos avassaladores de violações no seio da comunidade negra. Porque o sexo forçado é tão prevalente, cinco mulheres sul-africanas para cada dois homens têm VIH. Porém, um artigo de 2009 na *The Lancet* reviu os estudos sobre violência contra as mulheres na África do Sul e concluiu que «tem havido uma ausência notória de administração e liderança governamental» na resolução deste assunto.[6]

Uma vez que a nossa bolsa se focava na pobreza, a nossa amostra era composta inteiramente por mulheres negras pobres. Verificámos que os seus rendimentos médios mensais da Avon eram de 900 rands (67 dólares), um valor que as coloca na metade superior das mulheres negras na África do Sul como um todo, e nos 10% superiores das mulheres negras independentes, a uma distância gritante da média dos homens, e significativamente acima da marca de pobreza. Quando comparámos os rendimentos médios da Avon com os custos de vida fornecidos pelo governo sul-africano, vimos que uma mulher que permanecesse no sistema durante 16 meses e obtivesse rendimentos médios conseguiria suportar a maior parte das despesas de subsistência de uma família de quatro pessoas, mas não poderia assumir as despesas de habitação.[7] Desta forma, uma agente Avon com família poderia ter de viver com terceiros ou ter outro emprego.

Entre as nossas inquiridas, 68,6% ou eram as chefes de casal do agregado familiar ou viviam com outra mulher adulta com quem dividiam as despesas. Poucas tinham a ajuda de um homem, e quase sempre havia crianças. Na África do Sul, 41% dos lares são dirigidos pelas mulheres, um número muito alto comparado com a média global.

Interessava-nos particularmente comparar a venda da Avon com os esquemas de microfinança que se estavam a disseminar pelo mundo. Normalmente, estes esquemas só facultavam os fundos para as mulheres venderem algo feito ou escolhido por elas. Havia poucos sistemas do tipo da Avon que vendiam produtos duradouros «bons para os pobres», como lanternas solares ou fogões de cozinha limpos. Essas entidades deparavam-se com problemas porque os produtos eram grandes compras, pesadas para transportar e compras que só se fazem uma vez pelo cliente.

Depois de as mulheres terem vendido um a toda a gente na aldeia, já não tinham mais nada para oferecer para obter rendimento. O que era realmente preciso eram produtos de preço baixo e leves de transportar — e que fossem propícios a comprar periodicamente. Os programas de microcrédito também tinham descoberto que as mulheres precisam mais do que dinheiro: precisam de ajuda e conselhos, um pouco de formação e de muito encorajamento. Os serviços de consultoria e os cursos de formação foram dispendiosos de criar, e a maioria teve um mau desempenho. No entanto, de longe, o grande interesse nos microcréditos era o principal problema.

A Avon vem preparada com soluções para isso tudo. A empresa, por exemplo, tem um sistema de crédito que é, em larga medida, superior ao modelos do microcrédito. A Avon só empresta inventário, em vez de dinheiro, e a agente tem de passar uma nota de crédito para obter os primeiros produtos para vender. A empresa também concebeu um sistema de pontuação de crédito que mesmo uma mulher muito pobre consegue normalmente obter e inicialmente pode fazer um pequeno inventário e acumular crédito, à medida que expande a base de clientes. Se uma nova representante não passar na verificação de crédito, pode ainda comprar inventário com dinheiro e criar um registo ao longo do tempo. Se não tiver o dinheiro, muitas vezes, outra representante da Avon empresta-lho.

O valor do inventário tem de ser reembolsado sempre que sai um catálogo novo, a cada seis a oito semanas, portanto, a dívida nunca se acumula, como acontece no microcrédito. E a Avon não cobra juros, o sistema é muito complacente, embora seja gerido de forma rigorosa. Se uma representante falha o pagamento, consegue sempre voltar a ganhar e regressar ao negócio.

A Avon insiste ainda que as mulheres usem contas bancárias para os pagamentos. Há inúmeros esforços para «incluir financeiramente» as mulheres dos países pobres, ajudando-as a abrir contas bancárias — e é uma luta, como agora sabemos. Mas a Avon chega ao local e, pronto, todas abrem contas bancárias. 92% das inquiridas tinham contas bancárias em seu nome.

Os esquemas de microcrédito que estavam a ser usados como estratégias para a redução da pobreza normalmente não tinham como objetivo a criação de emprego, estavam antes focados em providenciar subsistência para as mulheres e as suas famílias. No entanto, a criação de emprego é frequentemente uma prioridade para os governos. Infelizmente, os negócios femininos normalmente empregam muito poucas pessoas — menos de quatro, atendendo à média mundial. Mas, na nossa amostra, as líderes do grupo Avon supervisionavam em média 137 representantes (o intervalo era 10 para 817). A experiência de gestão de recursos humanos que estas mulheres adquirem na Avon é uma competência de mercado. Também aprendem outros métodos básicos de gestão, que formam um conjunto de ferramentas que podem usar para obter outro emprego ou começar um negócio diferente por conta própria (89,9% afirmam que as competências adquiridas na Avon podiam transferir-se para outros trabalhos ou negócios).

Em suma, a Avon atua como um serviço bancário e de gestão de crédito de baixo custo, bem como fornecedora, formadora e ramo de marketing para a sua rede de agentes. Quando eu e Catherine terminámos o projeto, as redes de agentes que se tornaram típicas no microcrédito estavam a surgir por toda a América Latina, África e Ásia — e a falhar tão depressa como apareciam. Os peritos em desenvolvimento económico estavam de olho no sistema mundial de agentes com 125 anos da Avon, e perguntavam-se como a empresa conseguia tal feito. O nosso relatório não podia ter chegado em melhor altura.

De volta a Oxford, muitos dos nossos colegas, porém, ainda pensavam que éramos completamente loucas por estarmos a fazer este trabalho. E, previsivelmente, alguns deles, assim como alguns críticos da comunicação social, expressaram «ultraje moral» por estarmos a olhar para este sistema como ferramenta de combate à pobreza. A Avon, bufavam, não devia estar a vender aos pobres coisas de que eles não precisam.

Estes comentários eram tão descabidos, comparando com o que tínhamos observado, que era difícil responder com calma. As representantes da Avon fazem questão de vender fora das suas comunidades e de se dirigirem às clientes mais ricas. Os nossos dados confirmaram que isto de facto acontecia e também mostraram que as clientes pobres compravam sobretudo itens de primeira necessidade, como cremes e sabonetes. Quando os pobres compravam pequenos luxos, esperavam até que a Avon os colocasse «a preço especial», o que normalmente representava um desconto substancial, e compravam tamanhos de oferta. Estas pequenas compras traziam um rasgo de alegria a vidas que em tudo o resto eram bastante insípidas. Estes moralistas estavam a impor os julgamentos do seu país a uma população distante e vulnerável que tinha uma ética de consumo muito diferente. A desaprovação do Reino Unido deveu-se a uma perspetiva colonial, no mínimo.

As próprias representantes viam os produtos como uma força. Pedimos às nossas inquiridas que comparassem a venda da Avon com a venda de produtos agrícolas ou de raridades e foi-nos dito que os produtos Avon vendem mais depressa, oferecem variedade, têm boas margens, são de venda recorrente, não são perecíveis e não exigem que a vendedora se sente à beira da estrada o dia inteiro sob o sol quente. Vender Avon é considerada uma forma mais digna de ganhar dinheiro. O seu músculo de mercado é também uma grande vantagem. Os algoritmos da Avon leem o mercado relevante para as representantes, selecionam os produtos e preços certos, e reúnem uma ferramenta de venda manual brilhante, feita à medida. Se um mercado particular precisa de algo especial, como uma diferente palete de sombras de maquilhagem, a Avon trata do design ou tenta encontrar um produto que se adeque. Tendo sido a primeira grande empresa de cosméticos americana a oferecer maquilhagem para tons de pele negra, tinha décadas de experiência adequada ao mercado sul-africano.

A necessidade de interagir com estranhos para conseguir vender era uma grande desvantagem para a Avon na África do Sul, uma vez que aconteciam com frequência agressões violentas. Conhecemos mulheres que tinham sido assaltadas e violadas durante as rondas de vendas. No entanto, as agressões às mulheres em casa eram igualmente más, e, na verdade, mais frequentes. Contaram-nos histórias de representantes que foram espancadas pelos maridos ressentidos com o sucesso das mulheres. A narrativa acabava invariavelmente com as mulheres a pouparem dinheiro suficiente para pegarem nos filhos e irem embora. De facto, algumas representantes recrutavam propositadamente mulheres em risco de violência doméstica porque queriam ajudá-las, facultando-lhes uma forma de escapar aos maridos abusivos.

A Avon encoraja as mulheres que não estejam sob ameaça iminente a estabelecer objetivos pessoais, sugerindo que não gastem todos os seus rendimentos, mas que, em vez disso, tentem poupar capital para realizações financeiras. Com esse fim, as superiores dizem às subalternas que recortem uma imagem de algo com que sonhem — algo grande, como uma casa — e que a coloquem onde possam vê-la todos os dias, para que seja um lembrete do seu objetivo. Depois, cada uma faz um plano de negócios para a forma como vai atingir o seu sonho. Todas conhecem os sonhos umas das outras, portanto, há pressão social para permanecerem empenhadas. As mulheres costumam orgulhar-se dos planos que fizeram e do que alcançaram, assim como dos planos que fizeram para o futuro. De facto, *poderem* planear, em vez de simplesmente sobreviverem a cada dia, é muito importante para elas. Muitas tinham casas compradas, pagavam a universidade aos filhos, compravam carros bons — tudo características de existência da classe média.

As suas realizações eram particularmente impressionantes porque a maioria tinha começado do nada. Literalmente do nada. Algumas foram refugiadas, outras eram órfãs do VIH ou eram mulheres em fuga, vítimas de violência doméstica. Uma mãe solteira que escapou de um campo de refugiados disse:

> Eu tinha um problema... o meu tio violava-me... Não aguentava a pressão da escola e a vivência com aquele homem... Depois descobri que tenho VIH [fui infetada pelo meu tio]... Não fiz nada, não quis

> saber, não queria saber de nada... estava só à espera do dia da minha morte, porque não tinha coragem de me matar.
>
> Agora, já não quero morrer, quero ver o meu negócio [Avon] florescer... quero ser importante a um alto nível. Deixei a escola muito nova. Não me parece que haja outra forma de sobreviver que não seja manter-me [na Avon]. Dedicar-me de corpo e alma a isto porque me permite comprar comida e roupa para o meu filho... como [a minha superior], tenho um carro e dou as minhas voltas, levo os miúdos à cidade e compro-lhes tudo — esse era o meu sonho... Como não fui à escola, não consigo encontrar emprego. Tenho de pensar na Avon como o meu emprego, é como consigo criar um filho — é o meu bebé, tenho de criá-lo.
>
> Pelo menos, quando morrer, sei que lhe deixei alguma coisa. Não quero que ele diga: «A minha mãe não tinha trabalho...» O meu plano é manter-me na Avon muito tempo, o tempo que ainda estiver com o meu filho. Foi o melhor emprego que me apareceu na vida. Antes, sentia-me triste e miserável.

Todas as mulheres que entrevistámos sabiam o que significava preocuparem-se com a alimentação dos filhos, e suponho que a maior parte tenha passado fome. Muitas são sobreviventes a traumas extremos e a maioria tinha idade para se lembrar do *apartheid*. Pareciam mostrar em cada rosto o abandono, a violação, a doença ou outra coisa horrível; no entanto, sorriam. Costumava brincar com Catherine que as mulheres deste estudo falavam sobre a Avon como alguns povos falam de Jesus. Ouvi expressões como: «A Avon salvou-me» inúmeras vezes. O nosso primeiro artigo, a que Catherine deu o título, chamava-se «Lipstick Evangelism».[8]

O único assunto que tornava as suas vozes amargas era o da lendária indisponibilidade dos seus homens para sustentarem os filhos. Como uma participante nos contou: «Culturalmente, a comunidade negra e a comunidade indiana têm a perceção de que o papel das mulheres é criar os filhos. "Sou o homem da casa e vou caçar, [ser] o caçador e o coletor, e tu vais cozinhar e alimentar-nos". [Mas] não há muitos homens negros que sustentem os filhos. É um facto sabido». A injustiça de serem deixadas sozinhas a criar os filhos é ainda mais chocante num país em que há uma percentagem altíssima de lares sem homem nenhum.

E o encargo não se fica pelos filhos. As nossas inquiridas chegavam a ter oito pessoas dependentes delas, e várias com doenças ou parentes inválidos. Praticamente todas enviavam dinheiro para a família nas aldeias, e muitas pagavam a escolaridade de filhos de outras pessoas. Como parece que as mulheres sabem fazer em qualquer parte, davam o seu melhor para ajudar outros que estavam ainda em piores situações que elas, especialmente outras mulheres.

Espera-se que as representantes da Avon utilizem os próprios produtos e que apresentem uma aparência atraente e confiante quando estão a vender, embora não sejam, de todo, pressionadas a usar maquilhagem ou a apresentar-se de qualquer outra forma em particular que não seja asseada, cuidada e confiante. Nunca ouvi uma queixa em relação a isto; pelo contrário, até, a maioria delas sentia-se orgulhosa com a sua competência para os novos cuidados e de alguma forma menosprezava aquelas que não faziam o mesmo esforço. (Uma senhora agarrou-me no queixo, olhou de perto para as minhas maçãs do rosto e disse: «Oh, querida, está com a pele péssima. Deixe-me ajudá-la». Recebi várias amostras e deixaram bem claro que estava a precisar.) As mulheres salientaram que a sua aparência lhes dava uma confiança que antes não tinham. O «estilo» global era mais do que cuidado; era uma cabeça bem erguida, um passo decidido, um olhar sincero e um discurso direto. 88% das nossas inquiridas disse que a experiência com a Avon as tinha tornado mais autoconfiantes.

A África do Sul é uma sociedade muito estratificada, tanto por classe como por raça. O resultado que mais me impressionou foi que estas pobres mulheres negras, as mais desfavorecidas e excluídas de uma nação sofredora, afirmaram ter perdido o medo daqueles que eram, nas suas próprias palavras, «superiores» a elas. 74% concordaram com a afirmação: «Por causa da Avon, já não me sinto intimidada por pessoas que eu pensava serem "superiores" a mim».

Não há dúvida de que se sentem emancipadas, sim — e que o disseram com tantas palavras. Porém, não podemos dizer que as representantes da Avon detêm os meios de produção, e muitos peritos em negócios jamais as veriam como empreendedoras. Mesmo assim, as mulheres contaram consistentemente uma história de sofrimento passado tão intenso que as fez perder a sensação de controlo sobre os seus destinos. A capacidade de comandar os meios de subsistência pareceu-me o primeiro passo crucial no caminho para a autonomia; essa realização não deve ser diminuída.

Como descobri ao tentar perceber como as mulheres agricultoras nas montanhas do Uganda poderiam ganhar mais, é quase impossível para as pessoas que vivem sob tal escassez material apresentarem novas ideias de produtos de valor acrescentado, quanto mais conseguirem comprar a embalagem, organizar o transporte, e assim por diante. A Avon entra em campo e fornece tudo isso numa base «instantânea». Ensina a estas mulheres competências profissionais, ajuda-as a gerir o seu dinheiro e aumenta-lhes a confiança. Todo esse sistema, quando foi posto em prática para apoiar mulheres negras pobres africanas, foi uma bênção. Os entendidos em desenvolvimento económico, bem como os académicos, consideram muitas vezes que os governos deveriam ser os únicos a trabalhar na pobreza. As pessoas que dizem isto geralmente pensam nos governos das nações ricas, que têm os meios e, em certa medida, a intenção de se tornarem salvadores dos seus cidadãos. No entanto, muitos países não defenderam as suas cidadãs e não parecem tencionar fazê-lo em breve.

No caso da África do Sul, a incapacidade de lidar com a exclusão económica das mulheres negras está a arrastar a economia como uma pedra enorme. Quase metade dos lares dependem de uma mulher para prover. No entanto, embora as leis da África do Sul tornem tecnicamente as mulheres iguais, as regras tribais, a violência e o ónus dos cuidados asseguram que elas são sistematicamente impedidas de prover aos seus lares, como até os homens pobres fazem. A África do Sul nunca sairá da pobreza enquanto não concentrar a sua atenção na igualdade das circunstâncias económicas das mulheres negras — que têm a força para dar a volta àquela nação, precisam apenas que as apoiem.

Pelo menos o governo da Moldávia está a tentar ajudar as mulheres. A Moldávia, o país mais pobre da Europa, ainda está a sofrer com o choque económico do colapso da União Soviética nos anos 90. O emprego formal é limitado, a produtividade laboral é baixa e há uma escalada de corrupção. Entretanto, a migração está a reduzir a oferta de mão de obra: os homens vão para a Rússia para trabalhar em empregos que não requerem muita escolaridade, enquanto as mulheres — que são mais instruídas — migram para o Ocidente, para a Europa. A fertilidade tem estado em declínio constante desde 1960; o número de filhos nascidos de uma mulher durante a sua vida é agora de 1,25. A combinação de baixa fertilidade e migração para o exterior está a fazer com que a população diminua todos os anos.

A participação da força de trabalho feminina, com 39%, é muito baixa, mas 30% mais mulheres do que homens matriculam-se no ensino superior. As mulheres dominam em trabalhos técnicos e profissionais, mas existe uma grande diferença de remuneração entre os géneros. A Moldávia tem uma das proporções mais elevadas de famílias chefiadas por mulheres no mundo (cerca de 40%, semelhante à da África do Sul), no entanto, não existe qualquer assistência infantil para crianças com menos de cinco anos. Há também bastante violência contra as mulheres na Moldávia, e o tráfico de mulheres é um dos maiores flagelos do país.

Hoje em dia, o governo nacional moldavo quer encorajar tanto o emprego como o empreendedorismo entre as mulheres pelas mesmas razões dos outros governos — estimular o crescimento económico, criar empregos, e assim por diante —, mas também por razões mais específicas de género. A «fuga de cérebros» na Moldávia é feminina; a sua taxa de fertilidade é sobretudo uma função das pobres perspetivas económicas das mães; e os problemas com a violência e o tráfico, aqui como em todo o lado, estão enraizados na vulnerabilidade económica das mulheres. O governo espera que as mulheres donas de empresas criem novos empregos e também que contratem mais mulheres, que lhes paguem igualmente e que as promovam. Em 2017, fui convidada pelo Banco Mundial para avaliar atividades de suporte a mulheres empreendedoras na Moldávia, implementadas no âmbito de um projeto de empréstimos para investimento.[9] Vi que as mulheres moldavas representavam cerca de 25% de todos os proprietários de empresas, menos do que a média global de 30%. As suas empresas pareciam crescer mais devagar do que as empresas dos homens, apesar da igualdade de género no acesso a capital que teve lugar depois do colapso da União Soviética. Os homens também abriram mais empresas que as mulheres, porém, as empresas dos homens faliam três vezes mais frequentemente, normalmente nas primeiras fases de desenvolvimento (Figura 31). Em consequência disso, as empresas detidas por mulheres estavam a funcionar, em média, o dobro do tempo das dos homens.

Em metade de todos os setores industriais, as empresas moldavas geridas por mulheres produziam mais vendas e mostravam maior produtividade. As empresas detidas por mulheres também empregavam mais pessoas em toda a economia. E não só empregavam mais mulheres do que os homens, mas também ofereciam formação com maior frequência e promoviam mais mulheres. Era muito mais provável uma

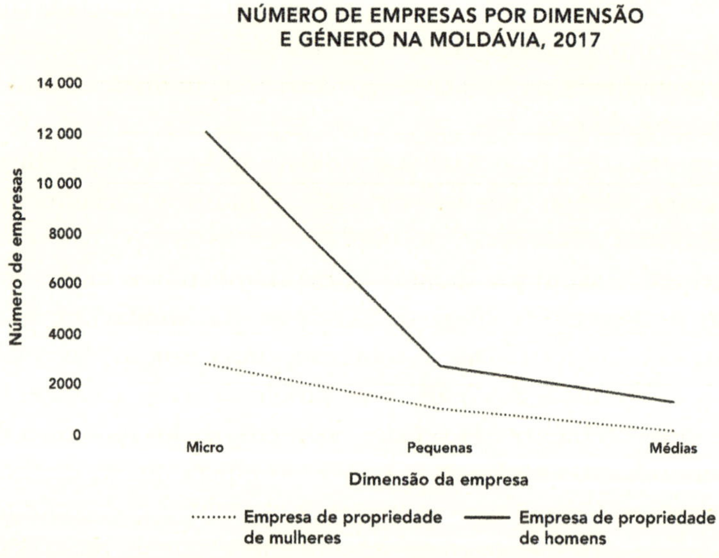

FIGURA 31. No gráfico acima, as empresas de propriedade masculina e feminina são apresentadas por dimensão. Os homens iniciam negócios muito mais frequentemente do que as mulheres, mas um grande número falha nas fases iniciais. Na última fase, os homens compram as empresas detidas por mulheres, o que não só é responsável pela diferença no número de empresas detidas por cada género, mas também melhora consideravelmente o desempenho das empresas detidas por homens.

Fonte: apoio às empresas das mulheres na Moldávia, 2018.

mulher ocupar um cargo de chefia e ter ações da empresa de outra mulher do que em empresas detidas por homens. Na verdade, em todos os distritos, em todas as indústrias, de todas as maneiras que conseguimos medir, as mulheres eram melhores empregadoras para outras mulheres do que os homens. À primeira vista, então, as hipóteses de as mulheres empreendedoras cumprirem os objetivos dados pelo governo moldavo pareciam elevadas. Mas quando começamos a analisar como as empresas eram financiadas, as desvantagens que a Economia XX acarreta saltam inevitavelmente à vista.

Os homens relataram muito mais frequentemente que tinham adquirido a sua empresa através da compra, o que indicava que tinham acumulado um capital significativo. Podiam financiar os seus negócios através de meios pessoais e de apoio familiar, em grande parte porque o capital familiar era visto como deles. Consequentemente, tinham muito menos necessidade de se endividarem para expandirem o negócio, renovar equipamento e inovar.

Por outro lado, as mulheres recorriam ao crédito bancário com maior frequência, em particular para se capitalizarem no início. As instituições financeiras cobravam às mulheres taxas de juro mais altas do que aos homens e exigiam mais garantias. O resultado era que as mulheres tinham dificuldades com a dívida e tinham menos possibilidades de reinvestir. À medida que as empresas que tinham fundado iam crescendo, as mulheres perdiam o controlo das suas empresas, enquanto os homens não perdiam o deles. A mudança pareceu dar-se porque as mulheres com empresas em crescimento não tinham capital social suficiente para expandir, ficavam enredadas no crédito e eram obrigadas a vender mais ações para continuarem a crescer. Nessa altura, tinham de vender a homens porque eram eles quem tinha o dinheiro para comprar. Assim que uma mulher vendia a maioria das ações a um homem, a sua empresa tornava-se uma empresa detida por um homem para efeitos estatísticos nos estudos do Banco Mundial e de outros coletores de dados internacionais. Como os homens estavam a comprar empresas detidas por mulheres que estavam a ter um melhor desempenho do que as suas, a mudança dava a impressão de que os homens, no geral, tinham empresas mais saudáveis do que as mulheres. Ao mesmo tempo, as melhores empresas saíam da contagem das mulheres, o que as fazia parecer menos robustas enquanto grupo. O resultado era enganador porque os homens acabavam por receber crédito pelas realizações das mulheres.

Duas exceções, no entanto, ilustraram o lado positivo da igualdade de acesso ao capital. No setor da hospitalidade, as mulheres eram mais velhas e já eram adultas aquando da privatização da economia moldava. Tinham recebido terra como parte da redistribuição pela igualdade de género, tinham ficado com a terra e tinham-na usado para abrir um hotel ou um restaurante. Assim, ao contrário das outras mulheres moldavas, tinham capital social e não estavam dependentes do crédito. A Moldávia é um país bonito, mas ainda não se tornou um grande destino turístico; mesmo assim, estas mulheres estavam a ter sucesso nos seus negócios. Além disso, à medida que a velhice se aproximava, estas proprietárias de hotéis e restaurantes estariam numa posição muito melhor do que os seus pares femininos; o apoio às mulheres idosas é um problema que o governo moldavo vê a aproximar-se rapidamente.

A outra exceção foi a venda grossista. Neste setor, uma percentagem surpreendente de mulheres herdou o seu negócio, começando com capital social e não tendo de contrair dívidas. Davam voltas de avanço aos homens no que tocava a receita e produtividade. As mulheres grossistas, no entanto, sentiam-se alienadas e não foi preciso investigar muito para descobrir porquê. Os dados revelaram que estas mulheres eram visitadas por inspetores fiscais com uma frequência nada razoável, que lhes exigiam uma espécie de suborno quase a cada visita. Os agentes da alfândega também eram um problema para elas. Os grossistas homens não tinham quaisquer problemas com a corrupção. De facto, em toda a amostra, a extorsão era um problema para as mulheres, mas era raro para os homens. Levando em consideração a cultura moldava de violência contra as mulheres, estou certa de que as «prendas» extorquidas das mulheres grossistas eram frequentemente de natureza sexual.

No final deste trabalho, fiz uma apresentação em Chisinau, a capital da Moldávia, em que apresentei recomendações em linhas gerais. Estavam presentes ministros do governo e diretores de ONG, e foram muito recetivos. Saí de lá a sentir-me bem com os prospetos de ação eficaz do governo para ajudar as mulheres. Também me senti otimista porque apoiar estas mulheres iria ajudar a Moldávia a resolver alguns dos seus problemas mais complexos, desde a baixa fertilidade ao tráfico humano. Isto porque a Economia XX compensa sempre os investimentos com algo mais do que apenas dinheiro.

Dados globais mostram que as mulheres preferem um emprego formal seguro — com benefícios e planos de reforma, etc. — e optarão por permanecer nesses empregos enquanto puderem, em vez de iniciarem os seus próprios negócios. Provavelmente, verá que esta preferência está completamente de acordo com a ética e os objetivos conhecidos da Economia XX: as mulheres tendem a querer segurança a longo prazo e uma provisão consistente para as suas famílias. Mas, no Reino Unido, a participação formal das mulheres na força laboral estagnou; em vez disso, as mulheres estão a começar as suas próprias empresas.

As mulheres que iniciam negócios no Reino Unido enumeram motivos que enfatizam a autonomia pessoal e a autorrealização em vez da riqueza, o objetivo a que os homens britânicos dão prioridade. Estas mulheres procuram a capacidade de equilibrar os cuidados com o trabalho, mas esse não é o seu objetivo principal. Parecem pretender ser independentes, assim como estar em segurança, e possivelmente escapar às atitudes sexistas no local de trabalho propriamente dito. Além disso, têm interesse em dar um contributo positivo para a sociedade.

Dado o perfil académico das mulheres britânicas, que, tal como o das suas primas americanas, salienta os negócios e a ciência médica ou biológica, não nos devemos surpreender com o facto de os negócios que as mulheres britânicas iniciam com mais frequência serem escritórios profissionais, como consultórios médicos e gabinetes de contabilidade. Este tipo de negócio é, de facto, o mais lucrativo e estável de todos os tipos de indústria no Reino Unido, e são setores em crescimento. No entanto, estas empresas não costumam empregar muitas pessoas, e não exibem os tipos de taxas de crescimento que vemos, por exemplo, na tecnologia. Claro, também não exibem as elevadas taxas de fracasso.

Tal como noutros locais, os líderes governamentais e empresariais do Reino Unido estão convencidos de que as mulheres estão algures a estudar arte e precisam de ser encorajadas a estudar ciência para que possam tornar-se empreendedoras tecnológicas e alcançar um crescimento e lucros espetaculares.

Então, há uma preocupação exagerada por as raparigas não gostarem de ciências, não saberem matemática e tudo o resto. (Com tanta conversa sobre matemática, nenhuma destas pessoas parece ser capaz de ler dados brutos.) Estes líderes têm estado encandeados pelos estereótipos, mas também pelo mito do empreendedorismo espetacular.

Atualmente, a cultura britânica glamoriza o empreendedorismo como um ambiente híper masculino, de alto risco, de alta recompensa. Um bom exemplo é o popular programa de televisão do Reino Unido *Dragons' Den*, que apresenta proprietários de pequenas empresas à procura de investimento de capital de risco por investidores homens (VC), o epónimo «dragões» a rugirem antes de arrasarem as ideias dos suplicantes e por vezes condescenderem em oferecer-lhes negócios. (O *Dragons' Den* é a versão britânica do *Shark Tank* dos EUA; ambos tiveram origem no *Tigers of Money*, do Japão.)

Este cenário teatral passou a representar o mundo empresarial no discurso público britânico, inflacionando bastante o papel que este tipo de experiência tem na economia e nas vidas dos verdadeiros empreendedores. O capital de risco só financia 1% das empresas britânicas e, daqueles que se candidatam, apenas 2% recebem de facto algum investimento. O preconceito de género nestas decisões, todavia, é verdadeiramente descomunal. 93% dos VC são homens, e só apenas 10 a 15% dos investimentos que fazem anualmente se destinam a empresas de mulheres. Os investidores de risco preferem claramente as empresas tecnológicas, porém, apenas 9% dos prémios vão para *start-ups* tecnológicas de mulheres, apesar do facto de as mulheres representarem perto de 30% dos alunos ou funcionários do setor. Se os VC acabassem com a desigualdade de género nas suas práticas, o Reino Unido iria recolher 25 mil milhões de libras (30 mil milhões de dólares) em produção nacional e ganhar 150 mil empregos.

Praticamente todo o capital de risco investido na Grã-Bretanha vai para empresas tecnológicas. Porém, as *start-ups* tecnológicas são as empresas que representam maior risco no Reino Unido: mais de metade declaram falência nos primeiros cinco anos, assim como quase todas as outras nos cinco anos que se seguem. Um acordo de investimento de risco acelera a vida de uma *start-up*; qualquer desejo de ajudar o mundo ou criar um bom ambiente de trabalho desaparece quando o VC leva o proprietário para uma «saída bem-sucedida», que significa pôr a empresa à venda ou tentar aceitar uma oferta pública o mais depressa possível. Uma saída bem-sucedida significa que o VC fez muito dinheiro, muito depressa, assim como o empreendedor. Mas tal como o ganho se dá muito depressa, também acontece o mesmo com o fracasso. Apenas 27% dos jovens que obtêm financiamento dos VC conseguem alcançar a luz ao fundo do túnel. Os outros ficam-se pelo seu breve vislumbre.

Os investidores de risco e os empresários masculinos que eles preferem tornaram-se, no entanto, a imagem da aventura romântica que é ter uma empresa no Reino Unido. A imprensa britânica acompanha prémios de capital de risco como se fossem desportos radicais. Todos os anos, manchetes acusam que pouco dinheiro foi atribuído às mulheres e os relatórios incluem histórias de VC que humilharam e rejeitaram as mulheres quando elas lhes apresentaram as suas ideias. Os VC têm um registo terrível de preconceito de género em todo o lado, mas é particularmente mau no Reino Unido: os homens britânicos têm 86% maiores probabilidades de ganhar financiamento de VC do que as mulheres.

Não há mistério sobre o motivo por que estes investidores raramente financiam mulheres. Como são um fenómeno internacional de investimento, os VC têm sido estudados com frequência e foram considerados de forma consistente extremamente tendenciosos em termos de género. Dois estudos publicados na *Harvard Business Review* trocaram os nomes e as fotografias nas propostas ou apresentações por etapas em que um homem apresentava a ideia de uma mulher e vice-versa. Estes estudos mostraram que uma ideia apresentada por um homem ganha e que a mesma ideia apresentada por uma mulher perde. Outro estudo analisou 200 vídeos de apresentações de investimento de risco, incluindo as questões e os comentários dos VC, e constatou que as perguntas que fizeram aos empreendedores diferem imenso de acordo com o género. Aos homens perguntam variações de: «Como vai fazer-me ganhar dinheiro?», enquanto às mulheres perguntaram uma variação de «Como vai conseguir que eu não perca dinheiro?»

As palavras que os VC usaram nos comentários sobre as propostas empreendedoras também diferem de acordo com o género. Quando falam com os homens, usam *proveito, esperança, ideal, realização, alcance, aspiração, obtenção, lucro, expansão, crescimento*. Para as mulheres, é *precisão, medo, ansiedade, evitar, cuidado, conservador, defender, medo, perda, obrigação*, e, especialmente, *dor*.[11]

O sexismo dos VC não se fica pela seleção de investimentos. Outro estudo analisou os resultados usando os registos da Crunchbase, uma enorme base de dados com estatísticas de *start-ups*, e constatou que a diferença nas estratégias de saída bem-sucedidas entre os homens e as mulheres era inteiramente atribuída ao género do VC. Se uma empresa de capital de risco comprar a *start-up* de um homem e atribuir a um parceiro homem à gestão do progresso para a saída, há uma probabilidade de 27% de sucesso, enquanto um parceiro homem a gerir a *start-up* de uma mulher tem 17% de hipótese de sucesso. Contudo, quando é uma mulher como parceira gestora, a empresa da mulher tem igual hipótese de atingir o sucesso que a do homem.[12]

A tradição das mulheres e dos investidores de capital de risco é longa e triste. Justine Roberts, fundadora de Mumsnet, um website para pais, lembra-se da apresentação que fez para obter capital de risco: «numa das reuniões, o tipo estava sempre a virar-se para a pessoa ao lado dele para perguntar como eu me chamava. Se ficasse à defesa, ele podia dizer: "Parece que vai chorar". Houve referências a ter sexo comigo se não fosse casado. Queres provar-te a ti mesma e ao teu valor, e só mesmo depois disso que pensei: *Porque suportei passar por aquilo?*» Hoje em dia, a Mumsnet é um dos sites sociais mais visitados do Reino Unido, com 12 milhões de visitantes únicos por mês. Roberts foi galardoada com um CBE pelo seu serviço à economia britânica, mas ainda tem investidores que lhe perguntam quem gere a área de negócio da empresa dela.[13]

Heidi Zak, uma das fundadoras da ThirdLove, relembra o que aconteceu quando fez a sua apresentação a investidores de risco: «No final da sessão, um tipo disse-me: "desculpa, só investimos em coisas que compreendemos". Nós vendemos roupa interior de mulher. Eles investem em tecnologia incrivelmente complexa e intricada, mas deixou de me perceber quando falei em *sutiã*».[14] No final de 2018, a ThirdLove entrou na lista anual da Next Billion-Dollar Startups da *Forbes*; agora, a empresa está avaliada em 750 milhões de dólares.[15]

«Quando um homem entra numa sala, assume-se automaticamente que é competente. Quando *eu* entro numa sala, assume-se automaticamente que não sou», diz Kim Taylor acerca da dinâmica de género nas apresentações a investidores de risco.[16] Taylor acabou por vender a sua empresa de formação online por 25 milhões de dólares, mas quando apresentou a sua ideia pela primeira vez, os VC não acreditaram nos dados demonstrados na análise de mercado. «Achei extremamente bizarro apresentar às pessoas informação ou dados aceites a nível nacional e elas não os reconhecerem como verdadeiros», afirmou.[17]

Não se trata de os VC *não saberem* que têm preconceitos, mas de não darem passos para melhorar, mesmo sabendo que os seus preconceitos estão a levar a más decisões.

Infelizmente, o preconceito de género é comum no contexto do investimento para as mulheres no Reino Unido. As empreendedoras mulheres recebem apenas 9% dos fundos de investimento disponíveis todos os anos. Quando um grupo de 750 mulheres fundadoras de empresas foi inquirido pelo *The Telegraph* em março de 2018, 65% consideraram que os serviços financeiros as tinham tratado de forma injusta e 67% disseram que os investidores masculinos as teriam tratado de forma diferente se fossem homens. Em resposta à questão se tinham enfrentado dificuldades em ser levadas a sério aquando da criação do seu negócio, 65% disseram que sim. A metade das inquiridas disseram-lhes, a dado momento, que precisavam de um homem para gerir o seu negócio. As mães relataram terem sido alvo de um tratamento ainda mais injusto. Como resultado da quase total ausência de apoio financeiro institucional, 72% destas mulheres optaram por financiar os seus negócios com poupanças ou cartões de crédito.[18]

O investimento de *business-angel* é por vezes sugerido como solução para a diferença de género no financiamento de empresas britânicas. Os «anjos» são o oposto espiritual dos dragões do capital de risco. Investem no empreendedor tanto como na ideia de negócio e esperam apoiar a realização do sonho, em vez de o queimarem com o seu bafo de fogo. Geralmente, usam o seu próprio capital, não recorrem a conjuntos de investidores como fazem os investidores de risco. No entanto, a maioria dos *business-angels* são homens (86%), e eles, como os investidores de risco, têm tendência para investir noutros homens, mas não de forma tão acentuada. É 86% mais provável que um homem receba investimento de um VC, enquanto a probabilidade de receber dinheiro de um *angel* é de 56%.

Não há mulheres britânicas ricas que possam agir como *business--angels*? Um estudo conduzido pela Business Angels Association do Reino Unido estudou e entrevistou mais de 600 mulheres ricas em toda a Europa e constatou que aquelas que preenchem os requisitos para o investimento *angel* muitas vezes não sabem o que é nem como fazer. Os seus conselheiros financeiros, que partem do princípio de que as mulheres querem investimentos seguros e padrão, normalmente não lhes falam do investimento *angel*. Estes possíveis *angels* não acham que tenham tempo para fazer os trabalhos de casa necessários para avaliar um investimento desta índole, e muitas vezes estão convencidos de que este tipo de investimento é demasiado arriscado. Todavia, quando se apresentou o conceito de aderir a um grupo de outros investidores que partilharam o trabalho da avaliação dos investimentos e se dividir o risco, as mulheres ficaram bastante interessadas.

Porém, quando algumas destas investidoras tentaram aderir aos grupos de investidores *angel* existentes, perceberam que os homens nesses grupos não foram acolhedores. «Queria aderir a uma rede *angel*, mas eram todas dirigidas por homens mais velhos. O ambiente era terrível e nunca investi lá», relatou uma francesa. Uma investidora portuguesa disse: «Estar numa rede principalmente de homens *business-angels* implica estarmos atentas às regras — as regras deles, como as decisões são tomadas, por exemplo. É um mundo de homens». O relatório sobre o estudo concluiu: «Muitas mulheres investidoras tiveram experiências negativas nos grupos *angel* dominados por homens em toda a Europa, e há uma forte necessidade de estabelecer grupos focados nas mulheres, acolhedores para as mulheres nos países parceiros».[19]

A solução óbvia, dizia o relatório, seria fomentar a formação de grupos de *angels* exclusivos de mulheres. Também recomendei que os governos oferecessem fundos equiparados para os grupos *angel* que facultam dinheiro para apoiar empresárias mulheres, uma medida que talvez não possa acontecer no Reino Unido porque iria constituir discriminação positiva. Qualquer ação para formar um grupo assim seria vista como «injusta» na Grã-Bretanha, apesar de o capital de risco e o investimento *angel* existente ser esmagadoramente dominado por investidores e beneficiários masculinos.

O *crowdfunding* (financiamento colaborativo) oferece outra opção para financiar *start-ups* de mulheres. Sites online como o Kickstarter e o Indiegogo permitem publicar propostas de doação ou investimento para o público. Enquanto os homens são mais propensos a publicar propostas nesses sítios, as mulheres são mais propensas a ser financiadas quando publicam. Isto parece acontecer porque as investidoras colocam intencionalmente dinheiro em *start-ups* de mulheres. O *crowdfunding* é uma forma de os empreendedores e os investidores contornarem o ambiente incendiário do setor financeiro. E porque toda a gente se limita a publicar ou a investir dinheiro privado, este meio de apoio às mulheres é aceitável mesmo na Grã-Bretanha.

Em qualquer caso, porém, a ênfase no capital de risco e na tecnologia digital apresenta as pequenas empresas de uma forma que é um anátema para as mulheres. O cenário do *Dragons' Den* também devia ser um anátema para os governos. Uma coisa é apoiar o grande crescimento e a inovação, mas se *toda* a economia estivesse a ser desenvolvida com o exemplo desta montanha-russa enlouquecida pela testosterona, seria instável e não cresceria muito, porque a base tecnológica bem-sucedida é muito limitada. São os negócios começados por mulheres que trazem estabilidade, crescimento viável, emprego seguro e responsabilidade comunitária para a fundação nacional. É um disparate continuar a tratar a ética económica feminina como lenta, indesejável e um reflexo de incapacidade, pois dessa atitude só resultarão políticas fracas.

Em vez disso, é necessária uma ética de investimento com espaço para um crescimento mais lento, mas com oportunidades de negócio menos arriscadas. As carteiras de investimento devem ter sempre um equilíbrio entre veículos de curto prazo, de alto risco e de alto potencial e investimentos de longo prazo, de baixo risco e mais realistas. Não há razão para que não se possa construir um programa de capital para as mulheres baseado nessa filosofia, mas é pouco provável que isso aconteça devido à aliança masculina enraizada na comunidade de investimento empresarial que recompensa o comportamento arriscado, afasta as mulheres e os homens honestos, ignora as más maneiras, é irresponsável na incineração de boas ideias e valoriza a agressão sobredimensionada para o seu próprio bem. Pode ser divertido aumentar assim o seu cortisol, mas não é uma forma responsável de construir uma economia nacional.

A minha esperança é que o movimento de capacitação económica das mulheres chame a atenção das investidoras e encoraje a formação de uma comunidade de investimento feminino que impulsione as mulheres e o crescimento que elas representam. Essa ação também proporcionará locais de trabalho mais igualitários para as mulheres e apoiará positivamente as comunidades.

Vamos voltar à história da Dama Stephanie Shirley. É, evidentemente, uma mulher excecional, alguém que combina inteligência, determinação e generosidade para deixar um legado extraordinário à sociedade. No entanto, cuidar de outras mulheres é, creio eu, uma característica comum à maioria das mulheres empresárias. Depois de entrevistar centenas de empresárias em todo o mundo, durante a última década, estou convencida de que aproveitar esse desejo de ajudar é uma das coisas mais poderosas que o movimento de capacitação económica das mulheres pode fazer para impulsionar a causa a nível mundial.

13 | ADERIR AO MERCADO GLOBAL

Os grupos de mulheres da Papua-Nova Guiné ficaram em alvoroço com as notícias: uma empresária local tinha conseguido um acordo de fornecimento de produtos à Stop & Shop para 30 mil mulheres agricultoras. Estas pobres mulheres conseguiam sustentar-se com pequenas hortas, como tantas fazem pelo mundo inteiro. Mas uma ONG organizada localmente chamada Mothers Helping Mothers tinha andado a dar-lhes formação para fornecerem um grande cliente. Aprenderam novas técnicas e a selecionar os frutos e legumes que passavam o controlo de qualidade. Arranjaram maneira de levar o seu produto até um cargueiro que chegava uma vez por semana. O negócio solidificava uma fonte alimentar de alta qualidade e confiável para a Stop & Shop, enquanto garantia um rendimento consistente para as mulheres que, de outra forma, ficariam gravemente limitadas em termos económicos.

Quando cheguei a Porto Moresby para o «encontro de mulheres» de 2018 da Cooperação Económica Ásia-Pacífico (APEC), a questão que pairava era: como pode isto ser feito noutros países para ajudar mais mulheres? Os obstáculos que os mercados agrícolas colocam às mulheres em todo o lado — a falta de transporte, as cooperativas de género exclusivo — tinham finalmente sido ultrapassados. O mercado global tinha sido feito para funcionar *para* as mulheres, e não contra elas.

O mercado global soa a um colosso imenso, fantástico, mas é apenas uma rede de trocas construída a partir de milhares de negócios como aquele. O mercado global é constituído ponto a ponto, por pessoas comuns que fazem as ligações, concordam em fazer intercâmbios e trabalham em relações para fazer e mover objetos de um lado para o outro. Mas as mulheres são muitas vezes excluídas desta enorme rede, porque não conhecem as pessoas certas e as pessoas certas não as conhecem a elas.

Fazer parte da rede também é importante porque, antes de um acordo como o que a Mothers Helping Mothers conseguiu com a Stop & Shop poder ser feito, há que resolver inevitavelmente uma sequência de problemas: como obter o fertilizante exigido, como fazer chegar as embalagens ao navio cargueiro, na maior parte das vezes, coisas bastante vulgares. Depois de todos os problemas serem resolvidos e de as ligações estarem feitas, ainda falta criar uma cadeia de ações e transações que podem continuar a acontecer, praticamente de forma automática, desde que haja alguém no final da cadeia que compre. Todos podem conseguir um bom fluxo de rendimento, incluindo os condutores dos camiões, os fabricantes do fertilizante e os vendedores das embalagens.

Quando uma grande empresa ou um governo decide comprar algo — qualquer coisa — a granel, chama-se *aprovisionamento* (*procurement*, em inglês). Pode ser toranja, sabonete, brincos ou pioneses, dependendo do setor do comprador. Se os objetos adquiridos são enviados através das fronteiras nacionais, conta como «comércio internacional». E é isso, não há nada de misterioso, só muitas partes envolvidas.

Os homens detêm 99% dos contratos de aprovisionamento do mundo e, consequentemente, controlam 99% do comércio internacional.[1] Portanto, esta é uma parte lucrativa da economia da qual as mulheres estão praticamente excluídas. As proprietárias de empresas da Moldávia ou empreendedoras de uma *start-up* no Reino Unido — ou qualquer outra empresa de uma mulher que venda algo que um grande comprador possa usar — tinham *a vida feita* se conseguissem nem que fosse um destes contratos. Como estas mulheres são melhores patroas para outras mulheres, também seria um bom resultado para o movimento das mulheres.

O problema é que se pertencer a uma classe de pessoas que não foram autorizadas a sair de casa ou da quinta durante milhares de anos, pode significar não conhecer ninguém a quem vender ou com quem construir soluções, e muitas vezes, não saber como fazer muitas das coisas necessárias para poder participar. Isso aplica-se quando está em Papua-Nova Guiné, em Guadalajara ou em Aberdeen. Por isso, a capacitação económica das mulheres também tem estado a passar pelo aprovisionamento e comércio. Uma vez que 80% do comércio internacional passa por empresas multinacionais, começou-se uma iniciativa para conseguir que estas multinacionais integrem empresas de mulheres nas suas cadeias de fornecimento.

O termo *cadeia de fornecimento* é um jargão, mas o significado é realmente muito simples. Digamos que uma empresa compra uniformes a uma fábrica de vestuário; esse é o primeiro nível da cadeia de fornecimento. Por sua vez, esse fornecedor de vestuário compra tecido, maquinaria, fio e embalagens a outras empresas. Esse é o segundo nível. Essas empresas, por sua vez, compram a fabricantes têxteis, fábricas de aço, empresas de plástico e de papel, e até mesmo madeireiras. Esse é o terceiro nível. Pode ver-se que, no quarto ou quinto nível, uma grande parte das indústrias e um número considerável de pessoas estão envolvidas.

Há muitas mulheres a trabalhar nas cadeias de fornecimento das multinacionais, pelo que um enfoque na cadeia propriamente dita pode ajudar um grande número de trabalhadoras, assim como de empreendedoras. Por exemplo, quando retalhistas como a Primark e a Target compram a uma fábrica, digamos, na China ou no Sri Lanka, verificam se esse fornecedor cumpre as normas de segurança. Quando um cliente grande quer que a fábrica tenha algo — iluminação nas saídas, por exemplo —, provavelmente vai acomodar o pedido de forma a que o proprietário da fábrica consiga fazê-lo e manter o contrato. Por vezes, uma fábrica permite que um grande comprador apresente um programa de formação concebido para melhorar as práticas sociais ou sanitárias ou peça a representação de género ou de raça da fábrica, assinalando subtilmente que prefere negociar com empresas em que há diversidade de género. O comprador estipula o que uma fábrica compra para fazer os seus produtos, seja tecido retardante de chamas ou embalagens recicláveis, o que, por sua vez, influencia o segundo nível. Assim, uma grande multinacional pode vir a alterar um grande negócio na sua cadeia de fornecimento devido a um contrato celebrado no primeiro nível, além disso, através de uma «influência suave». Em todos estes casos, porém, o comprador só *influencia* e não pode *ditar* as práticas, porque não *manda* no fornecedor. A sua única vantagem é ameaçar levar o negócio para outro lado.

Além do segundo nível, até uma multinacional tem visibilidade limitada das empresas do fornecedor, assim como uma influência reduzida. E, infelizmente, o terceiro ou o quarto, sobretudo em países em vias de desenvolvimento, podem esconder práticas obscuras. Em particular, pode haver abusos no trabalho e até escravatura. Para combater estes problemas, as multinacionais trabalham com governos, sindicatos, ONG e agências internacionais, e também com outras empresas do seu setor para eliminar a corrupção e o abuso.

Se julga que estou a ser condescendente, peço desculpa. Parto do princípio de que não sabe nada deste assunto, porque eu só me inteirei do que se passa em 2013, quando fiz pesquisa para o projeto da Walmart.

A Walmart estabeleceu um enorme compromisso público para com a capacitação económica das mulheres em 2011, ao prometer comprar 20 mil milhões de dólares em produtos de fornecedoras americanas propriedades de mulheres num espaço de cinco anos com o intuito de duplicar a despesa com mulheres nos mercados internacionais durante o mesmo período. A Walmart deu 100 milhões de dólares em bolsas para apoiar projetos vocacionados para a capacitação económica das mulheres, em que se incluiu uma iniciativa enorme para as mulheres na agricultura. Também prometeu dar formação nas carreiras de retalho a 100 mil mulheres de países em vias de desenvolvimento, o que levou a uma mobilidade ascendente, e assumiu iniciativas em fábricas com os seus fornecedores com resultados impressionantes, que incluíram a paridade salarial e a redução da violência no local de trabalho.[2]

O meu papel era descobrir como avaliar um programa chamado Empowering Women Together (EWT).[3] Com a implementação do EWT, a Walmart pretendia ajudar pequenas empresas de mulheres proprietárias a expandirem-se, oferecendo os produtos que faziam para a Walmart aos seus 140 milhões de consumidores, inicialmente através de um portal especial no website do retalhista e, à medida que o negócio se expandia, através dos milhares de lojas físicas. Este esforço não era focado na agricultura, mas nos pequenos produtos fabricados para serem vendidos a retalho — tudo, desde fitas a cestos. Se o esforço do EWT fosse bem-sucedido, a Walmart teria demonstrado a viabilidade de trazer mulheres empresárias para o comércio internacional, integrando-as numa cadeia de fornecimento empresarial, o que, esperava-se, encorajaria outras multinacionais a fazer o mesmo.

A Walmart é de longe o maior interveniente em muitas cadeias de fornecimento. Basta pensarmos em todos os produtos que a Walmart vende: artigos para a casa, joias, equipamento de jardinagem, eletrónica de consumo, alimentos e bebidas, produtos de limpeza para o lar — e a lista continua. Sendo o maior retalhista do mundo (e o maior lojista do mundo), a Walmart tem provavelmente a cadeia de abastecimento mais extensa e variada do mundo — e chega a quase todos os países e indústrias. Se conseguíssemos introduzir nessa rede de relações o objetivo da capacitação económica da mulher, podíamos ajudar muitas pessoas. Por isso, fiquei feliz por ter sido eu a fazer o estudo.

Tive acesso a uma bolsa de investigação da Universidade de Oxford que me conferiu total independência para relatar e publicar as conclusões como as via, e assumi a monitorização do projeto EWT à medida que se desenrolava. Quando a nossa equipa assumiu a função, o EWT tinha escolhido 30 empreendedoras, que incluíam pequenas empresas e *start-ups* na América do Norte, em África, na América Latina e na Ásia. O projeto atravessava 12 países em quatro continentes, e os fornecedores variavam entre duas licenciadas em engenharia de Stanford que inventaram brinquedos pedagógicos para raparigas e uma fábrica que produzia flores de feltro no Nepal.

Encontrar essas 30 proprietárias tinha sido um desafio, não existia nenhum registo de pequenas empresas de mulheres — nem mesmo nos Estados Unidos, onde os esforços para alcançar a diversidade de fornecedores são os mais avançados. Como não havia uma lista, a equipa EWT da Walmart — nessa altura, chefiada por MiKaela Wardlaw Lemmon — perguntou em eventos comerciais e tirou notas de coisas que encontrava em revistas ou jornais. O comprador EWT encontrou uma das empresas, fabricante de sacos amigos do ambiente de limpeza a seco, no *Shark Tank*.

O Women's Business Enterprise Council, mais conhecido por WBENC (normalmente pronuncia-se «We-Bank»), foi fundado para resolver este problema, criando um registo das empresas de mulheres nos Estados Unidos. O WBENC é financiado por um grupo de empresas, cidades e outras organizações que tenta encontrar empresas de mulheres para fornecedoras. O governo dos EUA tem exigências quanto à diversidade dos fornecedores para todos os adjudicatários, assim como outras organizações grandes, portanto, muitas empresas americanas procuram fornecedores de empresas de mulheres. Mas antes que uma empresa possa ser legitimada quanto a esse requisito, tem de se certificar de que pertence de facto a uma mulher. Nesse sentido, a WBENC também faz certificação de empresas e dá formação para ajudar as mulheres a ganhar ritmo enquanto fornecedoras dos grandes compradores.

Encontrar negócios detidos por mulheres nos países em vias de desenvolvimento foi ainda mais difícil, pois outros países, onde se incluem os países ricos, não adotaram medidas para diversificar o mercado, como nos Estados Unidos. E não é possível andar por um país à procura de empresas detidas por mulheres, é ineficaz e pode ser perigoso. Então, por volta de 2013, a WEConnect International foi criada para gerar uma lista internacional de empresas em que as proprietárias são mulheres. Fundada por um grupo de 72 corporações que, em conjunto, gastam mais de 1 bilião de dólares anuais em produtos e serviços, esta ONG anda agora pelo mundo inteiro, opera com a proteção dos governos na organização de grandes eventos públicos, nos quais as mulheres podem inscrever-se para se tornarem fornecedoras. Melanne Verveer, a primeira embaixadora dos EUA para as questões globais das mulheres, e a secretária de Estado dos EUA Hillary Clinton* lideraram esta importante iniciativa internacional. A WEConnect certifica e dá formação às mulheres que se inscrevem, e atualmente já identificou fornecedoras em mais de cem países.

Há também um projeto independente da WEConnect na Europa que defende a diversidade de fornecedores perante os governos desses países; o conceito da diversidade de fornecedores chegou tarde à Europa,

* Hillary Clinton exerceu o cargo de secretária de Estado dos Estados Unidos de 2009 a 2013. [N. do E.]

e encontrou alguma resistência. Particularmente na Grã-Bretanha, a ideia de tentarmos incluir mulheres no comércio internacional leva diretamente à objeção de que se está a dar às mulheres tratamento preferencial. Esta reação deixa-me sempre arrasada: onde 99% dos negócios são controlados por homens, como é possível que alguém tente contestar com seriedade que dar às mulheres um pequeno impulso é injusto? Então e a injustiça de permitir que um monopólio continue descontrolado?

De qualquer forma, na altura do projeto EWT, a equipa da Walmart não tinha este tipo de opções. Viajavam para eventos e exposições à procura de mulheres a quem comprar. Podiam percorrer meio mundo e encontrar apenas uma mulher com um produto para vender. A dada altura, integraram duas ONG para os ajudar, a Full Circle Exchange e a Global Goods Partners.

As pessoas que fundaram estas ONG eram tão especiais e tão vulgares como eu ou o leitor. Os diretores da Full Circle Exchange eram três senhores de meia-idade — os irmãos Priddy — de Boise, Idaho. Tinham feito dinheiro como fornecedores de grandes retalhistas e queriam retribuir. Usaram fundos próprios para abrir a Full Circle Exchange em 2012 e escolheram como missão a capacitação económica das mulheres pela mesma razão que os outros: ajudar as mulheres é uma forma eficaz de combater o sofrimento generalizado. Em apenas alguns anos, John, Mark e Ed Priddy tinham montado uma rede que se estendia de África ao Peru, e fervilhavam de ideias sobre a comercialização do artesanato que elas produziam.

As duas mulheres que fundaram a Global Goods Partners, Catherine Shimony e Joan Shifrin, já se conheciam desde o mestrado na Escola de Estudos Internacionais Avançados John Hopkins. Depois de terminarem os cursos, foram ambas trabalhar para fundações, na atribuição de fundos para programas de diminuição da pobreza em países em vias de desenvolvimento, e aprenderam na primeira pessoa o bem que se gera quando as mulheres têm dinheiro. Em 2005, apoiadas por bolsas das fundações onde trabalhavam, abriram a Global Goods Partners, num antigo edifício de escritórios em Nova Iorque. A sua missão era estabelecer ligações entre as mulheres artesãs de países em vias de desenvolvimento e o mercado de consumo dos EUA. Começaram com um pequeno portefólio de grupos de mulheres que conheciam das fundações onde trabalhavam, e com referências das suas redes de contactos na área do desenvolvimento económico, e criaram uma lista de 40 grupos parceiros em 20 países.

Assim, com a ajuda de Joan, de Catherine e dos irmãos Priddy, assim como do *Shark Tank*, o projeto EWT tinha uma lista de 30 empreendedoras. A Global Goods Partners só trabalhava com organizações com programas estabelecidos para ajudar mulheres; por exemplo, uma das parceiras era a Maasai Women Development Organization (MWEDO), que ajuda estas mulheres indígenas a alimentarem as famílias encontrando um melhor mercado para as suas missangas, uma técnica admirada em África há séculos. Na América do Norte, a Full Circle Exchange tinha empresas parceiras que davam emprego a mulheres refugiadas e a ex-condenados, e que tinham uma minoria de mulheres como proprietárias. Nos países em vias de desenvolvimento, as suas parceiras empregavam algumas das mulheres mais necessitadas do mundo.

No entanto, em muitos casos, o obstáculo que se seguiu quase matou o negócio: todas as empresas detidas por mulheres tinham de passar pelo processo de verificação de fornecedores da Walmart, a chamada «auditoria de aprovisionamento ético». Como a maioria dos leitores saberá, as empresas multinacionais recebem muitas críticas pelas condições de trabalho nas suas cadeias de fornecimento. A maioria das empresas ocidentais levou essas críticas a sério, criando normas e procedimentos para prevenir infrações. Uma forma de a Walmart abordar a questão é contratar apenas fornecedores que consigam passar numa auditoria rigorosa, conduzida no local por avaliadores independentes. Os critérios incluem a existência de sanitários, dispositivos de segurança contra incêndios, saídas iluminadas, portas que abrem para ambos os lados, contratos de trabalho com horas e salários estabelecidos, nenhum trabalhador infantil, e as outras condições que esperamos que um fabricante responsável apresente.

Os fornecedores norte-americanos não tiveram problemas em passar na auditoria porque os âmbitos norte-americano e canadiano já estão estabelecidos para cumprir todos estes critérios como uma questão de lei. Mas as empresas nos países em vias de desenvolvimento tiveram muitas dificuldades. Como as mulheres costumam começar com pouco ou nenhum capital, normalmente fundam empresas informais de baixo custo. Isto significa muitas vezes que a proprietária da empresa trabalha a partir de casa e paga do seu bolso cada peça produzida, em vez de ter um horário fixo com remuneração por hora. Nem trabalhar a partir de casa nem receber à peça são permitidos pelos requisitos da auditoria da Walmart. Algumas destas operações aconteciam em aldeias sem eletricidade ou saneamento, o que excluía sanitários e luzes de segurança. Às vezes, as mulheres trabalhavam ao ar livre, debaixo de uma árvore, e isso também não era permitido. Algumas mulheres estavam habituadas a cuidar dos filhos em conjunto, enquanto trabalhavam e conversavam, situação excluída pelas regras que negam a presença de crianças. As restrições de mobilidade típicas dos sistemas de género nos países em desenvolvimento significavam que algumas mulheres não podiam picar um ponto: num país, as mulheres não podiam sair de casa muito tempo com medo de que os maridos as castigassem, tinham de ir a pé até à cidade, recolher os materiais de artesanato e correr de volta para casa, antes que notassem a sua ausência.

Tive a oportunidade de explicar esta situação a um jovem da equipa de ética na sede da Walmart, em Bentonville, Arkansas. Ele ficou surpreendido por eu questionar os padrões. Compreendi perfeitamente a razão pela qual ele era dessa opinião, mas as pessoas nos países ricos pensam que estas regulamentações são um padrão moral objetivo, e eu não concordo que assim seja. Acontece muito que as pessoas que fazem as políticas não têm experiência com mulheres a trabalharem debaixo de árvores, sem uma rede de esgotos nem eletricidade durante quilómetros. Não compreendem que todas as mulheres da aldeia sentadas debaixo de uma árvore *são* a creche.

Quanto a mim, devia haver uma mudança no sistema que não permitisse corrupção nem crueldade, mas que aceitasse as diferenças das condições de vida. Era necessário um conjunto de normas internacionais que contemplasse um ambiente empresarial diferente do das grandes fábricas de padrão ocidental. Ao restringir as aprovações aos proprietários com capital para instalações modernas, a política internacional exclui efetivamente as mulheres pobres do comércio, reservando-o preferencialmente para os homens que já controlam a riqueza.

Houve ocasiões em que as restrições impediram a participação exatamente das pessoas que a EWT pretendia ajudar. Por exemplo, a auditoria da MWEDO apresentava uma questão de identificação. Os Masai, uma cultura muito patriarcal, praticam o casamento de crianças e deixam o encargo de sustentar os bebés às mães, por isso há muitas mulheres jovens que precisam desesperadamente de trabalhar. Como as mulheres na África rural muitas vezes não têm certidões de nascimento, é frequente nem saberem dizer-nos a idade. Devido à subnutrição, uma rapariga de 18 anos pode parecer ter 12. Portanto, quando esta organização foi fiscalizada, muitas das trabalhadoras pareciam menores e não podiam provar a idade que tinham — mas tinham os filhos junto delas. Felizmente, neste caso, os auditores perguntaram na aldeia até conseguirem verificar as idades destas jovens mães. A maioria dos auditores não se teria dado a esse trabalho.

O problema de identificação surge sempre que há um programa que requer um registo formal, como ter contas bancárias, crédito ou telefones. Nos anos posteriores a este projeto, houve empresas, como a MasterCard, que começaram a intervir nos países em desenvolvimento e a estabelecer parcerias com governos para obter cartões de identificação para todos, incluindo especialmente as mulheres das zonas rurais, portanto, é outro problema que pode ser resolvido.

O acesso aos materiais é um grande problema fora da América do Norte. Quando as mulheres estão a fazer produtos domésticos ou itens pessoais para lojas ocidentais, muitas vezes, um novo estilo de tecido, de laço ou de conta faz parte do design. Na América do Norte, consegue encontrar-se quase todo o material online, que é entregue à porta no dia seguinte. Nos países em vias de desenvolvimento, há coisas impossíveis de conseguir.

E depois há coisas realmente básicas como os pigmentos. Pense nas montras de época que vê no retalho — as cores dos sapatos, das malas e dos cachecóis muitas vezes são exatamente iguais. Os produtos em exposição, porém, devem ser feitos por muitos fabricantes diferentes — talvez até em vários países —, todos trabalham com uma palete de cores padrão para que tudo o que chega ao armazém do retalhista seja da mesma cor. A nossa equipa observou que havia mulheres no Quénia que não conseguiam encontrar os pigmentos certos para corresponder à cor de uns cestos de vime. Também tentavam secar a ráfia em grandes potes de água do rio numa espécie de «fornos» de pedra que vi nas montanhas do Uganda — e depois secavam a palha ao sol espalhada sobre arbustos. Cada passo que tomavam causava uma possível variação no tom da tinta — portanto, podia não passar no controlo de qualidade da Walmart. As mulheres precisavam de apoio na busca de matéria-prima e também ao nível técnico. Oferecer esse tipo de apoio iria derrubar mais uma barreira.

As empresas norte-americanas foram favorecidas devido à maior sofisticação técnica dos seus mercados, mas também devido à ética desses mercados. Por exemplo, o Women's Bean Project, em Denver, vende todo o tipo de coisas feitas sobretudo com um simples ingrediente, feijão (bean). Quando muda o preço ou a disponibilidade de algum dos feijões que normalmente usam, o fornecedor avisa-as com bastante antecedência e sugere um substituto, ou adverte do atraso para que possam organizar-se. Este tipo de cooperação é inexistente para as mulheres dos países em vias de desenvolvimento.

Em ambos os países em vias de desenvolvimento e desenvolvidos neste projeto, assim como noutros que desde então observei, as mulheres precisavam de conselhos técnicos à produção e assistência em tudo, desde materiais, à produção, ao envio. As empresas norte-americanas, por exemplo, normalmente desenhavam os seus próprios produtos, mas depois tinham de encontrar maneira de traduzir esse design para as especificações da produção, custeado e contratado a uma fábrica para produzir. Algumas utilizaram instalações no mesmo país, fosse nos Estados Unidos ou no Canadá, e outras enviaram o trabalho para fábricas noutra parte do mundo. O problema era encontrar a fábrica, onde quer que fosse, que tivesse o equipamento certo para o trabalho e para traduzir as especificações da produção. Basta conhecer alguém que conheça alguém — e as mulheres normalmente não conhecem essa pessoa certa, porque não fazem parte das redes de contactos certas.

Assim que estão na posse dos produtos fabricados, há que rotulá-los e embalá-los como o retalhista determina. Só isto já é um grande trabalho, se houver volume. A maioria das mulheres norte-americanas com quem falei não sabia da existência de empresas de «embalamento» que fazem esta tarefa, tendo passado meses complicados a tentar realizar a tarefa sem ajuda. Mais uma vez, o problema é estarem excluídas das redes onde se encontram essas soluções.

Essa curva de aprendizagem podia provavelmente ser feita de uma forma muito menos dolorosa, resultando na sobrevivência de muitas mais empresas femininas — se as pessoas certas soubessem que existia essa necessidade. Nos Estados Unidos e no Canadá, por exemplo, pode prestar-se aconselhamento técnico de toda a espécie através de organizações de voluntariado como a Câmara do Comércio ou o Rotary Club. No mundo em desenvolvimento, essa assistência podia ser facultada nas mesmas linhas dos agentes no terreno agrícola — dada exclusiva e respeitosamente às mulheres.

O envio e os custos da alfândega aumentam o custo e o risco dos fornecedores EWT nos países pobres. O transporte do ponto de produção para a zona de exportação é muitas vezes dispendioso e difícil de conseguir. Para complicar mais a situação, os agentes da alfândega exigem muitas vezes subornos ou cobram direitos de forma caprichosa. Uma fornecedora EWT a tentar enviar cestos de ráfia de Nairobi, depois de todas as dores de cabeça e custos inesperados de produção, conseguiu levar o produto até à zona de processamento da exportação para um agente da alfândega lhe rejeitar a estimativa original e exigir uma taxa superior ao valor da encomenda.

A corrupção governamental, sobretudo na alfândega, é um problema maior para as mulheres do que para os homens no mundo inteiro.[4] Presume-se que as mulheres desconheçam as taxas e os regulamentos de tudo, e os agentes acham aceitável mentir-lhes. Claro, as mulheres também são alvo de pressão sexual. Como a maioria dos países em vias de desenvolvimento só tem um ou dois portos principais, deve ser exequível posicionar agentes especiais para assistirem as mulheres que tentam exportar bens e garantir que são bem tratadas. Se os países querem aumentar as exportações das empresas detidas por mulheres — e todos aparentam querer —, esta seria uma forma importante e comparativamente mias rápida de o facilitar.

Muitas vezes, as pessoas não acreditam em mim quando lhes digo isto, mas o maior obstáculo ao sucesso das mulheres empresárias nos países em vias de desenvolvimento é o estilo. Fui com a minha aluna de doutoramento Mary Johnstone-Louis à Women Vendors Exhibition, organizada pelo International Trade Centre, na Cidade do México, em 2012. O evento servia para as mulheres proprietárias, sobretudo de países em vias de desenvolvimento, apresentarem os seus produtos a grandes compradores, e também para a WEConnect, que na altura estava a começar, as poder inscrever. Quando as mulheres e os compradores começaram a interagir, os compradores lamentaram que as mulheres não fizessem objetos «para o mercado», referindo-se ao mercado de consumo ocidental. Mas sabíamos que as mulheres dos países pobres tinham pouca ou nenhuma exposição a esse mercado, portanto, não tinham como antever os gostos ou as estações, e sabiam muito pouco sobre a forma como o mercado opera. Por exemplo, normalmente ficam surpreendidas quando sabem que os seus produtos têm de ser testados quanto à segurança no consumo ou certificados contra a crueldade animal.

Feiras de comércio internacionais, normalmente em locais como Xangai, Nova Iorque e Milão, são demasiado dispendiosas para estas mulheres estarem presentes, pelo menos com regularidade. Alguém tem de organizar estas feiras para irem ao encontro das mulheres, em vez de as mulheres terem de ir às feiras. Seria dispendioso, mas compensaria porque as mulheres costumam «entender» bastante depressa. Uma única feira de comércio transformou as empresas de design de moda detidas por mulheres na Moldávia, por exemplo.

Os designers da Global Goods Partners trabalharam com as mulheres Masai para obterem bijuteria que estivesse na moda, mas que usasse a técnica tradicional das missangas. Apesar dos melhores esforços de todos, as pulseiras e os colares ficaram no armazém da Walmart durante pelo menos um ano, mesmo com descontos repetidos não se venderam. A Walmart absorveu todos os custos, mas o fracasso generalizado da venda iria impossibilitar o escalamento da EWT para programa global permanente.

O comprador Walmart foi o decisor final de a EWT poder ou não funcionar. A maior parte dos americanos já fez compras no Walmart algumas vezes, mas o cliente normal da Walmart é alguém com orçamento restrito. Estes clientes têm de comprar com bastante inteligência e por isso não lhes devemos pedir que paguem um preço mais alto para facilitar um programa de desenvolvimento experimental a nível global.

Enquanto estava a desenvolver este projeto, perguntavam-me muito se os preços baixos da Walmart levavam a que as mulheres dos países em vias de desenvolvimento fossem «enganadas». As pessoas que me faziam esta pergunta normalmente nunca pensavam que as mulheres pobres a comprar nas lojas da Walmart também não deviam ser «enganadas». É o comprador Walmart que estabelece os limites dos preços nessas lojas. Se quisermos liberalizar a Economia XX, temos de equilibrar os interesses de todas as mulheres implicadas no nosso trabalho.

Nalguns casos, o produto não podia ser feito pelo preço que os clientes Walmart acham aceitável. Às vezes, podia desenvolver-se uma marca para vender o objeto online através de um ponto de venda mais «sofisticado», como Sundance ou Anthropologie. O objetivo da imagem de marca é distinguir algo suficientemente bem para que valha um preço mais alto. Mas o desenvolvimento da marca não é algo que as mulheres dos países em vias de desenvolvimento possam fazer — para elas já é um desafio fazer coisas que interessem ao mercado ocidental, quanto mais tratar também da marca. Se organizações comerciais como a Association of National Advertisers nos Estados Unidos ou a European Brands Association encorajassem os seus membros a voluntariarem-se como conselheiros de marketing para esses negócios de mulheres, seria «benéfico», como os gestores gostam de dizer, para muitas mulheres e as suas famílias.

A assistência da comunicação social também seria útil. Uma queixa recorrente entre parceiras e fornecedores da EWT era que o website da Walmart não destacava suficientemente os seus produtos. O site confiava que os compradores procuravam os produtos feitos pelas mulheres — um acontecimento improvável — ou que procurassem os produtos por nome — mais uma vez, improvável, sem imagem de marca. Embora a Walmart «apresentasse» os produtos desde o início e criasse um portal especial para produtos «feitos por mulheres», vi que havia muitas prioridades concorrentes transversais a toda a interface online para sustentar a visualização ao nível que seria necessário para criar um único negócio, para não falar da lista inteira das fornecedoras EWT. Se a comunidade

FIGURA 32. Este logótipo *Women Owned* («Detido por Mulheres») foi concebido para marcar produtos a nível retalhista para que os consumidores possam ajudar as mulheres, comprando-lhes.

Fonte: com a autorização do Women's Business Enterprise Council; ver: https://www.womenowneclogo.com para mais informações.

global pudesse oferecer conselhos de marketing independentes e apoio, particularmente no sentido da otimização dos resultados digitais, seria uma dádiva para fornecedoras desta dimensão.

Desenvolver o marketing de um produto «fabricado por uma empresa feminina» pode ser apelativo. Um estudo ao consumidor feito pela Walmart mostrou que as suas clientes mulheres — que representam a vasta maioria — preferiam comprar a empresas de mulheres, se todos os outros fatores (sobretudo o preço) fossem iguais. Ao mesmo tempo, os clientes homens disseram que lhes era indiferente. Então, a Walmart ajudou a WBENC a desenvolver um logótipo que podia servir para todos os retalhistas marcarem um artigo como produto fabricado numa empresa de uma mulher (Figura 32).

As fornecedoras EWT tinham dificuldade em conseguir o dinheiro para comprar os materiais e pagar a quem fazia as coisas que a Walmart encomendava. Nenhuma das empresas podia empatar muito do seu fluxo de caixa destinado ao trabalho e fornecimento de bens, mas a espera era longa entre o envio, a faturação, o processamento e o pagamento. Na América do Norte, um banco pode conceder crédito tendo por base uma nota de encomenda da Walmart. Mas como as mulheres dos países em vias de desenvolvimento não são proprietárias de terra e os bancos não lhes emprestam dinheiro sem garantia de uma propriedade imobiliária, as empreendedoras mulheres não conseguem fazer empréstimos, mesmo com a nota de encomenda.

Os irmãos Priddy trabalharam arduamente neste problema, abordaram bancos e investidores com impacto social, mas não tiveram sorte.

Em alguns casos, acabaram por ser eles a adiantar o capital. «Este é o problema», disse-me John Priddy ao telefone no outro dia. «Queremos que os negócios das mulheres se expandam, mas elas não têm capital. Então, quando chega o momento de se expandirem, têm de angariar capital, e adivinha quem o tem? Os homens! Vamos supor que os irmãos Priddy lhes arranjam capital. Por mais que queiramos ajudá-las, vai significar que o negócio delas se torna propriedade de homens!»

Como empresa social sem fins lucrativos, a Global Goods Partners (GGP) tem acesso a financiamento que uma organização com fins lucrativos não tem. Por conseguinte, fornece 50% do valor de uma encomenda à partida para permitir que as parceiras produtoras comprem materiais no início e paguem às artesãs durante o processo de produção. Embora não seja uma solução para as mulheres alcançarem igual acesso ao capital, sem este mecanismo de financiamento, a maior parte das empresas femininas com que a GGP trabalha não conseguiria continuar a operar.

Hoje consigo ver bons avanços no sentido de se encontrarem soluções. A iniciativa We-Fi do Banco Mundial tem um fundo de cerca de 300 milhões de dólares para distribuir aos bancos de desenvolvimento regionais em todo o mundo para utilização em programas de apoio a mulheres empresárias. Os fundos estão a ser combinados com contribuições de outras fontes que representam mais do triplo do montante total de dinheiro disponível. Sinto-me honrada por estar envolvida no trabalho da We-Fi, especialmente porque me deu visão sobre estas possibilidades.

Ao longo do tempo, as propostas da We-Fi têm-se tornado cada vez mais conscientes do género e têm-se centrado noutras questões para além do crédito, incluindo o problema do capital próprio. Estão em curso esforços que utilizam uma variedade de incentivos, formas e medidas de defesa para ajudar a angariar capital próprio para as mulheres. Esse tipo de mudança requer uma organização com o alcance e a autoridade do Banco Mundial, no entanto, também exige fundos para agirem como estímulo e proteção.

De facto, a maior parte do que aqui descrevi seria concretizado mais facilmente se os principais organismos económicos internacionais como o G7, o G20 e a APEC, assim como os líderes mundiais, estivessem mais atentos. No final, a Walmart concluiu que o «ecossistema» de empresas de mulheres nos países em vias de desenvolvimento não permitia fazer contratos com empresas tão pequenas. Decidiu focar-se, em vez disso, em fazer crescer as empresas de mulheres entre os fornecedores existentes, e a concentrarem-se noutros programas, como o retalho, a agricultura e a indústria que já estavam a mostrar bons resultados. Fiquei desiludida com a decisão da Walmart, mas compreendi.

Na verdade, vendo a forma como evoluíram estas e outras colaborações entre corporações, ONG, agências internacionais, várias organizações de mulheres e por vezes os governos nacionais, tem-se tornado cada vez mais claro que o ecossistema mundial precisa de uma renovação profunda, não bastam uns pequenos arranjos da parte de indivíduos e de empresas bem-intencionadas. Se alguma vez vai haver igualdade para as mulheres na economia global, as pessoas que lideram a gestão económica mundial têm de ter uma atitude positiva quanto ao género. Parece uma situação difícil, e é, mas a liderança do Canadá leva-me a crer que pode acontecer.

O Canadá é, sem dúvida, o primeiro governo na História mundial a vangloriar-se de ter um primeiro-ministro feminista e uma política internacional feminista, mas as suas ações estão a conferir-lhe mérito. A nova abordagem «progressiva» ao comércio do Canadá não é nada mais do que uma visão de uma nova ordem mundial; o governo declara que não conduzirá mais o comércio sob a filosofia económica global do mundo, porque é destrutiva e insustentável. O foco no género é, no seu ponto de vista, uma estratégia primordial para fazer avançar a economia mundial em direção a um futuro mais humano e sustentável. A comissão de comércio do Canadá também estima que o levantamento das barreiras à participação feminina no comércio mundial impulsionaria a sua própria economia em 114 mil milhões de dólares.

Em julho de 2017, o Canadá e o Chile alcançaram o primeiro acordo de comércio internacional com uma cláusula de igualdade de género. O capítulo «Comércio e género» do Acordo atualizado de Comércio Livre Canadá-Chile afirma explicitamente que o comércio *não* é neutro em termos de género — e vai mais longe —, enfatiza «a importância de incorporar uma perspetiva de género na promoção do crescimento económico inclusivo e o papel fundamental que as políticas que respondem às questões de género podem desempenhar na concretização do desenvolvimento socioeconómico sustentável.»[5]

Nas disposições do acordo, ambas as nações reafirmam os seus compromissos com todos os acordos internacionais sobre igualdade de género e comprometem-se a promover o conhecimento público das suas próprias «leis, regulamentos, políticas e práticas de igualdade de género» a nível nacional. Depois, há uma lista de atividades que o Chile e o Canadá incluirão nos seus planos de capacitação das mulheres, desde a inclusão financeira das mulheres até ao aumento da representação na liderança e no processo de tomada de decisão. Serão recolhidos e analisados dados desagregados por género por ambos os países, separadamente e em conjunto.

Importa notar que, pelas circunstâncias que descrevi neste capítulo, o acordo comercial Canadá-Chile cria um comité conjunto que está explicitamente habilitado a trabalhar em cooperação com ONG, o setor privado, agências internacionais e «outras instituições relevantes, conforme apropriado» na prossecução da igualdade de género através do comércio. Esta disposição cria o contexto para a construção do ecossistema favorável ao género que é necessário, tal como reconhecido pelas muitas organizações que já trabalham na matéria.

O Canadá está a tentar ativamente persuadir o resto do mundo a seguir o seu exemplo. Por isso, participou na elaboração da Declaração sobre Comércio e Capacitação Económica das Mulheres, apresentada na reunião de 2017 da Organização Mundial do Comércio (OMC), em Buenos Aires. A responsável por esta declaração foi Arancha González, diretora executiva do Centro Internacional de Comércio (ITC).

Arancha fez o discurso inaugural no Power Shift de 2015. Nessa manhã, impressionou-nos a todos com a sua dedicação inflamada contra a desgraça da desigualdade de género nos mercados globais. Explicando que apenas 11% das mulheres empresárias participam nos negócios de importação/exportação, anunciou que o ITC se comprometia oficialmente com o objetivo de conseguir integrar um milhão de mulheres no sistema de comércio internacional até 2020. Com este procedimento, o ITC esperava aumentar o PIB global em 148 biliões de dólares.

Nas explicações e justificações escritas para a Declaração sobre Comércio e Capacitação Económica das Mulheres, os partidários explicaram que a abordagem do género poderia ser o primeiro passo para conduzir a OMC para uma agenda mais progressista e, portanto, colocá-la novamente no caminho que originalmente pretendia seguir.[6]

Ao abrigo da Carta das Nações Unidas, assinada em 1945, o comércio internacional dedicou-se a um novo objetivo: apoiar a paz. O artigo 55, «Cooperação económica e social internacional», declara especificamente que o principal objetivo da economia global é criar as «condições de estabilidade e bem-estar necessárias para relações pacíficas e amistosas entre as nações».[7] As Nações Unidas criaram várias agências dedicadas à nova agenda económica, que incluíram o Banco Mundial, o Fundo Monetário Internacional, o ITC e a predecessora da OMC. Porém, quando o comércio foi separado do resto com o Acordo Geral sobre Tarifas e Comércio de 1948, retirou à economia a sua missão humanitária. Nesse momento, a política comercial adotou a ideologia típica dos anos 50 de *o mais forte manda*, mantendo-a durante os 75 anos que se seguiram.

Então, em 2017, os ativistas responsáveis pela declaração em benefício das mulheres — que conheciam bem os efeitos humanitários positivos provenientes da inclusão da economia de género — sentiram que estavam a propor um regresso à verdadeira missão da Carta das Nações Unidas ao trazer o género para a ordem do dia. E, com uma declaração como esta, os direitos das mulheres iriam novamente ser respeitados na economia global, assim como a agenda humanitária.

A declaração foi um acordo não-vinculativo, mas importante, para permitir que a análise baseada no género fosse aplicada à política nacional e internacional, incentivasse o empreendedorismo feminino e a inclusão financeira, removesse barreiras à participação das mulheres no comércio e desenvolvesse estatísticas e investigação úteis em matéria de género. Foi trazido à discussão pelos governos da Islândia e da Serra Leoa, e assinado por 119 países (mais tarde 122), incluindo todas as nações ricas, exceto os Estados Unidos. Entre os países de maioria muçulmana, apenas a Turquia e o Paquistão assinaram. A Índia, com a segunda maior população e um dos mais sombrios registos de género do mundo, não assinou, alegando que o género não deveria fazer parte de nenhum acordo comercial.[8] Os 46 opositores ficaram particularmente ofendidos com as mulheres que exigiam contratos de aprovisionamento e também sentiram que dava demasiado trabalho assumir os interesses das mulheres.

Não foi uma grande surpresa os Estados Unidos não terem assinado. Os Americanos ainda não ratificaram a Carta Internacional dos Direitos da Mulher de 1979, chamada Convenção sobre a Eliminação de Todas as Formas de Discriminação Contra as Mulheres (CEDAW); é um dos seis países que não ratificaram este importante tratado, sendo os outros o Irão, Palau, Somália, Sudão e Tonga. Como expliquei anteriormente, os Estados Unidos foram o terreno original do desenvolvimento da filosofia de mercado extremo; os seus representantes muitas vezes assumem a posição de que os mercados não devem acomodar questões sociais, incluindo a igualdade de género. Recentemente, os Estados Unidos também têm sido os rufias da OMC e não há perspetiva de que se envolvam positivamente numa agenda progressiva.

A insistência, da parte da Índia, de que na própria palavra *comércio* já está definida uma forma a excluir questões de género está enraizada, mais uma vez, na filosofia que insiste que os mercados operam objetivamente, uma premissa que é convenientemente formulada para garantir que aqueles que beneficiam das «coisas como estão» não largam a galinha dos ovos de ouro. Aderir a esta filosofia significa apoiar a estrutura atual, os valores e os beneficiários do sistema mundial de transações. Isto não pode ser visto de uma perspetiva de género sem que caia por terra, porque se estaria a reconhecer que existem duas economias diferentes a operar dentro do sistema global «objetivo», sendo uma metade grave e estruturalmente desfavorecida quando comparada com a outra. A Índia tinha a intenção de seguir uma filosofia fundada na falsidade de que a economia é neutra do ponto de vista do género.

A resposta da sociedade civil também foi desanimadora. Alguns criticaram a declaração no que se tornou uma estratégia previsível para abrandar os progressos na inclusão do género. Os observadores progressistas opõem-se ostensivamente a qualquer medida para ajudar as mulheres até que toda uma série de problemas mundiais seja resolvida primeiro — ou até que a ordem mundial seja extinta e substituída por outra coisa. Esta postura é uma tentativa cínica de fazer das mulheres reféns e usá-las como alavanca para outras agendas ideológicas que os detratores querem privilegiar em vez disso. Ao antecipar todos os problemas do mundo a qualquer tentativa de valorização das mulheres, estão a gritar: «As mulheres ficam para último — tudo o resto vem primeiro!» É uma variação inconcebível das políticas patriarcais, mas vemos cada vez mais estes supostos progressistas em qualquer lado onde se considerem reformas de género sistémicas, sempre a tentar bloquear a causa das mulheres e a provar mais uma vez que a esquerda pode ser inimiga da igualdade de género tão facilmente como a direita.

Infelizmente, as organizações de mulheres também aderiram a este caminho, emitindo declarações, ironicamente, desprovidas de uma perspetiva de género. Mais de 160 organizações de mulheres e «grupos associados» assinaram uma petição solicitando aos seus representantes governamentais que *não* assinassem a declaração. Seguem-se alguns dos argumentos que usaram para protestar contra o primeiro acordo de sempre para a igualdade de género da Organização Mundial do Comércio:

> As organizações de direitos das mulheres de todos os continentes rejeitaram esta declaração por se tratar de um simples um «prospeto preliminar» para distrair a atenção do mal que a OMC faz. Se houvesse um interesse genuíno nos direitos humanos das mulheres, os governos mudariam as regras do comércio internacional que atualmente fazem descer os salários das mulheres, deslocar as mulheres das suas terras, privatizar bens públicos para enriquecer as grandes multinacionais. Estamos fartas de ver a igualdade de género a ser usada como uma manobra cínica para justificar o neoliberalismo.
>
> — KATE LAPPIN, *coordenadora regional, Fórum Ásia-Pacífico sobre Mulheres, Direito e Desenvolvimento*

> As mulheres camponesas foram devastadas por políticas de comércio livre que abrem os mercados agrícolas ao investimento estrangeiro. A liberalização do comércio agrava a apropriação de terras pelas empresas que privam as mulheres das suas terras e de meios de subsistência, resultando [em] fome generalizada que destrói comunidades e intensifica a miséria das mulheres.
>
> ZENAIDA SORIANO,
> *Amihan, Federação Nacional de Mulheres Camponesas, Filipinas*

> As mulheres foram as primeiras a mostrar como a OMC era um patriarcado capitalista institucionalizado à escala mundial. Não permitiremos que «mulheres» sejam utilizadas como cavalo de Troia para expandir e alargar um sistema que está a destruir as vidas e os meios de subsistência de mulheres e crianças, camponeses e trabalhadores, e o planeta.
>
> VANDANA SHIVA, *académica indiana,*
> *ativista ambiental, defensora da soberania alimentar*[9]

«Mulheres» em todas estas declarações referem-se a uma subespécie indistinguível de oprimidos — não há reconhecimento de que todos os oprimidos não sejam igualmente desfavorecidos, nem de que os «camponeses» masculinos excluam sistematicamente «camponesas» femininas. Notavelmente, os interesses económicos das mulheres são tratados como uma trivialidade que só pode ser útil como uma cobertura superficial, um cavalo de Troia para esconder questões mais substanciais. Insinuam que nada feito pelas mulheres pode ser sério, substancial ou benéfico; portanto, todos os esforços em seu nome são apenas uma «manobra cínica». Até as menções à propriedade da terra revelam uma ignorância chocante: não foi a OMC que tirou terras a estas mulheres — elas nunca tiveram terra à partida.

Nenhum envolvimento com a OMC é aceitável para estas dissidentes ou para os «progressistas» nas ONG, mesmo com o propósito digno de ajudar as mulheres e, através delas, os pobres e os famintos. Nem que o objetivo seja colocar a OMC num caminho mais progressivo — isso só está a atrapalhar os danos que já causou. Não, só há aqui duas posições possíveis — ou se é contra a OMC ou se é culpado com ela —, e nenhum caminho de qualquer das posições leva a um lugar produtivo.

Neoliberalismo é um termo usado de forma tão indistinta que é difícil saber o que significa quando nos referimos a ele. Pode referir uma fé excessiva no capitalismo *laissez-faire* (a que tenho chamado de economia de mercado extremo). Ou pode ser usado como uma crítica a programas que não resolvem os problemas sistémicos, mas que espera que os indivíduos resolvam os seus problemas. Nenhuma destas objeções se aplica às pessoas que estão a tentar convencer a OMC a começar a trabalhar na exclusão das mulheres dos mercados globais.

Na verdade, o uso comum de *neoliberal* é meramente o epíteto de quem trabalhe nas estruturas económicas atuais, mesmo para capacitar as mulheres e ajudar os pobres. Para escapar a estas farpas, não se pode trabalhar para *nenhuma* organização económica ou empresa internacional, nem presumivelmente com nenhum governo que envia representantes para a OMC, incluindo os 164 países membros. Então, em suma, segundo elas, não se pode trabalhar para nenhuma organização atualmente envolvida no «sistema» sem poder ser chamado «neoliberal». Admito que possa abrir-se uma exceção para os sindicatos que ainda negoceiam com empresas no mundo inteiro.

Os críticos contemporâneos tratam frequentemente o capitalismo como se fosse a única forma de patriarcado que alguma vez existiu. A longa e horrível experiência das mulheres sob o jugo do patriarcado — uma única força com muitas formas e vidas infinitas — é negada. Desta perspetiva, não há patriarcado paleolítico, patriarcado provedor, patriarcado hortícola, patriarcado nómada, patriarcado guerreiro nem patriarcado agrícola — e, certamente, nenhum patriarcado socialista, comunista ou soviético.

Esta perspetiva não reconhece que as mulheres sofram de um único conjunto de restrições que as impedem de participar de forma equitativa em *qualquer* tipo de economia. Na verdade, a sugestão implícita é que as mulheres deviam ser postas de parte, que se permitisse que a sua exclusão e sofrimento continuassem, enquanto este grupo espera por um mundo perfeito.

Não há forma de sair deste enquadramento. E não há espaço nele para as mulheres.

Podemos esperar por uma ordem mundial sem problemas para abordarmos a desigualdade de géneros ou podemos dar primazia às mulheres *agora*.

Metade da população é um número suficientemente grande. Cinco milénios de brutalidade é sofrimento suficiente. O menos equiparado entre todos os grupos desiguais é injustiça suficiente. Assegurar um futuro esperançoso é motivo suficiente. Chegou a hora de deixar a Economia XX ter primazia.

14 | O CAMINHO PARA A REDENÇÃO

A forma como a humanidade trata as mulheres é uma das partes mais negras da nossa História. Durante demasiado tempo, temos resistido a olhar para esse facto, talvez por medo de enfrentar uma dura realidade. Uma enorme coleção de provas, desde histórias a estatísticas, fez com que agora esta tragédia se tornasse visível para todos. Mas os dados também dão luz a um caminho de redenção. Em nome da justiça e da compaixão, assim como do bem-estar material de toda a espécie, suplico-lhe que se junte ao movimento de capacitação económica das mulheres nesta nova viagem tão importante.

Pelo mundo inteiro, as mulheres sofrem com práticas económicas com origem há milhares de anos. A compra e venda de filhas contra a sua vontade, queimar noivas cujos dotes se esgotaram, obrigar uma viúva a aceitar humilhação sexual para que ela e os filhos consigam sobreviver, fazer mulheres dependentes passarem fome como castigo por uma pequena desobediência em casa, encurralar mães em lares violentos porque não têm outro abrigo para elas ou para os filhos.

Agora, conseguimos ver que os mecanismos económicos mantêm sistematicamente as mulheres dependentes e desiguais em todos os países. O monopólio masculino do capital, os impedimentos que o casamento acarreta no emprego, a agressão sexual no local de trabalho, rendimentos e bens de família apropriados pelos homens, o fanatismo com o poder do cérebro, um fardo injustificado de servidão, a penalização da maternidade.

Mas as exclusões da Economia XX também implicam custos enormes para a sociedades como um todo. A fertilidade adolescente alta e a mortalidade infantil resultam da venda de filhas pequenas para casar. Viúvas que ficaram sem nada constituem o maior segmento da pobreza extrema. A incerteza de alimento e a fome mundial agravam-se porque as mulheres não podem ser proprietárias de terra. Depois de décadas de rendimentos desiguais, as mulheres mais velhas têm maior probabilidade de depender de assistência governamental. Quando as mulheres não têm autonomia, os custos na morte, na destruição de propriedade, na doença e no trauma são incalculáveis. As crianças passam fome, ficam doentes e não têm acesso à educação porque as mães não têm poder económico.

Há também um custo de oportunidade pesado. As mulheres que trabalham são a fonte mais confiável de crescimento económico. Quando têm de ficar em casa porque não há assistência em conta para as crianças — ou porque os maridos não as deixam sair de casa —, saem prejudicadas e, consequentemente, os seus países também. Muitas sociedades investem bastante na educação das mulheres, sobretudo no Ocidente, e depois expulsam as mulheres da força laboral — desperdiçam um recurso valioso, perdem uma oportunidade de crescimento sustentado e alargam a lacuna de competências que já ameaça os seus futuros.

Com um esforço global deliberado para extinguir os constrangimentos da Economia XX, alguns dos problemas mais trágicos do mundo podem ser resolvidos. Já ficou comprovado muitas vezes que a capacitação económica das mulheres seria a melhor arma disponível contra a pobreza. Mulheres economicamente autónomas conseguem fugir de situações de violência, facultar meios a jovens mulheres protege-as do tráfico humano. A igualdade de géneros reduz a violência de todos os tipos.

Os efeitos benéficos da total inclusão das mulheres seriam visíveis a nível institucional e nacional. A inclusão das mulheres no sistema financeiro contribui para o lucro institucional e também reduz o risco, aumenta a transparência e a estabilidade da economia no seu todo. Permitir às mulheres que participem no comércio internacional aumenta a resiliência e a inovação de um país. Quando as mulheres têm dinheiro para gastar, o capital humano é cultivado. O investimento comunitário e as contribuições de beneficência também aumentam. Quando as mulheres partilham a liderança económica, vemos melhores resultados, menor risco, danos ambientais mais reduzidos e locais de trabalho mais cordiais.

Graças ao seu poder para gerar crescimento e reduzir custos, quando a Economia XX é incluída, paga-se a si própria. Investimentos feitos em assistência acessível para as crianças, por exemplo, seriam compensados pelo influxo de mulheres na força laboral que de outra forma teriam de ficar em casa, assim, levando a um aumento do PIB e, portanto, a um aumento da receita fiscal. Os dados mostram que os homens não iriam perder empregos se as mulheres entrassem na força laboral, porque o crescimento resultante leva à criação de mais empregos. Os homens beneficiam de outras formas quando partilham responsabilidades económicas com as mulheres: locais de trabalho com excesso de trabalho dominados por homens e a responsabilidade solitária de sustentar a família têm consequências profundas nos homens do mundo inteiro.

Os resultados económicos são melhores quando homens e mulheres trabalham num contexto de igualdade de género, quer no trabalho ou em casa. Estudos mostram consistentemente que equipas de homens e mulheres fazem melhores investimentos, produzem melhores produtos, geram receitas mais elevadas e têm menos fracassos. Em casa, os casais que partilham as tarefas domésticas e recebem pelo seu trabalho têm uma relação mais próxima com os filhos, valores mais igualitários, menor tensão interpessoal e maior produtividade.

Se queremos encontrar uma forma melhor de viver enquanto civilização, não há estratégia mais segura do que a remoção dos constrangimentos à Economia XX. No entanto, vai haver resistência. Alguns homens vão enfurecer-se com o movimento global para a inclusão das mulheres na economia porque não conseguem desprender-se da ligação à masculinidade tradicional sem grande consternação. A sua raiva irá representar perigo para todos nós — como sempre o fez —, mas temos de decidir manter-nos unidos contra ela.

É também provável que os economistas mostrem resistência. A disciplina é altamente investida de uma ideologia que não consegue alongar-se para explicar a exclusão sistemática de metade da espécie humana. As desvantagens das mulheres, insistem, têm de ser resultado da «autosseleção» — ou seja, pedem-nos que acreditemos que as mulheres de *todos* os países, *todas* as vezes, em *todas* as indústrias, em *todas* as ocupações e em *todos* os domínios da economia mundial ou tomaram as mesmas opções contraproducentes, ou são desprovidas de *qualquer* qualidade exigida para o sucesso em *todas* as instâncias. Mas a Economia XX está associada a uma história trágica e não a milhões de mulheres individuais que fizeram más escolhas ou que partilham as mesmas incapacidades.

Quando observamos as desvantagens persistentes que as mulheres do mundo experienciam, vemos um padrão de desigualdade estrutural causada pela exclusão propositada, não um sem-fim de atos aleatórios de irracionalidade feminina. São estes os traços distintivos da mais antiga e maior subclasse da humanidade. Vamos trabalhar em conjunto para redimir essa história feia e substituí-la por uma paz próspera.

É necessário um movimento global concertado para pôr fim aos constrangimentos sistémicos aplicados às mulheres. Há muito para fazer, não vai ser fácil e não vai acontecer rapidamente, mas a mudança vai valer o esforço. Podemos encontrar inspiração para aceitar esta tarefa na promessa de uma economia mundial que não só é mais inclusiva, mas livre da exploração patriarcal que tem subjugado mulheres *e* homens, enquanto destrói a Terra, há milhares de anos.

Preferir uma ética de partilha em vez de domínio vai exigir nada menos do que um salto evolucionário da nossa espécie. Mas a agilidade é a nossa característica mais forte, conseguimos fazer isto.

O percurso é auspicioso, claro, a necessidade é premente e o potencial é épico. Vamos unir-nos, uma irmandade de mulheres e homens, na libertação da Economia XX.

EPÍLOGO | PRÓXIMOS PASSOS

Nesta empreitada memorável, todos vão ter a sua função. Ofereci algumas sugestões enquanto descrevi o que é a Economia XX, quais são os seus limites e como opera. Neste epílogo, proponho mais algumas ideias. A partir daí, deve tentar fazer o que todos nós temos feito: pensar nas limitações que as mulheres enfrentam, tentar arranjar uma ação que, pelo menos, reduza as barreiras, e depois encontrar maneira de a implementar.

Também há ações simples que podem ser feitas, como usar as redes sociais para uma maior consciencialização das pessoas ou fazer donativos para ações de beneficiência dedicadas à capacitação das mulheres. Estas ações podem ser feitas rapidamente e não temos um momento a perder contra o sofrimento que perdura.

Vou dividir os meus comentários em três conjuntos — um para os Estados Unidos, um para a comunidade global e um para os indivíduos. Primeiro, foco-me nos Estados Unidos, porque o país encontra-se numa encruzilhada que vai determinar os destinos das mulheres durante muitos anos e inevitavelmente vai afetar as mulheres do mundo inteiro.

ESTADOS UNIDOS DA AMÉRICA

Quero relembrar aos Americanos que o romance de Margaret Atwood *A História de uma Serva* começa com a redução dos direitos económicos das mulheres. Essa perda reduz as mulheres instantaneamente à impotência, facilitando imenso aos governantes de Gilead apoderarem-se dos seus direitos reprodutivos. Estas duas liberdades estão relacionadas e deviam ser protegidas com a mesma urgência.

Portanto, é crucial divergir alguma da atenção intensa que a luta pelo aborto está a gerar — que justificadamente causa raiva e até pânico —, também para a proteção dos direitos económicos. Temo que o recuo da Segunda Vaga nas proteções ao emprego tenha passado despercebido porque os conservadores radicais têm intencionalmente dirigido a atenção pública para uma campanha de um único assunto contra a liberdade reprodutiva. É essencial prestar atenção ao que aconteceu — e está a acontecer — a essas concretizações da Segunda Vaga a nível económico.

As mulheres americanas produzem quase o mesmo PIB que os homens, pagam impostos substanciais e votam com maior frequência. São o maior grupo de interesses nos EUA. Todos os outros grupos de interesses reivindicam o seu preço pelo apoio político e as mulheres deviam fazer o mesmo. Chegou a altura de dar um murro na mesa.

Segue-se, então, a minha sugestão de lista de prioridades para a eleição de 2020 e o governo que se seguir. Ordenei estas questões económicas segundo uma combinação de impacto e facilidade de concretização.

Prioridade 1: proibição federal aos contratos de arbitragem forçada. A imprensa tem vindo a referir-se a este assunto como «misterioso», mas, em boa verdade, há uma questão básica que está a passar despercebida. Estes contratos forçam os empregados a abrirem mão dos seus direitos laborais como condição para terem o emprego, quando concordam dirimir qualquer situação danosa através da arbitragem escolhida pelo empregador. O empregado também costuma prescindir do direito de entrar com processos conjuntos no tribunal. Portanto, estes contratos constituem uma eliminação generalizada de todos os direitos de emprego dos trabalhadores americanos.

Os contratos de arbitragem forçada afetam todos os empregados, independentemente do sexo, raça, etnia ou religião. No entanto, penso que as mulheres têm mais pontos de vulnerabilidade à discriminação. É por isso que identifico esta questão como sendo um assunto de mulheres.

Os contratos de arbitragem forçada têm sido defendidos como constitucionais pelo Supremo Tribunal conservador, logo, esta decisão irá encorajar mais empregadores a adotá-los. Atualmente, quase metade dos trabalhadores americanos estão sujeitos a estes contratos. Prevejo que, em resultado da decisão do Supremo Tribunal, o número de trabalhadores dos EUA sujeitos à arbitragem forçada irá aumentar, possivelmente até que todos os trabalhadores americanos sejam afetados.

Este ataque de base aos direitos laborais tem de ser travado. Felizmente, há apoio bipartidário no Congresso para esse fim; consequentemente, uma proibição pode entrar em vigor mesmo antes das eleições de 2020. O Congresso já demonstrou que é possível eliminar a prática, instituindo uma proibição da arbitragem forçada para casos de assédio sexual. Portanto, já temos um modelo. E como os contratos vão afetar toda a gente, é uma questão em que uma coligação pode ser organizada entre uma população polarizada. Esse esforço devia começar imediatamente.

No entanto, a pressão comercial também deve entrar na equação. Devia ser publicada uma lista das empresas que usam estes contratos. Enquanto consumidores, os cidadãos devem deixar de comprar os produtos desses empregadores. Na perspetiva do comércio entre empresas B2B, as empresas que se preocupam em manter a sua reputação pública não deviam apenas abster-se da adoção destes contratos, mas também deviam recusar comprar ou fazer qualquer tipo de negócios com empresas que os pratiquem. O objetivo é retirar qualquer vantagem para as empresas que se juntam para lutar contra a proibição.

Prioridade 2: perdão de toda a dívida estudantil. Esta questão é um assunto de mulheres porque as mulheres detêm dois terços da dívida, pediram mais empréstimos e — salvo o progresso na igualdade salarial — vão ter salários mais baixos para as saldar. Note-se, as mulheres têm mais empréstimos porque vão para a faculdade a uma taxa superior e têm de obter mais credenciais para conseguirem os mesmos empregos que os homens. Por essa razão, um limite no montante de dívida que os governos vão perdoar por pessoa é discriminatório contra as mulheres. Temos de ter presente que não se trata de um assunto de elites: 65% dos *millennials* têm algum tipo de formação superior. Perdoar dívida estudantil não vai beneficiar os ricos desproporcionadamente: as pessoas com recursos nem sequer permitem que os filhos façam estes empréstimos predatórios. *Toda a gente* que tem um destes empréstimos precisa de alguma isenção.

De qualquer forma, o governo devia pretender aliviar este ónus por razões económicas, portanto, a isenção não deve ser considerada um perdão ou um direito. A economia futura vai sofrer por ter uma geração inteira com um encargo destes. O fantasma da dívida vai acabar por reduzir o número de pessoas que seguem para o ensino superior, o que vai ter consequências diretas na redução da competitividade nacional. A dívida vai afetar as despesas dos consumidores, as poupanças e o investimento, porque vai sugar os dólares disponíveis. Também vai afetar a formação dos agregados familiares e, consequentemente, reduz tudo, desde a compra de bens de investimento a mudanças de habitação. A dívida vai deprimir a taxa de fertilidade e dificultar que esta «geração sanduíche» apoie os mais velhos, assim aumentando o custo dos serviços sociais e de saúde para o governo. Se o governo federal pode dar subvenções a bancos e a multimilionários, pode prevenir este desastre demográfico.

Devido ao impacto de longo prazo na economia, a decisão de perdoar a dívida estudantil não devia ser abordada como uma «despesa» única pelo governo federal, retirada diretamente do orçamento como um item individual sem benefícios. Ao invés, os custos e benefícios deviam ser calculados de acordo com um modelo de investimento de capital que avalie o gasto inicial compensado em relação ao valor atual de todos os influxos positivos que podem ser previstos em resultado do investimento. A previsão devia ser comparada com uma previsão totalmente revista dos danos que irão ser causados se a dívida se mantiver nas contas. (Se não percebeu o que acabei de dizer, continue a ler e não se preocupe. Nas finanças, é na realidade um cálculo bastante básico, e estou certa de que *alguém* que está a ler isto saberá como se faz.)

Quando o impacto do perdão da dívida estudantil for calculado corretamente, penso que vai tornar-se claro que deixar esta dívida pendente não é só insensível, é economicamente *absurdo*.

Finalmente, quero pedir a outros *baby boomers* que apoiem esta ideia, porque a dívida irá prejudicar os nossos filhos e netos durante décadas. Devemos estar prontos para ir para as ruas lutar pelo perdão da dívida.

Prioridade 3: cuidados infantis universais. Defendi o caso dos cuidados infantis universais no Capítulo 7. Aqui só quero dizer que devia ser uma prioridade elevada e que só elenquei as outras duas prioridades primeiro porque me parece que podem ser instituídas mais rapidamente. Acredito que os cuidados infantis deviam estar disponíveis para todos, incluindo mães que optaram por ficar em casa. Devíamos estar a planear este serviço público enquanto «desenvolvimento na primeira infância» e não «cuidados infantis»: vamos querer que todas as crianças tenham acesso — e que os seus pais *queiram* ter esse acesso.

Prioridade 4: passar a obrigatoriedade da igualdade salarial para o ramo executivo. Sabemos pela nossa experiência, assim como a de outros países, que colocar o ónus da obrigação da igualdade salarial nas mulheres é má ideia. Devíamos procurar uma mudança radical na responsabilidade. Especialmente agora que o sistema judicial está repleto de juízes conservadores, não podemos esperar que esta situação melhore. Temos de retirar ao máximo estas decisões dos tribunais.

Prioridade 5: igual participação em todos os projetos de infraestrutura. Quer seja o Novo Acordo Verde ou projetos de autoestradas estaduais, as mulheres deviam obter uma parte justa dos empregos criados.

Uma fonte principal de pagamento e progressão desiguais é o quase monopólio que os homens têm na construção e noutros trabalhos «difíceis», «pesados». As mulheres da classe trabalhadora são particularmente afetadas por esta forma de discriminação. No entanto, a imagética em torno das infraestruturas resume-se a recuperar «trabalhos de homem»; esta situação não é aceitável. De cada vez que um destes programas é tido em consideração, as mulheres e os seus aliados homens deviam exigir igual inclusão.

Prioridade 6: novas proteções para mães e esposas domésticas. Elenco esta ideia por último só porque provavelmente requer pesquisa para perceber qual é a melhor forma de o fazer antes de se poder criar legislação. Não estou convencida de que o pagamento de pensões maiores seja a melhor ou a única forma de fazer isto.

O nosso destaque coletivo nas mulheres trabalhadoras ensombrou o risco pessoal assumido pelas mulheres que são dependentes dos maridos para terem rendimentos. Os defensores das mulheres inevitavelmente citam o maior número de mulheres que deixam de trabalhar para cuidar dos filhos em consequência de salários e progressos desiguais. É hipócrita não ter uma plataforma para proteger estas mulheres.

Em *todos* estes esforços, é essencial garantir que os direitos da minoria e das mulheres pobres são tratados justamente, incluindo ajustes especiais para compensar as suas desvantagens únicas.

Os Estados Unidos desempenham um papel especial na comunidade internacional e podem ter um impacto particularmente positivo na economia das mulheres se os americanos comuns assumirem uma posição.

O MUNDO

Governação global. As mulheres não têm voz na governação global da economia. Embora o G7, o G20 e a APEC tenham instigado atividades de exibição e divulgação orientadas para o público nos últimos cinco anos, estas atividades são, em grande parte, meramente esforços para pacificar os defensores das mulheres, pois apenas conferem uma aparente inclusão.

Por exemplo, estas cimeiras de cooperação económica têm uma «semana da mulher» separada, em que os assuntos económicos das mulheres são apresentados, mas os delegados do principal organismo não estão presentes. A reunião principal tem lugar pelo menos seis meses depois — sem os representantes das mulheres presentes —, e a única relação entre os dois eventos é um breve resumo dos pontos-chave da «semana das mulheres» que foi enviado aos delegados. Normalmente, esse documento é elaborado à pressa por consenso na semana das mulheres, em vez de se basear em provas e estar de acordo com a prática e as políticas existentes. Duvido que os assuntos consigam muita atenção da parte dos delegados, e *sei* que alguns países, nos bastidores, se recusam a cooperar em quaisquer dos objetivos em relação às mulheres. Todos devíamos chamar a atenção para este comportamento tendencioso dos nossos representantes económicos nacionais.

Todavia, a falta de competência sobre as mulheres no contexto económico é dolorosamente evidente em muitos destes recintos. Por exemplo, quando falei na semana das mulheres da APEC em 2018, o programa durou quatro dias inteiros e, no entanto, houve apenas três oradores em toda a agenda que deram palestras orientadas para a economia. As restantes foram sobre a liberdade reprodutiva e a violência contra as mulheres (sem uma perspetiva económica), ou foram painéis informais de «praticantes» (ou empresários, sobretudo patrocinadores ou empreendedores locais). No final, fizemos uma votação à pressa sobre que questões seriam levadas à APEC. É mais ou menos isto que acontece em todas estas semanas de mulheres. Se um delegado efetivo da APEC tivesse estado presente nestas reuniões de mulheres, ele (é sempre um «ele») podia ser desculpado se concluísse que as mulheres não sabiam nada de economia ou que os seus assuntos já são tratados por entidades como a Organização Mundial da Saúde. A perceção de que as mulheres são apenas seres reprodutores é sublinhada inconscientemente pelo foco dado à reprodução nestas reuniões, em detrimento da economia.

Infelizmente, a maioria dos homens envolvidos na governação económica internacional recusa vergonhosamente prestar atenção à Economia XX. Há uns dois anos, fiz parte de um painel na reunião de formação interna do Banco Mundial que incluiu funcionários da entidade do mundo inteiro. Eram 400 participantes. O painel de economia das mulheres era um dos quatro oferecidos na mesma hora, mas apenas 25 pessoas estiveram presentes, e só duas eram mulheres (e estavam muito poucas mulheres nesta reunião). Nesse mesmo ano, o W20 foi convidado para fazer uma apresentação na reunião global virtualmente só de homens do Think Tank 20. Os homens assistiram a outras apresentações, incluindo uma bem demorada sobre questões ambientais. Mas assim que o W20 subiu ao palco, o Think Tank 20 levantou-se e saiu da sala.

Noutras discussões informais, a falta de uma apreciação holística da Economia XX torna-a fragmentada e enfraquecida. O recente Painel de Alto Nível das Nações Unidas para a Capacitação Económica das Mulheres foi uma oportunidade única de obter uma compreensão global e uma iniciativa começada em nome das mulheres presentes na economia. No entanto, o painel caiu bastante numa luta de território sobre outros interesses e ideologias. Os participantes dos esforços internacionais para abordar a Economia XX devem ser escolhidos de acordo com a sua competência, o seu empenho para com as mulheres e a sua independência, de forma que possam focar-se nas mulheres como um todo, e não trocarem os interesses das mulheres a favor de outras agendas.

Há uma necessidade urgente de fundar e financiar uma organização independente global para a defesa dos interesses económicos das mulheres com uma perspetiva informada. Esta organização deve ter uma constituição e funcionários próprios e ser autorizada a participar em todas as cimeiras globais *como* delegada. Deve tornar-se um recetáculo de pesquisa sobre a economia das mulheres e deve avaliar e reportar os progressos alcançados. Apesar de anos de impasses, o W20 parece agora a base mais provável para se começar. A rainha Máxima dos Países Baixos assumiu a liderança e a angariação de fundos e formalização do W20. Seria um serviço para todas as mulheres que esse esforço fosse um sucesso.

Deviam pressionar-se mais organizações como a OMC para adotarem uma perspetiva de género. O Canadá é um bom exemplo a ser seguido. A melhor forma de apoiar estas iniciativas é tendo os cidadãos de cada um destes países a pressionarem os governos nacionais. É a liderança nacional que estabelece a agenda de cada país, que por sua vez estabelece as prioridades para o mundo. Não podemos continuar a tratar estas entidades como se tivessem atitudes neutras quanto ao género. Trabalham para nós — devíamos responsabilizá-las.

Liderança e conhecimento. Líderes como Christine Lagarde, do Fundo Monetário Internacional, e Justin Trudeau, no Canadá, fizeram toda a diferença. O apoio à liderança favorável às mulheres nestes organismos económicos internacionais é essencial.

No entanto, apoiar a liderança no setor privado também é importante. Fico desiludida com pessoas que põem de parte iniciativas como as que apoiam a presença das mulheres nos quadros de direção das empresas como se fossem apenas vantajosas para as mulheres ricas. Os líderes das empresas afetam todos aqueles que trabalham para eles, os que lhes compram e que os fornecem, assim como afetam as comunidades em que operam e o ambiente onde estão inseridas. As questões de impacto vão desde igualdade salarial e progresso do trabalhador, segurança do produto, à transparência e corrupção. Não deveríamos pôr de parte a importância de termos mulheres (e homens favoráveis) nas posições de liderança do governo, e também não o devemos fazer para a liderança na economia, pois é demasiado importante.

Há uma lamentável falta de conhecimento sobre a situação das mulheres na economia. Isto acontece em parte porque os departamentos de economia são muito desfavoráveis ao género. Há economistas feministas e outros que podem facultar conselhos úteis espalhados pelas universidades, governos e agências no mundo inteiro. Estas pessoas têm de ser identificadas, apoiadas, consultadas e reunidas para documentarem e formularem políticas, e também para assistirem na projeção e convencerem o restante meio político a ajudar. As mulheres jovens deviam ser encorajadas a entrar em programas de estudos relevantes de forma a estarem preparadas para fazer parte da próxima geração de postos de trabalho.

Financiamento público e privado. Devem ser feitos apelos para convencer a ajuda internacional e as beneficências globais a apoiar a capacitação económica das mulheres. Em particular, os cidadãos dos países financiadores devem insistir que uma parte crescente dos seus orçamentos de ajuda internacional vão diretamente para as mulheres. Considerando sobretudo que os orçamentos restantes muitas vezes são absorvidos pela despesa militar e pela corrupção, devia haver alguma disposição para apoiar as mulheres, porque sabemos que é mais eficaz e que o dinheiro vai ser usado de forma mais produtiva.

AÇÕES INDIVIDUAIS

Muitos contextos do movimento podem beneficiar do envolvimento individual. Seguem-se alguns:

Investimento. Os investidores individuais, de impacto e institucionais devem fazer questão de investir em empresas que apoiam o género, mulheres empresárias e projetos de grande escala que visem beneficiar as mulheres.

Devem formar-se consórcios de mulheres investidoras para facilitar o investimento *angel* de mulheres em empresas de mulheres. Alguns devem tornar-se acessíveis a investidores mais pequenos.

Financiar em massa empresas de mulheres, assim como projetos que as beneficiem, é algo que qualquer um pode fazer. Quanto mais mulheres, assim como outros investidores, estiverem motivados para equilibrar a balança de quem entra neste domínio, melhor será.

Sei que é difícil, mas quando uma empresa é notícia devido a uma violação flagrante da igualdade de género, a pressão sobre as ações dessa empresa obriga-a a mudar. Como prática geral, colocar dinheiro em empresas com uma boa avaliação de género irá apoiar uma mudança de sistemas no sentido da igualdade de género.

Consumo. Uma boa ideia seria um consumo intencional segundo as linhas que já vimos do comércio justo. Os boicotes não costumam funcionar e muitas vezes prejudicam os trabalhadores. Em vez disso, fazer uma escolha de produtos positiva, em empresas que favorecem o género, ajuda a convencer os seus concorrentes a mudarem.

Há muitas formas de avaliar se um produtor é «apoiante do género». Por exemplo, pode usar o Índice de Igualdade de Género da Bloomberg para este propósito. Outro índice para os empregadores é o Edge Certification. Esta certificação é muito rigorosa e dispendiosa para as empresas. Se vir uma empresa que exibe esse selo, é bom mostrar apoio com o seu dinheiro. Similarmente, há um símbolo de Igualdade de Género, que é atribuído pelo bom desempenho num sistema de indicadores de género para produtos de marca. Também pode usar uma aplicação para procurar as marcas, não só as empresas, para ter uma avaliação comparativa dentro de uma determinada categoria.

Ocasionalmente, as operações conjuntas de retalho e marketing tentam usar rótulos que indicam que um produto é feito por uma empresa de uma mulher ou que uma mercadoria é produzida por mulheres agricultoras. É benéfico apoiar estes esforços quando os vemos, porque estas coisas agora estão sobretudo em formato de teste — é por isso que parecem transitórias —, e até um pequeno impacto nas vendas ajuda a convencer as empresas de que devem continuar a desenvolver mecanismos de apoio às mulheres na economia.

Emprego. Dentro do local de trabalho, os indivíduos podem agir como colegas ou gestores. Talvez a ação mais radical seja, onde for legal, os empregadores partilharem a sua informação salarial. Se puder ser facultada uma forma anónima de o fazer, é melhor, mas uma conversa informal é eficaz. A maior barreira para as mulheres na negociação salarial (além do fanatismo) é a opacidade dos acordos de pagamento.

Não precisa de um programa completo de mentoria para encorajar as futuras mulheres. Aviso para que tenha cuidado com o excesso de críticas, este tipo de conselho pode ser mais destrutivo que útil. No entanto, um pequeno impulso de confiança pode ter muito alcance.

Na medida em que tiver o poder, conseguir atribuir oportunidades de desenvolvimento de carreira às mulheres e, claro, promovê-las seria benéfico.

Muitos peritos e consultoras de gestão recomendaram que os gestores sejam avaliados e incentivados em relação às realizações no sentido da diversidade. Concordo com esta recomendação. Durante anos, os empresários pensaram que era necessário ter o apoio dos CEO na diversidade de objetivos. Agora sabemos que o problema está ao nível do *workbench* e que estes gestores se preocupam menos com os objetivos da empresa do que com os seus.

Todos podem recusar alinhar com um discurso que denigra as mulheres. Todos podem concordar em expor o assédio sexual. Todos podem parar de divertir fanáticos.

Consciencialização. Temos de construir as nossas hierarquias e pressionar mais as instituições, aumentando a consciencialização das dimensões da exclusão das mulheres, da magnitude do seu impacto e da diferença que a mudança vai trazer. Penso que isto pode ser feito de várias formas, a diferentes níveis. Desconfio que quase todos os que lerem este livro têm algum tipo de presença nas redes sociais. Julgo que seria bom partilhar o seu próprio compromisso de apoio, assim como pontos de interesse publicados online pelo movimento ou acerca dele.

O jornalismo e outras formas de comunicação social podem dar cobertura à causa, sobretudo na comunicação social convencional, que chega a maiores segmentos do público. Muitas pessoas e programas interessantes podem facultar conteúdo, tanto histórias como imagens. Podem entrevistar representantes informados do movimento internacional no Banco Mundial, na International Finance Corporation, Chatham House, WEConnect, USAID, Departamento para o Desenvolvimento Internacional, NU para as Mulheres, e outras instituições. As equipas que trabalham com o género nas grandes instituições são normalmente muito pequenas; ajuda-as quando têm repercussão, por isso, faça-o, por favor. Sempre que puder partilhar, escrever, nem que seja um *tweet*, faça-o.

A consciencialização pública e o apoio é o que impele os governos a agir em questões de género, assim como os financiadores, públicos e privados, que decidem apoiar financeiramente mulheres. Quanto mais o público apoiar esta causa, mais fácil será o trabalho.

Discurso. Devia haver uma campanha para insistir que os *termos preconceito implícito* e *preconceito inconsciente* sejam usados em contextos em que exista uma hipótese razoável de os preconceitos serem de facto inconscientes e não apenas inconfessados. Usar esses termos para descrever fanatismo evidente nunca devia acontecer. Aqueles que falam e agem como fanáticos de género devem ser tratados com a mesma desaprovação que os fanáticos raciais.

Podia formar-se e financiar-se um grupo do género «Mães Contra a Condução Sob o Efeito do Álcool» a pedir o fim das penalizações à maternidade. Os anúncios de serviço público deviam dramatizar a ofensa moral inerente na retenção de um pagamento justo a alguém que tem de sustentar os filhos, mesmo quando esse alguém é uma mulher. Trata-se de uma atitude desprezível que tem passado despercebida. Devia ser-lhe associada vergonha até a atitude cessar e os comportamentos discriminatórios pararem.

Doações de beneficência. Há bastantes beneficências especializadas na capacitação económica das mulheres, e recebem uma parte muito pequena dos donativos oferecidos. Tente encontrar espaço no seu orçamento para donativos para uma delas. A nível global, sinto-me mais capaz de defender a CARE, mas várias ações de beneficiência trabalham no sentido de capacitar as mulheres e pode encontrá-las online. Tenho a Women for Women International, que se foca em áreas de conflito, em grande consideração. Não há muitos programas disponíveis nesses países, talvez apenas porque as pessoas os temam. As beneficências locais que apoiam as mulheres são muitas vezes eficazes e, por isso, dignas do nosso apoio.

Além do que sugeri, peço a todos que pensem de forma criativa sobre as suas forças e que tentem encontrar maneiras de aplicá-las. Se todos juntarem a sua voz e competências, a missão vai ser muito mais fácil.

Dou-lhe as boas-vindas a uma das causas mais importantes do nosso tempo, talvez até da História.

NOTAS

BIBLIOGRAFIA SELECIONADA

AGRADECIMENTOS

NOTAS

1 | A ECONOMIA XX

1 Diane Coyle, «Economics Has a Problem with Women» *Financial Times*, 28 de agosto, 2017, https://www.ft.com/content/6b3cc8be-88le-1le7-afd-2-74b8ecd34d3b; Mary Daly, «Economics Trails the Sciences in Attracting a Diverse Student Mix», *Financial Times*, 13 de maio de 2018, https://www.ft.com/content/d47e885a-539b-11le8-84f4-43d65af59d43; «Inefficient Equilibrium: Women and Economics», *Economist*, 19 de dezembro de 2017, https://www.economist.com/christmas-specials/2017/12/19/women-and-economics; Elizabeth Winkler, «"Hotter", "Lesbian", "Feminazi"»: How Some Economists Discuss Their Female Colleagues», *Washington Post*, 22 de Agosto de 2017, https://www.washingtonpost.com/news/wonk/wp/2017/08/22/hotter-lesbian-feminazi-how-some-economists--discuss-their-female-colleagues/; Justin Wolfers, «Evidence of a Toxic Environment for Women in Economics», *New York Times*, 18 de agosto de 2017, https://www.nytimes.com/2017/08/18/upshot/evidence-of--a-toxic-environment-for-women-in-economics.html; Justin Wolfers, «Why Women's Voices Are Scarce in Economics», *New York Times*, 2 de fevereiro de 2018, https:// www.nytimes.com/2018/02/02/business/why-womens-voices-are-scarce-in-economics.html; Ann Mari May, «Women Are Missing from Economics. Here's Why That Matters for All of Us», *Huffington Post*, 11 de junho de 2018. Ver também Mark J. Perry, «Women's Voices Might Be Scarce in Economics, but They Are Abundant and Over-Represented in Most Academic Fields and

Graduate School Overall», *AEIdeas*, 4 de fevereiro de 2018, http://www.aei.org/publication/womens-voices-might-be-scarce-in-economics-but-they-are-abundant-and-over-represented-in-most-academic-fields-and-graduate-school-overall.

Perry, professor na Universidade do Michigan, elabora a teoria habitual de que as mulheres são naturalmente atraídas para outras disciplinas, mas também está contra a existência de demasiadas mulheres noutras disciplinas (admitindo também que o seu desempenho é melhor) e que ninguém se queixa disso. A sua teoria seria mais persuasiva se não existissem tantas provas de *bullying* e assédio às mulheres nos departamentos de economia. Alice Wu, *Gender Stereotyping in Academia: Evidence from Economics Job Market Rumors Forum* (tese, Universidade da Califórnia, Berkeley, dezembro 2017), https://growthecon.com/assets/Wu_EJMR_paper.pdf.

2 Wolfers, «Why Women's Voices Are Scarce in Economics»; *American Physical Society*, «Doctoral Degrees Earned by Women», https://www.aps.org/programs/education/statistics/fraction-phd.cfm. Os dados chegam a 2017 e são retirados do Sistema Integrado de Dados do Ensino Superior e da Sociedade Americana de Física.

3 John T. Harvey, «Do Women Avoid Economics… or Does Economics Avoid Women?», *Forbes*, 11 de janeiro de 2019, https://www.forbes.com/sites/johntharvey/2019/01/11/do-women-avoid-economics-or-does--economics-avoid-women/#642585aa2f32; Winkler, «"Hotter", "Lesbian", "Feminazi"».

4 «Market Power: Women in Economics», *Economist*, 23 de março de 2019, 11–12; Daly, «Economics Trails the Sciences in Attracting a Diverse Student Mix»; Wolfers, «Why Women's Voices Are Scarce in Economics»; «Inefficient Equilibrium»; Winkler, «"Hotter", "Lesbian", "Feminazi"».

5 «Inefficient Equilibrium».

6 Coyle, «Economics Has a Problem with Women».

7 A primeira destas tentativas foi, na verdade, feita em 1995 pelo Relatório do Programa de Desenvolvimento Humano das Nações Unidas. Contudo, houve um longo período de silêncio depois disso. Foi em 2006, quando o Fórum Económico Mundial publicou o primeiro Relatório de Desigualdade de Género Global, que outras instituições começaram a relatar sobre as ligações entre igualdade de género e riqueza económica. Entre 2006 e 2012, foram publicados quase de seguida vários relatórios importantes. Depois disso, a atividade aumentou a cada ano. *Género, Igualdade e Desenvolvimento* (Washington, DC: Grupo Banco Mundial,

2012); Organização para a Cooperação Económica e Desenvolvimento, *Closing the Gender Gap: Act Now!* (Paris: Organização para a Cooperação Económica e Desenvolvimento, 2011); UNICEF, *State of the World's Children: Women and Children—The Double Dividend of Gender Equality* (Nova Iorque: UNICEF, 2007). Nesta altura, início de 2019, são publicados anualmente relatórios das principais instituições.

8 Ver, por exemplo, Ronald Inglehart e Pippa Norris, «Rising Tide: Gender Equality and Cultural Change Around the World» (Cambridge, Reino Unido: *Cambridge University Press*, 2003).

9 Katrin Elborgh-Woytek, Monique Newiak, Kalpana Kochlar, Stefania Fabrizio, Kangni Kpodar, Philippe Wingender, Benedict Clements e Gerd Schwartz, «Women, Work and the Economy: Macroeconomic Gains from Gender Equity» (Washington, DC: Fundo Monetário Internacional, 2013); DeAnne Aguirre, Leila Hoteit, Christine Rupp e Karim Sabbagh, «Empowering the Third Billion: Women and the World of Work» (Nova Iorque: *Booz and Company*, 2012); Sandra Lawson e Douglas B. Gilman, «The Power of the Purse: Gender Equality and Middle-Class Spending» (Nova Iorque: Instituto do Mercado Global Goldman Sachs, 2009); Jonathan Woetzel, Anu Madgavkar, Kweilin Ellingrud, Eric Labaye, Sandrine Devillard, Eric Kutcher, James Manyika, Richard Dobbs e Mekala Krishnan, *The Power of Parity* (New York: McKinsey Global Markets Institute, 2015); «*Pursuing Women's Economic Empowerment*, Reunião dos Ministros do G7 e dos Governadores do Banco Central, 1–2 de junho de 2018, Whistler, Canadá», preparado pela equipa do Fundo Monetário Internacional, 31 de maio de 2018, https://www.imf.org/en/Publications/Policy-Papers/Issues/2018/05/31/pp053118pursuing-womens-economic-empowerment; UNICEF, State of the World's Children.

10 Woetzel et al., *The Power of Parity*, 26. Segundo McKinsey, a média global em 2015 era 37%. No entanto, a contribuição do PIB das mulheres é mais alta nas economias maiores, e está a aumentar. Com base nisso, calculei de forma conservadora aproximadamente 40% nesta altura. Ver também Organização para a Alimentação e Agricultura, «Women in Agriculture: Closing the Gender Gap for Development», em *The State of Food and Agriculture* (Roma: Organização para a Alimentação e Agricultura das Nações Unidas, 2011).

11 Ewa Lechman e Harleen Kaur, «Economic Growth and Female Labor Force Participation — Verifying the U-Feminization Hypothesis: New

Evidence for 162 Countries over the Period 1990–2012», *Economics and Sociology 8*, n.º 1 (2015): 246–57. O discurso sobre mulheres trabalhadoras e crescimento aumenta de tom de forma sustentada no trabalho da professora de Harvard Claudia Goldin. Por exemplo, Claudia Goldin, «The U-Shaped Female Labor Force in Economic Development and Economic History», NBER Série documento de trabalho, n.º 4707 (Cambridge, MA: Gabinete Nacional de Pesquisa Económica, 1994).

12 UNICEF, Situação das Crianças no Mundo.

13 Quentin Wodon e Benedicte De La Briere, *Unrealized Potential: The High Cost of Gender Inequality in Earnings* (Washington, DC: Grupo Banco Mundial, Fundação de Investimento de Fundos para as Crianças, Parceira Global para a Educação, Canadá, 2018).

14 Lawson e Gilman, *The Power of the Purse.*

15 Fórum Económico Mundial, Relatório Global sobre a Desigualdade de Género, 2006–2018.

16 Organização para a Cooperação e Desenvolvimento Económico, Redução da Desigualdade de Género.

17 Para proprietários de terra, Organização para a Alimentação e Agricultura, «Base de dados sobre género e direitos da terra» http://www.fao.org/gender-landrights-database/en/. Para a saúde: «Daily Chart: Women's Wealth Is Rising», *Economist*, 8 de março de 2018, https://www.economist.com/graphic-detail/2018/03/08/womens-wealth-is-rising.

18 Medição da Inclusão Financeira das Mulheres: *The Value of Sex-Disaggregated Data* (Washington, DC: Global Banking Alliance for Women, Data 2X, InterAmerican Development Bank, 2015).

19 Susan Harris Rimmer, *Gender-Smart Procurement Policies for Driving Change* (Londres: *Chatham House*, 2017); Romina Kazandjian, Lisa Kolovich, Kalpana Kochhar e Monique Newiak, «Gender Equality and Economic Diversification», Documento de Trabalho do Fundo Monetário Internacional, WP/16/140, https://;www.imf.org/external/pubs/ft/wp/2016/wp16140.pdf.

20 Gerda Lerner, *The Creation of Patriarchy* (Oxford: *Oxford University Press*, 1986); Janet S. Hyde, Sara M. Lindberg, Marcia C. Linn, Amy B. Ellis e Caroline C. Williams, «Gender Similarities Characterize Math Performance», *Science* 321 (2008): 494–95; E. Zell, Z. Krizen e S. R. Teeter, «Evaluating Gender Similarities and Differences Using Metasynthesis», *American Psychologist* 70 (2015): 10–20.

[21] OMS Estudo em vários países sobre a Saúde das Mulheres e a Violência Doméstica Contra as Mulheres: Sumário do Relatório — Resultados Iniciais sobre Prevalência, Consequências na Saúde e Reações das Mulheres (Genebra: Organização Mundial da Saúde, 2005); Anke Hoeffler e James Fearon, «Conflict and Violence Assessment Paper», Copenhagen Consensus Center, 22 de agosto de 2014; Bjorn Lomborg e Michelle A. Williams, «The Cost of Domestic Violence Is Astonishing», *Washington Post*, 22 de fevereiro de 2017; Valerie Hudson, Bonnie Ballif-Spanvill, Mary Caprioli e Chad Emmett, *Sex and World Peace* (New York: *Columbia University Press*, 2014).

[22] Max Roser, «War and Peace», *Our World in Data*, https://ourworldindata.org/war-and-peace. Ver também Steven Pinker, *The Better Angels of Our Nature: Why Violence Has Declined* (Nova Iorque: *Viking*, 2011).

[23] Para uma revisão e discussão das estatísticas, ver Conor Seyle, «Is the World Getting More Peaceful?», Pesquisa OEF, um programa do One Earth Future, https://oefresearch.org/think-peace/world-getting-more-peaceful.

[24] Dwight D. Eisenhower, discurso à Sociedade Americana de Editores de Jornais, 16 de abril de 1953, disponível online.

[25] Kevin Bales, *Disposable People: New Slavery in the Global Economy* (Berkeley: *University of California Press*, 2017).

[26] Marianne Egger de Campo, «Contemporary Greedy Institutions: An Essay on Lewis Coser's Concept in the Era of the "Hive Mind"», Czech Sociological Review 49, n.º 6 (2013): 969–86. O conceito original de «instituições gananciosas» foi ideia de Lewis Coser. Ver Lewis Coser, *Greedy Institutions: Patterns of Undivided Commitment* (New York: *Free Press,* 1974). Ver, por exemplo, M. G. Marmot, G. Rose, M. Shipley e P. J. Hamilton, «Employment Grade and Coronary Heart Disease in British Civil Servants», *Journal of Epidemiology and Community Health* 32, n.º 4 (1978): 244–49.

[27] Kellie A. McElhaney e Sanaz Mobasseri, *Women Create a Sustainable Future* (São Francisco: *University of California*, Center for Responsible Business, Haas Business School, 2012), https://www.eticanews.it/wp-content/uploads/2012/11/Report-Women_Create_Sustainable_Value.pdf.

2 | POR DETRÁS DOS GRANDES DADOS

[1] Na altura em que estávamos a começar este estudo, a única académica que analisava esta questão era a Doutora Marni Sommer, da Mailman School of Public Health da Universidade Columbia, Nova Iorque. Conhecíamos

a trabalhámos com a Doutora Sommer, que experienciou o mesmo tipo de ceticismo que nós. Desde então, fundou uma comunidade global de académicos e profissionais focados no impacto das questões de cuidados sanitários nas raparigas pobres que frequentam a escola.

2 Neil Andersson, Sergio Paredes-Solis, Deborah Milne, Khalid Omer, Nobantu Marokoane, Ditiro Laetsang e Anne Cockcroft, «Prevalence and Risk Factors for Forced or Coerced Sex Among School-Going Youth: National Cross-Sectional Studies in 10 Southern African Countries in 2003 and 2007», *BMJ Open* 2 (2012): e000754.

3 Quentin Wodon, Claudio Montenegro, Hoa Nguyen e Adenike Onagoruwa, *Missed Opportunities: The High Cost of Not Educating Girls* (Washington, DC: Grupo Banco Mundial, 2018), https://openknowledge.worldbank.org/handle/10986/29956; Quentin Wodon, C. Male, A. Nayihouba, A. Onagoruwa, A. Savadogo, A. Yedan, J. Edmeades, et al., *Economic Impacts of Child Marriage: Global Synthesis Report* (Washington, DC: Banco Mundial e Centro Internacional para a Investigação sobre as Mulheres, 2018), https://www.icrw.org/wp-content/uploads/2017/06/EICM-Global-Conference-Edition-June-27-FINAL.pdf.

4 Linda Scott, Paul Montgomery, Laurel Steinfield, Catherine Dolan e Sue Dopson, «Sanitary Pad Acceptability and Sustainability Study», outubro de 2013, https://www.doublexeconomy.com/wp-content/uploads/2010/09/7PageReport.pdf.

5 Julie Hennegan, Paul Montgomery, Catherine Dolan, MaryAlice Wu, Laurel Steinfield e Linda Scott, «Menstruation and the Cycle of Poverty: A Cluster Quasi-randomised Control Trial of Sanitary Pad and Puberty Education Provision in Uganda», *PLOS ONE* 11, n.º 12 (2016): e0166122.

6 «Women Faculty Face Bias at UCLA», *Los Angeles Times*, 8 de outubro de 2015; Melissa Korn, «Gender Bias Alleged at UCLA's Anderson Business School», *Wall Street Journal*, 4 de junho de 2014; Jodi Kantor, «Harvard Business School Case Study: Gender Equity», *New York Times*, 7 de setembro de 2013; Katy Waldman, «Harvard Business School Apologizes for Sexism on Campus», *Slate*, 29 de janeiro de 2014.

7 Linda Scott, «Let's Be Honest About Gender Discrimination at Business Schools», *Bloomberg*, 28 de julho de 2014. Ver também David Moltz, «The B-School Glass Ceiling», *Inside Higher Education*, 23 de fevereiro de 2010.

8 Bhagwan Chowdhry, «Would a Push to Hire More Women Reduce Gender Pay-Gap? Not Until We Fix the Pipeline», *Huffington Post*, 30 de

novembro de 2014; Larry Gordon, «Women Faculty Face Bias at UCLA», *Los Angeles Times*, 4 de outubro de 2015.

9 O corpo docente da UCLA expressou-me esta crença em 2014; porém, uma análise levada a cabo pela consultoria de gestão Korn Ferry, baseada em dados empíricos da escola, também apontou para a falta de empenho da reitora para com a diversidade de género e identificou-o como um bloqueio ao progresso. Relatório Final sobre Igualdade de Género, Korn Ferry, julho 2015, https://www.anderson.ucla.edu/documents/areas/adm/dean/Korn-Ferry-Gender-Study-FINAL.pdf. O *Los Angeles Times* também reportou que a direção da universidade «não demonstrou uma intenção direcionada nem o comportamento proativo exigido para aumentar a diversidade». Gordon, «Women Faculty Face Bias at UCLA».

10 Cheguei a esta conclusão visitando todos os websites das escolas, analisando a página dos departamentos financeiros, clicando em todos os CV dos membros, e vendo as datas em que concluíram os estudos. Depois contei a percentagem de homens mais velhos *versus* mais novos, e comparei o número total de membros na faculdade de finanças com o número total de professores em toda a escola.

11 O Relatório Final sobre Igualdade de Género da Korn Ferry também alude ao facto de as esposas do corpo docente de finanças da UCLA serem domésticas. Também perguntei aos inquiridos nos meus questionários sobre as mulheres do corpo docente de finanças, e a maior parte respondeu que as mulheres ficavam em casa. De Sreedhari D. Desai, Dolly Chugh e Arthur P. Brief, «The Implications of Marriage Structure for Men's Workplace Attitudes, Beliefs, and Behaviors Toward Women», *Administrative Science Quarterly* 59, n.º 2 (2014): 330–65. Relatório Final sobre Igualdade de Género da Korn Ferry.

12 Waldman, «Harvard Business School Apologizes for Sexism on Campus». Relatório Final sobre Igualdade de Género da Korn Ferry.

13 Valerie Hudson, Bonnie Ballif-Spanvill, Mary Caprioli e Chad Emmett, *Sex and World Peace* (Nova Iorque: *Columbia University Press*, 2014), 85–86.

14 Joseph A. Vandello, Jennifer K. Bosson, Rochelle M. Burnaford, Jonathan R. Weaver e S. Arzu Wasti, «Precarious Manhood and Displays of Physical Aggression», *Personality and Social Psychology Bulletin* 35, n.º 5 (maio 2009): 623–34; Joseph A. Vandello e Jennifer K. Bosson, «Precarious Manhood and Its Links to Action and Agression», *Association for Psychological Science* 20, n.º 2 (2011); Joseph A. Vandello e Jennifer K. Bosson, «Hard Won and Easily Lost: A Review and Synthesis of Theory

and Research on Precarious Manhood», *Psychology of Men and Masculinity* 14, n.º 2 (2013): 101–13; Michael M. Copenhaver, Steve J. Lash e Richard M. Eisler, «Masculine Gender-Role Stress, Anger, and Male Intimate Abusiveness: Implications for Men's Relationships», *Sex Roles* 42, n.os 5–6 (2000): 405–15; Natasha Kosakowska, «If My Masculinity Is Threatened I Won't Support Gender Equality? The Role of Agentic Self-Stereotyping in Restoration of Manhood and Perception of Gender Relations», *Psychology of Men and Masculinity* 17, n.º 3, julho 2016): 274–84.

3 | CONTROLADAS PELAS NECESSIDADES

1 Recorri a um grande número de fontes para esta secção, algumas que abordam especificamente direitos à terra e outras sobre direitos matrimoniais ou atividades financeiras, incluindo propriedade ou herança de terra. Trabalhos especificamente sobre direitos das mulheres à propriedade incluem L. Muthoni Wanyeki, *Women and Land in Africa* (Cidade do Cabo, África do Sul: David Philip, 2003); Janet Walsh, *Double Standards: Women's Property Rights Violations in Kenya* (Nova Iorque: Human Rights Watch, 2003); Amy Porter, *Their Lives, Their Wills* (Lubbock: *Texas Tech University Press*, 2015); Rebecca Sharpless e Melissa Walker, *Work, Family, and Faith* (Columbia, MO: *University of Missouri Press*, 2006); Carmen Diana Deere e Magdalena Léon, *Empowering Women: Land and Property Rights in Latin America* (Pittsburgh: *University of Pittsburgh Press*, 2001); Bipasha Baruah, *Women and Property in Urban India* (Vancouver: *University of British Columbia*, 2010); Bina Agarwal, *A Field of One's Own* (Cambridge, UK: *Cambridge University Press*, 1995); Cema Bolabola, *Land Rights of Pacific Women* (Fiji: Institute of Pacific Studies, Universidade do Pacífico Sul, 1986); Gale Summerfield e Irene Tinker, *Women's Rights to House and Land: China, Laos and Vietnam* (Boulder, CO: *Lynne Rienner Publishers*, 1999).

2 «Married to the Mortgage», *Economist*, 13 de julho de 2013, https://www.economist.com/china/2013/07/13/married-to-the-mortgage; «Watering the Gardens of Others: China's Women Are Being Shut Out of the Land and Housing Markets», *Economist*, 12 de junho de 2015, https://www.economist.com/asia/2015/06/12/watering-the-gardensof-others.

3 Organização para a Alimentação e Agricultura, «Base de Dados sobre Género e Direitos à Terra », http://www.fao.org/gender-landrights-database/data-map/statistics/en/, acedido a 13 de junho de 2019.

4 Os dados da FAO são a percentagem dos proprietários de terra que não são homens nem mulheres. Porém, salientam que, como os homens tendem a deter parcelas maiores, a parte deles de terra agrícola é maior do que a representação enquanto proprietários de terra.

5 Recorri às minhas experiências e observações no Uganda em toda esta secção, mas também às seguintes fontes: Constitute Project, «Uganda's Constitution of 1995 with Amendments Through 2005» (Constitute Project, 2017),https://www.constituteproject.org/constitution/Uganda_2005.pdf?lang=en; Rachel Loftspring, «Inheritance Rights in Uganda: How Equal Inheritance Rights in Uganda Would Reduce Poverty and Decrease the Spread of HIV/AIDS in Uganda», Universidade da Pensilvânia *Journal of International Law* 29, n.º 1 (2014); Valerie Bennett, Ginger Faulk, Anna Kovina e Tatjana Eres, «Report: The Inheritance Law in Uganda; The Plight of Widows and Children», *Georgetown Journal of Gender and Law* 7 (dezembro 2006): 451.

6 Human Rights Watch, *Just Die Quietly: Domestic Violence and Women's Vulnerability to HIV in Uganda* (New York: Human Rights Watch, 2003), 35.

7 Walsh, *Double Standards*, 13.

8 Walsh, *Double Standards*, 1.

9 Organização para a Alimentação e Agricultura, «The State of Food and Agriculture: Women in Agriculture, Closing the Gender Gap for Development» (Roma: Organização para a Alimentação e Agricultura, Departamento de Desenvolvimento Económico e Social, 2010), 3; Programa Alimentar Mundial, «Women and Hunger: 10 Facts», https://www.wfp.org/our-work/preventing-hunger/focus-women/women-hunger-facts.

10 Organização para a Alimentação e Agricultura, «State of Food and Agriculture».

11 Mary Johnstone-Louis, Estudo de Caso: *International Women's Coffee Alliance, Power Shift: The Oxford Forum for Women in the World Economy, 2013*, https://www.doublexeconomy.com/wp-content/uploads/2019/09/Power-Shift-IWCA-Case.pdf.

12 Linda Scott, *Private Sector Engagement with Women's Economic Empowerment: Lessons Learned from Years of Practice* (Oxford: Saïd Business School Series, Universidade de Oxford, novembro 2017), https://www.doublexeconomy.com/wp-content/uploads/2018/10/RES-0054-GBCWEE-Report-171117-BOOKLET pdf.

13 Scott, *Private Sector Engagement with Women's Economic Empowerment.*

14 Organização para a Alimentação e Agricultura, «State of Food and Agriculture», vi.

15 Women for Women International, *Ending Violence Against Women in Eastern Congo*, Inverno 2007, 20–22, citado em Valerie Hudson, Bonnie Ballif-Spanvill, Mary Caprioli e Chad Emmett, *Sex and World Peace* (Nova Iorque: *Columbia University Press*, 2014).

16 Estudo de vários países da OMS sobre Saúde da Mulher e Violência Doméstica contra as Mulheres: *Relatório de Síntese — Initial Results on Prevalence, Health Outcomes and Women's Responses* (Genebra: Organização Mundial da Saúde, 2005).

17 Culpar a vítima é comum em incidentes de violência doméstica. Consequentemente, estudos que avaliam a prevalência e atitudes no sentido de violência do parceiro costumam usar um conjunto de perguntas sobre as razões que tornam aceitável bater numa mulher. «Queimar o jantar» é um item padrão da lista. Em 2016, por exemplo, 68% dos inquiridos no Nepal disseram que as mulheres podiam ser espancadas se negligenciassem os filhos, discutissem com o marido, se recusassem a ter sexo ou queimassem o jantar. O mesmo comportamento de culpar a vítima é comum nos países desenvolvidos. «Intimate Partner Violence Against Women and Victim-Blaming Attitudes Among Europeans», de Enrique Gracia, Boletim da Organização Mundial da Saúde 92, n.º 5 (1 de maio de 2014): 380–81; Saraswati Sundas, «Bhutan Tackles Violence Against Women for 'Refusing Sex, Burning the Dinner», *Reuters World News*, 22 de março de 2016, https://uk.reuters.com/article/us-bhutan-women--abuse/bhutan-tackles-violence-against-women-for-refusing-sex-burning-the-dinner-idUSKCNOW PO4E.

18 Amber Peterman, Audrey Pereira, Jennifer Bleck, Tia M. Palermo e Kathryn M. Yount, «Women's Individual Asset Ownership and Experience of Intimate Partner Violence: Evidence from 28 International Surveys», *American Journal of Public Health* 107, n.º 5 (Maio 2017): 747–55.

19 Erin Lentz, «In the Fight Against Hunger, Why Don't We Prioritize Women?», *The Hill*, 21 de novembro de 2016, https://Ibj.utexas.edu/fight-against-hunger-why-dont-we-prioritize-women.

20 Malala Yousafzai, *I am Malala: the story of the girl who stood up for education and was shot by the Taliban* (Nova Iorque: *Back Bay*, 2015), 22.

21 O índice de nutrição por género é descrito na página de perfil de Erin Lentz na Universidade de Texas, Austin, Lyndon B. Johnson *School of Public Affairs*, https://lbj.utexas.edu/lentz-erin.

[22] Programa Alimentar Mundial, «Women and Hunger: 10 Facts», https://www.wfp.org/our-work/preventing-hunger/focus-women/women-hunger-facts.

[23] José Villar, Leila Cheikh Ismail, Cesar G. Victora, Eric O. Ohuma, Doug G. Altman, Aris T. Papageorghiou, Maria Carvalho, et al., para o International Fetal and Newborn Growth Consortium for the 21st Century, «International Standards for Newborn Weight, Length, and Head Circumference by Gestational Age and Sex: The Newborn Cross--Sectional Study of the INTER GROWTH-21st Project», *Lancet* 384 (2014): 857–68; Francesca Giuliani, Eric Ohuma, Elena Spada, Enrico Bertina, Ayesha S. Al Dhaheri, Douglas G. Altman, Agustin Conde--Agudelo, Stephen H. Kennedy, José Villar e Leila Cheikh Ismail, «Systematic Review of the Methodological Quality of Studies Designed to Create Neonatal Anthropometric Charts,» *Acta Pediatrics* 104, n.º 10 (2015): 987–96; José Villar, Aris T. Papageorghiou, Ruyon Pang, Ann Lambert, Eric O. Ohuma, Manorama Purwar, Leila Cheikh Ismail, et al., «The Likeness of Fetal Growth and Newborn Size Across Non--Isolated Populations in the INTERGROWTH-21st Project: The Fetal Growth Longitudinal Study and Newborn Cross-Sectional Study», *Lancet*: Diabetes and Endocrinology 2, n.º 10 (2014): 781–92; Fernando C. Barros, Aris T. Papageorghiou, Cesar G. Vicora, Julia A. Noble, Ruyang Pang, J. Iams, Anna Lambert, et al., para o International Fetal and Newborn Growth Consortium for the 21st Century, «The Distribution of Clinical Phenotypes of Preterm Birth Syndrome: Implications for Prevention», *JAMA Pediatrics* 169, n.º 3 (2015): 229; Cesar G. Victora, José Villar, Fernando C. Barros, Julia A. Noble, Manorama Purwar, Leila Cheikh Ismail, Cameron Chumlea, Aris T. Papageorghiou, et al., para o International Fetal and Newborn Growth Consortium for the 21st Century, «Anthropometric Characterization of Impaired Fetal Growth: Risk Factors for and Prognosis of Newborns with Stunting or Wasting», *JAMA Pediatrics* 169, n.º 7 (2015): e151431; José Villar, Fabien A. Puglis, Tanis R. Fenton, Leila Cheikh Ismail, Eleonora Staines-Urias, Francesca Giuliani, Eric O. Ohuma, et al., «Body Composition at Birth and Its Relationship with Neonatal Anthropometric Ratios: The Newborn Body Composition Study of the INTERGROWTH-21st Project», *Pediatric Research* (31 de maio de 2017).

[24] Organização para a Alimentação e Agricultura, «State of Food and Agriculture», vii, 13.

25 Ester Boserup, *Woman's Role in Economic Development* (Londres: *Earthscan*, 1970).

26 Bernice Yeung e Grace Rubenstein, «Female Workers Face Harassment in U.S. Agriculture Industry», NPR, 25 de junho de 2013; Organização para a Alimentação e Agricultura, «State of Food and Agriculture», 8, 10.

27 Sara Kominers, «Working in Fear: Sexual Violence Against Women Farmworkers in the United States», OXFAM, 2015, https://www.northeastern.edu/law/pdfs/academics/phrge/kominers-report.pdf.

28 Organização para a Alimentação e Agricultura, «State of Food and Agriculture», 18.

29 Organização para a Cooperação Económica e Desenvolvimento, Relatório Global SIGI 2019: *Transforming Challenges into Opportunities, Social Institutions and Gender Index* (Paris: *OECD Publishing*, 2019), https://doi.org/10.1787/bc56d212-en. Para sustentar a afirmação entre a relação do trabalho na quinta e os resultados do SIGI, peguei nos dados sobre a participação das mulheres no trabalho da quinta por país e fiz corresponder os resultados SIGI para esse mesmo país.

30 S. El Feki, B. Heilman e G. Barker, *Understanding Masculinities: results from the International Men and Gender Equality Survey* (IMAGES) — Médio Oriente e Norte de África (Cairo e Washington, DC: *UN Women and Promundo-US*, 2017), https://promundoglobal.org/wp-content/uploads/2017/05/IMAGES-MENA-Multi-Country-Report-EN-16.

4 | DESCULPAS INSUFICIENTES, TRATAMENTO INDESCULPÁVEL

1 Pew Research Center, «Breadwinner Moms», 29 de maio de 2013, http://www-pewsocialtrends.org/2013/05/29/breadwinner-moms/; Alexandra Petri, «Science Says Males Must Dominate, According to Erick Erickson», *Washington Post*, 30 de maio de 2013, https://www.washingtonpost.com/blogs/compost/wp/2013/05/30/science-says-males-must-dominate-according-to-erick-erickson.

2 Kay Priifer, Kasper Munch, Ines Hellmann, Keiko Akagi, Jason R. Miller, Brian Walenz, Sergey Koren, et al., «The Bonobo Genome Compared with the Chimpanzee and Human Genomes», *Nature, International Journal of Science* 486, n.º 7404 (28 de junho de 2012): 527–31.

3 Para além de Priifer et al., «lhe Bonobo Genome Compared with the Chimpanzee and Human Genomes», e as fontes sobre os chimpanzés guerreiros citados mais tarde, recursos de material sobre bonobos e chimpanzés incluem Jane Goodall, *Though a Window: My Thirty Years with the Chimps of Gombe* (Nova Iorque: *Mariner Books*, 2010); Richard Wrangham, *The Goodness Paradox: The Strange Relationship Between Virtue and Violence in Human Evolution* (Nova Iorque: *Pantheon Books*, 2017); Richard Wrangham e Dale Peterson, *Demonic Males: Apes and the Origins of Human Violence* (Nova Iorque: *Mariner Books*, 1997); Jared Diamond, *The Third Chimpanzee: The Evolution and Future of the Human Animal* (Nova Iorque: *HarperCollins*, 1992); Barbara Smuts, «Apes of Wrath», *Discover Magazine*, agosto de 1995, http://discovermagazine.com/1995/aug/apesofwrath548; Malini Suchak, Jen Crick, Timothy M. Eppley, Matthew W. Campbell, e Frans B. M. de Waal, «The Roles of Food Quality and Sex in Chimpanzee Sharing Behaviour (Pan troglodytes)», *Behavior 150*, n.º 11 (2013): 1220–24; Martin N. Muller, Sonya M. Kahlenberg, Melissa Emery Thompson, e Richard Wrangham, «Male Coercion and the Costs of Promiscuous Mating for Female Chimpanzees», Atas da Sociedade Real, *Biological Sciences* 274, n.º 1612 (2007): 1009–14; Kristina Cawthon Lang, «Chimpanzee Pan troglodytes», *Primate Factsheets*, 13 de abril de 2006, Universidade de Wisconsin, http://pin.primate.wisc.edu/factsheets/entry/chimpanzee; J. D. Pruetz, P. Bertolani, K. Boyer Ontl, S. Lindshield, M. Shelley e E. G. Wessling, «New Evidence on the Tool-Assisted Hunting Exhibited by Chimpanzees (Pan troglodytes verus) in a Savannah Habitat at Fongoli, Sénégal», Royal Society Open, abril de 2015, https://doi.org/10.1098/rsos.140507; Henry Nicholls, «Do Bonobos Really Spend All Their Time Having Sex?», BBC, 17 de março de 2016, http://www.bbc.com/earth/story/20160317-do--bonobos-really-spend-all-their-time-having-sex; Brian Hare and Suzy Kwetuenda, «Bonobos Voluntarily Share Their Own Food with Others», *Current Biology* 20, n.º 5 (2010); Emily E. Wroblewski, Carson M. Murray, Brandon F. Keele, Joann C. Schumacher-Stanley, Beatrice H. Hahn e Anne E. Pusey, «Male Dominance Rank and Reproductive Success in Chimpanzees, Pan troglodytes schweinfurthii», *Animal Behavior* 77, n.º 4 (2009): 873–85; James K. Rilling, Jan Scholz, Todd M. Preuss, Matthew F. Glasser, Bhargav K. Errangi e Timothy E. Behrens, «Differences Between Chimpanzees and Bonobos in Neural Systems Supporting Social Cognition», *Social Cognitive and Affective Neuroscience* 7,

n.º 4 (2012): 369–79; Richard W. Wrangham, Michael L. Wilson e Martin N. Muller, «Comparative Rates of Violence in Chimpanzees and Humans», Primates 47, n.º 1 (2006): 14–26; Ewen Callaway, «Loving Bonobos Have a Carnivorous Dark Side», *New Scientist*, 13 de outubro de 2008, https://www.newscientist.com/article/dn14926-loving-bonobos-have-a-carnivorous-dark-side/; John Horgan, «Chimp Violence Fails to Support Deep-Roots Theory of War», *Scientific American*, 17 de setembro de 2014; Joseph T. Feldblum, Emily E. Wroblewski, Rebecca C. Rudicall, Beatrice H. Hahn, Thais Paiva, Mine Cetinkaya-Rundel, Anne E. Pusey e Ian C. Gilby, «Sexually Coercive Male Chimpanzees Sire More Offspring», *Current Biology* 24 (1 de dezembro de 2014): 2855–60; Stefano Kaburu e Nicholas E. Newton-Fisher, «Egalitarian Despots: Hierarchy Steepness, Reciprocity and the Grooming-Trade Model in Wild Chimpanzees, Pan troglodytes», *Animal Behavior* 99 (2015): 61–71.

4 Smuts, «Apes of Wrath»; Melissa Emory Thompson, «Sexual Conflict: Nice Guys Finish Last», *Current Biology* 24, n.º 23 (1 de dezembro 2014): R1125–27.

5 John C. Mitani, Thomas T. Struhsaker e Jeremiah S. Lwanga, «Primate Community Dynamics in Old Growth Forest Over 23.5 Years at Ngogo, Kibale National Park, Uganda: Implications for Conservation and Census Methods», *International Journal of Primatology* 21, n.º 2 (abril 2000): 269–86; David P. Watts e John C. Mitani, «Infanticide and Cannibalism by Male Chimpanzees at Ngogo, Kibale National Park», *Primates 41*, n.º 4 (2000): 357–65; J. S. Lwanga, T. T. Struhsaker, P. J. Struhsaker, T. M. Butynski e J. C. Mitani, «Primate Population Dynamics over 32.9 Years at Ngogo, Kibale National Park, Uganda», *American Journal of Primatology* 73 (2011): 997–1011; David P. Watts e John C. Mitani, «Hunting Behavior of Chimpanzees at Ngogo, Kibale National Park, Uganda», *International Journal of Primatology* 23, n.º 1 (fevereiro 2002): 1–28; John C. Mitani, David P. Watts e Sylvia J. Amsler, «Lethal Intergroup Aggression Leads to Territorial Expansion in Wild Chimpanzees», Current Biology 20, n.º 12 (22 de junho de 2010): R507–508; Mike Cummings, «Yale-Led Study: Wild Chimpanzees Have Surprisingly Long Life Spans», *Yale News*, 20 de março de 2017; Alok Jha, «Chimpanzees Expand Their Territory by Attacking and Killing Neighbors», *Guardian*, 21 de junho de 2010; Cheyenne McDonald, «Being a Gangster Pays Off: Members of Uganda's Notoriously Violent Ngogo Chimp Gang Live Twice as Long as Their Neighbors», *Daily Mail*, 21 de março de 2017; Nicholas Wade,

«Chimps, Too, Wage War and Annex Rival Territory», *New York Times*, 21 de junho de 2010; «Ihe Ngogo Chimpanzee Project», http://ngogo-chimpanzeeproject.org; John C. Mitani, «Diet of Chimpanzees (Pan-troglodytes schweinfurthii) at Ngogo, Kibale National Park, Uganda, 1. Diet Composition and Diversity», *American Journal of Primatology* 74 (2012): 114–29; Jessica Hamzelou, «Male Chimpanzee Seen Snatching Seconds-Old Chimp and Eating It», *New Scientist*, 13 de outubro de 2017; «Female Chimpanzees Know Which Males Are Most Likely to Kill Their Babies», *Science Daily*, 18 de outubro de 2018, https://www.sciencedaily.com/releases/2018/10/181018095026.htm.

6 Ann Gibbons, *The First Human: The Race to Discover Our Earliest Ancestors* (Nova Iorque: *Anchor Books*, 2007); Kate Wong, «40 Years Afer Lucy: The Fossil That Revolutionized the Search for Human Origins», *Scientific American*, 24 de novembro de 2014; Yuval Noah Harari, *Sapiens: A Brief History of Humankind* (Nova Iorque: *Harper Perennial*, 2018); Wrangham, *The Goodness Paradox*. Também sobre a evolução do cérebro: Rilling et al., «Differences Between Chimpanzees and Bonobos in Neural Systems Supporting Social Cognition»; Michael Balter, «Brain Evolution Studies Go Micro», *Science* 315, n.º 5816 (2007): 1208–11; Simon Neubauer, Jean-Jacques Hublin e Philipp Gunz, «The Evolution of Modern Human Brain Shape», *Science Advances* 24, n.º 1 (janeiro de 2018): eaao5961; Javier DeFelipe, «The Evolution of the Brain, the Human Nature of Cortical Circuits, and Intellectual Creativity», *Frontiers in Neuroanatomy* 5 (16 de maio de 2011): 29.

7 A literatura sobre domínio social é bastante vasta. Esta fonte dá as definições básicas e também documenta a descoberta de um componente genético: Thomas Haarklau Kleppesto, Nikolai Olavi Czajkowski, Olav Vassend, Espen Roysamb, Nikolai Haahjem Eftedal, Jennifer Sheehy-Skeffington, Jonas R. Kunst e Lotte Thomsen, «Correlations Between Social Dominance Orientation and Political Attitudes Reflect Common Genetic Underpinnings», *PNAS* 116, n.º 38 (3 de setembro de 2019): 17741–46.

8 Wrangham, em *The Goodness Paradox*, alega que os humanos são pacíficos, comparados com outros primatas, com base em terem menos conflitos letais entre membros masculinos do mesmo grupo; porém, são mais letais na guerra do que qualquer outro primata. Parece que nenhum número inclui violência contra fêmeas.

9 Harari, *Sapiens*.

10 Michael Gurven e Kim Hill, «Why Do Men Hunt? A Reevaluation of "Man the Hunter" and the Sexual Division of Labor», *Current Anthropology* 50, n.º 1 (2009): 51–74.

11 John D. Speth, «Seasonality, Resource Stress, and Food Sharing in So-Called 'Egalitarian' Societies», *Journal of Anthropological Archaeology* 9, n.º 2 (1990): 148–88.

12 Speth, «Seasonality, Resource Stress, and Food Sharing in So-Called "Egalitarian" Societies», pp. 161, citando Basil S. Hetzel, «The Chance Nutrition of Aborigines in the Ecosystem of Central Australia», em *The Nutrition of Aborigines in Relation to the Ecosystem of Central Australia:* Artigos apresentados num Simpósio, CSIRO, 23–26 outubro de 1976, Canberra, ed. B. S. Hetzel e H. J. Frith (Melbourne: Organização de Investigação Científica e Industrial do Commonwealth, 1978), 148–88.

13 Speth, «Seasonality, Resource Stress, and Food Sharing in So-Called "Egalitarian' Societies».

14 L. R. Lukacs e L. M. Thompson, «Dental Caries Prevalence by Sex in Pre-History: Magnitude and Meaning», em *Technique and Application in Dental Anthropology*, ed. Joel D. Irish e Greg C. Nelson (Cambridge, Reino Unido: *Cambridge University Press*, 2008), 136–77.

15 Alison A. Macintosh, Ron Pinhasi e Jay T. Stock, «Prehistoric Women's Manual Labor Exceeded That of Athletes Through the First 5500 Years of Farming in Central Europe», *Science Advances* 3, n.º 11 (29 de novembro de 2017): eaa03893. Outras fontes sobre mulheres na pré-história incluem Rosemary A. Joyce, *Ancient Bodies, Ancient Lives: Sex, Gender, and Archaeology* (Nova Iorque: *Thames and Hudson*, 2008); J. M. Adovasio, Olga Soffer e Jake Page, *The Invisible Sex: Uncovering the True Roles of Women in Prehistory* (Walnut Creek, CA: *Left Coast Press*, 2007); Kelley Hays-Gilpin e David S. Whitley, *Reader in Gender Archaeology* (Nova Iorque: *Routledge*, 1998); e Margaret Ehrenberg, *Women in Prehistory* (Londres: *British Museum Publications*, 1989).

16 Wrangham, *The Goodness Paradox.*

17 Wrangham, *The Goodness Paradox.*

18 Lisbeth Skogstrand, «The Role of Violence in the Construction of Prehistoric Masculinities», em *Archaeologies of Gender and Violence*, ed. Uro' Matié e Bo Jensen (Oxford: *Oxford University Press*, 2017), 77–102.

19 Julie Farrum, «Gender and Structural Violence in Prehistoric Peru», em *Archaeologies of Gender and Violence*, ed. Uro' Matié e Bo Jensen (Oxford: *Oxford University Press*, 2017), 247–62.

20 Cynthia Eller, *The Myth of Matriarchal Prehistory* (Boston: *Beacon Press*, 2000).

21 Stephanie Coontz, *Marriage, a History: How Love Conquered Marriage* (Londres: *Penguin Books*, 2006).

22 Tim Worstall, «The Gender Pay Gap Is the Result of Being a Parent, Not Discrimination», *Forbes*, 1 outubro de 2015, https://www.forbes.com/sites/timworstall/2015/10/01/the-gender-pay-gap-is-the-result-of-being-a-parent-not-discrimination/#2732829aac7f.

23 Sarah Hrdy, *Mother Nature: Maternal Instincts and How They Shape the Human Species* (Nova Iorque: *Ballantine*, 2000).

24 Hrdy, *Mother Nature.*

25 Steve Tobak, «The Gender Gap Is a Complete Myth», *CBS News*, 11 de abril de 2011, https://www.cbsnews.com/news/the-gender-pay-gap-is-a-complete-myth/.

26 Jonathan Gibbons, *Global Study on Homicide* (Viena: *United National Office of Drugs and Crime*, 2013). Ver Gabinete Federal de Prisões, maio de 2019, https://www.bop.gov/about/statistics/statistics_inmate_gender.jsp, and World Prison Brief, fevereiro de 2016, http://www.prisonstudies.org/news/more-1035-million-people-are-prison-around-world-new-report-shows; Kathryn E. McCollister, Michael T. French e Hai Feng, «The Cost of Crime to Society: New Crime-Specific Estimates for Policy and Program Evaluation», *Drug and Alcohol Dependency 100*, n.os 1–2 (1 de abril de 2010): 98–109; Dorian Furtuna, «Male Aggression: Why Are Men More Violent?», *Psychology Today*, 22 de setembro de 2014, https://www.psychologytoday.com/us/blog/homo-aggressivus/201409/male-aggression.

27 James Owen, «Men and Women Really Do See Things Differently», *National Geographic*, 6 de setembro de 2012, https://www.nationalgeographic.com/news/2012/9/120907-men-women-see-differently-science-health-vision-sex/.

28 O Homem Caçador foi mais do que um mito cultural; foi também o nome dado a uma escola de primatologia e teoria evolucionista que foi bastante popularizada durante os anos 50 e 60. Homem Caçador é um nome ainda usado para se referir a esta escola de pensamento em muitos campos atualmente, incluindo a antropologia, arqueologia e primatologia, embora seja usado para designar uma forma de pensar influente, outrora vista como legítima, que agora foi contraposta e está, portanto, desatualizada. Uma publicação fundamental foi uma coleção de ensaios

a seguir à conferência académica de 1966 que reuniu as pessoas mais influentes que trabalhavam com a teoria pela primeira vez: R. B. Lee e I. Devore, eds., *Man the Hunter* (Chicago: *Aldine*, 1968), 293–303. Robert Ardrey também escreveu uma série de quatro livros sobre o assunto, começou com *African Genesis* em 1961; alguns desses livros foram adaptados a documentários televisivos. Talvez a tradução mais popular da teoria para o público tenha sido *The Naked Ape* de Desmond Morris (1967), que primeiro saiu em série no *Daily Mail* e acabou por ser publicado em livro em 1967. Em 2011, a *Time* elencou *The Naked Ape* na lista dos «100 Livros de Não-Ficção De Sempre», http://entertainment.time.com/2011/08/30/all-time-100-best-nonfiction-books/slide/the-naked-ape-by-desmond-morris/.

29 Rebecca Solnit, «Shooting Down Man the Hunter», *Harper's Magazine*, 1 de setembro de 2015.

30 Robert W. Sussman, *Man the Hunted: Primates, Predators, and Human Evolution* (Nova Iorque: *Basic Books*, 2005); Robert W. Sussman, «The Myth of Man the Hunter, Man the Killer, and the Evolution of Human Morality», *Zygon* 34, n.º 3 (1999): 453–71.

31 Ester Boserup, *Woman's Role in Economic Development* (Londres: *Earthscan*, 1970).

32 Alberto Alesina, Paola Giuliano e Nathan Nunn, «On the Origins of Gender Roles: Women and the Plough», *Quarterly Journal of Economics* 128, n.º 2 (2013): 469–530; «The Plough and the Now», *Economist*, 21 de julho de 2011, https://www.economist.com/node/18986073. *Ver também* Fernand Braudel, *On History* (Chicago: *University of Chicago Press*, 1982).

33 Judy Barrett Litoff e David C. Smith, «To the Rescue of the Crops», Arquivos Nacionais da *Prologue Magazine* 25, n.º 4 (1993), https://www.archives.gov/publications/prologue/1993/winter/landarmy.html; Melissa Walker e Rebecca Sharpless, *Work, Family and Faith: Rural Southern Women in the Twentieth Century* (Columbia: *University of Missouri Press*, 2006); Sue Kazeman Balcolm, *Women Behind the Plow: Work Makes Life Sweet* (Dakota do Norte: *Tri County Alliance*, 2017); Elaine Weiss, *Fruits of Victory: The Woman's Land Army of America in the Great War* (Lincoln, NE: *Potomac Books*, 2008); Susan Hagood Lee, *Rice Plus: Widows and Economic Survival in Rural Cambodia* (Londres: *Routledge*, 2012); H. Elaine Lindgren, *Land in Her Own Name: Women as Homesteaders in North Dakota* (Fargo: Instituto de Estudos Regionais do Dakota do Norte, 1991).

[34] Theophilus Liefeld, *Faces and Phases of German Life* (Nova Iorque: *Fowler & Wells*, 1910).

[35] Ver, por exemplo, Peter Frankopan, *The Silk Roads: A New History of the World* (Londres: *Bloomsbury*, 2015).

[36] Laurel Bossen e Hill Gates, *Bound Feet, Young Hands: Tracking the Demise of Footbinding in Village China* (Stanford, CA: *Stanford University Press*, 2017).

[37] A partir dos anos 70, havia, entre as feministas, uma forte crença e desejo de documentar um matriarcado antigo, sobretudo para provar que o patriarcado não era necessário, natural ou imutável. No entanto, extensos esforços por parte de estudiosos que procuravam esta (ou qualquer) sociedade matriarcal esfumaram agora essa esperança. Ver Eller, *The Myth of Matriarchal Prehistory* (O Mito da Pré-História Matriarcal). Isto não significa, contudo, que o patriarcado seja natural, necessário ou imutável.

[38] Robert M. Sapolsky e Lisa J. Share, «A Pacific Culture Among Wild Baboons: Its Emergence and Transmission», *PLOS Biology* 2, n.º 4 (13 de abril de 2004): e106. Ver também Robert M. Sapolsky, *A Primate's Memoir* (Nova Iorque: *Scribner*, 2001); Mark Schwartz, «Robert Sapolsky Discusses Physiological Effects of Stress», Relatório Stanford, 7 de março de 2007, https://news.stanford.edu/news/2007/march7/sapolskysr-030707.html; e «Of Monkeys and Men: Robert Sapolsky Talks About His Years Spent with a Troop of Baboons», *Atlantic*, abril de 2001, https://www.theatlantic.com/magazine/archive/2001/04/of-monkeys-and-men/3030477/.

[39] Robert M. Sapolsky, «The Endocrine Stress-Response and Social Status in the Wild Baboon», *Hormones and Behavior* 16, n.º 3 (1982): 279–92. As mesmas conclusões vieram dos famosos estudos Whitehall na Grã-Bretanha, só que os sujeitos eram funcionários humanos do serviço civil. M. G. Marmot, G. Rose, M. Shipley e P. J. Hamilton, «Employment Grade and Coronary Heart Disease in British Civil Servants», *Journal of Epidemiology and Community Health* 32, n.º 4 (1978): 244–49; M. G. Marmot, G. Davey Smith, S. Stansfield, et al., «Health Inequalities Among British Civil Servants: The Whitehall II Study», *Lancet* 337, n.º 8754 (1991): 1387–93.

[40] Robert M. Sapolsky e Lisa J. Share, «A Pacific Culture Among Wild Baboons: Its Emergence and Transmission», *PLOS Biology*, 13 de abril de 2004, https://journals.plos.org/plosbiology/article?id=10.1371/journal.pbio.0020106.

5 | POR AMOR, NÃO POR DINHEIRO

1 Gayle Rubin, «The Traffic in Women», em *Toward an Anthropology of Women*, ed. Rayna R. Reiter (Nova Iorque: *Monthly Review Press*, 1975), 157–210.

2 Robert W. Sussman, *Man the Hunted: Primates, Predators, and Human Evolution* (Nova Iorque: *Basic Books*, 2005); George Murdock, *The Ethnographic Atlas*, http://eclectic.ss.uci.edu/~drwhite/worldcul/atlas.htm; Leta Hong Fincher, *Leftover Women: The Resurgence of Gender Inequality in China* (Londres: *Zed Books*, 2014).

3 Marcel Mauss, *The Gift: The Form and Reason for Exchange in Archaic Societies*, trad. W. D. Halls (Nova Iorque: *W. W. Norton*, 1954), 14.

4 Richard Wrangham, *The Goodness Paradox: The Strange Relationship Between Virtue and Violence in Human Evolution* (Nova Iorque: *Pantheon*, 2019), 207, referindo-se a A. P. Elkin, *The Australian Aborigines* (Sydney: *Angus and Robertson*, 1938).

5 Gordon F. McEwan, *The Incas: New Perspectives* (Nova Iorque: *W. W. Norton*, 2006); Maria Emma Mannarelli, *Private Passions and Public Sins: Men and Women in Seventeenth-Century Lima*, trad. Sidney Evans e Meredith D. Dodge (Albuquerque: *University of New Mexico Press*, 2007).

6 Jenny Jochens, *Women in Old Norse Society* (Ithaca, NY: *Cornell University Press*, 1995); A. S. Altekar, *The Position of Women in Hindu Civilization* (Delhi: *Motilal Banarsidass*, 1956).

7 Estou, naturalmente, em dívida para com Gerda Lerner, por ter sido pioneira no estudo da importância das culturas da Mesopotâmia e das primeiras leis escritas para a história do patriarcado. Gerda Lerner, *The Creation of Patriarchy* (Oxford: *Oxford University Press*, 1986).

8 Deuteronómio 22:28–29.

9 Lerner, *The Creation of Patriarchy*.

10 Susan Pomeroy, *Goddesses, Whores, Wives, and Slaves: Women in Classical Antiquity* (Nova Iorque: *Schocken Books*, 1975); Lloyd Llewellyn Jones, *Aphrodite's Tortoise: The Veiled Women of Ancient Greece* (País de Gales, Reino Unido: *Classical Press of Wales*, 2003); Stephanie Coontz, *Marriage, a History: How Love Conquered Marriage* (Londres: *Penguin Books*, 2006); Marilyn Yalom, *A History of the Wife* (Nova Iorque: *Perennial*, 2001); Kecia Ali, *Marriage and Slavery in Early Islam* (Cambridge, MA: *Harvard University Press*, 2010); Altekar, *The Position of Women in Hindu Civilization*; Mannarelli, *Private Passions and Public Sins*.

[11] Judith K. Brown, «A Note on the Division of Labor by Sex», *American Anthropologist* 72 (1970): 1073–78. Alguns leitores vão ficar surpreendidos por eu ter elencado «convento» aqui, por pensarem que estas instituições só foram retiros de freiras. No entanto, ao longo do período medieval e quase até ao início do século XIX, mulheres que não eram casadas, quer por morte, divórcio, abandono ou simplesmente por serem filhas de uma família com fundos insuficientes para conseguir casar, foram enviadas para viver em conventos.

[12] Shereen El Feki, Gary Barker e Brian Heilman, *Understanding Masculinities: Results from the International Men and Gender Equality Survey* (IMAGES) — Médio Oriente e Norte de África (Cairo e Washington, DC: UN Women and Promundo — US, 2017), https://promundoglobal.org/wp-content/uploads/2017/05/IMAGES-MENA-Multi-Country-Report-EN-16May2017-web.pdf.

[13] Malcolm Potts e Thomas Hayden, *Sex and War: How Biology Explains Warfare and Terrorism and Offers a Path to a Safer World* (Dallas: *Benbella Books*, 2008).

[14] Stephanie Pappas, «APA Issues First-Ever Guidelines for Practice with Men and Boys», *American Psychological Association* 50, n.º 1 (2019), https://www.apa.org/monitor/2019/01/ce-corner. Ver também «Harmful Masculinity and Violence», Na secção de Interesse Público, *American Psychological Association*, setembro de 2018, https://www.apa.org/pi/about/newsletter/2018/09/harmful-masculinity.

[15] Organização Internacional do Trabalho e Walk Free Foundation, *Global Estimates of Modern Slavery* (Genebra: Gabinete Internacional do Trabalho, 2017).

[16] Em boa verdade, num número significativo desses casamentos, o rapto é encenado pelo casal para o noivo não ter de pagar o prémio e a noiva poder escolher o marido. Então, onde há dados disponíveis é importante dividir entre os raptos de noivas consensuais e não-consensuais. No exemplo do Quirguizistão, um terço de todos os «casamentos por violação» é na verdade uma fuga, o que representa cerca de 20% do total dos casamentos. O número que citei no texto reflete apenas as situações coercivas.

[17] Roderick Phillips, *Untying the Knot: A Short History of Divorce* (Cambridge, Reino Unido: *Cambridge University Press*, 1991); Coontz, *Marriage, a History*.

[18] Phillips, *Untying the Knot*; Sandra Cavallo e Lyndan Warner, eds., *Widowhood in Medieval and Early Modern Europe* (Harlow, Reino Unido: *Pearson*, 1999).

19 Phillips, *Untying the Knot*, 98.

20 Phillips, *Untying the Knot*, 98.

21 David Herlihy, «Land, Family, and Women in Continental Europe, 701–1200», em *Women in Medieval Society*, ed. Susan Mosher Stuard (Filadélfia: *University of Pennsylvania Press*, 1976), 13–43.

22 Martha C. Howell, *Women, Production, and Patriarchy in Late Medieval Cities* (Chicago: *University of Chicago Press*, 1986); Heather Swanson, *Medieval Artisans: An Urban Class in Late Medieval England* (Oxford: *Basil Blackwell*, 1989); Lindsey Charles e Lorna Duffin, eds., *Women and Work in Preindustrial England* (Londres: *Croom Helm*, 1985).

23 Susan Mosher Stuard, «Women in Charter and Statute Law: Medieval Ragusa/Dubrovnik», em *Women in Medieval Society*, ed. Susan Mosher Stuard (Filadélfia: *University of Pennsylvania Press*, 1976), 199–208; Shulamith Shahar, *The Fourth Estate: A History of Women in the Middle Ages* (Nova Iorque: *Routledge*, 1983); Coontz, *Marriage, a History*; Jack Goody, *The Development of the Family and Marriage in Europe* (Cambridge, Reino Unido: *Cambridge University Press*, 1983).

24 Stuard, «Women in Charter and Statute Law», 204.

25 Phillips, *Untying the Knot*; Coontz, *Marriage, a History*.

26 Nina Nichols Pugh, «The Evolving Role of Women in the Louisiana Law: Recent Legislative and Judicial Changes», Revisão de Lei 42 do Louisiana, n.º 5 (edição especial, 1982), https://digitalcommons.law.lsu.edu/lalrev/vol42/iss5/8.

27 Valerie Hudson, Bonnie Ballif-Spanvill, Mary Caprioli e Chad Emmett, *Sex and World Peace* (Nova Iorque: *Columbia University Press*, 2014).

28 Coontz, *Marriage, a History*, 241.

6 | FUGA DA COZINHA

1 Amartya Sen, *Development as Freedom* (Oxford: *Oxford University Press*, 1999).

2 Claudia Goldin, «The U-Shaped Female Labor Force in Economic Development and Economic History», NBER Série de Documentos de Trabalho, n.º 4707 (Cambridge, *MA: National Bureau of Economic Research*, 1994), https://www.nber.org/papers/w4707; Ewa Lechman e Harleen Kaur, «Economic Growth and Female Labor Force Participation — Verifying the U-Feminization Hypothesis; New Evidence for Two Countries

over the Period 1990-2012», *Economics and Sociology* 8, n.º 1 (2015): 246–57; Paolo Verme, «Economic Development and Female Labor Participation in the Middle East and North Africa: A Test of the U-Shape Hypothesis», *IZA Journal of Labor and Development* 4, n.º 1 (2015), http://documents.worldbank.org/curated/en/184611468278682448/Economic-development-and-female-labor-participation-in-the-Middle-East-and-North-Africa-a-test-of-the-u-shape-hypothesis; Constance Sorrentino, «International Comparisons of Labor Force Participation, 1960–81», Revisão Mensal Laboral 106, n.º 2 (1983): 23–36.

3 Kate Bahn e Annie McGrew, «A Day in the U.S. Economy Without Women», Center for American Progress, 7 de março de 2017, https://www.americanprogress.org/issues/economy/news/2017/03/07/427556/a-day-in-the-u-s-economy-without-women/; Jason Gold, «Women Are the Key to Economic Growth: Leaving Our Greatest Economic Asset on the Sideline Should Not Be an Option», *U.S. News and World Report*, 18 de dezembro de 2017, https://www.usnews.com/opinion/economic-intelligence/articles/2017-12-18/women-are-the-key-to-unlocking-americas-economic-growth.

4 Embora a maioria dos historiadores se tenha concentrado nas mulheres puritanas aristocráticas do movimento de abolição, alguns profissionais foram igualmente, se não mais, proeminentes no seu tempo. Alguns deles, incluindo Jane Croly e Ellen Demorest, fundaram a Sorosis, a predecessora da Federação Geral dos Clubes de Mulheres. Jennifer Scanlon, *Inarticulate Longings* (Nova Iorque: *Routledge*, 1995); Linda Scott, *Fresh Lipstick: Redressing Fashion and Feminism* (Nova Iorque: *Palgrave Macmillan*, 2004).

5 Eleanor Flexner, *Century of Struggle: The Woman's Rights Movement in the United States* (Cambridge, MA: *Belknap Press of Harvard University Press*, 1959); Karen J. Blair, *The Clubwoman as Feminist: True Womanhood Redefined*, 1868–1914 (Nova Iorque: *Homes and Meier*, 1980); Glenna Matthews, *The Rise of Public Woman: Woman's Power and Woman's Place in the United States, 1630–1970* (Oxford: *Oxford University Press*, 1992).

6 Marilyn Power, Ellen Mutari e Deborah M. Figart, «Beyond Markets: Wage Setting and the Methodology of Feminist Political Economy», em *Toward a Feminist Philosophy of Economics*, ed. Drucilla K. Barker e Edith Kuiper (Nova Iorque: Routledge, 2003), 70–86.

7 Janet Saltzman Chafetz e Anthony Gary Dworkin, *Female Revolt: Women's Movements in Global Perspective* (Totowa, NJ: Rowman e Allanheld, 1986), 42.

8 Pesquisa levada a cabo pela Ajuda do Reino Unido fundou o programa Trabalho e Oportunidades para as Mulheres (WOW), em 2018. Fiquei a saber destas conclusões numa apresentação especial feita à Global Business Coalition for Women's Economic Empowerment em novembro de 2018. O projeto ainda não estava concluído quando este livro foi para a gráfica, mas vou reportar esses resultados com a permissão da direção do trabalho.

9 Rebecca Traister, *All the Single Ladies: Unmarried Women and the Rise of an Independent Nation* (Nova Iorque: *Simon and Schuster*, 2016); Marian Botsford Fraser, *Solitaire: The Intimate Loves of Single Women* (Canadá: *Macfarlane Walter and Ross*, 2001); Betsy Israel, *Bachelor Girl: The Secret History of Single Women in the Twentieth Century* (Nova Iorque: *William Morrow*, 2002); Scott, *Fresh Lipstick*; Kathy Peiss, *Cheap Amusements: Working Women and Leisure in Turn-of-the-Century New York* (Filadélfia: *Temple University Press*, 1986).

10 Jacob Mincer, «Labor Force Participation of Married Women: A Study of Labor Supply», em *Aspects of Labor Economics*, ed. *National Bureau Committee for Economic Research* (Princeton, NJ: *Princeton University Press*, 1962), 63–105; Nancy Folbre, *Greed, Lust, and Gender: A History of Economic Ideas* (Oxford: *Oxford University Press*, 2009).

11 Betty Friedan, A *Feminine Mystique* (Nova Iorque: *W. W. Norton*, 1963).

12 Ryan Nunn e Megan Mumford, «The Incomplete Progress of Women in the Labor Market», Projeto Hamilton (Washington, DC: *Brookings Institution*, 2017); Jonathan Woetzel, Anu Madgavkar, Kweilin Ellingrud, Eric Labaye, Sandrine Devillard, Eric Kutcher, James Manyika, Richard Dobbs e Mekala Krishnan, *The Power of Parity* (Nova Iorque: McKinsey Global Markets Institute, setembro 2015).

13 «Mensagem do Presidente Ronald Reagan a Phyllis Schlafly e aos membros do Fórum Eagle», https://www.youtube.com/watch?v=rON6dgilW3A.

14 Chafetz e Dworkin, *Female Revolt.*

15 Um terço do declínio é de não ter apoio familiar.

16 Francine Blau e Lawrence M. Kahn, «Female Labor Supply: Why Is the U.S. Falling Behind?», na Série *Discussion Paper* (Bona, Alemanha: Institute for Study of Labor [IZA], 2013).

7 | PUNIR A MATERNIDADE

1 Damian Carrington, «Want to Fight Climate Change? Have Fewer Children», *Guardian*, 12 de julho de 2017.

2 Phillip Longman explica as implicações do «ponto sem retorno» e dá uma explicação boa e acessível para o aumento da fertilidade ser tão ominoso em termos económicos. Phillip Longman, *The Empty Cradle: How Falling Birthrates Threaten World Prosperity and What to Do About It* (Nova Iorque: *Basic Books*, 2004).

3 Para os números sobre a fertilidade, usei os números de 2017 do World Factbook da CIA, https://www.cia.gov/library/publications/the-world-factbook/rankorder/2127rank.html. Também Nações Unidas, *Envelhecimento da População Mundial*, 2015, https://www.un.org/en/development/desa/population/publications/pdf/ageing/WPA2015_Report.pdf.

4 Embora eu própria tenha apresentado este argumento em palestras públicas durante vários anos, fiquei satisfeita por ter o apoio adicional da excelente análise da Population Action International para ajudar neste capítulo: Elizabeth Leahy com Robert Engelman, Carolyn Gibb Vogel, Sarah Haddock, e Todd Preston, *The Shape of Things to Come: Why Age Structure Matters to a Safer, More Equitable World* (Washington, DC: *Population Action International*, 2007).

5 Peter McDonald, «Societal Foundations for Explaining Low Fertility: Gender Equity», Estudo Demográfico 28, n.º 34 (2013): 991–94; Peter McDonald, «Gender Equity in Theories of Fertility Transition», *Population and Development Review* 26, n.º 3 (2000): 427–39; Melinda Mills, Katia Begall, Letizia Mencarini e Maria Letizia Tanturri, «Gender Equity and Fertility Intentions in Italy and the Netherlands», Estudo Demográfico 18 (2008), https:/www.demographic-research.org/volumes/vol18/1/default.htm.

6 Paul Collier, *The Bottom Billion* (Oxford: *Oxford University Press*, 2007).

7 Fórum Económico Mundial, *The Global Gender Gap Report* (Genebra: Fórum Económico Mundial, 2018).

8 Leahy, *The Shape of Things to Come.*

9 Para calcular os estados vulneráveis, usei o Índice de Estados Vulneráveis de Financiamento para a Paz, https://fundforpeace.org/2019/04/10/fragile-states-index-2019/.

10 Valerie Hudson, Bonnie Ballif-Spanvill, Mary Caprioli e Chad Emmett, *Sex and World Peace* (Nova Iorque: *Columbia University Press*, 2014).

[11] Elizabeth Mendes, Lydia Saad, e Kyley McGeeney, «Stay-at-Home Moms Report More Depression, Sadness, Anger», *Gallup News*, 18 de maio de 2012, https://news.gallup.com/poll/154685/stay-home-moms--report-depression-sadness-anger.aspx.

[12] Para estes números, usei indicadores do Euromonitor de composição privada para o agregado familiar: https://ec.europa.eu/eurostat/statistics-explained/index.php'title=File:Private_households_by_household_composition,_2007-2017_(mumber_of_households_in_1_000_and_%25_of_household_types)_new.png.

[13] Fórum Económico Mundial, *Relatório Desigualdade de Género Empresarial* (Genebra: Fórum Económico Mundial, 2010).

[14] Wendell Steavenson, «Ceausescu's Children», *Guardian*, 10 de dezembro de 2014, https://www.theguardian.com/news/2014/dec/10/-sp-ceausescus-children. Ver também Amy MacKinnon, «What Actually Happens When a Country Bans Abortion», *Foreign Policy*, 16 de maio de 2019, https://foreignpolicy.com/2019/05/16/what-actually-happens-when-a--country-bans-abortion-romania-alabama/; Dirk J. van de Kaa, «Temporarily New: On Low Fertility and the Prospect of Pro-natal Policies», *Pesquisa 4 de População Livro do Ano de Viena* (2006): 193–211.

[15] Alguns empregadores facultam ou permitem licença de maternidade, mas não têm nenhuma obrigação disso, como noutros países. Por outras palavras, a maternidade não é um direito.

[16] «Employment Characteristics of Families», Gabinete de Estatística Laboral EUA, 18 de abril de 2019, https://www.bls.gov/news.release/famee.nr0.htm.

[17] «Employment in Families with Children in 2016», TED: The Economics Daily, Gabinete de Estatística Laboral EUA, 27 de abril de 2017, https://www.bls.gov/opub/ted/2017/employment-in-families-with-children--in-2016.htm.

[18] Sarah Jane Glynn, «Breadwinning Mothers Are Increasingly the U.S. Norm», *American Progress*, 19 de dezembro de 2016, https://www.americanprogress.org/issues/women/reports/2016/12/19/295203/breadwinning-mothers-are-increasingly-the-u-s-norm/.

[19] «How Big Is the Wage Penalty for Mothers», *Economist*, 28 de janeiro de 2019, https://www.economist.com/graphic-detail/2019/01/28/how--big-is-the-wage-penalty-for-mothers; Henrik Kleven, Camille Landais, Johanna Posch, Andreas Steinhauer e Josef Zweimiiller, «Child Penalties Across Countries: Evidence and Explanations», Documento

de trabalho NBER n.º 25524, fevereiro de 2019, https://www.nber.org/papers/w25524.

20 «Analysis: Women Hold Two-Thirds of Country's $1.4-Trillion Student Debt», Associação Americana da Universidade de Mulheres, 21 de maio de 2018, https://www.aauw.org/article/women-hold-two-thirds-of-college-student-debt/; «Graduating to a Pay Gap», um relatório da Associação Americana da Universidade de Mulheres, https://www.aauw.org/research/graduating-to-a-pay-gap/.

21 Rachel G. Lucas-Thompson, Wendy A. Goldberg e JoAnn Prause, «Maternal Work Early in the Lives of Children», *Psychological Bulletin* 126, n.º 6 (2010): 915–42, https://www.apa.org/pubs/journals/releases/bul-136-6-915.pdf.

22 Frances Goldscheider, Eva Bernhardt e Trude Lappegard, «The Gender Revolution: A Framework for Understanding Changing Family and Demographic Behavior», *Population and Development Review* 41, n.º 2 (junho 2015): 207–39; Christin Munsch, Matthew Rogers e Jessica Yorks, «Relative Income, Psychological Well-Being, and Health: Is Breadwinning Hazardous or Protective?», apresentado na 111ª Reunião Anual da Associação Sociológica Americana, 2016, https://www.asanet.org/press-center/press-releases/being-primary-breadwinner-bad-mens -psychological-well-being-and-health; Michael M. Copenhaver e Richard M. Eisler, «Masculine Gender Role Stress: A Perspective on Men's Health», *Handbook of Diversity Issues in Health Psychology*, ed. Pamela M. Kato e Traci Mann (Nova Iorque: *Plenum Press*, 1996), 219–35; Joanna Syrda, «Spousal Relative Income and Male Psychological Distress», Boletim Personalidade e Psicologia Social (outubro de 2019), https://doi.org/10.1177/0146167219883611.

23 Kathleen L. McGinn, Mayra Ruiz Castro e Elizabeth Long Lingo, «Learning from Mum: Cross-National Evidence Linking Maternal Employment and Adult Children's Outcomes», Trabalho, Emprego e Sociedade 33, n.º 3 (30 de abril de 2018): 374–400.

24 Fórum Económico Mundial, Relatório Desigualdade de Género Empresarial (Genebra: Fórum Económico Mundial, 2010).

25 John Davis, «Spain's New Sex Czar», *A Voice for Men*, 13 de agosto de 2018, https://www.avoiceformen.com/feminism/spains-new-sex-czar/.

26 Matthew MacWilliams, «The One Weird Trait That Predicts Whether You're a Trump Supporter», *Politico*, 20 de janeiro de 2016,

https://www.politico.com/magazine/story/2016/01/donald-trump-2016-authoritarian-213533.

27 Steve Hendrix, «He Always Hated Women. Then He Decided to Kill Them», *Washington Post*, 7 de junho de 2019, https://www.washingtonpost.com/graphics/2019/local/yoga-shooting-incel-attack-fueled-by-male--supremacy/, Emmet Rensin, «The Internet Is Full of Men Who Hate Feminism. Here's What They Are Like in Person», *Vox*, 18 de agosto de 2015, https://www.vox.com/2015/2/5/7942623/mens-rights-movement; «Male Supremacy», Southern Poverty Law Center, https://www.splcenter.org/fighting-hate/extremist-files/ideology/male-supremacy.

28 Aaron Karp, *Estimating Global Civilian-Held Firearms Numbers, Small Arms Survey* (Genebra: *Graduate Institute on International and Development Studies*, junho de 2018), http://www.smallarmssurvey.org/fileadmin/docs/T-Briefing-Papers/SAS-BP-Civilian-Firearms-Numbers.pdf; Instituto Nacional de Saúde Mental, «Suicide», https://www.nimh.nih.gov/health/statistics/suicide.shtml; Christopher Ingraham, «There Are Now More Guns Than People in the United States», *Washington Post*, 5 de outubro de 2015, https://www.washingtonpost.com/news/wonk/wp/2015/10/05/guns-in-the-united-states-one-for-every-man--woman-and-child-and-then-some/; Kim Parker, Juliana Menasce Horowitz, Ruth Igielnik, J. Baxter Oliphant e Anna Brown, «The Demographics of Gun Ownership», Pew Research Center, 22 de junho de 2017, https://www.pewsocialtrends.org/2017/06/22/the-demographics-of-gun-ownership/,; Fundação Americana para a Prevenção do Suicídio, «Suicide Statistics», https://afsp.org/about-suicide/suicide--statistics/; Bindu Kalesan, Marcos D. Villarreal, Katherine M. Keyes, e Sandro Galea, «Gun Ownership and Social Gun Culture», Injury Prevention 0 (2015): 1–5, https://injuryprevention.bmj.com/content/injuryprev/early/2015/06/09/injuryprev-2015-041586.full.pdf?keytype=ref&ijkey=doj6vx0laFZMsQ2; Lindsay Lee, Max Roser e Esteban Ortiz Ospina, «Suicide», *Our World in Data*, julho de 2016, https://ourworldindata.org/suicide; Sally C. Curtin, Margaret Warner e Holly Hedegaard, «Increase in Suicide Rates in the United States, 1999–2014», *NCHS Data Brief* No. 241, Centro Nacional para a Estatística de Saúde, abril de 2016, https://www.cdc.gov/nchs/products/databriefs/db241.htm; Helene Schumacher, «Why More Men Than Women Die by Suicide», *BBC Future*, 18 de março de 2019, http://www.bbe.com/future/story/20190313-why-more-men-kill-themselves-than-women.

[29] «Asia's Lonely Hearts», *Economist*, 20 de Agosto de 2011, https://www.economist.com/leaders/2011/08/20/asias-lonely-hearts.

[30] Josh Levs, *All In: How Our Work-First Culture Fails Dads, Families, and Businesses—and How We Can Fix It Together* (Nova Iorque: *Harper One*, 2015).

[31] Grover J. "Russ" Whitehurst, «Why the Federal Government Should Subsidize Childcare and How to Pay for It», 9 de março de 2017, https://www.brookings.edu/research/why-the-federal-government-should-subsidize-childcare-and-how-to-pay-for-it/.

[32] Jon Greenberg, «If Women Worked as Much as Men, Would US GDP Jump 5 Percent?», *Politifact*, 12 de dezembro de 2018, https://www.politifact.com/truth-o-eter/statements/2018/dec/12/christine-lagarde/if-women-worked-much-men-would-gdp-jump-5/.

8 | FANÁTICOS DO CÉREBRO

[1] Steve Connor, «The Hardwired Difference Between Male and Female Brains Could Explain Why Men Are 'Better at Map Reading», *Independent*, dezembro de 2013.

[2] Cliodhna O'Connor, «Brain Study Confirms Gender Stereotypes: How Science Communication Can Fuel Modern Sexism», *Impact Blog*, London School of Economics, 4 de fevereiro de 2015, http://blogs.lse.ac.uk/impactofsocialsciences/2015/02/04/science-communication-gender-stereotypes-sexism/; Cliodhna O'Connor e Helene Joffe, «Gender on the Brain: A Case Study of Science Communication in the New Media Environment», PLOS ONE 49, n.º 10 (2014).

[3] Hannah Devlin, «Science Museum Under Fire over Exhibit Asking If Brains Are Pink or Blue», *Guardian*, 14 de setembro de 2016, https://www.theguardian.com/world/2016/sep/14/science-museum-under-fire-exhibit-brains-pink-blue-gender-stereotypes; Mahatir Pasha, «Museum Under Fire for Quiz on Male, Female Brains», *CNN*, 14 de setembro de 2016, https://www.cnn.com/2016/09/14/health/science-museum-brain-quiz-controversy-trnd/index.html.

[4] Sarah Ashley O'Brien e Seth Fiegerman, «Fired Engineer: Google Tried to Shame Me», *CNN Business*, 17 de agosto de 2017; Connie Loizo, «James Damore Just Filed a Class Action Lawsuit Against Google, Saying It Discriminates Against White Male Conservatives», TechCrunch,

https://techcrunch.com/2018/01/08/james-damore-just-filed-a-class--action-lawsuit-against- google-saying-it-discriminates-against-white--male-conservatives/.

5 Michael J. Coren, «James Damore Has Proven the Alt-Right Playbook Can Work in Silicon Valley», *Quartz*, 19 de Agosto de 2017; Sara Ashley O'Brien e Laurie Segall, «Former Google Engineer: 'I Do Not Support the Alt-Right», *CNN Business*, https://money.cnn.com/2017/08/15/technology/culture/james-damore-interview/index.html.

6 Lutz Janke, «Sex/Gender Differences in Cognition, Neurophysiology, and Neuroanatomy», PMC, publicado online a 20 de junho de 2018, https://www.ncbi.nlm.nih.gov/pme/articles/ PMC6013760/; Cordelia Fine, *Delusions of Gender: How Our Minds, Society, and Neurosexism Create Difference* (Nova Iorque: *W. W. Norton*, 2010); Rebecca Jordan-Young e Raffaella I. Rumiati, «Hardwired for Sexism? Approaches to Sex/Gender in Neuroscience», Neuroethics 5 (2012): 305–15; Daphna Joel, Zohar Berman, Ido Tavor, Nadav Wexler, Olga Gaber, Yaniv Stein, Nisan Shefi, et al., «Sex Beyond the Genitalia: The Human Brain Mosaic», PNAS 112, n.º 50 (2015): 15468–73. Ver também Angela Saini, *Inferior: How Science Got Women Wrong and the New Research That's Rewriting the Story* (Boston: *Beacon Press*, 2017).

7 Lise Eliot, «Single-Sex Education and the Brain», *Sex Roles* 69 (2013): 363–81; Jonathan M. Kane e Janet E. Mertz, «Debunking Myths About Gender and Mathematics Performance», Notices of the American Medical Society 59, n.º 1 (2012): 10–21.

8 Julie Bort, «Over Half of Google Employees Polled Say the Web Giant Shouldn't Have Fired the Engineer Behind the Controversial Memo», *Business Insider*, 9 de agosto de 2017, https://www.businessinsider.com/many-google-employees-dont-think-james-damore-should-have-been--fired-2017-8.

9 Jenessa R. Shapiro, Amy M. Williams e Mariam Hambarchyan, «Are All Interventions Created Equal? A Multi-Threat Approach to Tailoring Stereotype Threat Interventions», *Journal of Personality and Social Psychology* 104, n.º 2 (2014).

10 Cordelia Fine, «Explaining, or Sustaining, the Status Quo? The Potentially Self-Fulfilling Effects of 'Hard-Wired' Accounts of Sex Differences», *Neuroethics* 5 (2012): 285–94; Claude M. Steele, «A Threat in the Air: How Stereotypes Shape Intellectual Identity and Performance», *American Psychologist* 52, n.º 6 (1997): 613–29; Thomas A. Morton, Alex Haslam, e

Matthew J. Hornsey, «Theorizing Gender in the Face of Social Change: Is There Anything Essential About Essentialism?» *Journal of Personality and Social Psychology* 96, n.º 3: 653–64; Vincent Yzerbyt, Steve Rocher e Georges Schadron, «Stereotypes as Explanations: A Subjective Essentialist View of Group Perception», em *The Social Psychology of Stereotyping and Group Life*, ed. Russell Spears, Penelope J. Oakes, Naomi Ellemers e S. Alexander Haslam (Cambridge, Reino Unido: *Blackwell*, 1997), 20–50; Johannes Keller, «In Genes We Trust: The Biological Component of Psychological Essentialism and Its Relationship to Mechanisms of Motivated Social Cognition», *Journal of Personality and Social Psychology* 88 (2005): 686–702; Jessica Cundiff and Theresa Vescio, «Gender Stereotypes Influence How People Explain Gender Disparities in the Workplace», *Sex Roles* 75, n.º 3–4 (2016): 126–38.

11 O'Connor, «Gender on the Brain».

12 O'Connor, «Gender on the Brain».

13 O'Connor, «Gender on the Brain».

14 O'Connor, «Gender on the Brain».

15 *Fine, Delusions of Gender*; Margaret M. McCarthy e Arthur P. Arnold, «Reframing Sexual Differentiation of the Brain», *Nature Neuroscience* 14, n.º 6 (2011): 677–87. Também Jordan-Young e Rumiati, «Hardwired for Sexism?»

16 Robin McKie, «Why It's Time for Brain Science to Ditch the "Venus and Mars' Cliché», *Guardian*, 7 de dezembro de 2013.

17 Camilla Persson Benbow e Julian C. Stanley, «Sex Differences in Mathematical Ability: Fact or Artifact?», *Science 210* (dezembro 1980): 1262–64; Camilla Persson Benbow e Julian C. Stanley, «Sex Differences in Mathematical Reasoning Ability: More Facts», *Science 222* (1983): 1029–31.

18 Janet S. Hyde, Elizabeth Fennema e Susan J. Lamon, «Gender Differences in Mathematics Performance: A Meta-Analysis», *Psychological Bulletin* 107, n.º 2 (1990): 139–55; Jacqueline S. Eccles, «Understanding Women's Educational and Occupational Choices: Applying the Eccles et al Model of Achievement Related Choices», *Psychology of Women Quarterly* 8, n.º 4 (1994): 585–610; Judith L. Meece, Jacquelynne E. Parsons, Caroline M. Kaczala e Susan B. Goff, «Sex Differences in Math Achievement: Toward a Model of Academic Choice», *Psychological Bulletin* 91, n.º 2 (1982): 324–48; Fundação Nacional da Ciência, «Science and Engineering Indicators» (2006), https://wayback.archive-it.org/5902/20160210153725/http://www.nsf.gov/statistics/seind06/. Para uma visão geral da narrativa,

ver Janet S. Hyde e Janet E. Mertz, «Gender, Culture, and Mathematics Performance», PNAS 106, n.º 22 (2009): 8801–807. Para uma revisão crítica, ver Elizabeth S. Spelke, «Sex Differences in Intrinsic Aptitude for Mathematics and Science? A Critical Review», *American Psychologist* 60, n.º 9 (2005): 950–58.

19 Janet S. Hyde, «The Gender Similarities Hypothesis», *American Psychologist* 60 (2005): 581–92; Janet S. Hyde, Sara M. Lindberg, Marcia C. Linn, Amy B. Ellis e Caroline C. Williams, «Gender Similarities Characterize Math Performance», *Science 321* (2008): 494–95; e Janet S. Hyde, «Sex and Cognition: Gender and Cognitive Functions», *Current Opinion in Neurobiology* 38 (junho de 2016): 53–56.

20 Luigi Guiso, Ferdinando Monte, Paola Sapienza e Luigi Zingales, «Culture, Gender, and Math», *Science 320* (2008): 1164–65.

21 Jing Feng, «Playing an Action Video Game Reduces Gender Differences in Spatial Cognition», *Psychological Science* 18 (2007): 850–55; Jennifer A. Lachance e Michele M. M. Mazzocco, «A Longitudinal Analysis of Sex Differences in Math and Spatial Skills in Primary School-Age Children», Manuscrito de Acesso Público NIH 116, n.º 3 (2006): 195–216. Ver também D. H. Uttal, N. G. Meadow, E. Tipton, L. L. Hand, A. R. Alden, C. Warren e N. S$. Newcombe, «The Malleability of Spatial Skills: A Meta-Analysis of Training Studies», *Psychological Bulletin* 139 (2013): 352–402.

22 Merim Bilali¢, Kerim Smallbone, Peter McLeod e Fernand Gobet, «Why Are (the Best) Women So Good at Chess?», Atas da Sociedade Real 23, doi:10.1098/rspb.2008.1576; Neil Charness e Yigal Gerchak, «Participation Rates and Maximal Performance: A Log-Linear Explanation for Group Differences, Such as Russian and Male Dominance in Chess», *Psychological Science* 7, n.º 1 (1996): 46–51.

23 Hyde, «Gender Similarities Hypothesis».

24 Sebastian Seung, *Connectome: How the Bran's Wiring Makes Us Who We Are* (Nova Iorque: *Mariner Books*, 2013); Catherine Vidal, «The Sexed Brain: Between Science and Ideology», *Neuroethics* 5, 295–303.

25 Amber Dance, «A Massive Global Effort Maps How the Brain Is Wired», *Nature*, 2 de outubro de 2015, https://www.scientificamerican.com/article/a-massive-global-effort-maps-how-the-brain-is-wired/.

26 Sue V. Rosser e Mark Zachary Taylor, «Why Are We Still Worried About Women in Science?», AAUP, Maio-Junho 2009, https://www.aaup.org/article/why-are-we-still-worried-about-women-science.

27 Só quero dizer para o benefício dos leitores com formação em artes liberais que não concordo com a avaliação de que essas áreas de estudo são fáceis ou pouco práticas. Eu própria me licenciei em inglês.

28 Por exemplo, Jonathan Zimmerman, «Why Are Schools Discriminating Against Women?», Christian Science Monitor, 8 de abril de 2014.

29 Christina Hoff Sommers, *The War Against Boys: How Misguided Feminism Is Harming Our Young Men* (Nova Iorque: *Simon and Schuster*, 2001).

30 Vivienne Ming, «The Hidden Tax on Being Different», *HR*, 23 de novembro de 2016.

31 O Relatório de Desigualdade de Género Global do Fórum Económico Mundial mostrou, em todos os anos em que foi publicado, que os homens são mais frequentemente empregados, ganham mais dinheiro e dominam os postos de liderança tanto nos setores privado e público em todos os países do mundo.

32 Claudia Goldin, «The Quiet Revolution That Transformed Women's Employment, Education, and Family», Documentos e Atas AEA 96, n.º 2 (2006).

33 Sociedade Física Americana, «Doctoral Degrees Earned by Women», https://www.aps.org/programs/education/statistics/fraction-p.cfm. Os dados chegam até 2017 e são retirados do Sistema de Dados de Educação Superior Integrada e pela Sociedade Física Americana.

34 Fine, *Delusions of Gender*, 76.

35 «The Elephant in the Valley», https://www.elephantinthevalley.com.

36 Cary Funk, «Women and Men in STEM Often at Odds Over Workplace Equity», Pew Research Center, 9 de janeiro de 2018, https://www.pewsocialtrends.org/2018/01/09/women-and-men-in-stem-often-at-odds-over-workplace-equity/.

37 Derek Thompson, «Health Care Just Became the US's Largest Employer», *Atlantic*, 9 de janeiro de 2018.

9 | O FRACASSO DA IGUALDADE SALARIAL

1 Amelia Gentleman, I'm Beyond Anger': Why the Great Pay Gap Reveal Is an Explosive Moment for Gender Equality», *Guardian*, 28 de fevereiro de 2018, https://www.theguardian.com/news/2018/feb/28/gender-pay-gap-reveal-explosive-moment-quality.

2 Gentleman, «I'm Beyond Anger».

3 Hannah Murphy, «UK Pay Data Force Companies to Mind Their Gender Gap», *Financial Times*, 26 de setembro de 2017, https://www.ft.com/content/dd21e03e-634a-11e7-8814-Oac7eb84e5f1.

4 BBC Reality Check Team, «Equal Pay: What Is the Extent of the Problem», *BBC News*, 8 de janeiro de 2018, https://www.bbc.com/news/uk- 42611725.

5 A provisão original da qual provém a doutrina da discriminação positiva aparenta estar na secção 1, segundo parágrafo, em que o ato diz que as provisões «se enquadram com a referência às mulheres e o seu tratamento em relação aos homens, mas são para serem lidas como aplicando a igualdade num caso converso aos homens e do seu tratamento em relação às mulheres.» Lei da Igualdade Salarial 1970, capítulo 41, http://www.legislation.gov.uk/ukpga/1970/41/enacted/data.xht?view=snippet&wrap=true.

6 Noreen Burrows e Muriel Robison, «Positive Action for Women in Employment: Time to Align with Europe?», *Journal of Law and Society* 33, no. 1 (março de 2006): 24–41; Julie C. Suk, «Gender Quotas After the End of Men?, *Boston Law Review* 93 (2013): 1123–40; Ivana Krsti¢, «Affirmative Action in the United States and the European Union: Comparison and Analysis?, *Facta Universitatis*, Law and Politics Series 1, n.º 7 (2003): 825–43.

7 Claire Suddath, «New Numbers Show the Gender Pay Gap Is Real», *Bloomberg Businessweek*, 29 de março de 2018.

8 Linda Babcock e Sara Laschever, *Women Don't Ask* (Nova Iorque: Bantam, 2007).

9 Resumi esta literatura, com referências, em Linda Scott, «Why Women Can't Negotiate for Equal Pay», *Double X Economy*, https://www.doublexeconomy.com/2015/04/14/why-women-cant-negotiate-for-equal-pay/.

10 May Bulman, «Women in the UK Losing Out on £140 Billion Due to Gender Pay Gap, Figures Show», *Independent*, 27 de janeiro de 2018; *Gentleman, «"I'm Beyond Anger."»*

11 Alexander J. S. Colvin, «The Growing Use of Mandatory Arbitration», Economic Policy Institute, 6 de abril de 2018.

12 Justice White, «Separate Opinion», *Legal Information Institute*, 438 U.S. 265, Reitores da Universidade da Califórnia v. Bakke (No. 7811), julgado a 12 de outubro de 1977, lida a decisão a 28 de junho de 1978, https://www.law.cornell.edu/supremecourt/text/438/265#writing-USSC_CR_0438_0265_ZX1.

13 Comissão Europeia, «International Perspectives on Positive Action Measures», 2009, EU Publications, http://bim.Ibg.ac.at/files/sites/bim/

International%20Perspectives%20on%20Positive%20Action%20Measures.pdf.

14 Petra Foubert, *The Gender Pay Gap in Europe from a Legal Perspective* (Bruxelas: União Europeia, 2010). Ver também Sanchari Roy, *Discriminatory Laws Against Women: A Survey of the Literature*, Investigação Política Documento de Trabalho 8719 (Washington, DC: Grupo Banco Mundial, 2019), https://www.ssrn.com/abstract=3324761.

15 Comissão Europeia, «International Perspectives on Positive Action Measures».

10 | O NATAL A 80%

1 «How Is Our Economy Impacted by the Holiday Season?», Export-Import Bank of the United States, 25 de janeiro de 2018, https://grow.exim.gov/blog/how-is-our-economy-impacted-by-the-holiday-season; Larry Light, «Why Holiday Shopping Is So Important for the U.S. Economy», *CBS News*, 28 de novembro de 2016, https://www.cbsnews.com/news/why-holiday-shopping-is-so-important-for-the-economy/; «Consumers Will Spend 4.1 Percent More Than Last Year During Winter Holidays», National Retail Federation, 24 de outubro de 2018, https://nrf.com/media-center/press-releases/consumers-will-spend-41-percent-more-last-year-during-winter-holidays; Rod Sides, Bryan Furman, Rama Krishna V. Sangadi e Susan K. Hogan, «2018 Deloitte Holiday Retail Survey: Shopping Cheer Resounds This Year», Deloitte Insights, 23 de outubro de 2018, https://www2.deloitte.com/insights/us/en/authors/h/susan-k-hogan-html.

2 Tom Hancock, «China's Lunar New Year Spending Growth Slowest Since 2005», *Financial Times*, 11 de fevereiro de 2019.

3 As datas do Ramadão oscilam de ano para ano, vão passando gradualmente pelo calendário. Em 2019, foi em maio/junho; em 2020, em abril/maio. «The Ramadan Effect: How Islam's Holy Month Impacts Business», Harding Loevner, abril 2018, https://www.hardingloevner.com/fundamental-thinking/ramadan-effect-how-islams-holy-month-impacts-businesses/; «Big Indian Festivals and Their Effects on the Indian Economy», Economics Club: IMI New Delhi, 1 de outubro de 2017; Eileen Fischer e Stephen J. Arnold, «More 'Than a Labor of Love: Gender Roles and Christmas Gift Shopping», *Journal of Consumer Research* 17,

n.º 3 (dezembro 1990): 333–45; Michael Solomon, Gary Bamossy, Seren Askegaard e Margaret Hogg, *Consumer Behavior: A European Perspective* (Londres: *Financial Times/Prentice Hall*, 2005).

4 Michael J. Silverstein e Kate Sayre, «The Female Economy», *Harvard Business Review*, setembro 2009.

5 Mary Douglas e Baron Isherwood, *The World of Goods* (Nova Iorque: *W. W. Norton*, 1982).

6 Douglas e Isherwood, *The World of Goods*, 4.

7 Silverstein and Sayre, «The Female Economy».

8 Linda Scott, Mary Johnstone-Louis e Catherine Dolan, «Pampers and UNICEF, Part 1: The Marketing Campaign», Notas Didáticas da Saïd Business School, Universidade de Oxford, outubro de 2011, https://www.doublexeconomy.com/wp-content/uploads/2011/05/Pampers--Unicef-Case-Teaching-Note-Part-L.pdf; Linda Scott, Mary Johnston--Louis e Catherine Dolan, «Pampers and UNICEF, Part 2: Delivering the Vaccine», Notas Didáticas da Saïd Business School, Universidade de Oxford, outubro de 2011, https://www.doublexeconomy.com/wp-content/uploads/2011/05/Pampers-Unicef-Case-Part-2.pdf.

9 Dayna Evans, «The Only Way to Know If Striking Works Is to Do It», Nova Iorque, 7 de março de 2017; Mary Emily O'Hara, «Women's Strike: 'A Day Without a Womarr' Events Take Place Worldwide», *NBC News*, 8 de março de 2017; Glosswitch, «What Would Happen If the World's Women Went on Strike?», *New Statesman America*, 9 de fevereiro de 2017.

11 | RUFIAS DO DINHEIRO

1 Escala de Mal-Estar Psicológico de Kessler, https://www.tac.vic.gov.au/files-to-move/media/upload/k10_english.pdf.

2 L.I. Pearlin e C. Schooler, «The Structure of Coping», *Journal of Health and Social Behavior* (1978): 2–21, https://www.hsph.harvard.edu/health-happiness/pearlin-mastery-scale/.

3 E. Yoon, K. Adams, I. Hogge, J. P. Bruner, S. Surya e F. B. Bryant, «Development and Validation of the Patriarchal Beliefs Scale», *Journal of Counseling Psychology* 62, n.º 2 (2015): 264–79.

4 O projeto chamava-se *Moldova Second Competitiveness Enhancement Project* (CEP-I]).

[5] Pierella Paci, *Gender in Transition* (Washington, DC: Grupo Banco Mundial, 2002), http://documents.worldbank.org/curated/en/892681468751807453/pdf/multiOpage.pdf; Andrei Kutuzov e Brenda R. Haskins, *Moldova Country Brief: Property and Land Markets* (Madison, WI: Land Tenure Center, Universidade do Wisconsin, 2003), https://www.nelson.wisc.edu/ltc/docs/moldovabrief.pdf.

[6] Relatório da maioria do Senado dos EUA da Comissão sobre Pequenas Empresas e Empreendedorismo, «21st Century Barriers to Women's Entrepreneurship», 23 de julho de 2014, https://www.sbc.senate.gov/public/_cache/files/3/f/3f954386-f16b-48d2-86ad-698a75e33cc4/F74C2CA 266014842 F8A3D86C3A B619BA.21st-century-barriers-to-women-s-entrepreneurship-revised-ed.-v.1.pdf.

[7] Consultei várias fontes na Internet que disseram que as mulheres empregam 9 milhões de pessoas nos Estados Unidos. Este número não pode estar correto, porque há 12 milhões de empresas de mulheres — e 9 milhões de empregados entre eles são uma percentagem substancial com números negativos a trabalhar para eles. Por isso, decidi avançar com fontes que, em vez disso, calcularam um número padrão de empregados a partir das receitas das vendas. O número que finalmente fixei, 23 milhões, é do National Women's Business Council, que é o representante oficial do governo dos Estados Unidos para o empreendedorismo das mulheres. O número encontra-se neste site: https://www.nwbc.gov/2009/10/27/the-economic-impact-of-women-owned-businesses-in-the-united-states/.

[8] Linda Scott e Elizabeth Paris, «Women Entrepreneurs and Effective Banking in Emerging Markets: BLC Bank Lebanon Proves a Strategy for Financial Inclusion» (Oxford: Saïd Business School Series, Universidade de Oxford, 2019).

[9] Lacuna Financeira MSME: avaliação das carências e oportunidades no financiamento de micro, pequenas e médias empresas em mercados emergentes (Washington, DC: International Finance Corporation, 2017), http://documents.worldbank.org/curated/en/653831510568517947/MSME-finance-gap-assessment-of-the-shortfalls-and-opportunities-in-financing-micro-small-and-medium-enterprises-in-emerging-markets.

[10] Sociedade Financeira Internacional, MSME Finance Gap 2019 (Washington, DC: Sociedade Financeira Internacional, 2019); Banco Mundial, Mulheres, Empresas e a Lei 2014 (Washington, DC: Grupo Banco Mundial, 2014).

11 Linda Scott e Jiafei Jin, «Finance After Hours» (Oxford: Saïd Business School Series, Universidade de Oxford, 2014).

12 O banco neste caso era um banco real, mas recebeu um nome fictício para publicação.

13 Claire Suddath, «New Numbers Show the Gender Pay Gap Is Real», *Bloomberg Businessweek*, 29 de março de 2018.

14 Maureen Sherry, «The Brutal Truth About Being a Woman on Wall Street», *Fortune*, 6 de Agosto de 2016.

15 Sam Polk, «How Wall Street Bro Talk Keeps Women Down», *New York Times*, 7 de julho de 2016.

16 Polk, «How Wall Street Bro Talk Keeps Women Down».

17 Aqui está apenas uma amostra da literatura. Vários destes artigos também contêm extensas revisões. Jean-Claude Dreher, Simon Dunne, Agnieszka Pazderska, Thomas Frodl, John J. Nolan e John P. O'Doherty, «Testosterone Causes Both Prosocial and Anti-Social Status-Enhancing Behaviors in Human Males», Atas da Academia Nacional da Ciência 113, n.º 41 (2016): 11633–38; Gary D. Sherman, Jennifer S. Lerner, Robert A. Josephs, Jonathan Renshon, e James J. Gross, «The Interaction of Testosterone and Cortisol Is Associated with Attained Status in Male Executives», *Journal of Personality and Social Psychology* 110, n.º 6 (2016): 921-29; Ed Leefelt, «This Is a Man's Brain on Testosterone», *CBS News*, 4 de maio de 2017, https://www.cbsnews.com/news/this-is-a-mans--brain-on-testosterone/; «Testosterone Makes Men Less Likely to Question Their Impulses: Sex Hormone Connected with Greater Reliance on Gut Instincts and Less Self Reflection», *Science Daily*, 28 de abril de 2017, https://www.sciencedaily.com/releases/2017/04/170428154556.htm; Gideon Nave, Amos Nadler, David Zava e Colin Cramer, «Single Dose Testosterone Administration Impairs Cognitive Reflection in Men», *Psychological Science*, 3 de Agosto de 2017, https://journals.sagepub.com/doi/abs/10.1177109567976177 09592.

18 Para uma revisão, ver Meredith A. Jones, *Women of the Street* (Nova Iorque: *Palgrave Macmillan*, 2015), 7–22.

19 Melissa S. Fisher, *Wall Street Women* (Durham, NC: *Duke University Press*, 2011).

20 Andrea Turner Moffitt, *Harness the Power of the Purse: Winning Women Investors* (Los Angeles: *Rare Bird Books*, 2015).

21 Sylvia Ann Hewlett e Andrea Turner Moffitt com Melinda Marshall, *Harnessing the Power of the Purse: Female Investors and Global Opportunities*

for Growth (Nova Iorque: Center for Talent Innovation, 2014), http://www.talentinnovation.org/publication.cfm? publication=1440.

12 | DOMINAR A SITUAÇÃO

1 Dame Stephanie Shirley, *Let If Go* (Londres: *Acorn Books*, 2013).

2 Louise Tickle, «We Were Part of a Crusade to Get Women into Business», *Guardian*, 8 de março de 2017; Melissa Pandika, «How Dame Shirley Jumped over the Gender Gap in Tech in the 1960s», NPR, 12 de junho de 2014.

3 Jenna Burch, «Why One Woman Went by the Name Steve», *Self*, 9 de abril de 2015.

4 Linda Scott, *Fresh Lipstick: Redressing Fashion and Feminism* (Nova Iorque: *Palgrave Macmillan*, 2004).

5 Sim, esta estatística é verdadeira, verifiquei-a com factos. Quem também ficou surpreso deve pensar no facto de que o mundo não é todo católico, mas a Avon está em alguns países grandes não-católicos (e.g., China e Índia); enquanto a maioria dos católicos só tem uma Bíblia (ou uma para a família), o catálogo da Avon sai a cada oito semanas.

6 Mohamed Seedat, «Violence and Injuries in South Africa», *Lancet* 374, n.º 9694 (19 de setembro, 2009): 1011–22.

7 Linda Scott, Catherine Dolan, Mary Johnstone-Louis, Maryalice Wu e Kim Sugden, «Enterprise and Inequality», *Entrepreneurship, Theory and Practice* 36, n.º 3 (1 de maio de 2012): 543–68.

8 Catherine Dolan e Linda Scott, «Lipstick Evangelism: Avon Trading Circles and Gender Empowerment in South Africa», *Gender and Development* 17, n.º 2 de julho de 2009): 203–18.

9 O projeto chamava-se Segundo Projeto de Reforço da Competitividade da Moldávia (CEP-II). Tarik Sahovic, Noa Catalina Gimelli e Galina Cicanci, *Supporting Women's Enterprise in Moldova* (Washington, DC: Grupo Banco Mundial, 2018), http://documents.worldbank.org/curated/en/411391516856355553/Supporting-women-s-entrepreneurship-in-Moldova-review-assessment-and-recommendations.

10 Alexandra Gibbs, «Supporting Female Entrepreneurs Could Add $326 Billion to the UK Economy, Review Finds», CNBC, 8 de março de 2019.

11 Dana Kanze, Laura Huang, Mark A. Conley e E. Tory Higgins, «Male and Female Entrepreneurs Get Asked Different Questions by VCs — and

It Affects How Much Funding They Get», *Harvard Business Review*, 27 de junho de 2017; Dana Kanze, Laura Huang, Mark A. Conley e E. Tory Higgins, «We Ask Men to Win and Women Not to Lose: Closing the Gender Gap in Startup Funding», *Academy of Management Journal* 61, n.º 2 (2018), https://journals.aom.org/doi/abs/10.5465/amj.2016.1215.

12 Saheel Raina, «The Gender Gap in Startup Success Disappears When Women Fund Women», *Harvard Business Review*, 19 de julho de 2016.

13 Lucy Kellaway, «Justine Roberts of Mumsnet», *Financial Times*, 9 de dezembro de 2013.

14 Natalie Robehmed, «Next Billion-Dollar Startup: Entrepreneurs Create $750M Bra Business by Exposing Victoria's Weakness», *Forbes*, 18 de outubro de 2018, https://www.forbes.com/sites/natalierobehmed/2018/10/18/next-billion-dollar-startup-entrepreneurs-create-750m--bra-business-by-exposing-victorias-weakness/.

15 Robehmed, «Next Billion-Dollar Startup».

16 Sally Herships, «Why Female Entrepreneurs Get Less Funding Than Men», *Marketplace*, 25 de outubro, 2017.

17 Herships, «Why Female Entrepreneurs Get Less Funding Than Men».

18 Eleanor Steifel, «I Was Told I Didn't Look the Part: The Funding Gap Preventing Millions of Women from Starting Their Own Businesses», *Telegraph*, 8 de março de 2018.

19 Jenny Tooth, «The Barriers and Opportunities for Women Angel Investing in Europe», Business Angels Association Reino Unido, https://www.beangels.eu/wp-content/uploads/2018/03/WA4E-UKBAA-Women-Angels-Report-February-2018-WEB-003.pdf.

13 | ADERIR AO MERCADO GLOBAL

1 Sue Harris Rimmer, *Gender-Smart Procurement: Policies for Driving Change* (Londres: *Chatham House*, 2017), https://www.chathamhouse.org/publication /gender-smart-procurement-policies-driving-change.

2 Linda Scott, *Private Sector Engagement with Women's Economic Empowerment: Lessons Learned from Years of Practice* (Oxford: Saïd Business School Series, Universidade de Oxford, 2017), https://www.doublexeconomy.com/wp-content/uploads/2018/10/RES-0054-BCWEE-Report--171117-BOOKLET.pdf.

3 Ver, por exemplo, Linda Scott, Catherine Dolan e Laurel Steinfield, *Women's Empowerment Through Access to Markets: Maasai Women Development Organization* (MWEDO), Arusha, Tanzânia (Oxford: Saïd Business School Series, Universidade de Oxford, 2015), https://www.doublexeconomy.com/wp-content/uploads/2019/02/mwedo-casestudy-final--may2015.pdf; Linda Scott, Laurel Steinfield e Catherine Dolan, *Women's Empowerment Through Access to Markets: Katchy Kollections*, Nairobi, Quénia (Oxford: Saïd Business School Series, Universidade de Oxford, 2015), https://www.doublexeconomy.com/wp-content/uploads/2019/02/katchy-kollections-casestudy-final-may2015.pdf.

4 Angélica Fuentes, «The Link Between Corruption and Gender Inequality: A Heavy Burden for Development and Democracy», blogue do Wilson Center, 2 de julho de 2018, https://www.wilsoncenter.org/publication/the-link-between-corruption-and-gender-inequality-heavy-burden-for--development-e; Naomi Hossain, Celestine Nyamu Musembi, e Jessica Hughes, *Corruption, Accountability and Gender: Understanding the Connections* (Nova Iorque: Programa das Nações Unidas para o Desenvolvimento e Fundo das Nações Unidas para o Desenvolvimento da Mulher, 2010), https://www.undp.org/content/dam/aplaws/publication/en/publications/womens-empowerment/corruption-accountability-and-gender-understanding-the-connection/Corruption-accountability-and-gender.pdf; Sangeetha Purushothaman, Tara Tobin, Shruthi Vissa, Priya Pillai, Sarah Silliman, e Carolina Pinheiro, *Seeing Beyond the State: Grassroots Women's Perspectives on Corruption and Anti-Corruption* (Nova Iorque: Programa das Nações Unidas para o Desenvolvimento, 2012), https://www.undp.org/content/dam/undp/library/Democratic%20Governance/Anti-corruption/Grassroots%20women%20and%20anti-corruption.pdf.

5 «Apêndice II, Capítulo Negócio e Género», Acordo de Comércio Livre Canadá-Chile, 2017, https://www.international.gc.ca/trade-commerce/trade-agreements-accords-commerciaux/agr-acc/chile-hili/index.aspx?lang=eng#a5.

6 Reformulação do comércio através da capacitação económica das mulheres: Relatório Especial (Genebra: Centro Internacional de Comércio, 2018), https://www.cigionline.org/reshaping-trade-through-womens-economic-empowerment.

7 Carta das Nações Unidas, Capítulo IX, «Cooperação Económica e Social Internacional», Artigo 55, 1945, http://legal.un.org/repertory/art55.shtml.

8 «119 Nations Back Move to Remove Barriers Limiting Women's Participation in Trade», Hindu, 13 de dezembro de 2017, https://www.thehindu.com/business/Economy/119-nations-back-move-to-remove-barriers-limiting-womens-participation-in-trade/article21581261.ece/.

9 Fórum Ásia-Pacífico sobre Mulheres, Direito, e Desenvolvimento, «Grupos de Direitos da Mulher Apelam aos Governos para que Rejeitem a Declaração da OMC sobre Os Direitos de Capacitação económica da Mulher», comunicado de imprensa, 12 de dezembro de 2017, https://apwld.org/press-release-164-womens-rights-groups-call-on-governments-to-reject-the-wto-declaration-on-womens-economic-empowerment/.

BIBLIOGRAFIA SELECIONADA

Mais de mil obras constam neste livro como material de fonte. Não era prático num livro desta dimensão incluí-las a todas. Citei fontes, conforme apropriado, nas notas finais. Esta pequena lista é uma bibliografia selecionada para dar uma noção das obras que tiveram impacto no meu pensamento.

Agarwal, Bina. *A Field of One's Own: Gender and Land Rights in South Asia.* Cambridge, Reino Unido: *Cambridge University Press*, 1995.

Bales, Kevin. *Disposable People: New Slavery in the Global Economy.* Berkeley: *University of California Press*, 2000.

Blau, Francine D., and Lawrence M. Khan. «Changes in the Labor Supply Behavior of Married Women 1980–2000». Cambridge, MA: Gabinete Nacional de Investigação Económica, 2005.

——. «Female Labor Supply: Why Is the U.S. Falling Behind?» Na Série de Papéis de Discussão. Bona, Alemanha: Instituto para o Estudo do Trabalho (IZ A), 2013.

——. «Gender Differences in Pay». Na Série de Papéis de Discussão NBER, n.º 7732. Cambridge, MA: Gabinete Nacional de Investigação Económica, 2000.

Boserup, Ester. *Woman's Role in Economic Development.* Londres: *Earthscan*, 1970.

Coontz, Stephanie. *Marriage, a History: How Love Conquered Marriage.* Londres: *Penguin Books*, 2006.

Drakeman, Cynthia. *Leave No One Behind: Taking Action for Transformational Change on Women's Economic Empowerment.* Painel de Alto Nível do Secretário-Geral da ONU sobre Capacitação Económica das Mulheres, 2017.

Eller, Cynthia. *The Myth of Matriarchal Prehistory.* Boston: *Beacon Press*, 2000.

Ferber, Marianne A., e Julie A. Nelson. *Beyond Economic Man: Feminist Theory and Economics.* Chicago: *University of Chicago Press*, 1993.

Fernandez, Raquel. «Culture as Learning: The Evolution of Female Labor Force Participation Over a Century». Cambridge, MA: Gabinete Nacional de Investigação Económica, 2007.

Folbre, Nancy. *Greed, Lust, and Gender: A History of Economic Ideas.* Oxford: *Oxford University Press*, 2009.

Organização para a Alimentação e Agricultura. O Estado da Alimentação e da Agricultura: As Mulheres na Agricultura, Eliminar as disparidades de Género para o Desenvolvimento. Roma: Organização para a Alimentação e a Agricultura, Departamento de Desenvolvimento Económico e Social, 2010.

Gibbons, Ann. *The First Human: The Race to Discover Our Earliest Ancestors.* Nova Iorque: *Anchor Books*, 2007.

Goldin, Claudia. «Life-Cycle Labor-Force Participation of Married Women: Historical Evidence and Implications». Na Série de Papéis de Discussão NBER, n.º 1251.

Cambridge, MA: Gabinete Nacional de Investigação Económica, 1983.

——. «Marriage Bars: Discrimination Against Married Women Workers, 1920's to 1950's». Na Série de Papéis de Discussão n.º 2747. Cambridge, MA: Gabinete Nacional de Investigação Económica, 1988.

——. «The Quiet Revolution That Transformed Women's Employment, Education, and Family». Documentos e Atas AEA 96, n.º 2 (maio de 2006).

——. «The U-Shaped Female Labor Force in Economic Development and Economic History». Na Série de Papéis de Discussão n.º 4707. Cambridge, MA: Gabinete Nacional de Investigação Económica, 1994.

Hays-Gilpin, Kelley e David S. Whitley. *Reader in Gender Archaeology.* London: *Routledge*, 1998.

Hrdy, Sarah. *Mother Nature: Maternal Instincts and How They Shape the Human Species.* Nova Iorque: *Ballantine*, 2000.

Hudson, Valerie, Bonnie Ballif-Spanvill, Mary Caprioli e Chad Emmett. *Sex and World Peace.* Nova Iorque: *Columbia University Press*, 2014.

Inglehart, Ronald e Pippa Norris. *Rising Tide: Gender Equality and Cultural Change Around the World*. Cambridge: *Cambridge University Press*, 2003.

Jaggar, Alison. *Feminist Politics and Human Nature*. Maryland: *Rowman and Littlefield*, 1988.

Joyce, Rosemary A. Ancient Bodies, *Ancient Lives: Sex, Gender, and Archaeology*. Nova Iorque: *Thames and Hudson*, 2008.

Kristoff, Nicholas D. e Sheryl WuDunn. *Half the Sky: Turning Oppression into Opportunity for Women Worldwide*. Nova Iorque: *Vintage*, 2010.

Lechman, Ewa, and Harleen Kaur. «Economic Growth and Female Labor Force Participation—Verifying the U-Feminization Hypothesis; New Evidence for 162 Countries over the Period 1990–2012». *Economics and Sociology* 8, n.º 1 (2015): 246–57.

Lerner, Gerda. *The Creation of Patriarchy*. Oxford: Oxford University Press, 1986.

Mauss, Marcel. *The Gift: The Form and Reason for Exchange in Archaic Societies*. Traduzido por W. D. Halls. Nova Iorque: *W. W. Norton*, 1954.

Nussbaum, Martha. *Sex and Social Justice*. Oxford: *Oxford University Press*, 2000.

Phillips, Roderick. *Untying the Knot: A Short History of Divorce*. Cambridge, Reino Unido: *Cambridge University Press*, 1991.

Potts, Malcolm, e Thomas Hayden. *Sex and War: How Biology Explains Warfare and Terrorism and Offers a Path to a Safer World*. Dallas: *Benbella Books*, 2008.

Prahalad, C. K. *The Fortune at the Bottom of the Pyramid: Eradicating Poverty Through Profits*. Upper Saddle River, NJ: *Wharton School Publishing*, 2004.

Sachs, Jeffrey. *The End of Poverty*. Nova Iorque: Penguin, 2006.

Sapolsky, Robert M. *A Primate's Memoir: A Neuroscientist's Unconventional Life Among the Baboons*. Nova Iorque: *Simon and Schuster*, 2001.

——. *Behave: The Biology of Humans at Our Best and Worst*. Nova Iorque: *Penguin*, 2017.

——. *The Trouble with Testosterone and Other Essays on the Biology of the Human Predicament*. Nova Iorque: *Scribner*, 1997.

Seifried, Charlene Haddock. *Pragmatism and Feminism: Reweaving the Social Fabric*. Chicago: *University of Chicago Press*, 1996.

Sorrentino, Constance. «International Comparisons of Labor Force Participation, 1960–81». *Monthly Labor Review* 106, n.º 2 (fevereiro de 1983): 23–36.

Tyson, Laura e Jeni Krugman. *Leave No One Behind: A Call to Action for Gender Equality and Women's Economic Empowerment*. Painel de Alto Nível sobre Capacitação Económica das Mulheres do Secretário-Geral das Nações Unidas, 2016.

Fundo das Nações Unidas para a Infância. Estado das Crianças do Mundo: Mulheres e Crianças, o Duplo Dividendo da Igualdade de Género. Genebra: UNICEF, 2007.

Fundação das Nações Unidas. «A Roadmap for Promoting Women's Economic Empowerment». Fundação das Nações Unidas, Fundação ExxonMobil, 2013.

Banco Mundial. Relatório Mulheres, Empresas e Direito, 2012–2018. Washington, DC: Grupo Banco Mundial, 2014.

Fórum Económico Mundial. O Relatório sobre a Disparidade Global de Género. Genebra: Fórum Económico Mundial, 2006–2018.

Wrangham, Richard. *The Goodness Paradox: The Strange Relationship Between Virtue and Violence in Human Evolution*. Nova Iorque: *Pantheon*, 2019.

Yunus, Muhammad. *Creating a World Without Poverty: Social Business and the Future of Capitalism*. Nova Iorque: *Public Affairs*, 2007.

AGRADECIMENTOS

Este livro, e a pesquisa que que esteve na sua base, dependeu do apoio de muita gente e organizações. Quero agradecer particularmente a Catherine Dolan e a Paul Montgomery, que foram os primeiros colegas que colaboraram comigo neste trabalho. Continuaram a trabalhar comigo durante vários anos e continuam a ser dos meus amigos mais queridos. Amanda Berlan e Sue Dopson também estiveram envolvidas no princípio do projeto, assim como Caitlin Ryus e Gillian Stevens. Maryalice Wu tem vindo a analisar e a recolher dados comigo desde 2008. Estou grata a todas estas pessoas maravilhosas.

Também fui abençoada com umas alunas de doutoramento apaixonadas e vivaças que me ajudaram com este livro, sobretudo Laurel Steinfield e Mary Johnstone-Louis, que estiveram presentes no início. Anna Custers foi inestimável no último projeto de grande escala sobre a inclusão financeira no Uganda. Kelly Northridge, Astrid Van Den Bossche e Tania Jain facultaram um apoio importante em vários projetos, e Lina Rothman, na altura aluna em Cambridge, ajudou-me no trabalho, e também no apoio moral, que muito valorizei. Marko Blazekovich fez parte deste projeto desde o início.

Julia Flynn salvou-me a vida quando se tornou minha assistente quando o enorme projeto *Empowering Women Together* começou. Muitas pessoas da Saïd Business School em Oxford foram essenciais, incluindo Pegram Harrison, Simon Johnson, Nick Riley, Christopher Brook-Hollidge, Claire Fisher, Josie Powell, Anita Jassi, Nils Nordal,

Andrew Morgan-Giles, Arta Gerguri e Emily Baro. Quero agradecer a Amanda Poole, Grant Phillips e a Edward David, por me ajudarem a criar a Power Shift. Elizabeth Paris não só ajudou a fazer nascer a Power Shift como também me convidou para o trabalho da Goldman Sachs *10,000 Women*, ensinando-me, entretanto, imenso sobre mulheres, empreendedorismo e finanças.

A minha escola de Oxford, Green Templeton, foi generosa tanto no apoio financeiro como moral. Estou especialmente grata a Ian Scott, Stephen Kennedy, Michael Earl, e ao saudoso Sir David Watson.

Enquanto escrevia o livro, Cindy Drakeman e Asia Elsner ficaram encarregadas da Economia XX, LLC, que deu para nos irmos mantendo. Também tornaram os últimos anos muito divertidos.

Há pessoas no campo da capacitação económica das mulheres que, como eu, andam nisto há algum tempo, e o seu apoio também foi importante: Elizabeth Vazquez, Stéphane Dubois, Wade Channel, Christine Svarer, Henriette Kolb, Mayra Buvenic e Noa Gimelli são apenas algumas dessas pessoas. Estou grata a Melanne Verveer pela sua liderança inspiradora neste movimento. Agradeço a Donnetta Campbell por ajudar a construir a rede de comunicação social de capacitação económica, sobretudo a minha parte, assim como o seu entusiasmo e dedicação incondicionais.

Tenho a sorte de ter organizações importantes como parceiras no meu trabalho, incluindo a CARE International, o Banco Mundial, a Plan International, a UNICEF, o Departamento para o Desenvolvimento Internacional do Reino Unido, a Avon e a Procter & Gamble. A este respeito, estou particularmente grata aos membros da Global Business Coalition for Women's Economic Empowerment — James Jones, Jenny Grieser, Charlotte Oades, Sarah Thorne, Paul George, Bethan Grillo, Chris McGrath, Lisa MacDougall, Cristina Shapiro, Ashley Keenan, Angie Rozas, Angela Baker, Walt Macnee, Payal Dalal, Nancy Swartout, Jamila Belabidi e Hazel Culley —, que representam a Coca-Cola, a ExxonMobil, a Goldman Sachs, a MasterCard, a Mondeléz, a Marks & Spencer, a Procter & Gamble, a PwC, a Qualcomm e a Walmart.

Vou ser sempre grata àqueles que financiaram o nosso trabalho, incluindo o Fundo John Fell, da Oxford University Press, a Fundação

ExxonMobil, a Fundação Bill e Melinda Gates, a CARE UK, o Conselho de Investigação Económica e Social do Reino Unido, a Fundação Saïd, a Saïd Business School, a Fundação Pears, a Fundação Skoll e o Departamento para Desenvolvimento Internacional, para além do Green Templeton College.

No terreno, tive imensa ajuda, é impossível nomear toda a gente. No Gana, tenho de agradecer a Boatema Asiedu, Sylvia Hinson-Ekong e Thomas Okyere, assim como a Barbara Korsah, Mavis Appiah, George Appiah, Bright Brobby e a muitos outros que ajudaram na investigação. No Uganda, devo imenso a Sam Mugisha, Rose Manana e Claire Wambazu, assim como a Carolyne Kagoya, Kisozi Zacchaeus, Agnes Akwi, Joyce Achan, Reeta Nabuzale, Tinah Nassali, Gloria Titi, Edison Nsubuga e Ester Nanjovu. No Bangladesh, estou obviamente em dívida para com Saif Al Rashid e Asif Ahmed, assim como para com os nossos assistentes locais de pesquisa, Jannatul Farjana Niladria, Leena Fhameda, Radia Mehnaz Anis e Antora Khan, além da Melea Press, por aderir ao projeto a partir do Reino Unido. No projeto Avon na África do Sul, estou grata a Andrea Jung, por dar a sua permissão para a pesquisa, assim como a Mike Gudgin, Yvonne Khoele e Eunice Maseko, por ajudarem a realizá-la. Os meus colegas Brian Brady, Tim Dowding e Melea Press tornaram possível cobrir muito mais terreno com entrevistas sobre o projeto Walmart do que alguma vez conseguiria ter feito sozinha. MiKaela Wardlaw-Lemmon, Dana Towsey, Jenny Grieser, Gina Lopez, Joan Shifrin, Catherine Shimony e John Priddy tornaram a investigação da Walmart divertida e também esclarecedora. No meu trabalho atual no Uganda, tenho a honra de estar a trabalhar com Christian Pennotti, Grace Majara, e Melch Natukunda, e também com os profissionais da IPSOS e Innovations for Poverty Action.

Tornar toda esta experiência adequada a um livro foi um tremendo desafio. Quero agradecer ao meu agente, Erin Harris, que me ajudou a ultrapassar os momentos mais assustadores e me deu conselhos inestimáveis. Estou grata a Laura Hassan, da Faber & Faber, por ter tido a inspiração de me pedir que escrevesse um livro. Tenho a bênção do patrocínio de Ileene Smith, da Farrar, Straus and Giroux, que viu o que eu vi — uma oportunidade de apoiar uma nova onda de ativismo em nome das mulheres num momento crucial na História. Jackson Howard, Rowan Cope, Rebecca Caine, M. P. Klier e Nick Humphrey foram fundamentais na produção do livro final. Quero agradecer também a Emma Cheshire, Lizzie Bishop, Hannah Styles e Hattie Cooke por divulgarem o livro ao mundo para ser traduzido. Agradeço a todas estas pessoas por me ajudarem a expor o meu trabalho de vida de uma forma única e concentrada.

Quero prestar um reconhecimento a Jim Hecimovich, por ter estado comigo desde o início ao fim. Por fim, mas acima de tudo, agradeço às minhas filhas, Eliza e Caitlin, que nem sempre tinham a certeza de em que local do mundo eu me encontrava, mas, mesmo assim, entenderam sempre exatamente porque lá estava.

Linda Scott